JN440968

최근 판례로 본 신경외과

의료소송과 의료분쟁실무

김동원 지음

애플북

책을 출간하면서...

이 책은 8년간의 의료전문심리위원 경험과 신경외과 학회 초청강연 노트를 바탕으로, 신경외과 의료손해배상소송에 대한 이해를 돕고 슬기로운 대처 방안을 제시합니다. 복잡한 판결문을 일반인도 쉽게 이해할 수 있도록 정리하고, 판례 선별, 최근 판결 경향, 악결과, 명확한 의료과오 사건별 대처 방안을 상세히 다룹니다. 논어의 "三人行, 必有我師焉" 구절을 인용하여 겸손한 자세로 배우고 자신을 돌아보는 중요성을 강조하며, 의료전문심리위원 참여가 재판의 공정성과 정확성을 높이는 데 기여함을 밝힙니다. 신경외과 사건을 중심으로 분석했지만, 전체 의료 사건에 대한 대처 방안으로도 활용될 수 있도록 구성했습니다.

신경외과 의료손해배상소송의 이해와 슬기로운 대처방안

이 책은 신경외과 의료손해배상소송에 대한 깊이 있는 이해를 제공하고, 실제 소송 과정에서 효과적으로 대처할 수 있는 방안을 제시합니다. 특히, 다음 사항에 중점을 두었습니다.

- **판결문 쉽게 읽기:** 일반인도 쉽게 접근할 수 있도록 판결문을 명확하고 간결하게 정리했습니다.
- **최신 판례 및 경향 분석:** 최근 판례를 선별하여 소개하고, 의료소송의 최신 경향을 분석하여 제시합니다.
- **사건별 대처 방안:** 악결과가 발생한 사건과 명확한 의료과오가 있는 사건에 대한 구체적인 대처 방안을 제시합니다.

의료전문심리위원의 참여 효과와 바램

저자는 의료전문심리위원으로 활동하면서 재판에 참여한 사건과 참여하지 않은 사건의 항소율, 판결번복율, 조정성공율을 비교 분석했습니다.[1] 그 결과는 다음과 같습니다.

- **항소율 감소:** 의료전문심리위원 참여사건의 항소율은 비참여사건에 비해 50% 감소했습니다.
- **판결번복율 0%:** 의료전문심리위원 참여사건 중 판결이 번복된 경우는 단 한 건도 없었습니다.
- **조정성공율 증가:** 저자의 조정성공율은 95%로, 법원연감 통계인 25%에 비해 월등히 높았습니다.

이러한 결과는 의료전문심리위원이 재판에 참여함으로써 재판의 공정성과 정확성이 향상되고, 소송 당사자들에게 실질적인 도움이 될 수 있음을 시사합니다.

의료소송은 매우 복잡하고 전문적인 분야이기 때문에, 법조계와 의료계 간의 긴밀한 협력이 필수적입니다. 저는 의료전문심리위원으로서 법조계와 의료계, 의료전담부 판사와 신경외과 의사, 그리고 의료사고 피해 환자와 의사간의 다리 역할을 하고 싶습니다. 의료소송은 단순히 법적인 분쟁을 해결하는 것을 넘어, 환자와 의사간의 신뢰를 회복하고 의료 시스템을 개선하는 데 기여해야 합니다. 저는 의료전문심리위원으로서 양측의 입장을 충분히 이해하고, 객관적이고 공정한 판단을 내릴 수 있도록

1) 김동원, 신경외과 의료소송의 현황 분석과 판례사전. 28쪽, 의학출판사(2020)

“

모든 사람에게 배울 점이 있으니
항상 겸손하고 배우려는 자세를 견지하라...

최선을 다할 것입니다. 또한, 의료사고 피해 환자들의 고통을 덜어주고, 의사들이 안심하고 진료에 전념할 수 있는 환경을 조성하는 데 기여하고자 합니다. 저는 이러한 목표를 달성하기 위해 끊임없이 노력할 것입니다.

논어 인용: 三人行 必有我師焉

子曰 “三人行, 必有我師焉, 擇基善者而從之, 基不善者而改之”
자왈, “삼인행, 필유아사언, 택기선자이종지, 기불선자이개지”

공자는 세 사람이 길을 가면 반드시 나의 스승이 있다고 했습니다. 이는 모든 사람에게 배울 점이 있으니 항상 겸손하고 배우려는 자세를 견지하라는 의미입니다. 더 나아가, 그 중에 좋은 점은 배우고 좋지 않은 점은 고치라는 가르침은 자신을 돌아보고 성찰하는 중요성을 강조합니다. 의료소송에 임하는 자세 또한 이와 같아야 합니다. 누구나 의료소송을 당할 수 있습니다. 슬기롭게 대처한 판례는 잘 골라 따르고 실천하고, 그렇지 못한 판례는 본보기로 삼아 고쳐야 한다는 의미이며 그렇게 슬기롭게 의료소송에 대처해 인생을 살아가는 지혜라고 가르쳐 주는 것 같습니다.

기대 효과

이 책은 신경외과 사건을 중심으로 분석했지만, 전체 의료 사건에 대한 대처 방안으로도 활용될 수 있을 것으로 기대합니다. 의료전문심리위원의 경험과 지식을 바탕으로 의료소송에 대한 이해를 높이고, 환자와 의료진 모두에게 도움이 될 수 있기를 바랍니다. 따라서 이번에 발간하는 이 책이 의료소송과 관련된 다양한 쟁점들을 심도 있게 다루고, 실질적인 해결 방안을 제시하는 데 도움이 될 수 있기를 바랍니다. 또한, 이 책이 법조계와 의료계 관계자들뿐만 아니라, 의료소송에 관심을 가지고 있는 일반인들에게도 유용한 정보와 지식을 제공할 수 있기를 기대합니다.

이 책을 발간하면서 감사인사를 드립니다.

대구고등법원 의료전담재판부 재판장으로 재임하시던 시절, 저와의 인연을 소중히 여기시어 이번 출간에 추천사를 보내주신 존경하는 이홍구 대법관님과 축사를 보내주신 존경하는 진성철 고등법원장님께 깊이 감사드립니다. 복잡하고 전문적인 의료소송을 공정하고 정확하게 판결하기 위해 저에게 의료자문을 할 수 있도록 기회를 주신 각급 법원의 의료전담부 판사님들께도 존경과 감사를 드립니다. 또한 분주한 상황에서도 이 책의 발간 취지에 공감하고 물심양면으로 지원해 주시고 대한신경외과학회를 대표하여 격려사를 보내주신 김대현 회장님과 김긍년 이사장님께도 깊은 감사를 드립니다. 나아가 희생을 아끼지 않으며 환자를 치료하는 신경외과 의사선생님들께도 존경과 감사를 표합니다. 끝으로 이 책이 나오기까지 모든 수고를 아끼지 않은 애플북의 김미경 대표님과 여러 직원들의 노고에 대해서도 진심으로 고마운 마음을 전합니다.

2026년 1월 26일

대구 범어동에서 저자 **인경**(仁敬) 씀

추천의 글

“세상에 꼭 필요한 일인데도 그에 관한 책을 찾을 수 없다면, 그 때는 자신이 그 책을 써야 합니다.”

고등법원 상임전문심리위원(의료)으로 8년째 근무하고 있는 저자가 이 책을 발간한다는 말을 들었을 때 가장 먼저 떠올린 말입니다.

그만큼 이 책은 특별합니다. 의과대학에서 신경외과교수로 연구와 임상 모두에 정통한데다가 법원의 전문심리위원으로 의료소송의 실무를 정성으로 처리해 본 사람만이, 그리고 그 경험들을 꼼꼼히 기록하는 열정과 끈기를 가진 사람만이 쓸 수 있는 책이기 때문입니다. 30년 이상을 법원에 근무하는 동안 의료소송 실무에서 이처럼 의미 있는 책을 만난 것은 실로 오랜만입니다. 참으로 축하하고 감사할 일입니다.

저자를 처음 만난 것은 2018년 대구고등법원에서 의료전담재판부의 재판장을 맡고 있을 때입니다. 저자는 의과대학 교수를 정년퇴임하자마자 다른 분들과 달리 상임전문심리위원의 길을 선택하여 대구고등법원으로 부임하였습니다. 전문심리위원은 충실한 심리와 신속한 분쟁해결을 위해 법원이 설명이나 의견을 듣기 위하여 위촉한 전문가입니다. 수십 년간 환자의 치료와 후학 양성에만 전념하였던 분이 법원의 소송 업무에 적응하기란 쉬운 일이 아닙니다. 그러나 유달리 따뜻한 성품에 학구열과 성실함으로 무장한 저자는 짧은 시간 안에 난해한 법률용어와 소송절차에 쉽게 적응하였습니다. 의사로서 전문적인 식견을 바탕으로 법률가들에게 의견을 제시하고 조정과정에서 당사자를 설득하였습니다. 반발하는 당사자에게는 몇 시간씩이나 충분한 근거를 들어 설명하였습니다. 의사이면서도 의사들의 잘못을 감추려 하지 않고

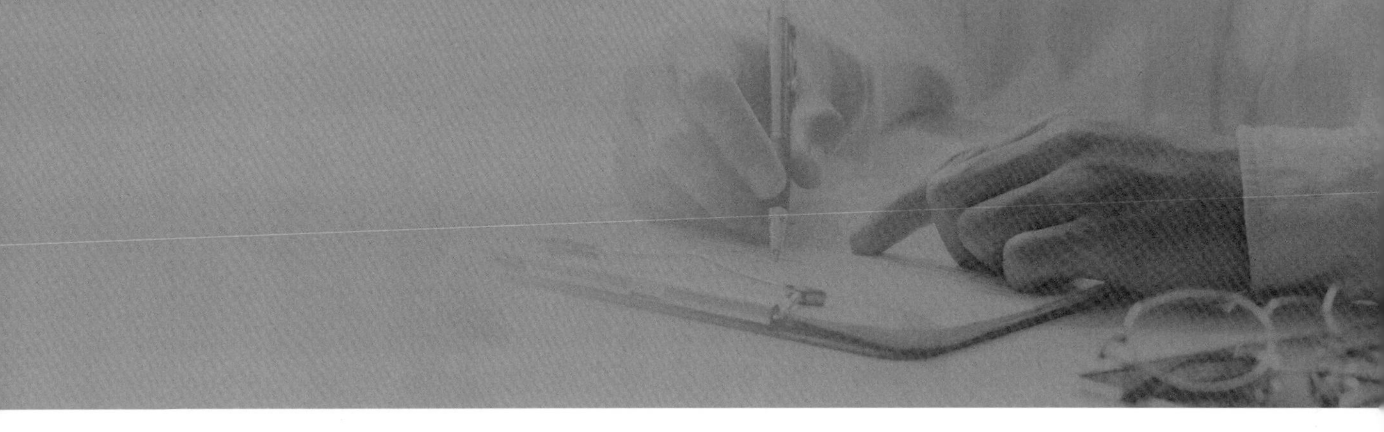

객관적인 입장을 유지하기 위해 애썼습니다. 그 과정에서 의료분쟁의 대부분이 조정으로 해결되었습니다. 화해가 되지 않더라도 저자의 분석과 설명이 판결에 반영되었습니다.

이 책은 저자의 오랜 의사로서의 식견과 8년간의 의료소송 경험이 집대성되어 있습니다. 여기에는 저자가 일생동안 연구하고 가르쳤던 의학적인 지식만이 아니라 의료소송에서 문제로 되는 판례 법리와 그 경향성, 이에 대한 쉽고 명확한 이해와 설명이 들어 있습니다. 다양한 의료사건 중 의료과실에 해당하는 사례와 의료과실에 해당하지 않는 사례를 구분하여 각각의 대응방법을 설명하고 있습니다.

이 책을 통하여 저자가 기대하는 것은 명확합니다. 전문심리위원의 참여는 의료소송에서 객관성, 공정성, 정확성을 향상시키기 위한 것임을 알리고 분쟁당사자가 이 제도를 충분히 활용하기를 바랍니다. 의료과오소송에서 피해를 입은 환자에게는 소송과정이나 소송 외 과정에서 분쟁해결에 실질적인 도움이 되기를 기대합니다. 의사들에게도 의료소송의 법리와 실천적인 지식을 제공함으로써 불필요한 분쟁에서 빨리 벗어나 본업에 충실할 수 있기를 바랍니다.

저자의 바람이 꼭 이루어지길 기원합니다.
좋은 책을 발간한 저자의 노력과 열정에 깊은 존경의 마음을 표합니다.

대법관 이 흥 구

축사

본 축사는 김동원 박사님의 저서 "의료소송과 의료분쟁실무" 출간을 기념하며 작성되었습니다.
김동원 박사님은 신경외과 전문의로서 오랜 기간 동안 의료 현장에서 풍부한 경험을 쌓으셨고, 퇴직 후에도 의료소송 전문심리위원, 조정위원, 감정관리센터장으로 활동하시며 의료 분쟁 해결에 크게 기여하고 계십니다. 이 책은 의료 현장과 법원에서 얻은 지식과 경험을 바탕으로 실제 사례를 연구하여 저술되었으며, 의료인, 법조인뿐만 아니라 일반인에게도 유익한 정보를 제공할 것으로 기대됩니다.

존경하는 김동원 박사님은 계명대학교 의과대학 부속 동산병원에서 정년퇴직하실 때까지 신경외과 전문의로서 최고의 지식과 경험을 쌓으셨고 퇴직 후 현재까지 의료소송에 관한 전문심리위원, 조정위원 및 감정관리센터장으로 활동하고 계십니다.

박사님은 2018년 3월 1일 대구고등법원 소속 전문심리위원으로 위촉된 이래 현재까지 의료소송을 담당하는 전국의 법관들에게 전문적인 의견을 제공함으로써 충실한 심리와 신속한 분쟁해결에 많은 기여를 하셨을 뿐만 아니라 민사조정위원으로도 활동하면서 많은 민사소송을 조정으로 해결하셨습니다. 2025년 3월 1일부터는 대구고등법원 소속 감정관리센터장을 겸임하면서 의료감정신청을 채택할 것인지, 누구를 감정인으로 지정할 것인지, 감정사항은 무엇으로 할 것인지 등에 관하여 법관들에게 의견을 제공하고 계십니다.

우리나라가 선진국에 진입하고 노령인구가 증가하면서 환자와 의사 사이에 발생하

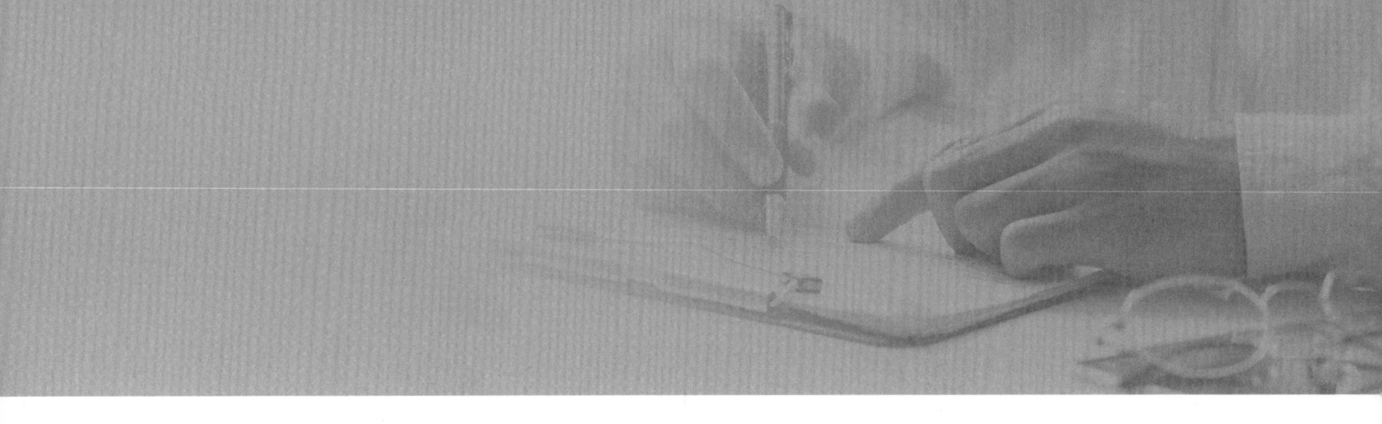

는 분쟁이 증가하고 있습니다. 그 분쟁의 상당부분은 소송에 이르기 전에 원만히 합의되어 조기에 해결되지만 일부는 민사소송 또는 형사소송에 이르고, 민사소송의 경우 화해 또는 조정에 의하여 평화적으로 해결되기도 하지만 대부분 판결에 의하여 종결됩니다. 의료분쟁에는 의료과실의 유무, 손해의 액수 등의 쟁점이 있는데 그중 가장 중요한 것은 의료과실의 유무입니다.

이번에 박사님이 저술하신 '의료소송과 의료분쟁실무'는 의료분쟁의 현장인 병원과 법원에서 쌓은 풍부한 지식과 경험을 바탕으로 하여 실제 있었던 사례를 연구한 것입니다. 이 책은 일반인도 이해할 수 있을 정도로 저술되었으므로 의료인, 법조인 및 일반인 모두에게 많은 도움이 될 것입니다. 업무에 바쁘신 가운데 연구에 매진하여 이렇게 훌륭한 책을 저술하신 것에 대하여 축하와 감사의 말씀을 드리고, 오랫동안 건강하시고 우리나라의 의료분쟁이 원만히 해결될 수 있도록 많은 연구와 활동을 하시길 기원합니다.

대구고등법원장 진 성 철

격려사

대한신경외과학회를 대표하여, 김동원 상임전문심리위원님의 신간 『최근 판례로 본 신경외과 의료소송과 의료분쟁실무』 발간을 진심으로 축하드립니다.

현대 의료 환경은 고도의 전문성과 복잡성을 요구하고 있으며, 이에 따라 의료분쟁의 발생 빈도 또한 점차 증가하고 있습니다. 특히 신경외과는 고난이도 수술과 중대한 예후를 동반하는 질환들을 다루는 분야로서, 의료분쟁에 직면할 가능성이 높은 진료과목 중 하나입니다. 이처럼 첨예한 갈등의 현장에서 의료진이 진실을 말하고, 환자가 공정한 판단을 받을 수 있도록 돕는 실무적인 안내서의 필요성은 그 어느 때보다 큽니다.

이번에 발간된 이 책은 신경외과 분야에서 발생한 주요 의료소송 판례를 체계적으로 정리하고, 의료과실과 악결과의 경계를 명확히 제시함으로써, 의료진이 실제 임상현장에서 어떻게 판단하고 대처해야 할지에 대한 구체적이고 실질적인 방향을 제시하고 있습니다. 특히 판결문을 일반인도 이해하기 쉬운 언어로 풀어내고, 사건별 대처방안을 제시한 점은 매우 큰 장점이며, 의료계와 법조계의 소통을 촉진하는 데에 기여할 것으로 기대됩니다.

또한 저자가 상임전문심리위원으로 참여한 수많은 재판에서의 경험과 통계적 분석은 매우 인상 깊습니다. 전문심리위원의 참여가 재판의 공정성과 합리성을 실질적으로 향상시킨다는 사실은, 향후 의료소송 제도의 발전에 시사하는 바가 큽니다. "三人行, 必有我師焉"이라는 논어의 구절을 인용한 저자의 겸손하고 진정성 있는 태도는

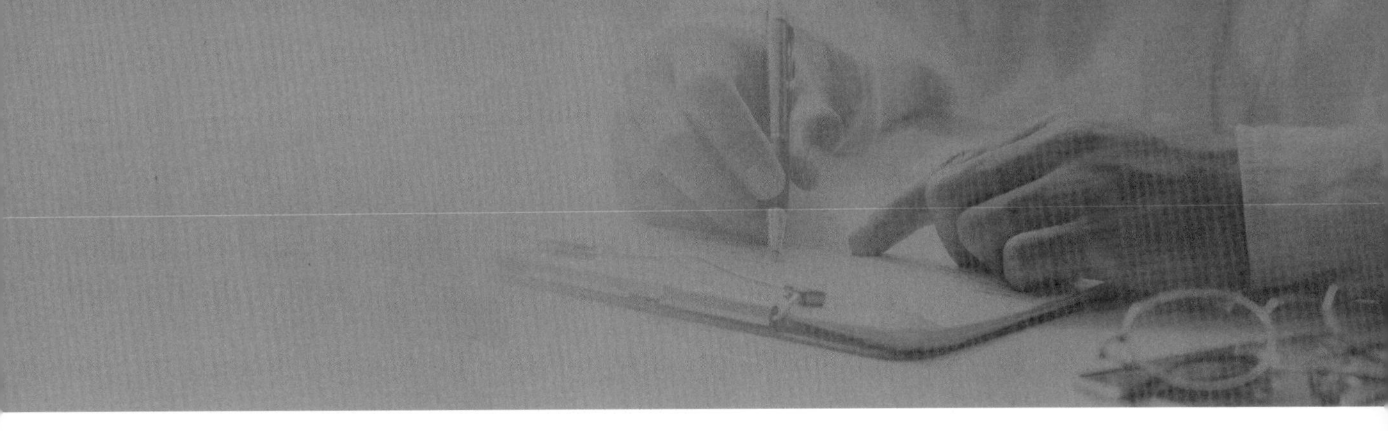

우리 모두에게 귀감이 되며, 의료인이 가져야 할 성찰적 자세에 대해 다시금 일깨워 줍니다.

이번 책이 의료진은 물론 법조인, 환자 모두에게 올바른 인식을 제공하고, 의료분쟁의 예방과 슬기로운 해결을 위한 이정표가 되기를 진심으로 바랍니다. 아울러 본 서적이 신경외과뿐 아니라 전 의료계에 널리 읽히고 활용되어, 의료 신뢰 회복과 환자-의료진 간 상호이해의 증진에 기여하길 기대합니다.

다시 한번, 이번 책의 출간을 축하드리며, 김동원 위원님의 지속적인 학문적 탐구와 사회적 기여에 깊은 감사와 존경의 말씀을 전합니다.

대한신경외과학회 회장 김 대 현

격려사

존경하는 김동원 교수님께서 「최근 판례로 본 신경외과 의료소송과 의료분쟁실무」를 출간하시게 된 것을 진심으로 축하드립니다.

오늘날 의료 환경은 급속한 발전과 더불어, 다양한 사회적 요구와 법적 문제에 직면하고 있습니다. 특히 신경외과 분야는 환자의 생명과 직결되는 중대한 수술과 진료가 많아, 의료 분쟁의 위험과 법적 책임에 대한 부담이 그 어느 과보다 크게 다가옵니다. 이러한 상황에서, 이번에 발간된 책은 실제 판례를 기반으로 한 깊이 있는 분석을 통해 의료진이 직면할 수 있는 문제를 미리 이해하고 대비할 수 있도록 돕는, 매우 시의적절하고 귀중한 저술이라 생각합니다.

김동원 교수님께서는 평생을 환자 진료와 신경외과 학문의 발전에 헌신하셨을 뿐만 아니라, 은퇴 이후에도 대구고등법원 상임전문위원으로 활동하시며 의료와 법을 잇는 가교 역할을 충실히 수행해 오셨습니다. 이번 저술은 그동안의 풍부한 경험과 지혜가 고스란히 담긴 결과물로, 후학들과 동료들에게 커다란 길잡이가 될 것입니다.

신경외과 의사로서 의료의 본질은 환자의 생명을 지키는 일이지만, 동시에 사회적 책무와 법적 이해 또한 더 이상 외면할 수 없는 시대가 되었습니다. 이 책이 의료 현장에서 진료에 임하는 많은 의사들에게 든든한 지침이 되고, 나아가 의료 분쟁의 올바른 해결과 우리 사회의 성숙한 의료 문화 정착에 크게 기여하기를 기대합니다.

다시 한번, 교수님의 출간을 진심으로 축하드리며, 대한신경외과 학회 회원 모두의 마음을 모아 감사의 뜻을 전합니다.

대한신경외과학회 이사장 김 긍 년

들어가며

의료 소송의 이해와 전문가의 역할

이 책에서는 의료 소송을 이해하기 위해 숙지해야 할 기본적인 법리와 의료 행위의 특수성을 강조하며, 의료 과실 판단 기준의 추상성과 구체적인 사건에서의 적용 사례를 판례를 통해 살펴봅니다. 또한, 의료 소송에서 진료기록부 확보, 의학적 지식 습득, 과실 단계별 분석의 중요성을 제시하고, 민사 소송 제기 시 주장 및 증명, 증거 수집의 필요성을 강조합니다. 마지막으로, 의료 소송의 특성상 발생하는 안타까운 사례들을 언급하며, 변호사와 전문심리위원의 역할이 환자와 의료진 모두에게 공정한 결과를 가져다줄 수 있도록 전문성을 발휘해야 함을 강조합니다.

의료소송은 일반적인 소송과는 다르게 적용되고 판단되는 법리가 많으므로, 의료소송을 제대로 이해하기 위해서는 자주 언급되는 법리 등 기본적인 내용을 숙지하는 것이 중요합니다. 특히 이 책에 선별된 15 판례들에서 글씨체를 진하게 기재한 부분(볼드체)과 글씨체 색을 파랗게 기재한 부분은 의료과실 관련 판례에서 기본적으로 언급되는 법리들과 이에 따른 판결 이유들이므로 주의 깊게 살펴볼 필요가 있습니다.

의료행위는 여러 가지 특수성을 가지고 있습니다. 이러한 특수성을 이해하는 것은 의료소송의 법리를 파악하고 결정을 내리는 데 큰 도움이 됩니다. 의료과실의 판단 기준으로 작용하는 '의료수준'은 매우 추상적이며, 그 구체적인 판단 기준을 정형화하거나 일반화하기 어렵습니다. 따라서 개별 구체적인 사건에서 어떠한 기준이 적용되었고, 어떤 법리로 그러한 판단이 이루어졌는지를 실제 판례를 통해 많이 접해봐야 합니다. 판결 등을 검토할 때 단순한 결론뿐만 아니라 기본 사실관계와 결론에 이

른 과정, 이유 등을 함께 파악하도록 노력해야 합니다. 의료소송 판결을 검토하면서 어떤 한두 개의 판결 결론을 일반화하는 것은 경계해야 하며, 특히 판결들을 통해 의료과실에 적용되는 법리가 될 만한 일정 기준을 추출할 수는 있어도 의학적인 기준까지 일반화하지 않도록 유의해야 합니다.

의료사건의 경우 가장 먼저 진료기록부를 확보하고, 진료기록부를 통해 진료 경과와 내용 등의 사실관계를 파악해야 합니다. 또한, 문제된 의료행위에 관한 의학적인 기본지식을 여러 경로를 통해 이해하도록 노력해야 합니다. 이를 통해 의료행위의 전체 과정 중 진찰, 진단, 처치, 경과관찰 등 어느 단계에서 과실이 문제될 만한 행위가 있었는지를 고민하면 과실을 파악하는 데 도움이 됩니다.

민사상 의료소송을 제기했을 때에는 통상 의료소송에서 해야 할 주장, 증명에 어떠한 부분이 있는지를 이해하여 적시에 필요한 증거제출과 신청 등을 해야 합니다. 필요한 증거로 의학 교과서, 논문 등도 활용할 수 있도록 적극적인 자료 수집 등을 해야 합니다. 의료소송에서 과실은 실제로는 여러 간접사실들을 종합하여 판단되는 경우가 많으므로, 해당 사건에서 문제될 수 있을 만한 과실과 관련된 제반 간접사실들을 세심하고 치밀하게 검토하고 연구하여 이를 뒷받침할 수 있는 증거와 함께 주장하도록 노력해야 합니다.

모든 사건이 그러한 측면이 있겠지만, 특히 생사의 문제와 연관된 의료소송의 특성상 사건을 접하다 보면 안타까운 사건들이 많습니다. 변론주의가 적용되는 민사소송에서 법원의 판단은 당사자들의 주장, 증명에 좌우될 수밖에 없는데, 의료소송의 경우 특히 소송을 대리하는 변호사의 역할과 능력이 중요하게 영향을 미칩니다. 따라서 환자 측에 부당한 피해가 발생했음에도 법률적인 지식 등이 부족하여 그 구제에 흠결이 생기지 않도록 해야 합니다. 또한, 다른 한편으로 환자 측의 부당한 문제 제기로 의료소송에 휘말려서 의사의 직무의 본질인 치료행위가 침해받지 않도록 해야 합니다.

이 책이 진료 현장에서 뜻하지 않게 발생할 수 있는 의료사고를 슬기롭게 대처하는 데 조금이나마 도움이 되기를 기대합니다.

최근 판례로 본 신경외과 의료소송과 의료분쟁실무

김 동 원
대구고등법원 감정관리센터
상임전문심리위원 겸 상임감정관리위원

04 최근 언론이 주목한 주요 의료 소송 및 관련 분쟁

05 부록

01-A

척추 질환

01 흉추 압박골절 압박률 악화로 형사, 민사 소송 제기된 Case

사례 1 52세 여환의 흉추 압박골절로 인한 형사 및 민사 소송 사례

이 판례는 52세 여환이 흉추 12번 압박골절의 압박률 악화로 인해 형사 및 민사 소송을 제기한 사례를 다룹니다. 환자는 의료진의 부주의로 인해 압박골절이 악화되었으며, 이로 인해 발생한 법적 절차와 결과를 분석합니다. 이 사례는 의료과실과 법적 책임에 대한 중요한 시사점을 제공합니다.

1. 기초 사실

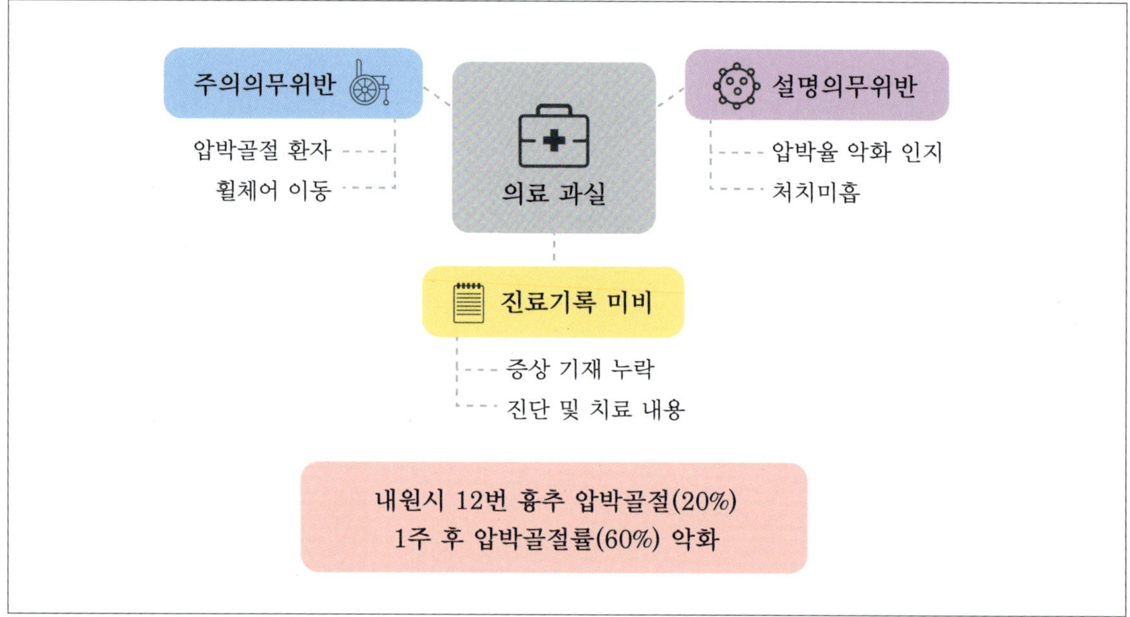

52세 여환은 흉추 12번 압박골절의 압박률이 20%에서 60%로 증가하는 상황에 처했습니다. 환자는 입원 중 휠체어로 이동하게 되어 압박골절이 악화되었고, 이에 대해 피고는 최선의 조치를 취하지 않았다는 주장을 받았습니다. 또한, 압박률 악화를 인지한 후 적절한 처치를 하지 않았고, 환자의 증상 및 진료 기록이 미비하여 의료과실이 발생했다고 주장하였습니다.

2. 의료과실 및 법적 절차

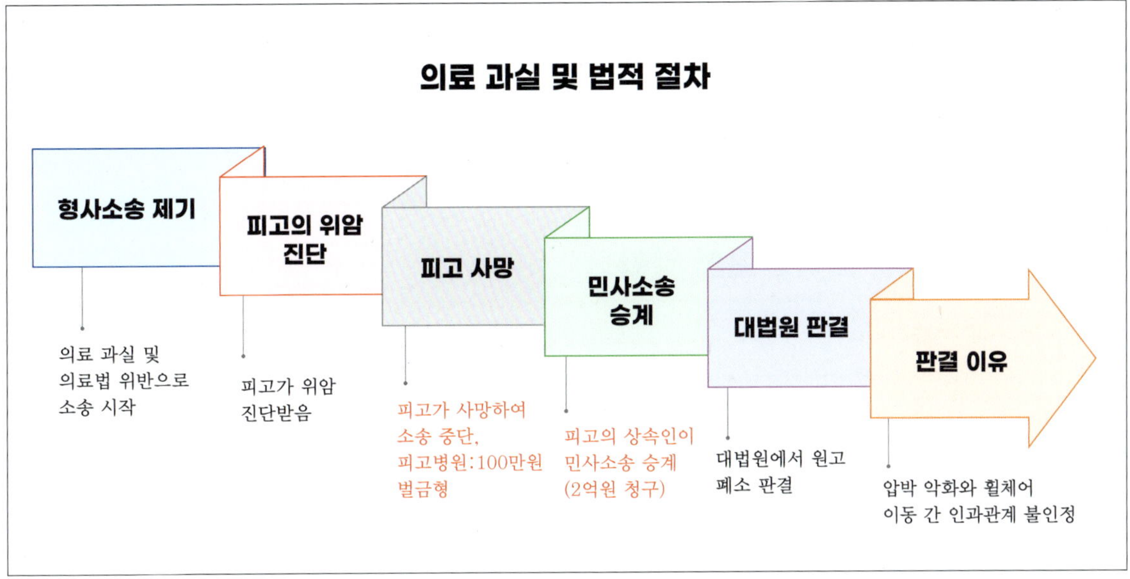

이 사례의 법적 절차는 다음과 같습니다. 먼저, 피고는 업무상과실치상 및 의료법 위반으로 형사소송이 제기되었습니다. 소송은 약 3년간 진행되었으나, 피고가 암으로 사망하게 되어 공소기각되었습니다. 그러나 피고가 소속된 병원은 의료법 위반으로 100만원의 벌금을 부과받았습니다.

민사 소송은 피고의 사망으로 인해 상속인에게 승계되어 진행되었습니다. 이 사건은 대법원까지 가게 되었으나, 압박률 악화와 휠체어 이동 간의 인과관계가 인정되지 않아 원고가 패소하게 되었습니다. 이 민사 소송은 총 7년간 이어졌습니다.

3. 결론 및 시사점

이 사건은 환자와 의사 간의 사소한 견해 차이로 인해 7년간 법원에서의 공방이 이어졌습니다. 법적 대처가 미흡하여 피고 의사의 사망과 상속인에게 소송이 승계되는 등 큰 대가를 치르게 되었습니다. 이 사례는 의료과실에 대한 명확한 기준과 법적 책임의 중요성을 강조하며, 의료진의 주의 의무와 환자 안전을 위한 최선의 조치가 필요함을 시사합니다.

1심 판결문

대구지방법원	2017가합883
진 단 명	흉추 압박골절
사 고 내 용	압박골절률 악화
책 임 제 한	
판 결	원고 패(형사 소송 의료법 위반)
의 사 과 오	의무기록 미비(의료법 위반)
배 상 액 (원)	벌금 100만원

원 고 AAA

피 고 1. 의료법인 EE의료재단

2. 망 BBB의 소송수계인

가. CCC

나. DDD

변 론 종 결 2018. 10. 11.

판 결 선 고 2018. 10. 25.

주 문

1. 원고의 피고들에 대한 청구를 모두 기각한다.
2. 소송비용은 원고가 부담한다.

청 구 취 지

원고에게, 피고 의료법인 EE의료재단(이하 '피고 재단'이라 한다)은 269,993,252원 및 이에 대하여 2014. 8. 4.부터 이 사건 소장 부본 송달일까지는 연 5%의, 그 다음날부터 다 갚는 날까지는 연 15%의 각 비율에 의한 돈을 지급하고, 피고 망 BBB의 소송수 계인 CCC(이하 '피고 CCC'이라 한다)은 피고 재단과 각자 위 돈 중 161,995,951원, 피고 망 BBB의 소송수계인 DDD(이하 '피고 DDD'이라 한다)은 피고 재단과 각자 위 돈 중 107,997,300원 및 위 각 돈에 대하여 2014. 8. 4.부터 이 사건 소장 부 본 송달일까지는 연 5%의, 그 다음날부터 다 갚는 날까지는 연 15%의 각 비율에 의한 돈을 지급하라.

이 유

1. 기초사실 및 관련 의학지식 등

가. 기초사실

1) 피고 재단은 KK시 경안로 208 소재 FF병원을 운영하는 의료법인이고, 원고는FF병원에 입원하여 진료를 받았던 사람이며, 망 BBB은 FF병원에서 근무하면서 원고의 신경외과 치료를 담당하였던 의사이다.

2) 원고는 2014. 8. 3. 마당에서 넘어지는 낙상사고(이하 '이 사건 사고'라 한다)로 인하여 제12흉추(등뼈 중 요추 바로 위로서 허리부분에 해당하는 뼈) 압박골절 및 오른쪽 요골 원위부(팔꿈치와 손목 사이 바깥쪽 뼈 중 손목에 가까운 부분) 골절의 상해를 입었고, 같은 날 FF병원에 입원하여 치료를 받게 되었다.

3) 원고의 주치의 망 BBB은 2014. 8. 3. 원고의 흉요추부 X-ray 촬영을 하고 원고에게 복대 착용을 처방하였고, 다음 날인 같은 달 4.에는 원고에게 흉추 압박골절에 대하여는 수술할 정도는 아니라고 설명한 다음 10:00경에 원고의 흉요추 및 전척추 MRI 촬영을 하였다.

4) 이후 원고는 2014. 8. 4. 16:00경부터 17:30경까지 FF병원 내에서 이동하면서 16:00경에는 주치의 면담, 16:38경에는 상지(팔) CT촬영, 17:30경에는 정형외과 협진 등 진료를 받았는데, 병원 내에서의 이동은 복대를 착용한 상태에서 휠체어로 이루어 졌다.

5) 위 진료 결과 원고의 오른쪽 요골 골절에 대하여 완관절(손목관절) 수술을 하고, 제12흉추 압박골절에 관하여는 보조기를 착용하기로 하였다. 이에 따라 2014. 8. 5. 보조기 제작을 위한 원고의 신체 측정이 이루어졌고, 원고는 다음 날인 같은 달 6.부터 보조기를 착용하였으며, 같은 날 원고의 오른쪽 손목 부분에 관한 수술이 이루어 졌다.

6) 이후 망 BBB은 2014. 8. 11. 다시 원고의 흉요추부 X-ray 촬영을 하였고, 원고는 입원 치료를 받다가 같은 달 19. FF병원에서 퇴원하고 이후 FF병원에 내원하지 않았다.

7) 망 BBB은 이 사건 소송 계속 중인 2017. 10. 20. 사망하였는데, 그 상속인으로는 배우자인 피고 CCC, 자녀인 피고 DDD이 있다.

나. 관련 의학지식 등

1) 흉추를 포함한 척추에 압박골절이 발생하는 경우 치료방법으로는 보조기를 착용하고 골절된 뼈가 붙기를 기다리는 보존적 치료 및 경피적 척추성형술, 경피적 척추후굴풍선복원술 등의 수술적 치료가 존재한다.

2) 대부분의 흉추 압박골절에서는 수술을 하지 않고도 보존적 치료로 좋은 결과를 기대할 수 있는데, 보존적 치료로는 우선 누워서 쉬는 것을 권하고, 그 경우 보통 2주 이내에 통증이 완화되며, 이후에는 통상 6 ~ 8주간 보조기를 착용하고 이후 근력강화를 위해 등 근육의 운동을 시행한다. 보존적 치료를 실시하는 경우 수상 후 일정 기간압박률이 진행되는 경우가 흔히 관찰되는데, 침상안정을 하는 경우라도 시간이 경과함에 따라서 압박률이 어느 정도 증가하여 굴곡 변형을 유발하면서 자연치유되는 경과를 보인다.

3) 국민건강보험법 등에 따른 요양급여의 기준을 정하고 있는 보건복지부 고시인 '요양급여의 적용기준 및 방법에 관한 세부사항'에 의하면, 경피적 척추성형술의 경우 ① 골다공증 압박골절로서 2주 이상의 적극적인 보존적 치료에도 불구하고 심한 배통(등의 통증)이 지속되는 경우(단, 울혈성심부전, 폐렴, 혈전성 정맥염, 약물로 잘 조절되지 않는 당뇨병환자, 투석을 받는 만성신부전환자, 80세 이상인 환자는 조기시행가능), ② 종양에 의한 골절인 경우, ③ Kummell's disease(외상후 척추붕괴)의 경우 요양급여의 대상이 되고, 경피적 척추 후굴풍선복원술의 경우 압박변형이 30 ~ 60%인 경우(골다공증성 방출성 골절은 압박변형이 60% 이상인 경우에도 인정)로서 ① 의 경우 2주가 아닌 3주 이상의 적극적인 보존적 치료에도 불구하고 통증이 지속될 것을 요하는 점 외에는 경피적 척추성형술의 경우와 동일하게 요양급여의 대상이 된다.

4) 흉추 골절의 경우 응급수술의 적응증(수술에 의하여 치료 효과가 기대되는 증세)은 심한 척수의 압박이 있는 불안정성 골절 환자에서 신경학적 결손이 진행할 때이다.

[인정근거] 다툼 없는 사실, 갑 1, 4, 5, 6, 13, 14, 24호증, 을 1 내지 7호증(가지번호 있는 것은 가지번호 포함, 이하 별도로 가지번호를 기재한 경우 외에는 같다)의 각 기재, 이 법원의 대한의료감정학회장에 대한 각 신체감정촉탁결과, 이 법원의 대구 수성구청장에 대한 사실조회 결과, 변론 전체의 취지

2. 원고의 주장 요지

원고와 같은 척추골절 환자를 이동시킬 때에는 척추에 가해지는 압박이 최소화될 수 있도록 침대차(Strecher Car)로 이동시키거나 휠체어로 이동하게 할 경우 보조기를 착용하게 하여 원고의 신체에 장해가 발생하지 않도록 하여야 함에도 불구하고, 주치의인 망 BBB은 2014. 8. 4. 16:00경부터 17:30경까지 원고에게 MRI 검사결과를 설명하고 다른 의료검사 등을 시행하는 동안 위 주의의무를 위반하여 원고에게 보조기 없이 복대만 착용하고 휠체어에 앉은 채로 1시간 30분 이상 이동하게 하였고, 이로 인하여 원고는 제12흉추의 압박률이 2014. 8. 3. 낙상사고 당시의 20 ~25%에서 2014. 8.11.에는 52~60%에 이를 정도로 현저하게 악화되어 척추손상으로 인한 영구장해를 입게 되었다.

망 BBB의 위와 같은 진료상 과실로 인하여 원고는 적극적, 소극적 재산상 손해 및 정신적 손해를 입었으므로, 원고 망 BBB이 근무한 FF병원의 운영자인 피고 재단은 망 BBB의 불법행위에 대한 사용자책임으로 원고에게 위 각 손해의 합계액인 청구취지 기재 금액을 배상할 책임이 있고, 피고 CCC, DDD은 망 손성금의 불법행 위 손해배상채무의 상속인으로 각 상속지분에 따라 피고 재단과 각자 청구취지 기재 금액을 배상할 책임이 있다.

3. 판단

가. 관련 법리

1) 의사가 진찰 · 치료 등의 의료행위를 함에 있어서는 사람의 생명 · 신체 · 건강을 관리하는 업무의 성질에 비추어 환자의 구체적인 증상이나 상황에 따라 위험을 방지하기 위하여 요구되는 최

선의 조치를 취하여야 할 주의의무가 있고, 의사의 이와 같은 주의 의무는 의료행위를 할 당시 의료기관 등 임상의학 분야에서 실천되고 있는 의료행위의 수준을 기준으로 삼되, 그 의료수준은 통상의 의사에게 의료행위 당시 일반적으로 알려져 있고 또 시인되고 있는 이른바 의학상식을 뜻하므로 진료환경 및 조건, 의료행위의 특수성 등을 고려하여 규범적인 수준으로 파악되어야 한다(대법원 2010. 7. 8. 선고 2007다55866 판결 등 참조).

2) 의사는 진료를 행할 때에 환자의 상황과 당시의 의료수준 그리고 자기의 지식 경험에 따라 적절하다고 판단되는 진료방법을 선택할 상당한 범위의 재량을 가진다고 할 것이고, 그것이 합리적인 범위를 벗어난 것이 아닌 한 진료의 결과를 놓고 그중 어느 하나만이 정당하고 이와 다른 조치를 취한 것은 과실이라고 말할 수는 없다(대법원 2009. 12. 10. 선고 2008다22030 판결, 대법원 2015. 1. 29. 선고 2012다41069 판결 등 참조).

3) 나아가 의료행위에 의하여 후유장해가 발생한 경우, 그 후유장해가 당시 의료 수준에서 최선의 조치를 다하는 때에도 당해 의료행위 과정의 합병증으로 나타날 수 있는 것이거나 또는 그 합병증으로 인하여 2차적으로 발생할 수 있는 것이라면, 의료 행위의 내용이나 시술 과정, 합병증의 발생 부위, 정도 및 당시의 의료수준과 담당의료진의 숙련도 등을 종합하여 볼 때 그 증상이 일반적으로 인정되는 합병증의 범위를 벗어났다고 볼 수 있는 사정이 없는 한, 그 후유장해가 발생하였다는 사실만으로 의료행위 과정에 과실이 있었다고 추정할 수 없다(대법원 2008. 3. 27. 선고 2007다76290 판결 등 참조).

나. 판단

살피건대, 망 BBB이 2014. 8. 4. 16:00경부터 17:30경까지 원고에게 복대만을 착용시키고 휠체어로 병원 내를 이동하여 주치의와의 면담, 검사, 정형외과 협진 등 진료를 받게 하였음은 앞서 살핀 바와 같으나, 앞서 본 관련 의학지식 등과 앞서 든 각 증거에 갑 17호증의 8의 기재 및 변론 전체의 취지를 더하여 인정되는 다음과 같은 사정을 종합하면, 원고의 주장에 부합하는 듯한 갑 1, 2, 3, 9호증, 갑 14 내지 18호증, 갑 24호증의 각 기재만으로는 망 BBB의 위와 같은 의료행위에 있어서 어떠한 과실이 있었다고 보기에 부족하고, 가사 망 BBB의 의료행위에 과실이 있었다고 하여도 이로 인하여 원고의 후유장해 등 나쁜 결과가 발생한 것이라고 보기도 어렵다.

① 척추 압박골절의 경우 시간의 경과에 따라 압박률이 자연적으로 증가하는 경우가 많고, 이는 침상에 누워서 안정을 취하는 경우에도 발생하는 것이어서 환자가 보조기 없이 휠체어에 앉아 근

거리 이동을 하는 것이 침대차에 누워 이동하는 것과 비교하여 압박골절의 진행에 결정적인 영향을 미친다고 보기는 어렵다.

② 실제로 이 사건 사고 발생일인 2014. 8. 3. 시행한 X-ray 촬영 결과 원고의 제12흉추 압박률이 30% 또는 36% 정도인데 비하여, 원고가 휠체어로 이동하기 직전인 2014. 8. 4. 10:00경에 시행한 MRI 검사 결과 원고 제12흉추의 압박률은 43%로서, 이미 원고가 휠체어로 이동하기 전에 상당 부분 압박률이 증가하였던 것으로 보이고, 그로부터 1주일 후인 2014. 8. 11. 시행한 X-ray 촬영 결과 원고의 제12흉추 압박률은 48% 내지 52%로서 보조기 없이 휠체어로 이동한 후에 자연적 시간경과로 인한 압박률 증가 정도를 넘어설 정도로 압박률이 급격하게 증가하였다고 보기는 어렵다(2018. 7. 17.자 감정서 제3면, 2018. 8. 22.자 감정서 제6, 7면).

③ 망 BBB은 2014. 8. 4. 원고에게 보조기를 착용하도록 지시하였고, 바로 다음날 보조기 제작을 위한 원고의 신체 측정이 이루어졌으며, 그 다음날부터는 원고가 보조기를 착용하였는바, 신체에 맞추어 제작되어야 하는 보조기의 특성상 망 BBB의 과실로 원고의 보조기 착용이 늦어졌다고 보기는 어렵다.

④ 수사기관의 감정 및 의료자문 의뢰에 대한 회신에서도 감정의들은, 원고의 압박골절은 안정골절에 해당하여 이동시에 보조기 착용이 권장되기는 하지만 보조기 착용 여부와 근거리 이동시 압박률의 증가와는 연관성이 없어 보조기 없이 근거리를 이동한 것이 압박률의 급격한 증가를 유발한 것으로 판단하기는 어렵다고 하며, 원고와 같은 50% 이하의 심하지 않은 척추 골절에서 약 1시간 30분 동안의 휠체어 이동이 압박률을 심하게 악화시켰다고 보기는 힘들고, 휠체어 이동을 통해 각종 검사 등이 가능할 것이라는 주치의의 판단을 잘못된 결정이라고 보기는 어려우며, 척추골절에서 수상 후 첫 일주일간 압박률의 증가는 흔히 관찰되는 소견이라고 하고, 척추골절시 압박률의 진행 여부는 골절 자체의 성상이나 골다공증 여부가 가장 중요하며 보조기 착용은 상대적으로 부수적인 요인에 속하므로, 원고의 흉추 압박률 증가와 FF병원에서의 일시적인 휠체어 이동 간의 인과관계는 미미할 것으로 판단된다고 하고 있다.

⑤ 망 BBB은 수사기관에서 '원고가 절대 침상안정을 취하여야 할 정도는 아니었기 때문에 침대가 아닌 보행, 휠체어 이동으로 검사를 받는 데 무리가 없다고 판단하였다'고 진술하였는바(을 2호증 제6면), 앞서 든 여러 사정들을 감안하면, 위와 같은 망 BBB의 판단은 진료방법 선택에 관한 의사의 재량 범위 내인 것으로 보이고, 그 판단이 합리적인 범위를 벗어났다고 하기는 어렵다.

⑥ 2018. 2. 8. 대구지방법원 2017고단717호로 이 사건 재단을 벌금 100만 원에 처하는 유죄판결이 선고되어 확정되었으나, 이는 이 사건 재단이 운영하는 FF병원의 신경외과 의사인 망 BBB이 원고의 진료과정에서 원고의 주된 증상, 진단 및 치료내용 등을 진료기록부에 기재하지 아니하였다는 내용의 의료법위반죄에 관한 것이고, 원고에 대한 업무상과실치상죄를 인정하는 취지는 아니다.

⑦ 원고는 이 사건에서 위자료 청구를 하면서 위자료 특별가중사유로 2014. 8. 11. X-ray 촬영 후 압박률의 급격한 증가가 있었음에도, 담당주치의가 수술 등 그에 대한 적절한 처치와 치료방법 등에 대한 설명을 해주지 않은 점 등을 들고 있으나, 이 사건 사고 직후나 골절 초기인 2014. 8. 11.경 원고에게 수술이 필요할 정도로 심한 척수의 압박이 있는 불안정성 골절 환자로서 신경학적 결손 등이 발생하였다고 볼 근거는 없고(앞서 본 바와 같이 이 사건 사고 후부터 위 일시경까지의 흉추 압박률 증가는 자연적 경과에 의한 것으로 보인다), 원고는 이 사건 사고 발생 이후 FF병원에서 입원치료를 받으면서 통증이 상당 부분 호전되어 퇴원 당시인 같은 달 19.경에는 별다른 통증을 호소하지 아니하였던 것으로 보여(갑 5호증 제4, 5면), 퇴원 당시 수술이 필요한 상태였다고 보기도 어려우므로, 망 BBB이 원고에 대하여 보존적 치료 이외에 수술을 하지 아니하였거나 수술 여부 등에 관한 설명을 하지 않은 것을 의사로서의 주의 의무위반이라고 보기는 어렵다.

4. 결론

그렇다면 원고의 피고들에 대한 이 사건 청구는 손해배상의 범위에 관하여 더 나아가 살펴볼 필요 없이 이유 없으므로, 이를 모두 기각하기로 하여 주문과 같이 판결한다.

2심 판결문

대구고등법원	2018나25640
진 단 명	**흉추 압박골절**
사 고 내 용	**압박골절률 악화**
책 임 제 한	
판 결	원고 패(형사 소송 의료법 위반)
의 사 과 오	의무기록 미비(의료법 위반)
배 상 액 (원)	벌금 100만원

원 고 AAA

피 고 1. 의료법인 EE의료재단

2. 망 BBB의 소송수계인

가. CCC

나. DDD

제 1 심 판 결 대구지방법원 2018. 10. 25. 선고 2017가합883 판결

변 론 종 결 2019. 12. 18.

판 결 선 고 2020. 1. 22.

주 문

1. 원고의 피고들에 대한 청구를 모두 기각한다.
2. 소송비용은 원고가 부담한다.

청 구 취 지 및 항소취지

1. 청구취지

원고에게, 피고 의료법인 EE의료재단(이하 '피고 재단'이라 한다)은 269,993,252원 및 이에 대하여 2014. 8. 4.부터 이 사건 소장부본 송달일까지는 연 5%, 그 다음 날부터 다 갚는 날까지는 연 15%의 각 비율로 계산한 돈을 지급하고, 피고 망 BBB의 소송수계인 CCC은 피고 재단과 각자 위 돈 중 161,995,951원, 피고 망 BBB의 소송수계인 DDD은 피고 재단과 각자 위 돈 중 107,997,300원 및 위 각 돈에 대하여 2014. 8. 4.부터 이 사건 소장부본 송날일까지는 연 5%, 그 다음 날부터 다 갚는 날까지는 연 15%의 각 비율로 계산한 돈을 지급하라.

2. 항소취지

제1심판결 중 아래에서 지급을 명하는 금액에 해당하는 원고 패소부분을 취소한다.

피고들은 각자 원고에게 100,000,000원 및 이에 대하여 2014. 8. 14.부터 이 사건 소장 부본 송달일까지는 연 5%, 그 다음 날부터 다 갚는 날까지는 연 15%의 각 비율로 계산한 돈을 지급하라.

이 유

1. 제1심판결의 인용

원고가 당심에서 주장하는 사유는 제1심에서의 주장과 크게 다르지 아니하고, 제1심에서 제출된 증거들에 당심에서 제출된 증거들을 더해 원고의 주장과 함께 다시 살펴보아도 원고의 청구를 기각한 제1심의 결론은 정당한 것으로 판단된다.

이에 이 법원이 이 사건에 관하여 적을 이유는, 제1심 판결문 제5면 끝행의 "망 BBG"을 "망 BBB으로 고치고, 아래 제2항과 같은 판단을 해당 부분에 보충하는 외에는 제1심판결 이유와 같으므로, 민사소송법 제420조 본문에 의하여 이를 그대로 인용한다.

2. 보충 판단

원고는 스웨덴 척추외과 전문의 나켐슨(Nachemson)의 연구에 의하면 반듯하게 서 있을 때 요추 3번 디스크에 주는 압박(중력)이 100이라면, 반듯하게 누워 있을 때는 25, 등받이 없는 의자에 앉아 있을 때는 140이고, 등받이 있는 의자에 허리를 등받이에 밀착시켜 등과 허리를 펴고 의자 안까지 깊숙이 앉으면 척추에 가해지는 압력이 30% 줄어든다고 하므로 침대에 누워서 이동할 때 척추가 받는 압박(중력)은 휠체어를 타고 이동할 때의 압박(중력)과 비교할 때 1/8(= 25/140 × 0.7)에 불과하다고 할 것이어서 망 BBB이 원고로 하여금 침대가 아닌 휠체어 등의 이동으로 검사를 받게 한 의료행위에 과실이 있다는 취지로 주장한다.

갑 제26호증의 2 내지 5의 각 기재와 변론 전체의 취지에 의하면, 나켐슨의 연구 결과, 자세에 따른 요추 3번 디스크에 주는 압박(중력)은 똑바로 누워 있을 때 25, 똑바로 서 있을 때 100, 등받이 없는 의자에 똑바로 앉아 있을 때 140, 등받이 있는 의자에 허리를 등받이에 밀착하여 등과 허리를 펴고 의자 안까지 깊숙이 앉는 경우 척추 등에 가해지는 압력이 30% 줄어드는 사실이 인정되므로, 이에 따를 경우 등받이 있는 의자에 허리를 등받이에 밀착하여 등과 허리를 펴고 바로 앉아 있는 경우의 요추 3번 디스크에 주는 압박(중력)은 98(= 140 × 0.7)로서 똑바로 누워 있는 경우의 그 압박 25보다 약 4배(≒ 98 ÷ 25)에 이르는 점을 알 수 있기는 하다.

그러나 나켐슨의 위 연구자료는 단순히 일반적인 인체 자세에 따라 척추에 미치는 중력의 변화를 보여줄 뿐 뼈의 압박률에 직접 변화를 일으킬 수 있는 중력의 크기인지 불명확한 것으로 보일 뿐만 아니라, 을 제2, 4, 5, 7호증(가지번호 있는 것은 가지번호 포함)의 각 기재와 제1심법원의 대한의료감정학회에 대한 2018. 7. 17.자 신체감정촉탁 결과에 의하여 인정되는 다음과 같은 사실 내지 사정들, 즉 망 BBB은 원고가 최초 내원 당시 절대 침상 안정의 정도는 아니어서 굳이 스트레쳐카(Stretcher Car, 이동침대)가 아닌 보행, 휠체어 이동으로 검사를 받는 데 무리가 없다고 판단하였다고 진술한 점, 한국의료분쟁조정중재원은 원고와 같은 쐐기형 척추체 압박골절은 안정골절로서 장시간 여행을 하거나 활동이 필요한 경우 보조기 착용이 권장되기는 하지만 일상생활 근거리 이동시 보조기 착용 여부와 압박률 증가와는 연관성이 없다는 의학적 소견을 밝힌 점, 대구광역시의사회는 대구지방검찰청의 의료자문 의뢰에 50% 이하의 심하지 않은 척추 골절에서 약 1시간 30분의 휠체어 이동이 압박률을 심하게 악화시켰다고 보기는 힘들며, 휠체어 이동을 통해 검사가 가능할 것이라는 주치의의 판단 또한 잘못된 결정이라고 보기 힘들다고 의학적 소견을 밝힌 점, 대한의료감정학회는 원고에 대하여 2014. 8. 4. 시행한 흉요추 및 전척추 MRI에서 신경손상으로 인한 증상은 없는 것으로 보이고 안정성 추체골절로 판단한 점 등에 비추어, 원고가 제출한 증거들만으로는 망 BBB이 원고로 하여금 침대가 아닌 휠체어 등의 이동으로 검사를 받게 한 의료행위에 과실이 있었다고 인정하기에 부족하고, 달리 이를 인정할 증거가 없다.

따라서 원고의 위 주장은 이유 없다.

[원고는 당심 변론종결 이후인 2019. 12. 24., 2020. 1. 13.에 각 변론재개를 신청하였으나, 원고의 그 주장이 기존 주장과 크게 다르지 않고, 압박변형률 측성 시 단순방사신 측면영상으로 측정하였어야 하는데 그렇게 하지 않은 과실이 있다는 취지의 주장에 관하여 보면, 앞서 든 이유들과 제1심법원의 대한의료감정학회에 대한 각 신체감정촉탁 결과에 의하면 원고의 척추골절 발생원인은 이 사건 사고(낙상, 100%)로 회신된 사실이 인정되므로 원고의 척추골절은 외상성 골절이라고 봄이 상당한데 원고가 내세우는 위 측정방법은 골다공증성 압박골절의 경우 원칙적인 방법에 해당하는 것으로 보이므로 원고가 제출한 자료들을 더하여 보더라도 위 주장을 받아들이기 어렵다. 따라서 원고의 위 재개신청들은 모두 받아들이지 않는다.]

3. 결론

원고의 피고들에 대한 청구는 모두 이유 없으므로 기각하여야 한다. 제1심판결은 이와 결론을 같이 하여 정당하므로 원고의 항소는 모두 이유 없어 기각한다.

02 경추부 신경차단술 후 척수경색증이 발생한 Case

사례 2 경추부 신경차단술 후 척수경색증 발생 사례

이 판례는 58세 남성 환자가 경추부 신경차단술 후 척수경색증이 발생한 사례를 다루고 있습니다. 본 사례는 의료 시술의 위험성과 법적 책임에 대한 중요한 논의를 제공합니다. 특히, 트리암시놀론 사용에 대한 규제와 시술 후 발생한 부작용에 대한 법원의 판단을 통해 의료진의 주의 의무와 설명 의무의 중요성을 강조합니다.

1. 기초 사실

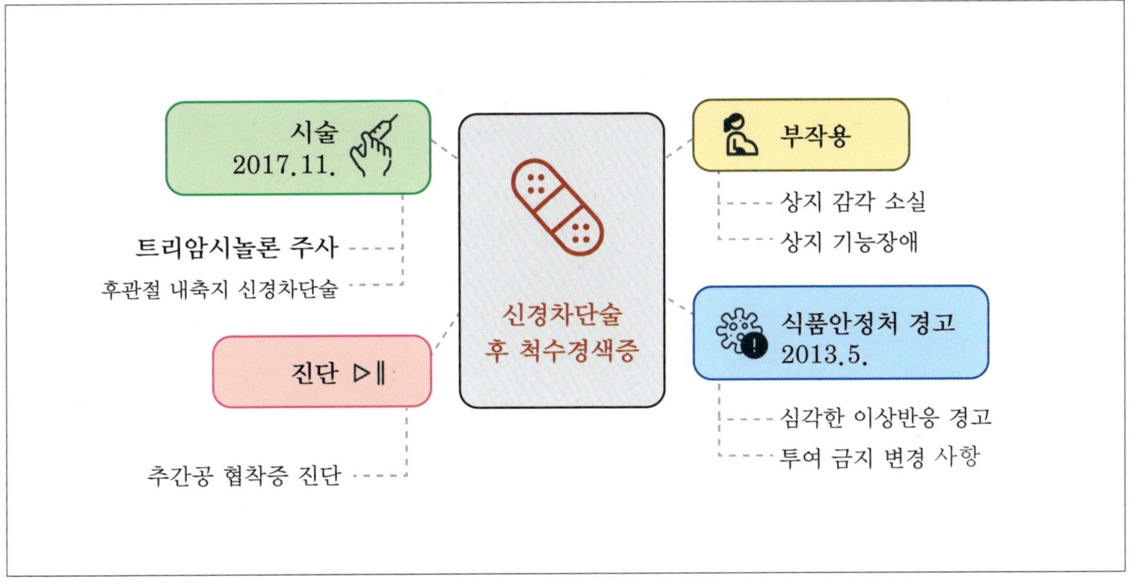

58세 남성 환자는 제6-7번 좌측 추간공 협착증 진단을 받았습니다. 피고 의사는 구두로 신경차단술의 부작용을 설명한 후, 초음파 가이드하에 제6-7 추간공 부위에 트리암시놀론을 사용하여 신경차단술을 시행하였습니다. 그러나 시술 후 환자는 상지 감각 및 운동 기능 소실 증상을 나타내었고, 이후 척수경색으로 확인되었습니다. 참고로, 식품안전처는 2013년 5월부터 트리암시놀론 주사제를 경막외 또는 척수강내에 주사할 경우 심각한 이상반응을 초래할 수 있다는 이유로 이러한 투여를 금지하였습니다.

2. 법적 판단

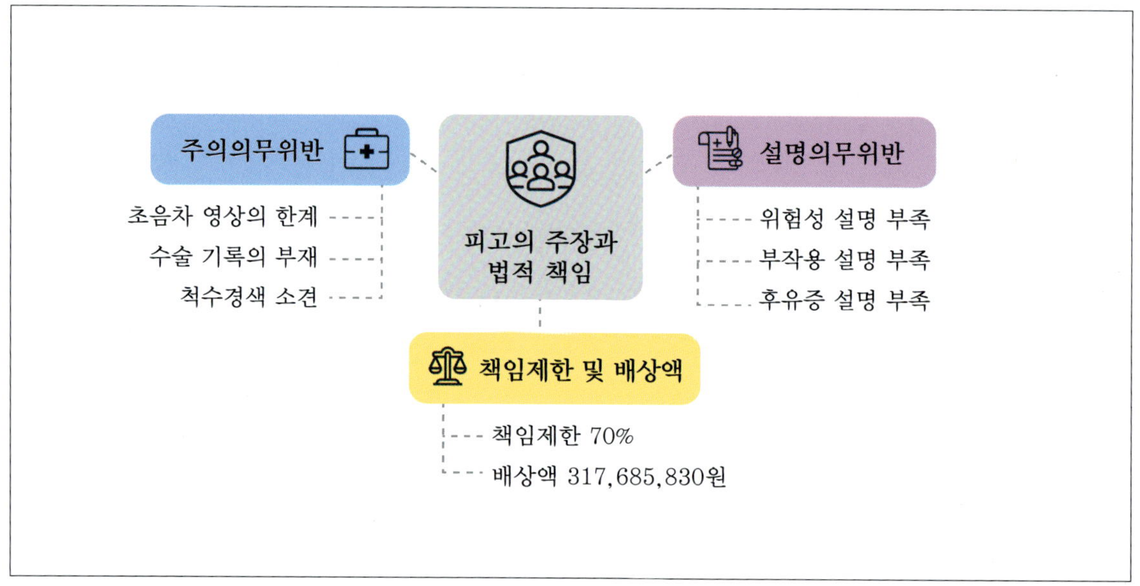

피고는 후관절 내측지 신경차단술에 트리암시놀론 사용이 금지되지 않았다고 주장하였으나, 법원은 주의의무 위반 및 설명의무 위반을 인정하였습니다. 법원의 판단 이유는 다음과 같습니다. 초음파 영상만으로는 시술이 어느 부위에 이루어졌는지 알 수 없으며, 수술 기록에 후관절 내측지를 시술 대상으로 하였다는 기록이 없는 반면, 좌측 6-7 추간공 부위에 신경차단을 하였다는 기록이 명확히 기재되어 있습니다. 또한, 시술 후 MRI, 근전도 검사, 신경유발 검사 소견에서 척수경색 소견이 확인되었습니다. 이에 따라 피고의 책임제한 비율은 70%로 정해졌으며, 피고 병원의 배상액은 317,685,830원으로 산정되었습니다.

신경차단술은 개원가에서 흔히 시행되는 시술이지만, 시술 후 심정지, 긴장성기뇌증, 감염, 개복수술 등의 부작용이 발생할 수 있어 소송이 빈번하게 발생하고 있습니다. 최근 2년간 이와 관련된 사례가 6건이나 발생하였습니다.

이 사례는 의료진이 환자에게 충분한 정보를 제공하고, 시술의 위험성을 인지하도록 하는 것이 얼마나 중요한지를 잘 보여줍니다.

서울중앙지방법원 2016가합570485

진 단 명	경추 6-7번 추간공협착증
사 고 내 용	경추부 신경차단술 후 척수경색증이 발생
책 임 제 한	70%
판 결	원고 일부 승
의 사 과 오	주의의무 위반, 설명의무위반
배 상 액 (원)	317,685,830원

원 고 1. AAA

2. BBB

3. CCC

4. DDD

피 고 EE의료소비자생활협동조합

피 고 인수참가인 의료법인EE의료재단

판 결 선 고 2018. 4. 18.

주 문

1. 피고 및 피고 인수참가인은 공동하여 원고 AAA에게 317,685,830원, 원고 BBB에게 4,000,000원, 원고 CCC, DDD에게 각 3,000,000원 및 위 각 돈에 대하여 2015. 11. 24.부터 2018. 4. 18.까지는 연 5%, 그 다음날부터 다 갚는 날까지는 연 15%의 각 비율로 계산한 돈을 지급하라.
2. 원고들의 피고 및 피고 인수참가인에 대한 나머지 청구를 각 기각한다.
3. 소송비용 중 1/2은 원고들이, 나머지는 피고 및 피고 인수참가인이 각 부담한다.
4. 제1항은 가집행할 수 있다.

청 구 취 지

피고 및 피고 인수참가인은 공동하여 원고 AAA에게 637,194,966원, 원고 BBB, CCC, DDD에게 각 5,000,000원 및 위 각 돈에 대하여 2015. 11. 24.부터 2017. 10. 25.자 청구취지 및 청구원인 변경신청서 부본 송달일까지는 연 5%, 그 다음날부터 다 갚는 날까지는 연 15%의 각 비율로 계산한 돈을 지급하라.

이 유

1. 기초사실

가. 당사자들의 지위

원고 AAA은 피고가 운영하였던 FF병원(이하 '피고 병원'이라 한다)에서 경추부 신경차단술을 시행받은 사람이고, 원고 BBB은 원고 AAA의 처, 원고 CCC, DDD은 원고 AAA의 자녀들이다.

1) 피고는 2015. 1.경부터 2016. 10.경까지 피고 병원을 개설 · 운영한 의료소비자 생활협동조합이고, 피고 인수참가인은 2016. 11.경부터 현재까지 피고 병원을 개설 · 운영하고 있는 의료법인이다.

나. 원고 AAA에 대한 신경차단술의 시행 등

1) 원고 AAA은 2015. 3. 9. 좌측 상지 측면 부위의 통증 등을 호소하며 피고 병원에 내원하여 건염 진단을 받고 통증 완화를 위해 근육통증유발점주사(TPI)를 맞았고, 그 후에도 2015. 4.경까지 몇 차례에 걸쳐 피고 병원에 내원하여 치료를 받았다.

2) 원고 AAA은 2015. 11. 21. '고개를 우측으로 돌리면 왼손과 팔이 짜릿한 느낌이 있다'고 증상을 호소하며 서울연합의원에 내원하였고, 위 병원에서 신경뿌리병증을 동반한 경추간판장애 진단을 받았다.

3) 이후 원고 AAA은 2015. 11. 23. 경추부 통증 및 좌측 상지의 통증 등을 호소하며 피고 병원에 내원하였고, 피고 병원 의료진은 경추 전산화단층(CT) 촬영 검사 등을 시행하여 경추 6-7번 좌측 추간공 협착증으로 진단하고, 같은 날 13:05경 초음파를 이용하여 신경차단술

(이하 '이 사건 시술'이라 한다)을 시행하였다. 피고 병원 의료진은 이 사건 시술에 트리암시놀론(triamcinolone) 2cc 및 리도카인(lidocaine) 2cc를 사용하였고, 의사지시서(갑 제2호증, 을 제1호증)에는 "Nerve block on Lt. C6-7 foraminal space under ultrasound guide"를 시행한 것으로 기재되어 있다.

4) 원고 AAA은 이 사건 시술 후 왼쪽 상지 감각 및 운동기능의 소실 증상을 호소하였는데, 시술 당일 23:30경 손끝 감각이 회복되었고 운동기능의 장애는 계속되었다. 이에 원고 AAA은 이 사건 시술 다음날인 2015. 11. 24. 상급의료기관으로 전원을 요청하였고, 피고 병원 의료진은 "초음파하 좌측 제6-7번 경추부 후지내측지 차단술 시행 후 좌측 제6-7번 경추부 신경진탕에 관련된 증상 발생", "신체검사상 운동신경마비증상이 있어 정밀진단을 요하는 상태"라고 기재된 소견서를 작성하여 주었다.

5) 원고 AAA은 2015. 11. 24. 분당서울대학교병원으로 전원하여 '손가락은 못 움직이고 어깨만 조금 움직이는 정도이며 감각은 모두 괜찮다'고 증상을 설명하였다. 위 병원의 의료진은 원고 AAA에 대하여 경추 자기공명영상(MRI) 촬영 검사 등을 시행하여 척수손상이 의심된다는 소견을 제시하였고, 스테로이드 펄스 요법(steroid pulse therapy), 물리치료 및 운동치료 등을 시행하였다.

다. 원고 AAA의 현재 상태

원고 AAA은 신체감정이 이루어진 2017. 6.경 현재 척수경색증 및 제5경수에서 제1경수까지 전각세포 손상 소견으로, 좌측 손과 손목 및 하지의 저린감, 둔감 및 통증을 호소하고 있다. 또한, 좌측 손과 팔 부위의 근육이 위축되어 좌측 손으로 물체를 옮기거나 작은 물체를 잡을 수 없는 좌측상지 기능장애가 있고, 좌측 손을 이용한 식사 및 목욕시 일부 타인의 도움이나 보조도구의 사용이 필요한 상태이다.

라. 관련 의학지식

1) 경추간판장애

경추간판장애는 추간판 조직의 생화학적 및 형태학적 변화로 경추부 통증이나 신경증상, 척추의 기능 장해를 일으키는 질환으로 척추 관절과 추간판의 나이에 따른 변화 외에 추간판 간격의 감소 등 변성에 의해 발생한다. 주요 병변 부위 및 임상 양상에 따라 축성 경부통(axial neck pain), 경추 신경근증(cervical radiculopathy), 경추척수증(cervical myelopathy) 등의 증상이 발생할 수 있다. 보존적 치료로 물리치료 내지 신경차단술 등이 시행될 수 있으며 위와 같은 치료에도 불구하고 신경근 및 척수 압박 증상이 증가하는 경우에는 수술적 치료를 시행할 수 있다.

2) 신경차단술

경추간판장애의 치료방법으로 ① 경추간공 경막외 신경차단술(transforaminal epidural block) 또는 경추 신경근 차단술(cervical nerve root block)과 ② 후관절 내 측지 신경차단술(medial branch block of facet joints) 등이 고려된다.

① 경추간공 경막외 신경차단술 및 경추 신경근 차단술의 적응증에는 경추 신경근 압박에 의한 통증, 경추의 척추관 또는 추간공 협착증 등이 있고, 환자를 똑바로, 옆으로 또는 엎드린 자세로 눕히고 전산화단층(CT) 촬영 또는 조영장치(fluoroscopy)를 이용해 추간공과 후관절주의 위치를 확인하고 추간공 후방의 후관절 돌기에 바늘을 삽입하여 약물을 주입하거나 초음파를 이용해 후관절주(articular pillar)와 횡돌기의 위치를 확인하고 횡돌기의 전결절(anterior tubercle)과 후결절 사이에 위치하는 신경근에 바늘을 삽입하여 약물을 주입하는 방법이 이용된다. 경추의 추간판장애나 협착증에 의해 유발된 신경근 주위의 염증반응 감소 및 경추부, 어깨 주위 통증 등의 완화 효과가 있으며, 합병증으로 감염, 출혈 및 경막외 혈종, 경막 천공 및 두통, 혈관 내 약물 주입, 직접적인 신경 손상, 사지마비, 척수경색 등이 있다.

② 후관절 내측지 신경차단술의 적응증에는 경추 후관절의 국소 동통, 경추 신전 또는 회전시 악화되는 경부 통증, 연관통 및 후관절 퇴행성 질환 등이 있고, 환자를 똑바로, 옆으로 또는 엎드린 자세로 눕히고 전산화단층(CT) 촬영 또는 조영장치를 이용해 후관절주의 위치를 확인하고 후관절주 중앙 부위에 바늘을 삽입하여 약물을 주입하는 방법이 이용된다. 위 시술은 경추의 퇴행성 질환으로 인해 후관절부에서 유래되는 통증이 의심되는 경우 후관절 부위를 신경지배하는 신경근 후지(dorsal rami)의 내 측지(medial branch)를 대상으로 한다. 후두부, 경추부, 어깨 주위 통증 완화 효과가 있으며, 합병증으로 통증, 척수 또는 신경근 손상, 감염, 일시적인 사지마비 등이 있다.

[인정근거] 다툼 없는 사실, 갑 제1 내지 3, 22 내지 25호증, 을 제1 내지 3, 5, 8호증의 각 기재 또는 영상, 이 법원의 한국의료분쟁조정중재원장에 대한 2016. 10. 13.자 및 2017. 2. 8.자 각 진료기록감정촉탁결과, 이 법원의 순천향대학교 서울병원장에 대한 신체감정촉탁결과, 변론 전체의 취지

2. 당사자들의 주장

가. 원고들

피고 병원 의료진의 아래와 같은 과실로 인하여 원고 AAA은 척수손상 및 좌측 상지 기능장애 등을 입게 되었으므로, 피고는 위 의료진의 사용자로서 원고 AAA 및 그의 가족인 나머지 원고들에게 불법행위에 기한 손해배상책임을 부담한다. 또한, 피고인수참가인은 피고로부터 피고 병원에 관한 권리의무를 인수하거나 그 영업을 양수하여 피고 병원을 운영하고 있으므로, 영업양수인 등의 지위에서 피고와 공동하여 원고들에게 손해배상책임을 부담한다.

1) 피고 병원 의료진은 이 사건 시술에 따른 후유증 등을 예방하기 위해 위 시술에 사용할 약물을 신중하게 선택하고 투여할 주의의무가 있음에도, 이에 위반하여 경추간공 경막외 신경차단술 또는 경추 신경근 차단술을 시행하면서 경막외 또는 척수강내 투여가 금지된 트리암시놀론을 투여하여 척수손상을 야기한 과실이 있다.

2) 피고 병원 의료진은 이 사건 시술에 따른 위험을 방지하는 조치를 취하지 않고 단지 초음파에 의지하여 바늘을 삽입함에 따라 이 사건 시술 과정에서 원고 AAA의 척수를 직접적으로 손상시킨 과실이 있다.

3) 원고 AAA이 이 사건 시술 이후 감각상실 및 통증을 호소하였음에도 피고 병원 의료진은 아무런 조치를 취하지 않은 채 원고 AAA을 방치하였고, 상급병원으로 전원을 지체한 과실이 있다.

4) 피고 병원 의료진은 원고 AAA에게 이 사건 시술에 앞서 시술의 위험성 및 부작용으로 신경손상의 가능성에 관하여 설명을 하지 않는 등 설명의무를 위반함으로써 치료방법을 선택할 수 있는 원고 AAA의 자기결정권을 침해하였다.

나. 피고

1) 피고 병원 의료진은 초음파를 이용해 좌측 경추 6-7번 추간공에서 빠져나오는 신경을 확인한 후 후외측에서 바늘을 삽입하여 후관절부에 위치한 좌측 경추 7번 신경의 후지내측 신경분지 부위에 신경차단술을 시행하였고, 트리암시놀론은 이러한 후관절 내측지 신경차단술에 사용이 금지된 바 없으므로 약물투여와 관련된 과실이 없다.

2) 피고 병원 의료진은 의학적으로 권고되는 기준에 따라 초음파를 이용해 이 사건 시술을 시행하였고, 위 시술 과정에서 원고 AAA의 척수를 손상시킨 사실이 없다.

3) 원고 AAA이 이 사건 시술 후 약간의 어지러움을 호소하는 등 신경진탕 증상을 보임에 따라 응급실로 옮겨 집중 관찰을 하였고, 이후 좌측 손가락의 감각이 거의회복되는 등 별도의 의학적 처치가 필요한 상황이 아니었다. 다만 원고 AAA이 전원을 희망하여 상급병원으로 전원한 것이다.

4) 피고 병원 의료진은 이 사건 시술에 앞서 원고 AAA에게 환자의 상태와 이사건 시술의 필요성 및 위험싱 등에 관하여 설명하고 구두로 동의를 받았다.

다. 피고 인수참가인

피고 인수참가인은 발기인들로부터 토지, 건물 및 의료기기 등을 출연받아 피고 병원을 개설 · 운영하면서 피고로부터 일부 물적 자산만을 양수하여 설비를 보충하였을 뿐이고, 피고와 피고 병원에 관한 영업양도계약을 체결하거나 피고의 권리의무를 승계한 사실이 없으므로 영업양수인으로서 책임을 부담하지 않는다. 설령 영업양수인으로서 책임을 부담한다고 하더라도 피고 병원 의료진의 과실이나 설명의무 위반이 인정되지 않으므로 원고들에 대한 손해배상책임이 인정되지 않는다.

3. 손해배상책임의 발생

가. 피고의 손해배상책임의 발생 여부

1) 관련 법리

의사의 의료행위가 그 과정에 주의의무 위반이 있어 불법행위가 된다고 하여 손해배상을 청구하는 경우에도 일반의 불법행위와 마찬가지로 의료행위상의 과실과 손해발생 사이에 인과관계가 있어야 하고, 이에 대한 증명책임은 환자 측에서 부담하지만, 의료행위는 고도의 전문적 지식을 필요로 하는 분야로서 전문가가 아닌 일반인으로서는 의사의 의료행위의 과정에 주의의무 위반이 있었는지 여부나 그 주의의무 위반과 손해발생 사이에 인과관계가 있는지 여부를 밝혀내기가 극히 어려운 특수성이 있으므로, 수술 도중이나 수술 후 환자에게 중한 결과의 원인이 된 증상이 발생한 경우 그 증상의 발생에 관하여 의료상의 과실 이외의 다른 원인이 있다고

보기 어려운 간접사실들이 증명되면 그와 같은 증상이 의료상의 과실에 기한 것이라고 추정할 수 있다(대법원 2012. 5. 9. 선고 2010다57787 판결 등 참조).

2) 약물투여상의 과실 주장에 관한 판단

살피건대, 피고 병원 의료진이 이 사건 시술에 트리암시놀론 2cc 및 리도카인 2cc를 사용한 사실, 위 시술 과정에 작성된 의사지시서(갑 제2호증, 을 제1호증)에는 “Nerve block on Lt. C6-7 foraminal space under ultrasound guide”를 시행한 것으로 기재되어 있고, 피고 병원 의료진이 2015. 11. 24. 작성한 소견서에는 “초음파하 좌측 제6-7번 경추부 후지내측지 차단술 시행”이라고 기재되어 있는 사실은 앞서 본 바와 같고, 이 법원의 한국의료분쟁조정중재원장에 대한 2016. 10. 13.자 및 2017. 2. 8.자 각 진료기록감정촉탁결과 및 변론 전체의 취지에 의하면, 식품의약품안전처는 2013. 5.경부터 트리암시놀론 함유 주사제를 경막외 또는 척수강내에 투여할 경우 척수경색, 하반신 마비, 사망 등 심각한 이상반응이 나타날 수 있다는 이유로 ‘트리암시놀론은 경막외 또는 척수강내로 투여하지 않는다’고 사용상 주의사항을 변경지시한 사실이 인정된다.

위 인정사실에 앞서 든 증거들 및 변론 전체의 취지를 종합하여 인정되는 다음과 같은 사정들에 비추어 보면, 피고 병원 의료진은 신경차단술에 사용할 약물을 신중히 선택하고 사용할 주의의무가 있음에도 이 사건 시술을 시행함에 있어 경막외 또는 척수강내 투여가 금지된 트리암시놀론을 경막외 추간공 내지 그에 가까운 신경근 주위에 투여되도록 하는 등 주의의무를 다하지 아니한 과실로 인하여 원고 AAA에게 이 사건 시술 후 척수손상 등의 증상이 발생하였다고 봄이 상당하고, 원고 AAA의 현재 상태가 피고 병원 의료진의 위와 같은 과실이 아니라 전혀 다른 원인으로 인하여 발생하였다고 볼만한 사정이 없는 이상, 피고는 피고 병원 의료진의 사용자로서 위와 같은 의료상 과실로 인하여 원고들이 입은 손해를 배상할 책임이 있다.

가) 이 사건 시술 당시 트리암시놀론은 척수경색 등의 이상반응이 보고되어 경막외 내지 척수강내 투여가 금지된 상태였으므로, 피고 병원 의료진으로서는 이 사건 시술에 트리암시놀론을 사용함에 있어서 경막외 추간공 부위에 위 약물이 직접 투여되거나 그에 인접한 신경근 가까이 투여되어 경막외 등으로 주입되지 않도록 주의를 기울일 필요가 있었다고 할 것이다.

나) 피고 병원 의료진은 이 사건 시술 당시의 초음파 영상 및 2015. 11. 24. 작성된 소견서 기재를 근거로 후관절 내측지 신경차단술을 시행하였고 후관절 내측지 부위에 트리암시놀론을 투여하는 것이 문제되지 않는다는 취지로 주장하고, 그 시술 과정에 대해 ‘주사바늘

을 삽입하여 신경 자극 증상을 일으키고 초음파를 통해 좌측 경추 6-7번 추간공에서 빠져나오는 신경을 확인 후 주사기를 약간 뒤로 후퇴시킨 후 후관절부에 위치한 좌측 경추 7번 신경의 후지내측 신경분지 부위에 트리암시놀론 및 리도카인 혼합액을 주입하였다'고 설명하였다. 그러나 이 사건 시술 당시의 초음파 영상만으로는 이 사건 시술이 어느 부위에서 이루어졌는지를 알 수 없으므로, 위 영상을 근거로 이 사건 시술이 경막외 부위와 무관하게 후관절 내측지 부위에서만 이루어진 것이라고 단정할 수 없다. 나아가 이 사건 시술 당시에 작성된 의사오더지(갑 제2호증, 을 제1호증) 및 영상의학검사 결과지(을 제2호증)에 후관절 내측지를 시술 대상으로 했다는 내용은 없는 반면 '좌측 6-7번 추간공 부위에 신경차단을 하였다'는 내용이 기재되어 있는 점, 진료기록감정의는 위와같은 시술 과정에 대해 '일반적으로 경추간공 경막외 차단술 또는 신경근 차단술시 시행되는 과정으로 주사바늘에 의한 신경근 자극 증상으로 신경근의 위치를 확인하게 된다', '후관절 내측지 신경차단술의 경우 내측지의 크기가 작아 주사바늘에 의한 신경자극 증상을 확인하기가 쉽지 않으며 대개 자극 증상 확인 없이 약물을 주입하게 된다'는 의견을 밝힌 점 등을 고려하면, 이 사건 시술은 경막외 추간공 부위나 그에 인접한 신경근 주위에서 이루어진 것으로 보인다.

다) 분당서울대학교병원 의료진은 이 사건 시술 다음날인 2015. 11. 24. 촬영된 자기공명영상(MRI) 결과에 따라 원고 AAA의 척수가 손상되었을 가능성이 있다는 소견을 제시한 바 있다. 또한, 2015. 12. 16. 분당서울대학교병원 재활의학과에서 시행된 신경전도검사, 근전도검사 및 유발전위검사 결과에 의하더라도, 원고 AAA은 일시적인 신경진탕의 가능성보다는 이 사건 시술 후 발생한 급성 척수손상의 가능성이 높다는 것이다.

라) 후관절 내측지 신경차단술은 경추의 후관절 부위에 위치한 내측지 신경 부위에 약물을 주입하는 방법이고, 이는 추간공이나 그에 인접한 신경근에 직접 약물을 주입하는 경추간공 경막외 차단술 또는 경추 신경근 차단술과 달리 추간공으로부터 상대적으로 멀리 떨어진 신경분지를 대상으로 한다. 피고의 주장과 같이 이 사건 시술이 후관절 내측지 부위에서만 이루어진 것이라면 위와 같은 해부학적 위치 등에 비추어 원고 AAA에게 위 다)항과 같은 척수손상 소견이 확인되는 이유를 설명하기 어렵다.

마) 그렇다면 이 사건 시술 과정에서 트리암시놀론이 경막외 추간공 부위나 그에 인접한 신경근 가까이에 주입됨으로써 척수손상의 부작용이 발생한 것으로 보이고, 원고 AAA에게 그와 다른 이유로 척수손상 등이 발생하였다고 볼만한 사정을 찾을 수 없다.

3) 이 사건 시술상의 과실 주장에 관한 판단

살피건대, 원고 AAA은 이 사건 시술 다음날인 2015. 11. 24. 분당서울대학교병원에서 시행한 경추 자기공명영상(MRI) 촬영 검사 결과 척수손상 소견으로 스테로이드 펄스 요법, 물리치료 및 운동치료 등을 시행받은 사실은 앞서 본 바와 같다.

그러나 앞서 든 증거들에 을 제4호증의 기재 및 변론 전체의 취지를 종합하여 인정되는 다음과 같은 사정들 즉, ① 경추간판장애 치료를 위해 경추간공 경막외 신경차단술 또는 경추 신경근 차단술 내지 후관절 내측지 신경차단술이 시행될 수 있는데, 이러한 시술은 환자를 똑바로, 옆으로 또는 엎드린 자세로 눕힌 후 조영장치 등을 이용해 위치를 확인하고 약물을 주입하는 방식으로 행해지는 점, ② 피고 병원 의료진은 원고 AAA을 옆으로 눕힌 상태에서 초음파를 이용하여 이 사건 시술을 시행하였는데 초음파를 이용한 시술 역시 통상적으로 행해지는 신경차단술의 시행방법에 해당하는 점, ③ 이 사건 시술에 사용된 약물이 경막외 또는 척수강내 투여가 금지되어 있는지 여부는 별론으로, 피고 병원 의료진이 이 사건 시술 과정에서 술기상의 잘못으로 직접적으로 원고 AAA의 척수를 손상시켰다고 볼만한 사정은 찾기 어려운 점 등에 비추어 보면, 위 인정사실만으로는 피고 병원 의료진이 이 사건 시술상의 과실로 원고 유한석의 척수를 직접 손상시켰다고 인정하기 부족하고, 달리 이를 인정할 증거가 없다.

4) 이 사건 시술 이후 조치 및 전원지체 과실 주장에 관한 판단

살피건대, 앞서 든 증거들에 을 제6 내지 8호증(가지번호 있는 것은 각 가지번호 포함)의 각 기재 및 변론 전체의 취지를 종합하여 인정되는 다음과 같은 사정들 즉, ① 원고 AAA은 이 사건 시술 이후 좌측 상지의 근력약화 및 감각이상 증상을 호소하였으나 시술 당일 23:30경 좌측 손끝의 감각이 회복되었고 시술 다음날인 2015. 11. 24. 분당서울대학교병원으로 전원 후 시행한 검사 결과에 의하더라도 감각에는 이상소견이 없었던 점, ② 경추간공 경막외 신경차단술 또는 경추 신경근 차단술 시행 후 일시적으로 신경근 마비 증상이 나타나는 경우는 드물지 않고 후관절 내측지 신경차단술의 경우에도 신경근 가까이에 약물이 주입된 경우 일시적 마비 증상이 발생할 수 있는 점, ③ 그렇다면 피고 병원 의료진으로서는 원고 AAA에게 일시적으로 운동 및 감각기능이 소실되는 신경진탕이 발생한 것으로 의심할 수 있었다고 보이는 점, ④ 달리 피고 병원 의료진의 원고 AAA에 대한 경과관찰 과정에 잘못이 있다거나 원고 AAA에 대해 응급조치를 취할 필요가 있었다고 볼만한 사정은 찾기 어렵고, 원고 유한석의 요청으로 이 사건 시술 다음날인 2015. 11. 24. 분당서울대학교병원으로 전원하게 된 것인 점 등에 비추어 보면, 원고들이 제출한 증거들만으로는 피고 병원 의료진이 이 사건 시술 이후 필요한 조치를

취하지 않았다거나 전원을 지체한 과실이 있다고 인정하기 어렵고, 달리 이를 인정할 증거가 없다.

5) 설명의무 위반 주장에 관한 판단

살피건대, 피고 병원 의료진이 이 사건 시술에 앞서 원고 AAA에게 신경차단술의 위험성 및 부작용, 후유증 등에 관하여 설명하였다고 인정할 아무런 증거가 없으므로, 피고 병원 의료진은 이 사건 시술과 관련하여 설명의무를 위반하여 원고 AAA의 자기결정권을 침해하였다고 봄이 상당하다.

이에 대하여 피고는, 원고 AAA의 현재 상태가 이 사건 시술로 인한 것이 아니므로 설명의무의 대상에 포함되지 않는다는 취지로 주장하나, 피고 병원 의료진이 이 사건 시술을 시행함에 있어 경막외 투여가 금지된 트리암시놀론을 경막외 추간공내지 그에 가까운 신경근 주위에 투여되도록 하는 등 주의의무를 다하지 아니한 과실로 원고 AAA에게 척수손상 등의 증상이 발생하였다고 봄이 상당함은 앞서 본 바와 같고, 그렇다면 이 사건 시술의 위험성 및 부작용 등은 설명의무 대상에 포함된다고 할 것이므로 이와 다른 전제에서 한 피고의 위 주장은 이유 없다.

6) 책임의 제한

앞서 든 증거들에 변론 전체의 취지를 종합하면, 원고 AAA은 이 사건 시술 이전에도 경추부 통증이 있는 상태였고, 일반적으로 신경차단술을 시행하는 경우에도 신경손상 등의 부작용이 발생할 수 있음을 알 수 있고, 여기에 이 사건 시술 당시 원고 AAA의 전반적인 건강 상태, 피고 병원 의료진의 의료상 과실의 정도와 그로 인하여 원고 AAA에게 발생한 결과 등 변론에 나타난 여러 사정들을 종합하여 보면, 피고의 손해배상책임을 70%로 제한함이 상당하다.

4. 손해배상책임의 범위

원고들이 피고 병원 의료진의 과실로 인하여 입게 된 손해는 아래와 같다. 계산의 편의상 기간은 월 단위로 계산함을 원칙으로 하되, 원 미만 및 마지막 월 미만은 버리며, 이 사건 시술일인 2015. 11. 23. 당시로의 현가 계산은 월 5/12%의 비율에 의한 중간이자를 공제하는 단리할인법에 따른다.

가. 재산상 손해

1) 일실수입 : 71,211,201원

가) 인적사항 및 평가내용

(1) 성별 : 남자

(2) 생년월일 : 1957. 9. 22.

(3) 이 사건 시술일인 2015. 11. 23. 당시 연령 : 58세 2개월 1일

(4) 기대여명 및 여명종료일 : 2039. 10. 7.

이에 대하여 원고 AAA은, 기대여명이 26년이라고 주장하나, 통계청이 발간하는 한국인 완전생명표에 의하면, 2015년을 기준으로 한 만 58세 남성의 기대여명은 23.89년이므로, 이 사건 시술일인 2015. 11. 23. 당시 만 58세 2개월 1일이던 원고 AAA의 기대여명도 23.89년이고, 그에 따라 계산한 여명종료일은 2039. 10. 7.로 봄이 상당하다.

(5) 노동능력상실률 : 50%

이 법원의 순천향대학교 서울병원장에 대한 신체감정촉탁결과 및 변론 전체의 취지에 의하면, 원고 AAA의 노동능력상실률은 영구적으로 50%(맥브라이드 장해평가표 말초신경편 상지 Ⅰ-A-4-b 항목의 90% 수준, 직업계수 3, 신체감정의는 원고 AAA이 사무직 근로자임을 전제로 직업계수 5를 적용하였으나, 신경계 항목에 해당하므로 직업계수 3을 적용한다)라고 봄이 상당하다.

(6) 직업 및 소득

갑 제21호증의 기재, 이 법원의 주식회사 SS솔라에너지(주식회사 SS이 엔지로 상호가 변경된 것으로 보인다, 이하 상호변경 전후를 구분하지 않고 'SS솔라 에너지'라 한다)에 대한 2017. 3. 24.자 및 2017. 12. 19.자 각 사실조회결과 및 변론 전체의 취지에 의하면, 원고 AAA이 SS솔라에너지에 근무하며 2015년도에 합계 77,968,830원의 소득을 얻은 사실이 인정되므로, 일실수입 산정의 기초가 되는 소득은 월 6,497,402원(= 77,968,830원 / 12개월)으로 본다.

이에 대하여 피고 및 피고 인수참가인은, 원고 AAA이 SS솔라에너지에 근무하며 지급받은 급여 소득 중 직무 성과에 따라 지급되는 수당 등은 일실수입 산정의 기초가 되는 소득에서 제외되어야 한다고 주장하나, 이 법원의 SS솔라에너지에 대한 2017.

12. 19.자 사실조회결과에 의하면, 원고 AAA은 SS솔라에너지의 급여규정이 정한 바에 따라 직무 및 직책수당 등을 지급받은 사실을 알 수 있고 이는 정기적이고 일률적으로 지급되는 근로소득에 포함된다고 할 것이므로, 이와 다른 취지의 피고 및 피고 인수참가인의 위 주장은 이유 없다.

(7) 가동연한 : 만 60세가 되는 날의 다음달 말일까지, 2017. 10. 31.

이 법원의 SS솔라에너지에 대한 2017. 12. 19.자 사실조회결과에 의하면, SS솔라에너지의 인사규정 제24조 제3항은 사원의 정년에 따른 퇴사일을 '정년 만 60세에 다다른 다음 달 말일로 한다'고 정하고 있는 사실이 인정되므로, 원고 AAA이 만 60세가 되는 날의 다음달 말일인 2017. 10. 31.을 가동연한으로 본다.

이에 대하여 원고 AAA은, 전문기술 및 지식을 보유한 자로서 정년 이후에도 SS솔라에너지에서 임기가 별도로 정해지지 않은 계약직 전문위원으로서 계속 근무할 수 있었으므로 가동연한은 만 65세가 되어야 한다고 주장한다. 이 법원의 SS솔라에너지에 대한 2017. 12. 19.자 사실조회결과에 의하면 SS솔라에너지의 인사규정 제17조 제4항 제1호가 '이사 중에서 분야별 전문기술/지식을 보유한 자로서 본인의 희망 또는 본부장 추천을 통해 대표이사로부터 선임된 자는 정규직에서 전문위원(계약직)으로 전환할 수 있고 임금피크제를 적용한다'고 정하고 있는 사실, 위 전문위원의 임기는 별도로 정해져 있지 않은 사실은 인정된다. 그러나 위 인정사실만으로는 원고 AAA이 정년 이후 SS솔라에너지에서 전문위원으로 근무할 것으로 확정되어 있었다거나 종전과 같은 수준의 급여를 받으며 65세까지 근무를 할 수 있었다고 보기 어렵고, 달리 이를 인정할 증거가 없다. 따라서 원고 AAA의 이 부분 주장은 받아들이지 않는다(다만 원고 AAA이 정년 이후 전문위원으로 근무할 수도 있었던 사정을 뒤에서 보는 바와 같이 위자료 산정에 참작하기로 한다).

나) 현가 계산

위와 같은 내용을 종합하여 이 사건 시술일인 2015. 11. 23.을 기준으로 일실 수입을 계산하면 아래 표 기재와 같이 71,211,201원이다.

	기간 초일	기간 말일	노임 단가	월수	월소득	상실률	m1	호프만1	m2	호프만 2	m1 −2	적용 호프만	기간일 실수입(원)
1	2015. 11. 23	2017. 10. 31			6,497,402	50	23	21.9199	0	0	23	21.9199	71,211,201
일실수입 합계액(원)													71,211,201

2) 기왕치료비 : 19,557,660원

갑 제6 내지 18호증의 각 기재 및 변론 전체의 취지에 의하면, 원고 AAA이 아래 표 기재(순번 23, 24 제외)와 같이 이 사건 시술로 발생한 증상의 치료를 위해 2015. 11.경부터 2016. 10.경까지 합계 19,557,660원을 지출한 사실이 인정된다.

순번	날짜	병원	비용(원)	순번	날짜	병원	비용(원)
1	2015.11.24. ~2015.12.21.	분당서울 대학교병원	2,091,230	14	2016.3.22.	분당서울 대학교병원	63,510
2	2015.12.21. ~2016.3.19.	분당 러스크병원	3,243,400	15	2016.4.19.		126,650
3	2016.3.19. ~2016.4.30.	자생 한방병원	7,588,570	16	2016.5.12.		79,750
4	2016.5.2. ~2016.5.6.	청담병원	394,560	17	2016.5.13.		170,630
5	2016.5.6. ~2016.7.22.	분당 러스크병원	3,662,750	18	2016.5.16.		4,280
6	2016.5.24.		21,000	19	2016.6.3.		15,740
7	2016.5.31.		111,500	20	2016.6.13.		75,390
8	2016.6.28.		20,000	21	2016.8.12.		121,280
9	2016.7.26. ~2016.10.24	진천 성모병원	1,418,400	22	2016.10.10.		2,000

10	2016.8.4. ~2016.10.25.	광혜원 한의원	156,600	23	2016.4.13.	호산나약국	4,300
11	2016.1.19.	분당서 대학교병원	36,380	24	2016.4.18.		7,000
12	2016.3.15.		29,190	25	2016.8.12.	크린팜약국	10,900
13	2016.3.16.		103,050	26	2016.10.10.	크린팜약국	10,900
합계(순번 23, 24 제외)							19,557,660

원고 AAA은, 위 표 순번 23, 24 각 기재 2016. 4. 13.자 약제비 4,300원 및 2016. 4. 18.자 약제비 7,000원 합계 11,300원도 기왕치료비에 해당한다고 주장하나, 위 각 약제비가 이 사건 시술과 관련하여 지출된 것이라고 인정할 증거가 없고, 오히려 갑 제18호증의 기재 및 변론 전체의 취지에 의하면 위 2016. 4. 13.자 4,300원은 본태성 고혈압 치료제 '프리토플러스정', 2016. 4. 18.자 7,000원은 갑상선항진증 치료제 '부광메티마졸정'의 구입비용인 사실이 인정될 뿐이므로, 원고 AAA의 위 주장은 이유 없다.

이에 대하여 피고 및 피고 인수참가인은, 진단서 및 소견서 발급비용 등은 기왕치료비에서 제외되어야 한다고 주장하나, 앞서 든 증거들 및 변론 전체의 취지에 의하면 각종 진단서 및 소견서 발급비용 역시 이 사건 시술로 발생한 증상 및 손해배상청구소송과 관련하여 지출한 것으로 봄이 상당하므로, 이와 다른 취지의 피고 및 피고인수참가인의 위 주장은 이유 없다.

3) 향후치료비 : 33,224,813원

이 법원의 서울의료원장과 순천향대학교 서울병원장에 대한 각 신체감정촉탁결과 및 변론 전체의 취지에 의하면, 원고 AAA에 대하여 아래 각 항목의 향후치료가 필요하고 그 비용으로 해당 항목의 금액이 소요되는 사실을 인정할 수 있다(계산의 편의상 향후치료비는 연 단위로 지출하는 것으로 계산한다). 다만 원고 AAA이 이 사건 변론종결일까지 위 향후치료비를 지출한 사실을 인정할 증거가 없으므로 이 사건 변론종결일 다음 날부터 이를 시행하는 것으로 보고 그 현가를 계산하면, 해당 부분 계산표 기재와 같고, 그 합계는 33,224,813원(= 1,360,066원 + 1,775,750원 + 14,786,153원+ 15,302,844원)이다.

가) 외래진료비 : 여명종료일까지 매년 97,320원

종류	외래진료비	수명(년)	1
단가	97,320	수명(월)	0
최초필요일	2018.03.15	수치합계	13.9752
필요최종일	2039.10.07	비용총액	1,360,066

순번	필요일시	월수	호프수치
1	2018-03-15	27	0.8988
2	2019-03-15	39	0.8602
3	2020-03-15	51	0.8247
4	2021-03-15	63	0.792
5	2022-03-15	75	0.7619
6	2023-03-15	87	0.7339
7	2024-03-15	99	0.7079
8	2025-03-15	111	0.6837
9	2026-03-15	123	0.6611
10	2027-03-15	135	0.64
11	2028-03-15	147	0.6201
12	2029-03-15	159	0.6015
13	2030-03-15	171	0.5839
14	2031-03-15	183	0.5673
15	2032-03-15	195	0.5517
16	2033-03-15	207	0.5369
17	2034-03-15	219	0.5228
18	2035-03-15	231	0.5095
19	2036-03-15	243	0.4968

20	2037-03-15	255	0.4848
21	2038-03-15	267	0.4733
22	2039-03-15	279	0.4624

나) 경추 자기공명영상(MRI) 촬영 검사비 : 여명종료일까지 2년마다 250,000원

종류	경추 자기공명영상	수명(년)	2
단가	250,000원	수명(월)	0
최초필요일	2018.03.15	수치합계	7.103
필요최종일	2039.10.07	비용총액	1,775,750원

순번	필요일시	월수	호프수치
1	2018-03-15	27	0.8988
2	2020-03-15	51	0.8247
3	2022-03-15	75	0.7619
4	2024-03-15	99	0.7079
5	2026-03-15	123	0.6611
6	2028-03-15	147	0.6201
7	2030-03-15	171	0.5839
8	2032-03-15	195	0.5517
9	2034-03-15	219	0.5228
10	2036-03-15	243	0.4968
11	2038-03-15	267	0.4733

원고 AAA은 뇌 자기공명영상(MRI) 촬영 검사를 기준으로 향후치료비의 지급을 구하나, 원고 AAA이 이 사건 시술로 경추 부위의 척수손상을 입게 되었고 그에 따라 현재의 상태에 이르게 되었음은 앞서 본 바와 같으므로, 뇌가 아닌 경추 자기공명영상(MRI) 촬영 검사가 필요하다고 봄이 상당하다. 이 법원의 서울의료원장에 대한 신체감정촉탁결과 및 변론 전체의 취지에 의하면 위 검사 비용이 250,000원 사실이 인정되므로 위 금액을 기준으로 향후치료비를 산정한다.

다) 물리치료비 및 작업치료비 : 3년간 매년 5,772,860원

종류	물리치료 및 작업치료	수명(년)	1
단가	5,722,860원	수명(월)	0
최초필요일	2018.03.15	수치합계	2.5837
필요최종일	2021.03.14	비용총액	14,786,153원

순번	필요일시	월수	호프수치
1	2018-03-15	27	0.8988
2	2019-03-15	39	0.8602
3	2020-03-15	51	0.8247

라) 약제비 : 여명종료일까지 매년 1,095,000원

종류	약제비	수명(년)	1
단가	1,095,000원	수명(월)	0
최초필요일	2018.03.15	수치합계	13.9752
필요최종일	2039.10.07	비용총액	15,302,844원

순번	필요일시	월수	호프수치
1	2018-03-15	27	0.8988
2	2019-03-15	39	0.8602
3	2020-03-15	51	0.8247
4	2021-03-15	63	0.792
5	2022-03-15	75	0.7619
6	2023-03-15	87	0.7339
7	2024-03-15	99	0.7079
8	2025-03-15	111	0.6837
9	2026-03-15	123	0.6611
10	2027-03-15	135	0.64

11	2028-03-15	147	0.6201
12	2029-03-15	159	0.6015
13	2030-03-15	171	0.5839
14	2031-03-15	183	0.5673
15	2032-03-15	195	0.5517
16	2033-03-15	207	0.5369
17	2034-03-15	219	0.5228
18	2035-03-15	231	0.5095
19	2036-03-15	243	0.4968
20	2037-03-15	255	0.4848
21	2038-03-15	267	0.4733
22	2039-03-15	279	0.4624

4) 보조구 : 1,279,675원

이 법원의 순천향대학교 서울병원장에 대한 신체감정촉탁결과 및 변론 전체의 취지에 의하면, 원고 AAA에게 좌측 손목관절 및 수지관절 근육 위약으로 인한 수부의 기능을 보조하기 위한 손목보조기가 필요하고 그 비용으로 아래 표 기재와 같이 3년마다 250,000원이 소요되는 사실이 인정된다. 다만 원고 AAA이 이 사건 변론종결일까지 위 비용을 지출한 사실을 인정할 증거가 없으므로 이 사건 변론종결일 다음 날부터 이를 시행하는 것으로 보고 그 현가를 계산하면, 1,279,675원이다.

종류	약제비	수명(년)	1
단가	250,000원	수명(월):	0
최초필요일	2018.03.15	수치합계:	5.1187
필요최종일	2039.10.07	비용총액:	1,279,675원

순번	필요일시	월수	호프수치
1	2018-03-15	27	0.8988

2	2021-03-15	63	0.792
3	2024-03-15	99	0.7079
4	2027-03-15	135	0.64
5	2030-03-15	171	0.5839
6	2033-03-15	207	0.5369
7	2036-03-15	243	0.4968
8	2039-03-15	279	0.4624

5) 개호비 : 271,420,694원

이 법원의 순천향대학교 서울병원장에 대한 신체감정촉탁결과 및 변론 전체의 취지에 의하면, 원고 AAA은 이 사건 시술로 발생한 증상으로 인하여 이 사건 변론종결일 다음날인 2018. 3. 15.부터 여명종료일인 2039. 10. 7.까지 1일 4시간, 성인 1인의 개호가 필요한 것으로 인정되므로, 매년 2회 발간되는 건설업 임금실태 조사보고서상 보통인부의 일용노임을 적용한 후 현가 계산하면, 그 금액은 아래 표 기재와 같이 합계 271,420,694원이다.

	기간 초일	기간 말일	일단가	인원수	월개호비(원)	m1	호프만1	m2	호프만2	m1-2	적용 호프만	기간일 실수입(원)
1	2018. 3.15	2039. 10.7	109,819	0.5	1,670,163	286	188.0473	27	25.5358	259	162.5155	271,420,694
개호비현가합계액(원) : 271,420,694												

이에 대하여 원고 AAA은, 이 사건 시술일부터 변론종결일까지의 개호비의 지급을 구하나, 변론종결시까지 개호비 청구를 위해서는 적어도 개호를 실제로 받았을 것이 요구되는데(대법원 1991. 5. 14. 선고 91다8081 판결 등 참조) 이를 인정할 증거가 없으므로 원고 AAA의 위 주장은 이유 없다.

이에 대하여 피고 및 피고 인수참가인은, 원고 AAA이 2016. 10.경부터 SS솔라에너지에 복귀하여 업무를 수행하였으므로 개호가 필요하지 않다는 취지로 주장하나, 개호의 필요성과 상당성은 피해자의 상해 또는 후유장해의 부위 · 정도 · 연령 · 치료기간 등을 종합하여 판단하여야 하고(대법원 2010. 2. 25. 선고 2009다75574 판결 등 참조), 원고 AAA의 상해 부위 및 정도에 비추어 업무 외에 식사, 목욕 등의 일상 생활에 앞서 인정한 바와 같은 개호가 필요하다고 봄이 상당하므로, 피고 및 피고 인수참가인의 위 주장은 이유 없다.

6) 책임의 제한

가) 피고 및 피고 인수참가인의 책임비율 : 70%

나) 계산 : 277,685,830원[= (일실수입 71,211,201원 + 기왕치료비 19,557,660원 + 향후치료비 33,224,813원 + 보조구 1,279,675원 + 향후개호비 271,420,694원) × 70%]

나. 위자료

이 사건 시술의 경위 및 결과, 피고 병원 의료진의 과실 정도, 원고 AAA의 현재 건강 상태 및 원고 AAA이 정년에 따른 퇴사일 이후에도 SS솔라에너지에서 전문위원으로 근무할 수도 있었던 사정과 원고들의 나이, 가족관계, 그 밖에 이 사건 변론에 나타난 여러 사정을 참작하여 원고 AAA의 위자료는 40,000,000원, 원고 BBB의 위자료는 4,000,000원, 원고 CCC, DDD의 위자료는 각 3,000,000원으로 정한다.

다. 소결론

결국 피고와 피고 인수참가인은 공동하여 원고 AAA에게 재산상 손해 및 위자료합계 317,685,830원(= 재산상 손해 277,685,830원 + 위자료 40,000,000원), 원고 한현숙에게 위자료 4,000,000원, 원고 CCC, DDD에게 위자료 각 3,000,000원 및 위 각 돈에 대하여 원고들이 구하는 바에 따라 이 사건 시술일 다음날인 2015. 11. 24.부터 피고 및 피고 인수참가인이 그 이행의무의 존재 여부나 범위에 관하여 항쟁하는 것이 타당하다고 인정되는 이 판결 선고일인 2018. 4. 18.까지는 민법이 정한 연 5%, 그 다음날부터 다 갚는 날까지는 소송촉진 등에 관한 특례법이 정한 연 15%의 각 비율로 계산한 지연손해금을 지급할 의무가 있다.

5. 결론

그렇다면, 원고들의 피고 및 피고 인수참가인에 대한 청구는 위 인정범위 내에서 이유 있으므로 이를 인용하고, 나머지 청구는 이유 없으므로 이를 각 기각한다.

03 상완 정맥주사 후 흉추부 경막외농양이 합병된 사례

사례 3

상완 정맥주사 후 흉추부 경막외농양 발생 사례

이 판례는 63세 남성 환자가 상완 정맥주사 후 흉추부 경막외농양이 발생한 사례를 다루고 있습니다. 환자는 척추 수술을 위해 입원 중에 발생한 합병증으로 인해 심각한 후유증을 겪게 되었으며, 법원에서는 의료진의 과실을 인정하여 손해배상 판결을 내렸습니다. 본 판례에서는 사건의 기초 사실, 척추 수술 개요, 그리고 법원 판단을 상세히 설명합니다.

1. 기초 사실

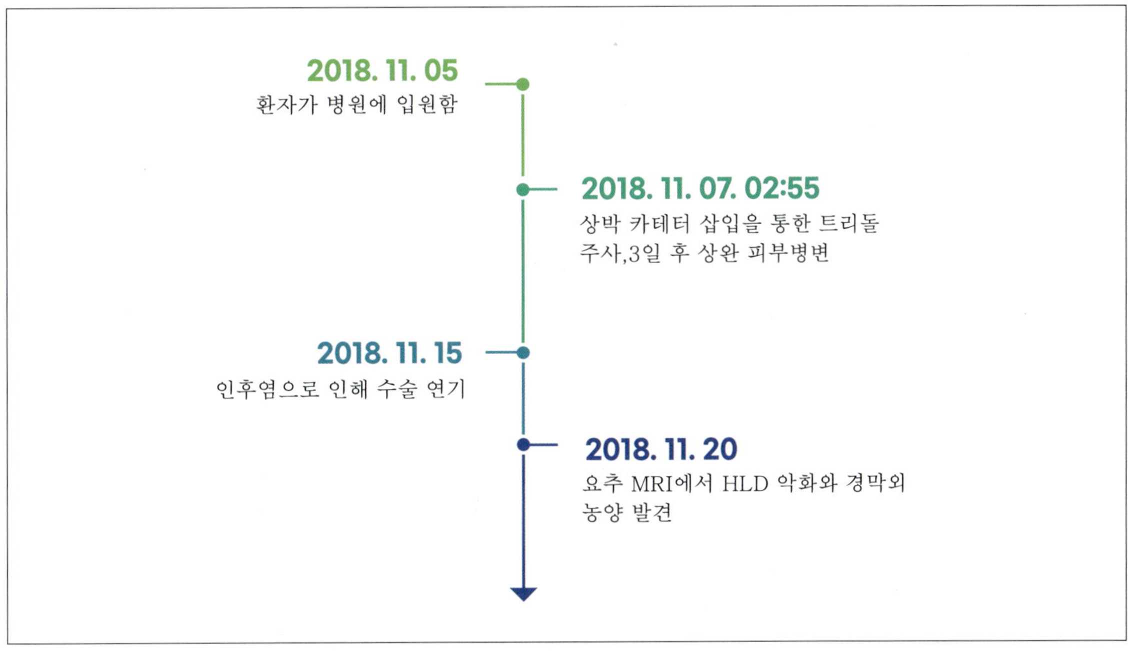

본 사례는 63세 남성이 2018년 11월 15일 제3-4요추 디스크로 척추 내시경 수술을 위해 피고 병원에 입원한 후 발생한 사건입니다. 입원 중 환자는 하지 동통으로 인해 오른 팔(상완)에 정맥주사용 카테터를 삽입하고 트리돌을 투여받았습니다. 3일 후, 상완에 피부병변이 발견되었고, 수술 당일에는 발열로 인해 수술이 연기되었습니다. 이후 5일 후 요추 MRI 검사를 통해 경막외 농양이 의심되어 응급수술이 시행되었습니다.

2. 척추 수술 개요

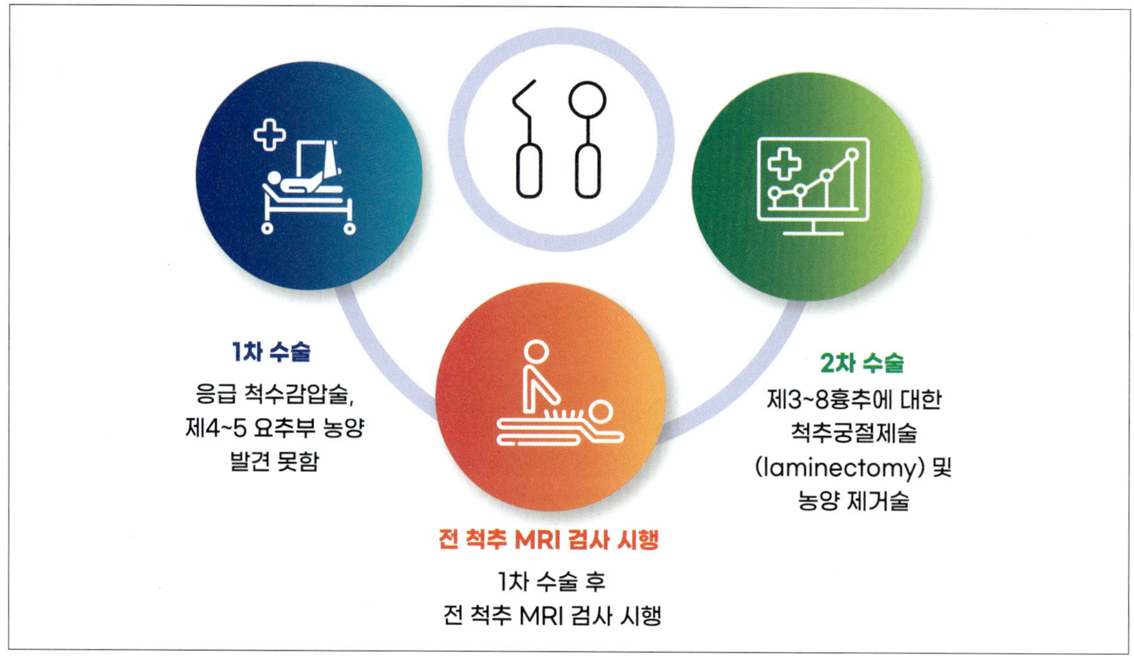

이 사건의 1차 수술 과정에서 제4-5요추 사이에 경막외 농양이 발견되지 않았습니다. 이후 전체 척추(Whole spine) MRI 검사를 시행하여 흉추부 경막외 농양이 진단되었고, 2차 응급수술이 시행되었습니다. 환자는 이후 타 병원으로 전원되어 3차 수술(감압술과 경막외 농양 제거술 및 후방 유합술)을 받았으나, 현재 환자는 하지 마비 상태로 장애가 남아 있습니다.

3. 법원 판단

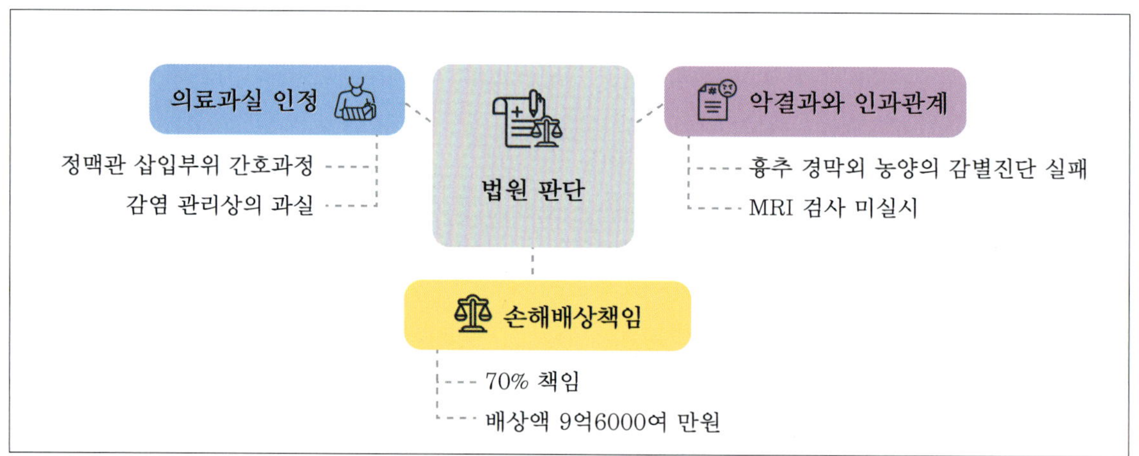

법원은 이 사건의 판단에서 정맥관 삽입 부위의 간호 과정 및 감염 관리상의 과실을 인정하였습니다. 피고 병원의 의료진이 흉추 경막외 농양의 감별 진단에 실패하여 악결과와 인과관계가 인정되었으며, 손해배상 책임의 범위는 70%로 판단되었습니다. 피고 병원의 배상액은 9억6000여 만원으로 판결되었습니다. 법원은 피고 병원 의료진이 1차 수술 전 원고에게 흉추 경막외 농양의 감별 진단을 위해 흉추를 포함한 MRI 검사를 시행하지 않은 과실을 인정하였습니다.

서울중앙지방법원	2019가합571557
진 단 명	**요추 3-4번 요추디스크**
사 고 내 용	**상완 정맥주사 후 흉추부경막외농양 발생**
책 임 제 한	**70%**
판 결	원고 일부 승
의 사 과 오	주의의무 위반, 설명의무 위반
배 상 액 (원)	9억 6천여만원

원 고 1. AAA

2. BBB

3. CCC

4. DDD

5. EEE

6. FFF

피 고 학교법인 GG대학교

판 결 선 고 2023. 2. 14.

주 문

1. 피고는 원고 AAA에게 665,602,225원, 원고 BBB에게 25,000,000원, 원고 CCC, DDD에게 각 2,500,000원 및 위 각 돈에 대하여 2018. 11. 21.부터 2023. 2. 14.까지는 연 5%의, 그 다음날부터 다 갚는 날까지는 연 12%의 각 비율로 계산한 돈을 지급하라.
2. 원고 AAA, BBB, CCC, DDD의 각 나머지 청구 및 원고 EEE, FFF의 청구를 모두 기각한다.
3. 소송비용 중 원고 AAA, BBB, CCC, DDD과 피고 사이에 생긴 부분의 2/5는 위 원고들이, 나머지는 피고가 각 부담하고, 원고 EEE, FFF와 피고 사이에 생긴 부분은 원고 EEE, FFF가 부담한다.
4. 제1항은 가집행할 수 있다.

청 구 취 지

피고는 원고 AAA에게 1,017,416,043원, 원고 BBB에게 50,000,000원, 원고 CCC, DDD, EEE, FFF에게 각 5,000,000원 및 위 각 돈에 대하여 2018. 11. 21.부터 판결 선고일까지는 연 5%의, 그 다음날부터 다 갚는 날까지는 연 12%의 각 비율로 계산한 돈을 지급하라.

이 유

1. 기초사실

가. 당사자의 지위

피고는 HH 동구 필문대로 365에 있는 GG대학교병원(이하 '피고 병원'이라 한다)을 운영하는 학교법인으로서 피고 병원 의료진의 사용자이다.

원고 AAA는 요추 부위에 수술을 받기 위해 피고 병원에 입원했던 사람이고, 원고 BBB는 원고 AAA의 배우자이며, 원고 CCC, DDD은 원고 AAA의 자녀들이고, 원고 EEE, FFF는 원고 AAA의 사위들이다.

나. 원고 AAA의 피고 병원 입원 및 수술 결정 등

1) 원고 AAA는 2018. 4.경 피고 병원에서 제3-4요추 추간판 파열을 진단받은 후 피고 병원 신경외과 외래를 통해 추적 관찰하던 중 2018. 10.말경 이후 방사통이 심해지자 이에 대한 평가 및 처치를 위해 2018. 11. 5. 피고 병원 정형외과에 내원하였고, 내원 당일 원고 AAA는 피고 병원에 입원하였다.

2) 원고 AAA는 피고 병원 신경외과 의료진으로부터 증상에 대한 설명을 듣고 2018. 11. 15. 제3-4요추 부위에 PELD(Percutaneous Endoscopic Lumbar Decompression, 척추 내시경 디스크 감압술) 방법의 수술을 받기로 결정하였다.

3) 피고 병원 의료진은 원고 AAA가 오른쪽 다리의 통증을 호소하자 2018. 11. 7. 02:55경 진통제의 일종인 트리돌(Tridol)을 투여하기로 결정하였고, 그 무렵 피고 병원 소속 간호사에 의하여 원고 AAA의 오른 팔(상완)에 약물 투여를 위한 정맥주사 용 카테터가 삽입되어 트리돌이 투여되었으며, 이후 원고 AAA는 일시적으로 통증이 호전되어 수면을 취하였다.

다. 인후염, 발열로 인한 수술 연기 및 통증 발생 등

1) 원고 AAA는 2018. 11. 14. 수술을 위해 신경외과로 전과되어 수술 전 검사로 하지근력 등에 대한 검사를 시행하였는데 당시 원고 AAA는 스스로 보행이 가능한 상태였고, 감각 이상 소견이 관찰되지 아니하였다. 그런데 수술 당일인 2018. 11. 15. 원고가 인후염(sore throat)를 호소하고, 08:52 경 체온이 38.1℃로 측정되자 피고 병원 의료진은 발열이 있는 것으로 보아 담요를 제거하고 미온수 마사지 등을 시행하였다. 그럼에도 열이 지속되자 결국 피고 병원 의료진은 추가적인 평가를 위해 예정된 수술을 연기하였다.

2) 피고 병원 의료진은 ① 2018. 11. 15. 원고 AAA의 오른 쪽 상완 부위에 약 5일 전부터 발생한 피부 병변[1)]에 대하여 피부과와 협진을 하였는데, 피부과 의사는 원고 AAA에 대하여 '외상성 자반(Traumatic purpura)', '자극성 접촉 피부염(irritant contact dermatitis)'일 가능성을 의심하여 스테로이드 연고를 도포하는 처치를 권고하였고, ② 같은 날 원고 AAA에게 발생한 미열 및 인후염에 대하여 이비인후과와 협진을 하였는데, 이비인후과 의사는 인두염(pharyngitis)을 의심하면서 인두 충혈(pharynx injection) 외에는 특이소견이 없으므로, 혈액배양 검사 결과를 확인한 후 치료하라는 의견을 남겼다(이비인후과적으로는 보존적 치료를 시행하라고 하였다).

3) 한편 발열 외에도 원고 AAA는 2018. 11. 15. 07:36경 허리, 등 부위의 불편감이 지속되었고, 13:55경에는 허리가 칼로 쑤시는 것처럼 아프다며 허리 부위 통증을 호소하였으며, 이후 23:43경에도 등, 허리가 아프고 온 몸이 떨린다고 하는 등 허리 부위 통증을 지속적으로 호소하였다. 다음 날인 2018. 11. 16. 01:30경에도 복부 부위 통증을 호소하였다.

라. 감염 증상에 대한 검사 시행 및 이후의 경과

1) 원고 AAA는 수술이 연기된 후 2018. 11. 16. 신경외과에서 정형외과로 전과되었고, 정형외과 의료진은 같은 날 원고 AAA에게 발생한 발열의 원인을 파악하기 위해 복부 및 골반부 CT 검사와 흉부 CT 검사를 시행한 후 발열 및 감염 증상에 대하여 감염내과에 협진을 요청하였다. 이에 대하여 감염내과 의료진은 같은 날 16:19경 특별히 열이 나는 원인을 발견하지 못한 채

---

1) "약 5일 전부터 발생한 pruritic 하였으나 현재는 asymptomatic 한 우측 상완의 diffuse 5*5 sized erythematous skin lesion"

'sore throat(인후염), 등쪽 근육통 이외 특이소견 보이지 않으며 이외 fever focus 없는 상태입니다. 지속적으로 fever 있거나 CT 판독상 특이소견 보일시 재협진 바랍니다.'라고 회신하였다.

2) 그러나 원고 AAA는 이후로도 체온이 상승한 상태에서 전신의 통증을 호소하였고, 2018. 11. 18. 05:13경에는 양쪽 어깨 통증을 호소하였다. 2018. 11. 19.에도 온몸이 아파 눕지도 못하겠다는 등 전신의 통증을 호소하였다.

3) 한편 원고 AAA에게 시행한 2018. 11. 15.자 혈액 균배양검사에서 2018. 11. 17. 균 동정 중(그람양성)이라는 결과가 나오자 피고 병원 의료진은 우선 반코마이신(vancomycin) 항생제를 투여하기 시작하였고, 2018. 11. 19. 균배양검사 결과 메티실린 감수성 황색포도알균(Methicillin-susceptible Staphylococcus aureus, 이하 'MSSA'라 한다)이 동정되자 투여하던 항생제를 나프실린(nafcillin)으로 변경하였다.

4) 그런데 원고 AAA는 발열, 전신 통증, 무기력증 및 양측 하지 및 가슴 아래로 근력이 현저히 저하되는 증상을 호소하기 시작하였고, 균혈증(Bacteremia)이 의심되자 2018. 11. 20. 12:05경 감염내과로 전과되었다. 원고 AAA는 같은 날 10:00경 전신 통증을, 17:42경 하반신 감각 저하를 호소하였고, 21:32경에는 양 하지 운동기능 이상으로 병실내의 화장실까지의 보행도 어려워졌으며, 방광조절이 어려워지자 유치도뇨관을 삽입하였다.

5) 피고 병원 의료진은 2018. 11. 20. 원고 AAA의 요추 부위 MRI 검사를 시행하였고, 신경외과 의료진은 해당 요추 MRI 판독 결과 'HLD L3-4 악화 및 epiduralabscess L4-5 소견이 관찰[2)]'되었다고 하며 응급 수술이 필요하다고 판단하였으며 2018. 11. 21. 원고 AAA를 수술을 위해 다시 신경외과로 전과하였다.

마. 응급 척수감압술 시행

2018. 11. 21. 11:00경 신경외과 의료진은 원고 AAA에 대하여 응급으로 척수감압술(decompression of spinal canal)을 시행하였다(이하 '이 사건 1차 수술'이라 한다). 당초 이 사건 1차 수술의 목표는 하지근력 저하의 원인으로 보이는 제4-5요추 사이에 위치한 경막외 농양(epidural abscess)을 제거하고, 제3-4요추 사이의 추간판절제술(discectomy)을 시행하는 것이었는데, 피고 병원 신경외과 의료진은 이 사건 1차 수술 과정에서 제4-5요추 사이에 경막외 농양 소견이 보이지

2) 제3-4요추 사이의 디스크(추간판) 탈출증 악화 및 제4-5요추 사이의 경막외 농양 소견이 관찰되었다는 의미이다.

않자 제3-4요추 사이의 추간판절제술과 제4-5요추 사이의 후방 감압술만을 시행하였을 뿐 당초 계획하였던 농양제거는 하지 못하였다.

바. 1차 수술 후 전 척추 MRI 검사 시행 및 2차 수술 시행

1차 수술 후에도 원고 AAA에게 2018. 11. 23.까지도 허리 통증, 양 하지 운동기능 이상 등이 지속되자 피고 병원 의료진은 같은 날 17:00경 전 척추(whole spine)MRI 검사를 시행하였고, 위 검사 결과 신경외과 의료진은 제4~8흉추 사이에 경막외농양 소견이 보인다고 하며 해당 부위 감압 및 농양 제거를 위한 응급 수술이 필요하다고 하였고, 이에 2018. 11. 23. 21:00경 제3~8흉추에 대한 척추궁절제술(laminectomy) 및 농양 제거술을 시행하였다(이하 '이 사건 2차 수술'이라 한다).

사. 2차 수술 이후의 경과, OOOO병원으로의 전원 및 추가 수술 시행

1) 원고 AAA는 이 사건 2차 수술 이후에도 양 하지 운동기능 이상, 감각 저하 등을 호소하였고, 허리 통증이 지속되어 피고 병원에서 진통제를 투여받았다.

2) 피고 병원 의료진은 2018. 11. 28. 16:20경 원고 AAA에 대하여 전 척추 MRI검사를 시행하였고, 위 검사 결과 제4~10흉추 사이의 경막외 농양 소견을 동반한 제7-8흉추 사이의 척추염(spondylitis)이 관찰되었다.

3) 원고 측은 2018. 11. 30. 피고 병원에 전원의사를 밝혔고, 같은 날 10:35 피고병원에서 퇴원하여 OOOO병원에 입원하였다. 원고 AAA는 위 병원에서 제7-8흉추사이의 척추추간판염과 제4~10흉추 사이의 경막외 농양, 경막외 농양의 잔존 및 불완전 감압 상태, 양측하지마비 등으로 진단되어 2018. 12. 5. 감압술 및 경막외 농양 제거술, 후방 유합술을 받았고(이하 '이 사건 3차 수술'이라 한다), 수술 후에도 위 병원에 2019. 2. 19.까지 입원하며 정형외과, 재활의학과에서 척추추간판염 및 경막외 농양에 대한 치료 및 재활물리치료 등을 받았다.

4) 현재 원고 AAA는 하지 마비 상태로 장애 정도 심사 결과 "양쪽 하지기능 심한 장애"로 판정되었다.

[인정근거] 다툼 없는 사실, 갑 제1-1~4, 2-1~2, 3 내지 13, 32-1~2, 43, 44호증의 각 기재 내지 영상, 변론 전체의 취지

2. 원고들 주장의 요지

피고는 피고 병원 의료진의 사용자로서 또는 진료계약의 당사자로서 아래와 같은 이유로 원고 AAA에게 1,017,416,043원(= 일실수익 61,943,532원 + 기왕치료비 등 88,995,796원 + 향후치료비 90,891,972원 + 개호비 672,463,778원 + 보조구 비용 3,120,965원 + 위자료 100,000,000원), 원고 BBB에게 위자료 50,000,000원, 원고 CCC, DDD, EEE, FFF에게 위자료 각 5,000,000원 및 이에 대한 지연손해금을 배상하여야 한다.

가. 정맥관 삽입, 감염 관리 및 균혈증 관련 과실

피고 병원 간호사는 원고 AAA에게 통증 조절을 위한 진통제 투여 목적으로 우측 상완에 정맥주사용 카테터를 삽입하였는바, 이러한 삽입 부위 선정은 잘못되었고 정맥관 삽입 전 피부소독을 실시하지 않아 해당 부위의 감염으로 인해 정맥혈전염이 초래되었다.

한편 2018. 11. 10.부터 정맥주사 부위가 빨갛게 붓고 누르면 통증이 느껴지기 시작하는 등 원고 AAA에게 감염이 의심되는 증상이 발생하였음에도 피고 병원 의료진은 곧바로 카테터 제거 및 주사부위 변경, 카테터 부위의 감염에 대한 균배양 검사 시행, 경험적 항생제 투여 등의 적극적 조치를 취하지 아니하여 원고 AAA의 팔 부위감염이 점점 심해져 균혈증 상태에 이르게 되었고, 균혈증으로 인하여 흉추 부위의 농양이 발생하게 되었다.

나. 수술 전 검사 및 이 사건 1차 수술 관련 과실

피고 병원 의료진은 원고 AAA의 척추 부위에 경막외 농양이 의심된다고 하면서도, 원고 AAA의 신경학적인 증상은 간과한 채 전 척추에 대하여 MRI 검사를 시행하지 않고 '요추' 부위에 한정하여 MRI 검사를 하였고, 진단방사선과 판독결과나 원고 AAA의 균혈증, 호소하는 증상 등에 관하여 면밀히 고려하지 않은 채, 만연히 제4-5요추 사이에 경막외 농양이 있고 그로 인하여 마비가 급속하게 왔다고 오진하고 잘못된 방법인 이 사건 1차 수술을 시행하였으며, 수술 과정 중에 의심한 부위에서 농양을 발견하지 못하였고 더욱이 원고 AAA의 증상이 계속 악화되었다면 수술 후 전 척추 MRI 등을 촬영하여 혹시 다른 부위에 농양이 있지 않은지 등에 대해 면밀히 살폈어야 함에도 불구하고 이를 게을리 하였다.

다. 이 사건 2차 수술 관련 과실

피고 병원 의료진은 이 사건 1차 수술 후에도 이 사건 2차 수술에 이르기까지 원고 AAA에게 나타나는 증상에 대해 신속히 대처하지 않고 피고 병원에 근무 중이던 원고 AAA의 사위 KKK의 요구에 의해 뒤늦게 전 척추 MRI 검사를 시행하였고, 비가역적인 신경손상을 막을 수 있는 시간이 경과한 78시간 후에야 이 사건 2차 수술에 이르렀다.

더욱이 이 사건 2차 수술에 의하여 원고 AAA의 흉추부 농양을 제거하지 못하고 감압처치도 제대로 하지 못하였는바, 피고 병원 의료진이 원고 AAA에게 시행한 수술 및 치료는 합리적인 재량의 범위를 벗어난 잘못된 수술 및 치료방법이며, 이 사건 2차 수술 후에도 경과관찰 및 후속조치를 제대로 취하지 아니하여 원고 AAA가 사망 가능성이 있는 상태로까지 악화되기에 이르렀다.

라. 협진의무 위반

원고 AAA는 피고 병원 정형외과 입원 중 카테터 삽입 부분에 대하여 감염증상인 열, 부종, 정맥염 등이 발생하였음에도 즉시 감염 관련 협진이 이루어지지 않았고, 나중에 감염내과로 전과된 후에도 입원 전에 없었던 좌측 하지 감각 저하, 근력 저하, 양 어깨 통증이 발생하는 등의 증상이 발생하였다면 피고 병원 감염내과와 정형외과 내지 신경외과 의료진으로서는 마땅히 이러한 증상에 대하여 서로 협의하여 진단을 하고 치료방법을 모색하였어야 하나 이러한 협진의무를 위반하여 원고 AAA의 척추병변성 증상 파악 및 감염치료가 늦어지게 한 과실이 있다.

마. 전원의무 위반

피고 병원 의료진은 원고 AAA에게 이 사건 2차 수술인 '후방감압술'은 시행가능하였으나 위 원고에게 더욱 적절한 근본적인 농양 및 감염된 척추체의 제거를 위한 흉추의 전방 접근에 의한 수술을 시행할 수 없었으므로 이 사건 2차 수술 전 큰 병원으로의 전원을 권유하거나, 이 사건 1, 2차 수술 후에도 균혈증이 조절되지 않고 있었으므로 이 사건 2차 수술 후에라도 원고 AAA에 대해 적절한 처치를 할 수 있는 큰 병원으로의 전원 조치를 취하였어야 함에도 전혀 그 노력을 하지 않았다.

바. 설명의무 위반

피고 병원 의료진은 ① 이 사건 1차 수술 관련하여 원고 AAA에게 시행되는 수술이 아니라 전혀 다른 수술인 '후방경유추체간 유합술(Post. Lumbar Interbody Fusion)'에 대해 설명하면서, 설명한 수술 방법 이외의 시행 가능한 다른 치료방법이 없다고 설명하는 등 치료 방법의 내용에 대해 제대로 설명의무를 이행하지 아니하였고, ② 이 사건 2차 수술 관련하여 후방접근법으로 감압술을 시행할 경우 수술 후 불안정성, 척추 변형 가능성 등의 문제가 있음에도 이에 대해 전혀 설명하지 않았고, 전방

접근법으로 수술이 가능하다는 등의 사실에 대해서도 전혀 언급하지 않았으며, 흉추부위의 농양 및 감염원에 대한 치료에 대해서도 전혀 언급하지 않는 등 환자에게 치료방법, 환자가 선택할 수 있는 다른 치료 방법, 발생이 예상되는 위험, 해당 치료의 목적 등을 제대로 설명해주지 않았다.

3. 손해배상책임의 발생

가. 관련 법리

의사가 진찰 · 치료 등의 의료행위를 함에 있어서는 사람의 생명 · 신체 · 건강을 관리하는 업무의 성질에 비추어 환자의 구체적인 증상이나 상황에 따라 위험을 방지하기 위하여 요구되는 최선의 조치를 취하여야 할 주의의무가 있고, 의사의 이와 같은 주의의무는 의료행위를 할 당시 의료기관 등 임상의학 분야에서 실천되고 있는 의료행위의 수준을 기준으로 삼되 그 의료수준은 통상의 의사에게 의료행위 당시 일반적으로 알려져 있고 또 시인되고 있는 이른바 의학상식을 뜻하므로 진료환경 및 조건, 의료행위의 특수성 등을 고려하여 규범적인 수준으로 파악되어야 한다.

의료행위는 고도의 전문적 지식을 필요로 하는 분야로서 전문가가 아닌 일반인으로서는 의사의 의료행위의 과정에 주의의무 위반이 있는지 여부나 그 주의의무 위반과 손해발생 사이에 인과관계가 있는지 여부를 밝혀내기가 극히 어려운 특수성이 있으므로 문제된 증상 발생에 관하여 의료상의 과실 이외의 다른 원인이 있다고 보기 어려운 간접사실들을 입증함으로써 그와 같은 증상이 의료상의 과실에 기한 것이라고 추정하는 것도 가능하다고 하겠으나, 그 경우에도 의사의 과실로 인한 결과발생을 추정할 수 있을 정도의 개연성이 담보되지 않는 사정들을 가지고 막연하게 중한 결과에서 의사의 과실과 인과관계를 추정함으로써 결과적으로 의사에게 무과실의 입증책임을 지우는 것 까지 허용되는 것은 아니다(대법원 2004. 10. 28. 선고 2002다45185 판결, 대법원 2017. 5. 11. 선고 2016다279152 판결 등 참조).

또한 의료행위에 의하여 후유장해가 발생한 경우, 그 후유장해가 당시 의료수준에서 최선의 조치를 다하는 때에도 당해 의료행위 과정의 합병증으로 나타날 수 있는 것이거나 또는 그 합병증으로 인하여 2차적으로 발생될 수 있는 것이라면 의료행위의 내용이나 시술 과정, 합병증의 발생 부위, 정도 및 당시의 의료수준과 담당 의료진의 숙련도 등을 종합하여 볼 때에 그 증상이 일반적으로 인정되는 합병증의 범위를 벗어났다고 볼 수 있는 사정이 없는 한, 그 후유장해가 발생되었다는 사실만으로 의료행위과정에 과실이 있었다고 추정할 수 없다(대법원 2008. 3. 27. 선고 2007다76290 판결, 대법원 2015. 2. 26. 선고 2013다27442 판결 등 참조).

한편, 의사는 진료를 행함에 있어 환자의 상황과 당시의 의료수준 그리고 자기의 지식경험에 따라 적절하다고 판단되는 진료방법을 선택할 상당한 범위의 재량을 가진다고 할 것이고, 그것이 합리적인 범위를 벗어난 것이 아닌 한 진료의 결과를 놓고 그중 어느 하나만이 정당하고 이와 다른 조치를 취한 것은 과실이라고 말할 수는 없다.(대법원 1992. 5. 12. 선고 91다23707 판결, 대법원 2007. 5. 31. 선고 2005다5867 판결 등 참조).

나. 정맥관 삽입, 감염 관리 및 균혈증 관련 과실 인정 여부

1) 정맥관 삽입부위 선정 및 삽입 시 소독 관련 과실 인정 여부

2017년도에 개정된 근거기반 임상간호실무지침 정맥주입요법(갑 제14호증)에 의하면, 말초정맥관 삽입부위는 치료에 적합하고 합병증 위험이 적은 전완을 선정하되, 상지의 전면과 배면에 있는 중수, 척측피, 요측피, 정중 정맥에 삽입(근거수준 II, 권고 등급 B[3])하도록 권고되고 있고, 정맥관을 삽입하기 전에는 반드시 피부소독제로 알코올이 함유된 0.5% 초과 클로로헥시딘이나 포비돈-아이오다인, 또는 70% 알코올 등을 사용하여 피부를 소독해야 한다. 피고 병원 간호사는 2018. 11. 7. 02:55경 진통제 투여를 위해 원고 AAA의 오른 팔(상완)에 말초정맥관을 삽입하고 약물을 투여한 사실은 앞서 본 바와 같다.

그러나 삽입부위에 관한 위 권고안은 어디까지나 일반적인 지침을 제시한 것으로 의료현장에서의 구체적인 상황에 따라 원고 AAA의 경우처럼 상완에 말초정맥관을 삽입하는 것이 금기에 해당한다고 보기는 어려우며, 감염내과 진료기록 감정의[4]도 환자의 혈관 상태에 따라서 삽입할 혈관의 선택이 이루어진다는 의견을 제시한 점, 혈관 카테터의 굵기, 크기, 재질, 정맥 내 카테터 유지 기간, 주입되는 수액의 종류와 산도 등이 모두 감염의 위험도와 관련이 있고, 모든 혈관 천자 시 동일하게 손 위생의준수 및 소독이 중요한데 원고들은 피고 병원 간호사가 여러 번의 시도 끝에 말초정맥관 삽입에 성공하였고 그 과정에서 알콜솜 등으로 주사 부위를 소독하지 않았다는 취지로 주장하나 이를 인정할 아무런 증거가 없는 점 등을 고려하면 제출된 증거들만으로는 피고 병원 의료진이 원고 AAA의 오른 팔(상완)에 말초정맥관을 삽입하기로

3) 근거수준 II는 1개 이상의 잘 설계된 비무작위대조연구, 코호트 연구, 환자-대조군 연구, 다수의 시계열 연구, 특징적 결과를 보이는 비대조연구에 의한 근거에 해당하고, 권고등급 B는 사용을 권장 또는 반대하도록 지지할 보통수준의 근거가 있는 경우를 의미한다.

4) 원고 AAA의 진료기록을 감정한 한국의료분쟁조정중재원 감정의를 지칭한다.

한결정 및 그 시행 과정에서의 과실이 인정된다고 볼 수 없다.

2) 정맥관 삽입부위 간호과정 및 감염 관리상의 과실 인정 여부

가) 원고들은 피고 병원 의료진의 과실로 정맥관 삽입부위에 정맥염이 발생하였고, 감염이 의심되는 증상이 발생하였음에도 이를 진단하지 못하고 처치가 늦어져 원고 AAA에게 MSSA 균혈증이 발생하였고 위 균혈증으로 인하여 흉추 부위의 농양이발생하게 되었다고 주장한다.

나) KKK은 원고 AAA의 셋째 사위로, 2015. 5.경부터 2020. 2.경까지 피고병원에서 정형외과 의사로 근무한 사실, 2018. 11.경 정형외과 전공의 1년차인 LLL가 원고 AAA의 주치의였던 사실, 제출된 원고 AAA에 대한 경과기록지(갑 제5호 증)에는 다음과 같은 내용이 포함된 사실은 당사자 사이에 다툼이 없거나, 갑 제5, 27-1~2호증의 각 기재, 변론 전체의 취지에 인정할 수 있다.

작성일자	기재된 내용
2018. 11. 10.	우측 팔에 heparin cap 유지하던 부위 redness 및 tenderness 관찰됨
2018. 11. 11.	우측 팔의 heparin cap 부위의 통증 및 불편감 호소하심
2018. 11. 12.	우측 팔에 헤파린캡 잡혀져 있던 부위 redness 및 약간의 tenderness 호소. 이전에도 line 유지가 힘들었던 경험 있었음. r/o phlebitis?[5]
2018. 11. 13.	pain control 지속 중. 환자 상태에 대해서 체크하였고 우측 팔 redness 여전히 남아 있는 상태 r/o phlebitis? line 옮겨 달도록 조치함.
2018. 11. 14.	통증 호전, 악화를 반복적으로 호소하심

다) 그런데 위와 같이 경과기록지에 기재된 내용은 작성일자로 기재된 각 일자에는 경과기록지에 존재하지 않았던 내용이었으나 이후 KKK의 요청에 따라 LLL가 2018. 11. 21. 내용을 추가한 사실은 당사자 사이에 다툼이 없거나, 을 제1-1~2, 2-1~2, 3-1~2, 4-1~2, 5-1~2호증, 갑 제29-1호증의 각 기재, 변론 전체의 취지에 의하여 인정할 수 있다(원고들도 이러한 전제에서 의무기록의 정당한 작성권자인 주치의가 사후적으로 누

5) 위 내용과 더불어 원고 AAA의 오른쪽 팔 부위 사진이 첨부되어 있다.

락된 사실을 정확하게 부기하여 기재한 것에 해당한다는 취지로 주장하고 있다).[6]

라) 의료인은 각각 진료기록부, 조산기록부, 간호기록부, 그 밖의 진료에 관한 기록(이하 '진료기록부등'이라 한다)을 갖추어 두고 환자의 주된 증상, 진단 및 치료 내용 등 보건복지부령으로 정하는 의료행위에 관한 사항과 의견을 상세히 기록하고 서명하여야 하고(의료법 제22조 제1항), 진료기록부등을 거짓으로 작성하거나 고의로 사실과 다르게 추가기재 · 수정하여서는 아니 된다(제3항). 한편 진료기록부등의 작성 주체는 원칙적으로 의료행위를 한 의료인이고, 그 작성 시한이 별도로 규정되어 있지는 않는 바, 경과기록지에 추후 새로운 내용이 추가되거나 내용 중 일부가 수정되었다는 사정만으로 위 내용이 허위에 해당한다거나 경과기록지 전체가 거짓이라고 단정할 수는 없고, 결국 사후에 경과기록지에 추가된 내용이 다른 증거나 사정들에 의하여 인정될 수 있는지 보아야 한다.

마) 앞에서 든 증거들, 갑 제45 내지 47, 50호증, 을 제6 내지 13호증의 각 기재 내지 영상, 변론 전체의 취지에 의하여 인정되는 다음과 같은 사정들, 즉 비록 2018. 11. 12.자 경과기록지에 첨부된 사진은 위 일자가 아닌 2018. 11. 15.에 당시 신경외과 인턴인 FFF에 의하여 촬영된 것으로 보이고, 경과기록지에 사진을 첨부하면서 촬영일자가 함께 기재되지 않아 오인할 여지가 있긴 하나 경과기록지에 내용을 추가한 경위를 보면 LLL도 위 사진이 촬영된 일자를 정확히 알지 못했던 것으로 보이고, 이는 KKK도 마찬가지로 보이는 점, KKK과 LLL가 2018. 11. 21. 나눈 메신저 대화에서 LLL는 원고 AAA의 우측 팔 플레바이티스가 기억 나냐는 KKK의 질문에 대해 '우측 팔에 헤파린캡 잡혀져 있던 부위로 기억합니다 redness있었고 아버님께서 라인유지가 이전에도 힘들었다고 말씀하셨습니다. 날짜는 저번 주 월요일 쯤이었습니다.'라고 대답하였는바 위 대화가 이루어진 일자 이전 주 월요일은 2018. 11. 12.에 해당하는 점, 여기에 피고 병원 신경외과 의사 주창일은 2018. 11. 15. 피부과에 협진을 요청하면서 원고 AAA의 오른 쪽 상완 부위에 약 5일 전부터 발생한 피부 병변이라는 표현을 사용하기도 한 점 등을 종합하면, 원고 AAA의 정맥관 삽입부위 주변에 피부 병변이 존재하였을 가능성을 배제할 수 없으나 이에 관한 통증을 호소하였다고 보기는 어렵다.

바) 그러나 설령 2018. 11. 15. 이전에 원고 AAA의 정맥관 삽입부위 주변에 피부 병변이 존재

6) 한편 이러한 의무기록의 수정이 김영욱의 ID로 이루어진 사실을 인정할 수 있으나, 이는 LLL가 당시 정형외과 병동에서 근무한 의사 김영욱의 ID로 의무기록을 수정한 것으로 보일 뿐(을 제6호증) 그 밖에 제3자가 위 의무기록 수정에 개입 내지 관여하였다고 볼 수는 없다.

하였더라도 앞에서 든 증거들, 이 법원의 한국의료분쟁조정중재원장에 대한 각 진료기록 감정촉탁 및 사실조회회신 결과, 변론 전체의 취지에 의하여 인정되는 다음과 같은 사실 내지 사정들을 종합하면, 제출된 증거들만으로는 피고 병원의료진에게 원고 AAA의 정맥관 삽입 부위 간호, 진단 과정 및 감염 관리상의 과실이 인정된다고 볼 수 없다.

① 임상간호실무지침(갑 제14호증)에 의하면, 간호사는 정맥관 삽입 후 삽입부위와 주변에 발적, 압통, 팽윤, 분비물 등의 합병증이 있는지 사정(査定)하여야 하고, 삽입부위 사정은 말초정맥관은 매 근무조마다, midline 정맥관과 중심정맥관은 매일 표준화된 도구를 이용하여 시행하여야 한다. 감염내과 진료기록 감정의는 주사 관련 업무를 수행하면서 발적 및 감염 여부를 확인할 수밖에 없다는 취지의 의견을 밝혔고, 피고 병원 간호기록지에 원고 AAA의 정맥관 삽입 부위를 사정한 기록이 존재하지 않는다는 점만으로 위와 같은 업무를 행하지 않았다고 볼 수는 없다.

② 피고 병원 의료진은 2018. 11. 15. 계획된 수술이 발열 등으로 인하여 연기되자 정맥관 삽입 부위 피부 병변에 관하여 피부과에 협진을 요청하였는데, 피부과 의사는 원고 AAA에 대하여 '외상성 자반(Traumatic purpura)', '자극성 접촉 피부염(irritant contact dermatitis)'일 가능성을 의심하여 스테로이드 연고를 도포하는 처치를 권고하였다. 접촉피부염과 정맥염은 그 임상 양상이 다르고, 2018. 11. 15. 촬영된 사진만으로는 위 두 질환의 감별 진단이 어려우며, 피부과 협의진료 기록지에는 원고 AAA에게서 정맥염을 시사하는 정맥 주행방향으로의 염증, 홍반, 부종, 통증 등에 관한 내용이 전혀 담겨져 있지 않다.

③ 한편 원고 AAA가 피고 병원에 입원하여 시행한 검사 결과 등 종합하면, 입원 당시 감염을 의심할 만한 소견을 보이지는 않은 것으로 보이고, 위 원고가 입원 중인 2018. 11. 15. 시행한 혈액 균배양검사에서 MSSA가 동정된 것으로 보인다. 그러나 병원 내 감염의 경우 상대적으로 MRSA(Methicillin-resistant Staphylococcus aureus, 메티실린 내성 황색포도알균)의 빈도가 높은 것으로 알려져 있고, MSSA는 인체에 상재균으로 존재하여 원고 AAA에게 발생한 MSSA 감염이 피고 병원의 의료행위로 인한 감염이 아닐 가능성이 존재한다는 감염내과 진료기록 감정의 의견 등을 종합하면, 병원내 감염에 의하여 균혈증이 발생하였다고 단정할 수 없다.

④ 나아가 감염내과 진료기록 감정의는 피고 병원 의료진이 감염의 원인균이 최종적으로 확인되기 전인 2018. 11. 17.부터 그람양성균에 효과가 있는 광범위 항생제인 반코마이신을 원

고 AAA에게 경험적으로 투여하고, 이후 11. 19. 혈액 균배양검사에서 최종적으로 MSSA가 동정되자 항생제를 나프실린으로 변경하여 투약한 조치도 모두 적절하다는 의견을 밝혔다.

다. 1차 수술 전 검사 관련 과실 인정 여부

살피건대, 앞에서 든 증거들, 갑 제15 내지 17호증의 각 기재, 이 법원의 강동성심병원장에 대한 진료기록 감정촉탁 및 사실조회회신 결과, 변론 전체의 취지에 의하여 인정되는 다음과 같은 사실 내지 사정들을 종합하면, 피고 병원 의료진에게는 이 사건 1차 수술 전 원고 AAA에게 흉추 경막외 농양의 감별진단을 위하여 흉추를 포함한 MRI 검사를 시행하지 않은 과실(이하 '이 사건 의료과실'이라 한다)이 인정된다고 보아야 한다.

① 원고 AAA는 아래에서 보는 바와 같이 지속적으로 통증 등을 호소하였고, 2018. 11. 15. 시행한 혈액 균배양검사 결과를 토대로 11. 17.부터 그람양성균에 효과가 있는 광범위 항생제인 반코마이신을 경험적으로 투여받고, 이후 11. 19. 혈액 균배양검사에서 최종적으로 MSSA가 동정되어 항생제를 나프실린으로 변경하여 투약받았음에도 점차 상태가 악화되어 무기력증, 운동기능 저하 등을 호소하기에 이르렀다.

㉠ 예정된 수술일인 2018. 11. 15. 발열 외에도 07:36경 허리, 등 부위의 불편감이 지속되었고, 13:55경에는 허리가 칼로 쑤시는 것처럼 아프다며 허리 부위 통증을 호소하였으며, 이후 23:43경에도 등, 허리가 아프고 온 몸이 떨린다고 하는 등 등 허리 부위 통증을 지속적으로 호소하였다.

㉡ 다음 날인 2018. 11. 16.에도 복부 부위 통증을 호소하였고, 이후 상태가 악화되어 발열, 전신 통증, 무기력증 및 양측 하지 및 가슴 아래로 근력이 현저히 저하되는 증상을 호소하기 시작하였으며, MSSA 균혈증이 의심되자 2018. 11. 20. 12:05경 감염내과로 전과되기에 이르렀다.

㉢ 원고 AAA는 2018. 11. 20. 10:00경 전신 통증을, 17:42경 하반신 감각 저하를 호소하였고, 21:32경에는 양 하지 운동기능 이상으로 병실내의 화장실까지의 보행도 어려워졌으며, 방광조절이 어려워지자 유치도뇨관을 삽입하였다.

② 경막외 농양은 감염된 세포의 종괴가 경막외 공간에서 육아조직 또는 농을 형성하여 신경학적 구조물의 공간을 침범하는 것이다. 대부분 황색 포도상구균이 원인이되어 발생하게 되는데 초기에는 국소적인 통증을 호소하다가 종괴가 커지면서 신경근성 통증이 발생하여 마비로 진행

하게 된다. 위와 같은 원고 AAA의 임상 경과 즉, 2018. 11. 15.부터 등과 허리 쪽의 심한 통증을 호소하였고, MSSA 균혈증이 의심되는 상태였던 점 등을 감안하면, 적어도 신경학적 증상이 발생한 2018. 11. 20.경 내지 늦어도 이 사건 1차 수술일인 2018. 11. 23. 전에는 척수경막외강의 감염으로 인한 경막외 농양의 가능성을 고려하여 이를 감별하기 위한 MRI 검사를 시행할 필요성이 인정된다.

③ 한편 이러한 경막외 농양을 감별하기 위한 MRI 검사는 특별한 사정이 없으면 경추, 흉추, 요추 전체를 볼 수 있는 전 척추 MRI 검사를 시행하는 것이 일반적인데 원고 AAA처럼 등, 허리 부위의 심한 통증을 호소하는 환자의 경우 적어도 흉추를 살펴볼 수 있는 MRI 검사를 시행하여야 한다. 정형외과 진료기록 감정의[7]도 원고 AAA에게 발생한 신경학적 이상에 대하여 흉추를 포함한 전 척추 MRI 영상 검사가 필요하였을 것으로 생각된다는 의견을 밝혔다.

④ 이에 대하여 피고는 흉부 CT 검사에서 흉추 농양을 의심할 만한 소견을 발견되지 않았고, 이 사건 1차 수술 당시에는 감염의 원인이 되는 부위가 파악된 상태로 전척추 MRI 검사를 시행하는 것이 과잉진료로 평가받을 우려가 있었다는 취지로도 주장한다. 그러나 흉부 CT 검사는 기본적으로 폐실질, 흉곽, 심장 등의 이상 여부를 확인하기 위한 검사로, 2018. 11. 16.자 원고 AAA에 대한 흉부 CT 검사의 판독결과를 보더라도 “No active lung lesions(폐에 병변 없음), No pleural effusion(흉막삼출 없음),No mediastinal lymphadenopathy(종격동 림프절비대 없음), Dependent atelectasis in both lower dependent lungs” 등의 결과가 기재되어 있을 뿐이다. 나아가 정형외과 진료기록 감정의는 CT 검사는 기본적으로 연조직보다는 뼈의 이상을 확인하기 위한 검사이며, 흉추 MRI 검사 없이 흉부 CT 검사만으로는 평가가 제한적이어서 전 척추 MRI검사를 시행하는 것이 과잉진료라고 보기 힘들다는 취지의 의견을 밝혔다.

⑤ 원고 AAA에게 이 사건 1차 수술 전인 2018. 11. 20. 시행된 요추 부위 MRI 검사에 대한 판독결과에는 요추 부위의 경막외 농양 소견에 대해서는 언급되어 있지 않다. 이에 대하여 정형외과 진료기록 감정의는 위 MRI 검사 판독결과에는 요추 제3-4번의 척추 농양과 제4-5번 하위 부위의 농양이 의심되는 소견이 없으며, 현재 기록으로 이 사건 1차 수술을 진행한 것이 타당한 의료행위인지 평가하기 어렵다는 취지의 의견을 밝혔다. 그렇다면 더욱이 피고 병원 의료진으로서는 원고 AAA의 임상 양상, 균혈증, 검사 결과 등을 종합하여 원인을 파악하기 위해 전 척추 MRI 검사의 시행 등을 고려했어야 함에도 만연히 이 사건 1차 수술을 시행하였

7)원고 AAA의 진료기록을 감정한 강동성심병원 감정의를 지칭한다.

다고 볼 수 있다(결과적으로 이 사건 1차 수술을 준비하면서 흉추 농양을 의심하지 못하였고, 수술의 목적이었던 요추 부위의 경막외 농양은 확인되지 않았다).

라. 이 사건 의료과실과 악결과 사이의 상당인과관계 인정 여부에 관한 판단

1) 앞에서 든 증거들, 변론 전체의 취지에 의하면 다음과 같은 사실을 인정할 수 있다.

경막외 농양은 감염된 세포의 종괴가 경막외 공간에서 육아조직 또는 농을 형성하여 신경학적 구조물의 공간을 침범하는 것으로 초기에는 국소적인 통증을 호소하다가 종괴가 커지면서 신경근성 통증이 발생하여 마비로 진행하게 되는데, 임상적 진행속도는 다양하지만, 통증이 발생한 후 몇 시간 안에도 마비에 이를 수 있는 응급질환으로 근력 약화 등의 신경학적 증상이 발생하기 전에는 항생제 투여 등으로 보존적 치료를 하나, 신경학적 증상이 발생하면 농양 및 감염원을 수술적으로 제거하는 것이 필요하다.

마비 발생 후 36시간 내지 72시간 이후에 수술하게 되면 이미 발생한 마비 증상은 불가역적으로 호전되기 어려우나, 신경학적 증상이 발생한 후 초기에 수술을 시행하면 비교적 좋은 예후를 기대할 수 있다.

2) 위 인정사실, 앞에서 든 증거들, 변론 전체의 취지에 의하여 인정되는 다음과같은 사정들, 즉 원고 AAA는 피고 병원에 입원하여 신경학적 증상이 발생 및 악화되기 전에는 방사통을 호소하긴 하였으나 하지 부위의 운동기능이나 감각기능에 특별한 이상은 없었던 것으로 보이고, 현재의 하지 마비 상태가 경막외 농양 외에 다른 원인에 의하여 발생하였다고 보기는 어려운 점(설령 다른 원인이 존재하였더라도 흉추농양과 함께 원고 AAA의 증상에 기여한 것으로 보일 뿐이다), 위와 같은 경막외 농양의 경과 등을 고려할 때 만약 피고 병원 의료진이 적절한 시기에 경막외 농양을 발견할 수 있는 검사를 시행하였다면 조기에 정확한 진단을 통해 치료에 나아감으로써 원고 AAA의 예후가 달라질 수 있었을 것으로 보이는 점 등을 종합하면 피고 병원의료진의 과실이 원고 AAA에게 발생한 하지 마비라는 악결과에 기여하였다고 봄이 상당하다.

마. 소결

따라서 피고는 피고 병원 소속 의료진의 사용자로서 민법 제750조, 제756조 제1항에 따라 원고 AAA 등이 이 사건 의료과실에 의하여 입은 손해를 배상할 책임이 있다(한편 이 사건 1차 수술 전 검사와 관련된 피고 병원 의료진의 진료상 과실을 인정하는 이상 이와 예비적 관계에 있는 것으로 보이는 2차 수술 관련 과실이나 협진의무, 설명의무 위반 등에 따른 손해배상책임 주장에 대하여는 별도로 판단하지 아니한다).

4. 손해배상책임의 범위

계산의 편의상 기간은 월 단위로 계산하고, 마지막 월 미만 및 원 미만은 버린다. 손해액은 원고들이 구하는 바에 따라 이 사건 1차 수술일을 기준으로 현가 계산하되, 월 5/12푼의 비율에 의한 중간이자를 단리로 공제하는 호프만식 계산법을 적용한다. 당사자의 주장 중 별도로 설시하지 않은 것은 배척한다.

가. 일실수입 : 61,943,532원

1) 인적사항

① 생년월일 및 성별: 1955. 9. 24. 출생, 남성

② 사고발생일 및 사고 당시 연령: 2015. 4. 25., 63세 1개월 28일

③ 후유장애로 단축된 여명종료일: 이 법원의 가톨릭대학교 서울성모병원장에 대한 신체감정촉탁 결과에 의하면, 원고 AAA에게 발생한 후유장애로 일반인 평균여명의 80~85% 정도로 단축된다고 인정할 수 있으므로 그 범위 내에서 원고들이 주장하는 2036. 2. 14.을 여명종료일로 인정한다.

2) 직업 및 소득 : 원고들이 일실수익 산정의 기준으로 선택한 일반일용노임을 적용하되, 만 65세가 되는 날인 2020. 9. 23.을 가동연한으로 본다(대법원 2019. 2. 21. 선고 2018다248909 전원합의체 판결 등 참조).

3) 일실수입의 계산

원고 AAA의 노동능력상실률은 맥브라이드 평가표 중 비뇨생식기계의 손상과 질환-II-A-2에 의한 15%(이하 직업계수 5를 적용), 비뇨생식기계의 손상과 질환-IV-B에 의한 15% 및 두부·뇌·척수-III-C에 의한 74%의 중복장해율에 해당하는 81.21%의 영구장해를 인정한다(이 법원의 가톨릭대학교 서울성모병원장에 대한 각 신체감정촉탁 결과 및 사실조회회신 결과 참조).[8)]

다만 원고 AAA는 척추추간판염 및 경막외 농양에 대한 치료, 그로 인한 척수 손상 등으로

8) 한편 정형학과 신체감정의는 원고 AAA의 장해에 대하여 흉추 감염성 척추염 및 경막외 농양의 기여도를 75%로 판단한다는 의견을 제시한바 있으나, 이 사건에서는 피고 병원 의료진의 과실로 경막외 농양 등의 진단 및 치료가 지연되어 원고 AAA에게 신경학적 합병증이 발생한 것이므로, 흉추 감염성 척추염 및 경막외 농양이기왕증에 해당함을 전제로 후유증(신경학적 증상 등)에 대한 기여도를 산정할 수는 없다.

2018. 11. 21.부터 가동종료일인 2020. 9. 23.까지 병원에 입원하여 치료를 받은 것으로 보이는 바,[9] 위 기간 동안 100%의 노동능력상실률을 인정하여 산정한 일실수입은 아래 표와 같이 61,943,532원이다.

[일실수입]

	기간 초일	기간 말일	노임 단가	일수	월소득	상실률	ml	호프만 1	m2	호프만 2	m1 −2	적용 호프만	기간일실수입
1	2018. 11.21	2019. 4.30	125,427	22	2,759,394	100%	5	4.9384	0	0	5	4.9384	13,626,991
2	2019. 5.01	2019. 8.31	130,264	22	2,865,808	100%	9	8.8173	5	4.9384	4	3.8789	11,116,182
3	2019. 9.01	2020. 4.30	138,290	22	3,042,380	100%	17	16.3918	9	8.8173	8	7.5745	23,044,507
4	2020. 5.01	2020. 8.31	138,989	22	3,057,758	100%	21	20.0913	17	16.3918	4	3.6995	11,312,175
5	2020. 9.01	2020. 9.23	141,096	22	3,104,112	100%	22	21.0074	21	20.0913	1	0.9161	2,843,677
일실수입 합계액(원)													61,943,532

나. 기왕치료비 등 : 81,858,051원

1) 원고들은 피고의 과실로 원고 AAA가 명지춘혜병원, OOOO병원, 첨단종합병원 등에 진료비 등으로 지출한 83,502,996원과 교통비, 이송비 등으로 지출한 5,492,800원 등 합계 88,995,796원을 기왕치료비 및 교통비 등으로 구하고 있고, 일응 위 청구금액을 넘어서는 금액이 진료비 등으로 발생 내지 지출된 것으로 보이긴 한다.
(갑 제20 내지 23, 33 내지 42호증 참조).[10]

9) 갑 제21, 32-1호증의 각 기재, 변론 전체의 취지에 의하면, 원고 AAA는 2018. 11. 21.부터 2018. 11. 30.까지는 피고 병원, 2018. 11. 30.부터 2019. 2. 19.까지는 OOOO병원, 2019. 2. 19.부터 2019. 7. 30.까지는 로이병원, 2019. 7. 30.부터 2019. 9. 27.까지는 OOOO병원, 2019. 9. 27.부터 2020. 2. 4.까지는 명지춘혜병원, 2020. 2. 4.부터 2020. 5. 18.까지는 국립재활원 재활병원, 2020. 5. 18.부터 2020. 9. 11.까지는 국립교통재활병원, 2020. 9. 11.부터 2021. 1. 4.까지는 GG대학교호남권역재활병원에 각 입원한 사실을 인정할 수 있다.

10) 다만 원고 AAA가 첨단종합병원에 2022. 1. 4.부터 2022. 3. 1.까지 진료를 받으며 발생한 진료비 중 환자부담 총액은 2,114,580원이나 원고들은 그중 2,102,790원만을 기왕치료비로 구하고 있고, 같은 병원에 2021. 6. 25.부터 2021. 9. 27.까지 진료를 받으며 발생한 진료비 중 환자부담 총액은 4,868,980원이나 원고들은 그중 2,868,980원만을 기왕치료비로 구하고 있다(갑 제41, 58호증 참조).

2) 갑 제20, 34, 41호증의 각 기재, 변론 전체의 취지에 의하면 원고 AAA는 2019. 9. 27.부터 2020. 2. 4.까지의 기간 동안 명지춘혜병원에 입원하면서 2~3인실 입원료로 2,122,760원이 발생한 사실, 2021. 6. 25.부터 2021. 9. 27.까지의 기간 동안 첨단종합병원에 입원하면서 2~3인실 입원료로 1,653,152원이 발생한 사실, OOOO병원에 입원하던 기간 중 2018. 11. 30.부터 2019. 1. 25.까지 및 2019. 8. 25.부터 2019. 8. 29.까지의 기간에 2인실 입원료로 총 5,014,985원[11](= 1,334,025원 + 1,200,600원 +151,190원 + 1,925,875원 + 326,260원 + 77,035원)이 발생한 사실을 인정할 수 있는바, 상급병실에 입원하여 치료를 받음으로써 추가로 부담하게 되는 입원료 상당의 손해는, 당해 진료행위의 성질상 상급병실에 입원하여 진료를 받아야 하거나, 일반병실이 없어 부득이 상급병실을 사용할 수밖에 없었다는 등의 특별한 사정이 인정되지 아니한다면, 그 불법행위와 상당인과관계가 있는 손해라고 할 수 없다(대법원 1995. 3. 14. 선고 94다39413 판결 등 참조).

그런데 원고들이 제출한 증거들만으로는 원고들이 OOOO병원, 명지춘혜병원 및 첨단종합병원에 입원했을 당시 상급병실을 이용할 수밖에 없었다는 특별한 사정이 있다고 보기에 부족하므로 기왕치료비를 산정함에 있어 위와 같은 2인실 내지 2~3인실 사용에 따른 입원비는 제외되어야 한다.

3) 다만 원고 AAA가 첨단종합병원에서 2021. 6. 25.부터 2021. 9. 27.까지 진료를 받으며 발생한 기왕치료비 중 환자부담 총액은 4,868,980원이고 그중 2~3인실 입원료로 지급한 1,653,152원은 제외되어야 하나, 원고들은 위 기간 동안의 진료비 중 일부인 2,868,980원만을 기왕치료비로 구하고 있는 바(상당인과관계가 인정되지 아니하는 상급병실 입원료 부분을 초과하는 금액을 이미 제외한 금액이다), 결국 피고 병원 의료진의 과실과 상당인과관계 있는 손해는 원고들이 주장하는 기왕치료비에서 명지춘혜병원 2~3인실 사용에 따른 입원료인 2,122,760원 및 OOOO병원 2인실 사용에 따른 입원료 5,014,985원을 제외한 81,858,051원이라 보아야 한다.

다. 향후치료비 : 70,711,950원

1) 성형외과

성형외과 신체감정의에 의하면 원고 AAA에게는 흉요추부의 반흔(26 × 1cm, 8 × 1.5cm)과

11) OOOO병원 2인실 입원료로 2018. 11. 30.부터 12. 14.까지 1,334,025원, 2018. 12. 15.부터 12. 29.까지 1,200,600원, 2018. 12. 30.부터 12. 31.까지 151,190원, 2019. 1. 1.부터 1. 25.까지 1,925,875원, 2019. 8. 25.부터 8. 28.까지 326,260원 및 2019. 8. 29. 77,035원이 각 발생하였다.

둔부의 반흔(9 × 1cm, 1.5 × 1.5cm, 1.5cm × 1.5cm)에 대한 각 반흔제거술의 필요성이 인정된다. 이 사건 변론종결일 다음 날인 2022. 12. 14.에 1차 수술비 4,600,000원, 2차 수술비 1,100,000원, 검사비 408,000원(= 204,000원/회 × 2회) 및 외래 통원비 900,000원(= 처치료 300,000원 + 약값 및 주사값 300,000원 + 접수비 300,000원) 등이 모두 지출되는 것으로 보고 이 사건 1차 수술일을 기준으로 현가한 산정내역은 다음과 같다.

향후치료비 합계액(원) 수술일	호프만수치	향후치료비	현가(원)
7,008,000	2018. 11. 21.	0.8333	5,839,766원

2) 재활의학과

재활의학과 신체감정의에 의하면 원고 AAA에게는 하지 근위축 방지, 관절운동 범위의 유지 및 욕창 방지 등을 위해 전문 의료 기관에서 여명종료일까지 주 1회의재활치료(운동 및 작업치료), 약물치료 등이 필요하다.

이 사건 변론종결일 다음 날인 2022. 12. 14.부터 원고 AAA의 기대여명종료일인 2036. 2. 14.까지 아래 표의 기재에 따라 계산한 금액인 34,250,524원을 인정한다.

순번	항목	주기	종료일	비용(1회)(연)	연간치료비(원)
1	운동 및 작업치료	1회/1년	여명기간	1,700,000	1,700,000
2	약물치료비	1회/1년	여명기간	1,600,000	1,600,000
3	기저귀	1회/1년	여명기간	365,000	365,000
합계 3,665,000					

종류	비용 (원)	최초 필요일	필요 최종일	수명 (년)	기왕증 기여도(%)	수치 합계	비용총액 (원)
연간치료비	3,665,000	2022. 12. 14.	2036. 2. 14.	1	0	9.3453	34,250,524

3) 정형외과

정형외과 신체감정의에 의하면 원고 AAA의 신경학적 회복 가능성은 낮을 것으로 판단되며, 감정일(2021. 1. 8.)로부터 3년간의 재활 및 통증조절 등 치료의 필요성이 인정된다. 한편, 정형외과 신체감정의가 감정한 향후치료비 항목 중 '재활의학과 외래 진찰료 및 물리치료비' 등은 앞서 재활의학과 신체감정의가 감정한 향후치료비 항목 중 '운동 및 작업치료, 약물치료'와는 그 치료의 목적, 구체적인 치료 방법 및 치료기간 등이 중복된다고 보기 어려우므로, 위 항목도 향후치료비로 인정한다.

원고들은 향후치료비로 2021. 12. 1.부터 지출이 시작되는 것으로 보고 그 지급을 구하나, 향후치료비와 같은 예상손해액은 사실심의 변론종결 당시에 이미 그 예상기간이 지났다면 그 지난 부분의 손해는 실제로 발생한 손해에 한하여 배상을 받을 수 있는 것인바(대법원 1999. 2. 26. 선고 98다51831 판결 참조), 이 사건 변론종결일인 2022. 12. 13.까지 위 기왕치료비 항목에서 인정한 금액 외에 별도로 이와 관련된 비용을 지출하였다고 인정할 증거가 없으므로, 이 사건 변론종결일 다음 날인 2022. 12. 14.부터 원고 AAA의 감정일 3년 후인 2024. 1. 8.까지 아래 표의 기재에 따라 계산한 금액인 6,501,559원만을 인정한다(계산의 편의를 위해 원고들이 구하는 바와 같이 각 향후치료비 항목의 수명을 1년으로 환산하여 그에 따른 연간치료비를 지출하는 방식으로 계산한다).

순번	항목	주기	종료일	비용(1회)(연)	연간치료비(원)
1	외래 진찰료(정형)	4회/1년	여명기간	18,800	75,200
2	방사선 검사	4회/1년	여명기간	46,657	186,628
3	외래 진찰료(재활)	3회/1주	여명기간	14,580	2,099,520
4	전기자극치료	3회/1주	여명기간	9,087	1,308,528
5	표층열치료	3회/1주	여명기간	2,158	310,752
합계 3,980,628					

종류	비용(원)	최초 필요일	필요 최종일	수명(년)	기왕증 기여도(%)	수치 합계	비용총액(원)
연간치료비	3,980,628	2022. 12. 14.	2024. 1. 8	1	0	1.6333	6,501,559

4) 비뇨의학과

가) 비뇨의학과 신체감정의에 의하면 원고 AAA에게는 배뇨장애, 발기부전이 영구적으로 지속될 것으로 보이며, 여명종료일까지 신경인성 방광, 발기부전에 대한 추적 검사 및 치료가 필요하다.

나) 다만 발기 부전에 대한 향후치료는 신체감정 결과와 같이 69세까지 필요한 것으로, 그중 자가 주사 교육비는 최초 1회만 지출하는 것으로 보고, 이 사건 1차 수술일을 기준으로 현가한 계산내역은 다음과 같다.

종류	비용(원)	최초필요일	필요최종일	수명(년)	기왕증 기여도(%)	수치합계	비용총액(원)
비아그라	66,080	2022. 12. 14.	2024. 9. 23.	1월	0	17.6954	1,169,312
자가 주사 교육비	120,000	2022. 12. 14.	2022. 12. 14.		0	0.8333	99,996
주사 약물비	88,000	2022. 12. 14.	2024. 9. 23.	1월	0	17.6954	1,557,195
음경 보형물 삽입술	13,000,000	2022. 12. 14.	2024. 9. 23.	10년	0	0.8333	10,832,900
합계							13,659,403

다) 다음으로 신경인성 방광에 대한 향후치료비의 경우 이 사건 변론종결일 다음 날인 2022. 12. 14.부터 원고 AAA의 기대여명종료일인 2036. 2. 14.까지 아래 표의 기재에 따라 계산한 금액인 10,460,698원을 인정한다(계산의 편의를 위해 각 향후 치료비 항목의 수명을 1년으로 환산하여 그에 따른 연간치료비를 지출하는 방식으로 계산한다).

순번	항목	주기	종료일	비용(1회)(연)	연간치료비(원)
1	요역동학검사	1회/2년	여명기간	363,550	181,775
2	소변검사 및 소변세균배양 검사	1회/1년	여명기간	23,907	23,907
3	경정맥 요로 조영술	1회/1년	여명기간	92,872	92,872
4	외래 접수비	2회/1년	여명기간	21,000	42,000
5	배뇨를 위한 정기적 넬라톤	1회/1월	여명기간	64,900	778,800
합계 1,119,354					

종류	비용 (원)	최초 필요일	필요 최종일	수명 (년)	기왕증 기여도(%)	수치 합계	비용총액 (원)
연간치료비	1,119,354	2022. 12. 14.	2036. 2. 14.	1	0	9.3453	10,460,698

5) 소결

결국 원고들에게 인정되는 향후치료비는 70,711,950원(성형외과 향후치료비 5,839,766원 + 재활의학과 향후치료비 34,250,524원 + 정형외과 향후치료비 6,501,559원 + 비뇨의학과 향후치료비 24,120,101원)이다.

라. 개호비 : 662,328,802원

1) 인정되는 개호의 범위

개호의 필요성과 상당성은 피해자의 상해 또는 후유장해의 부위 · 정도 · 연령 · 치료기간 등을 종합하여 판단하여야 하고, 인신사고의 피해자가 치료종결 후에도 개호가 필요한지 여부 및 그 정도에 대한 판단은 전문가의 감정을 통하여 밝혀진 후유장해의 내용에 터잡아 피해자의 연령 · 정신상태 · 교육정도 · 사회적 · 경제적 조건 등 모든 구체적인 사정을 종합하여 경험칙과 논리칙에 비추어 규범적으로 평가하여야 한다(대법원 2008. 2. 29. 선고 2007다85973 판결 등 참고).

정형외과 신체감정의는 일반적으로 하지 마비에 대하여 수상일 기준 2년간의 재활 및 기능회복을 위한 적극적인 치료를 위한 기간에는 일반적인 보통 성인 남성의 1일 24시간 개호가 필요하고, 2년이 지나면 재활을 통한 독립적인 생활이 가능하여 그때부터 3년간 1일 8시간 개호가 필요하다는 의견을 남겼고, 재활의학과 신체감정의는 감정일(2021. 3. 17.)로부터 여명종료일까지 성인 1인의 하루 8시간 개호가 필요하다는 의견을 남겼다.

위 법리에 비추어 살피건대, 원고 AAA의 경우 대부분의 일상생활(개인위생, 목욕, 배변 · 배뇨, 착 · 탈의, 이동 등)에서 타인의 도움이 필요하며, 욕창 및 관절 구축 등을 예방하기 위해서 잦은 자세 이동 및 관절 운동이 필요할 것으로 보이고(재활의학과 신체감정의도 같은 취지의 의견을 남겼다), 여기에 실제로 위 원고가 개호비로 지출한 내역을 살펴보면 아래에서 보는 바와 같이 1일 8시간, 성인 1인 정도의 개호를 받아온 것으로 보이는 점, 그 밖에 원고 AAA의 후유장애의 부위와 정도, 연령 등 사정을 종합하면 원고 AAA에게 이 사건 1차 수술일로부터 여명종료일까지 1일 8시간, 성인 1인의 개호가 필요하다고 봄이 상당하다.

2) 기왕개호비 : 172,390,000원

갑 제24, 25, 66 내지 73, 74-1~32, 75-1~3, 76-1~17, 77-1~5, 78-1~4, 79, 80-1~7, 81-1~3, 82-1~3, 83, 84-1~2, 85-1~11호증의 각 기재, 변론 전체의 취지에 의하면 2018. 12. 6.부터 2022. 10. 8.경까지 개호비로 172,390,000원(174,721,000원 - 2,331,000원)을 지급한 사실을 인정할 수 있고, 위 개호비는 원고 AAA에게 인정되는 개호의 범위(이 사건 1차 수술일로부터 1일 8시간, 성인 1인) 내에서 지출된 것으로 보인다[원고들은 인정되는 개호비 외에도 현금으로 피고 병원 간병인, 일일간병, 간병인 권인순에 대한 교통비 등 명목으로 2,331,000원(= 1,741,000원 + 350,000원 + 240,000원)을 지급하였다고 주장하나 이를 인정할 아무런 증거가 없다].

3) 향후개호비 : 489,938,802원

앞서 본 바와 같이 원고 AAA는 이 사건 변론종결일 다음 날인 2022. 12. 14. 부터 여명종료일인 2036. 2. 14.까지 1일 8시간, 성인 1인의 개호가 필요하다고 인정되는바, 위 개호비를 현가 계산하면 그 금액은 아래 표 기재와 같이 489,938,802원이다.

[향후개호비]

1	기간 초일	기간 말일	개호 비단가	인원	월비용	기왕증	ml	호프만 1	m2	호프만 2	m1 -2	적용호프 만	기간개호비
	2022. 12.14	2036. 2.14	153,671	1	4,674,159	0%	206	148.4925	48	43.6739	158	104.8186	489,938,802

마. 보조구 구입비 : 2,589,415원

재활의학과 신체감정의에 의하면, 원고 AAA에게는 영구적(기대여명종료일)으로 휠체어, 욕창예방 방석이 필요한 사실이 인정되고, 위 보조구 구입비는 이 사건 변론종결일 다음 날인 2022. 12. 14.부터 이를 최초로 지출하는 것으로 보고 이를 이 사건 1차 수술일로 현가하여 산정한 결과는 아래 표와 같이 2,589,415원이다(다만, 정형외과신체감정의는 원고 AAA에게 수술 후 3달간의 보조기 착용이 필요하다는 의견을 남겼으나, 변론 종결 시점에는 이미 위 기간이 도과하였으므로 이 부분은 인정하지 아니한다).

종류	비용(원)	최초필요일	필요최종일	수명(년)	기왕증 기여도(%)	수치 합계	비용총액 (원)
휠체어	480,000	2022. 12. 14.	여명기간	5	0	3.038	1,458,240
욕창예방 방석	250,000	2022. 12. 14.	여명기간	3	0	4.5247	1,131,175
보조구 구입비(합계) 2,589,415							

바. 책임의 제한

1) 의사 등이 의료상 과실 또는 설명의무를 위반함으로써 환자에게 손해를 배상할 책임이 있는 경우에 그 손해배상의 범위를 정함에 있어서는, 의사 측의 과실의 내용과 정도, 진료의 경위와 난이도, 의료행위의 결과, 해당 질환의 특성, 환자의 체질과 행태 등 제반 사정을 참작하여 손해 분담의 공평이라는 손해배상제도의 이념에 비추어 그 손해배상액을 제한할 수 있다(대법원 2014. 12. 24. 선고 2013다18332 판결 등 참조).

2) 피고는 ① 원고 AAA가 불필요한 입원을 지속하던 중 감염 경로를 알 수 없는 MSSA에 의한 균혈증이 발견된 점도 책임 제한 사유로 고려되어야 하고, ② 강신욱이 정맥염에 대한 조치로서 협진요청을 하지 않았다거나 원고 AAA의 증상에 대하여 담당 주치의에게 뒤늦게 알렸고, 강신욱이 응급수술의 필요성이 없다고 판단하여 다음 날 오전에 MRI 검사를 시행하자고 하였다고 주장하며 강신욱이 신경외과 의료진의 신속한 처치를 지연하게 하였으므로, 피고의 손해배상책임을 제한하여야 한다는 취지로 주장한다.

   살피건대, 피고의 위 ① 주장은 균혈증이 피고 병원 의료진의 의료행위에 의한 것임을 전제로 한 것인데, 앞서 본 바와 같이 균혈증이 피고 병원 의료진의 과실에 의하여 발생하였다고 보기는 어려우므로 위 사유를 이유로 책임을 제한할 수는 없다(한편 원고 AAA의 입원을 두고 불필요했다고 평가하기도 어렵다). 다음으로, ② 주장에 관하여 보건대, 의사에게는 의료행위를 함에 있어 환자의 구체적인 증상이나 상황에 따라 위험을 방지하기 위하여 요구되는 최선의 조치를 취하여야 할 주의의무가 인정되고, 진료를 행함에 있어 환자의 상황과 당시의 의료수준 그리고 자기의 지식경험에 따라 적절하다고 판단되는 진료방법을 선택할 상당한 범위의 재량을 가지는바, 비록 강신욱이 원고 AAA의 치료 과정에 일정 부분 관여한 것으로 평가할 여지가 있긴 하나, 당시 강신욱은 피고 병원 소속 의사로 원고 AAA의 사위이기도 한 점이 고려되어야 하고, 강신욱과 피고 병원 의료진이 나눈 대화 내지 진료기록 등을 살펴보더라도 피고 병원 의료진의 진료방법을 선택할 재량을 침해하였다고 평가하기는 어려운 점, 달리 원고 AAA가 합리적 사유 없이 피고 병원 의료진의 지시에 불응하거나 의학적으로 필요한 조치를 거부하지 않은 이 사건에서 의료행위에 있어 최선의 조치를 취하여야 할 주의의무가 인정되는 피고 병원 의료진이 환자 측 강신욱의 사정을 들어 책임이 제한되어야 한다는 주장을 하는 것은 받아들이기 어려운 점 등을 종합하면, 이러한 주장도 이유 없다.

3) 다만 피고 병원 의료진의 과실의 내용과 정도, MSSA 균혈증으로 진단된 환자에게 경막외 농양 및 감염성 척추염이 발생하였다면 위 균혈증이 원인일 가능성이 높다고 볼 수 있는데, 균혈증의 발생과 관련된 피고 병원 의료진의 과실이 인정되지 아니하고 MSSA 감염과 관련하여서는 적절한 항생제 치료를 시행한 점, 균혈증의 치료를 위해 적절한 항생제가 투여되더라도 합병증으로 경막외 농양이 발생할 수 있는 점, 경막외 농양에 신경학적 증상이 동반된 경우 질환의 특성 상 신경증상의 회복이 완전히 이루어지지 않을 가능성이 존재하는 점(초기에 수술적 개입을 시도하면 비교적 좋은 예후를 기대할 수 있으나 여전히 위험성이 존재한다) 등 변론에 나타난 사정들을 종합적으로 고려하여 손해의 공평하고 타당한 분담을 위하여 피고가 배상하여야 할 손해액을 산정함에 있어 피고의 책임을 70%로 제한하기로 한다.

4) 계산: 615,602,225원[= 879,431,750원(일실수입 61,943,532원 + 기왕치료비 등 81,858,051원 + 향후치료비 70,711,950원 + 개호비 662,328,802원 + 보조구 구입비 2,589,415원) × 70%]

사. 위자료

피고 병원 의료진의 진단 과정에서의 과실이 발생하게 된 경위, 원고 AAA에게 발생한 후유장해 부위 및 정도, 원고 AAA, BBB, CCC, DDD의 관계, 피고의 의료과실 정도 등 이 사건 변론에 나타난 제반 사정을 참작하여 원고 AAA의 위자료는 50,000,000원으로, 원고 BBB의 위자료는 25,000,000원으로, 원고 CCC, DDD의 위자료는 각 2,500,000원으로 정한다.

다만 원고 EEE, FFF의 경우 원고 AAA의 사위에 해당한다는 사실만으로 위 원고들이 피고 병원 의료진의 과실로 인하여 사회관념상 금전으로 위자할 정도의 상당한 정신적 고통을 받았다고 단정할 수 없고, 달리 이를 인정할 만한 증거가 없다.따라서 위 원고들의 위자료 청구는 받아들이지 않는다.

아. 소결

피고는 소속 의료진의 이 사건 의료과실로 인한 사용자책임으로 원고 AAA에게 665,602,225원(=재산상 손해 615,602,225원 + 위자료 50,000,000원), 원고 BBB에게 위자료 25,000,000원, 원고 CCC, DDD에게 위자료 각 2,500,000원 및 위 각 돈에 대하여 위 원고들이 구하는 바에 따라 2018. 11. 21.부터 이 판결 선고일인 2023. 2. 14.까지는 민법이 정한 연 5%의, 그 다음날부터 다 갚는 날까지는 소송촉진 등에 관한 특례법이 정한 연 12%의 각 비율로 계산한 지연손해금을 지급할 의무가 있다.

5. 결론

그렇다면 원고 AAA, BBB, CCC, DDD의 청구는 위 인정범위 내에서 이유있어 인용하고, 위 원고들의 각 나머지 청구 및 원고 EEE, FFF의 청구는 이유 없어 이를 모두 기각하기로 하여 주문과 같이 판결한다.

01-B

뇌신경 질환

04 비파열성 뇌동맥류 코일색전술 중 뇌출혈 사례

사례 4

비파열성 뇌동맥류 코일색전술 중 뇌출혈 사례

이 판례는 51세 여성 환자의 비파열성 뇌동맥류 코일색전술 중 발생한 뇌출혈 사례를 다루고 있습니다. 이 사례는 뇌동맥류 치료 중 발생한 합병증과 관련된 법원 판단을 포함하여, 의료 시술의 과실 여부에 대한 논의를 제공합니다. 환자의 상태와 법원의 판단을 통해 의료 과실의 기준을 이해하는 데 도움을 주고자 합니다.

1. 기초 사실

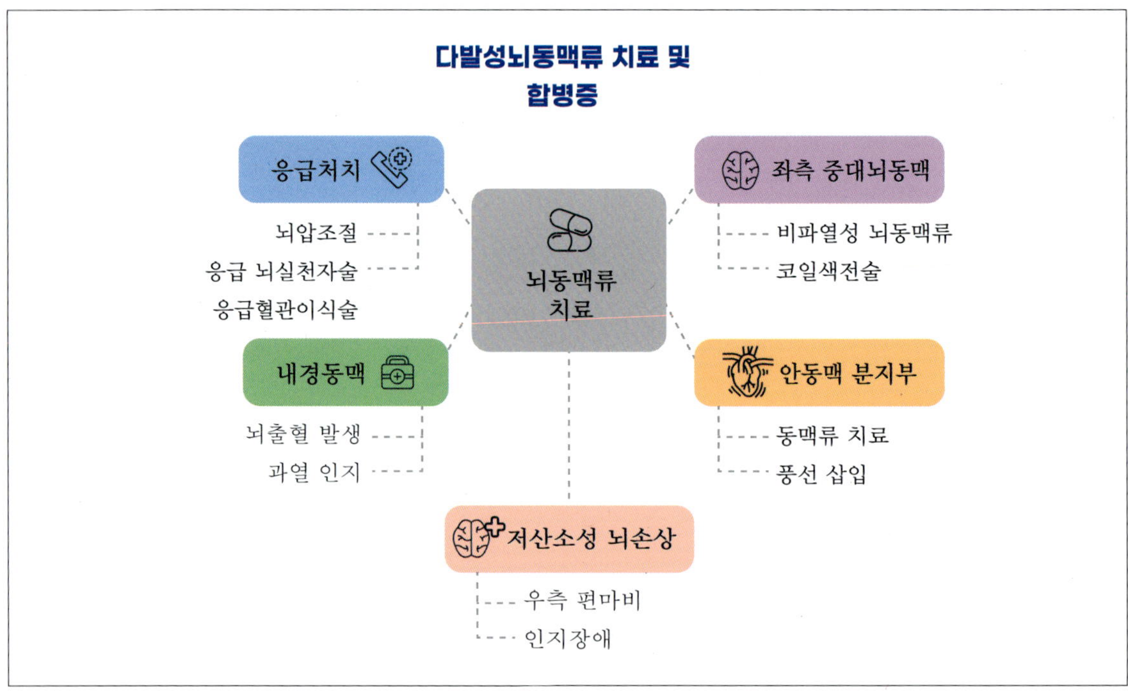

51세 여환은 다발성 비파열성 뇌동맥류로 인해 코일색전술을 시행받았습니다. 환자는 파열성 뇌동맥류로 입원하였으며, 치료 과정에서 좌측 중대뇌동맥(MCA) 뇌동맥류에 대한 코일색전술을 먼저 시행한 후, 좌측 안동맥 뇌동맥류(Oph.AA) 치료를 위해 내경동맥에 풍선을 거치시키고 코일을 삽입하던 중 좌측 내경동맥 부분에서 파열로 인한 뇌출혈이 발생하였습니다. 파열이 인지된 후, 의료진은 즉시 뇌압 조절, 응급 뇌실천자술, 응급 혈관이식술 등의 응급처치를 시행하였으나, 저산소성 뇌손상으로 인해 환자는 우측 편마비와 인지장애가 남게 되었습니다.

2. 법원 판단

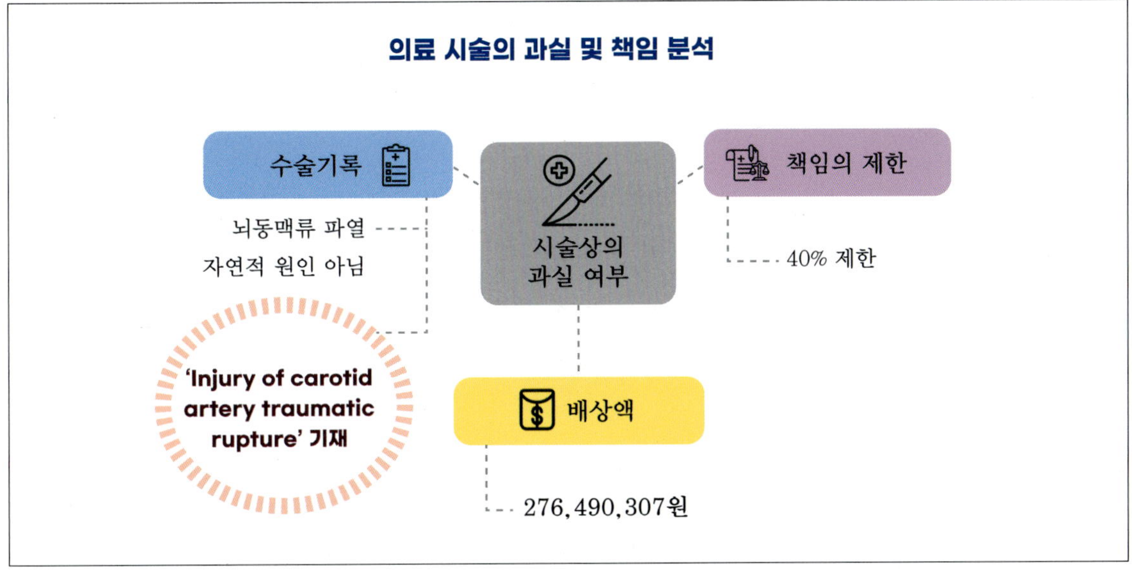

법원은 시술 방법 선택의 과실 여부는 불인정하였으나, 시술상의 과실 여부는 인정하였습니다. 그 판단의 이유는 다음과 같습니다:

수술 기록에 '뇌내경동맥의 외상성 파열(injury of carotid artery traumatic rupture)'이 기재되어 있어, 이는 자연적인 원인에 의한 파열이 아닌 수술 중 과실로 인한 뇌동맥류 파열을 의미합니다.

뇌혈관의 손상이 코일색전술의 불가항력적인 부작용으로 보기 어렵다는 점입니다.

따라서 피고의 책임은 40%로 제한되었으며, 피고의 배상액은 276,490,307원이 결정되었습니다.

이 사례는 의료 시술 중 발생할 수 있는 합병증과 그에 대한 법적 책임을 명확히 하는 데 중요한 사례로 남게 되었습니다.

서울중앙지방법원	2017가합532138
진 단 명	**비파열성 뇌동맥류**
사 고 내 용	**코일색전술 중 발생한 뇌출혈**
책 임 제 한	**40%**
판 결	원고 일부 승
의 사 과 오	주의의무 위반, 설명의무위반
배 상 액 (원)	276,490,307원

원 고 AAA

피 고 의료법인 BB대학교병원

판 결 선 고 2018. 7. 25.

주 문

1. 피고는 원고에게 276,490,307원 및 이에 대하여 2016. 9. 27.부터 2018. 7. 25.까지는 연 5%, 그 다음날부터 다 갚는 날까지는 연 15%의 각 비율로 계산한 돈을 지급하라.

2. 원고의 나머지 청구를 기각한다.

3. 소송비용 중 3/4은 원고가, 나머지는 피고가 각 부담한다.

4. 제1항은 가집행할 수 있다.

청 구 취 지

피고는 원고에게 1,066,003,227원 및 이에 대하여 2016. 9. 27.부터 이 판결 선고일까지는 연 5%, 그 다음날부터 다 갚는 날까지는 연 15%의 각 비율로 계산한 돈을 지급하라.

이 유

1. 기초사실

가. 원고는 2016. 9. 27. BB대학교병원(이하 '피고 병원'이라고 한다)에서 비파열성 뇌동맥류에 대한 코일색전술(이하 '이 사건 시술'이라고 한다)을 시행받은 사람이고, 피고는 원고에 대한 진료 및 수술을 시행한 의료인의 사용자로서 피고 병원을 운영하고 있다.

나. 원고는 2016. 7.경 BBCC병원에서 뇌혈관조영술을 받았고, 그 결과 비파열성 뇌동맥류 진단을 받았다.

다. 원고에게는 당시 좌측 중대뇌동맥 분지부위의 동맥류(크기 : 2.73 × 3.91 × 2.11mm), 좌측 안동맥 분지부위의 동맥류(크기 : 3.87 × 2.98 × 2.73mm)가 있었고, 그 외에 전맥락총동맥 분지부위 미세동맥류, 우측 안동맥 분지부위 미세동맥류가 동반되어 있었다.

라. 그 후 원고는 2016. 7. 20.경 및 2016. 7. 27.경 피고 병원을 방문하여 피고 병원의 DDD 교수 등과 상담을 한 후 이 사건 시술을 받기로 하였다.

마. 원고는 2016. 9. 26. 이 사건 시술을 위하여 동생과 함께 피고 병원에 방문하여 입원하였고, 2016. 9. 27. 14:00경부터 이 사건 시술을 받기 시작하였다.

바. 피고 병원 의료진은 좌측 중대뇌동맥 분지부위의 동맥류에 대하여 코일색전술을 시행한 후 좌측 안동맥 분지부위의 동맥류의 치료를 위해 좌측 내경동맥에 풍선을 거치시키고 코일을 삽입하던 도중 좌측 내경동맥 부분을 파열시켰고, 그로 인하여 출혈이 발생하였다.

사. 피고 병원 의료진은 내경동맥 파열이 발생한 것을 인지한 후 헤파린 중화 및 뇌압조절, 혈압강하를 시행하고, 신경외과 주치의에게 연락하여 파열부위를 코일로 막고 뇌압조절을 위한 응급 뇌실천자술 후 파열이 일어난 지점 이후에 혈액공급을 위하여 응급 혈관이식술을 시행하였다.

아. 원고는 현재 지주막하 출혈 및 저산소성 뇌손상으로 인하여 우측 편마비, 인지 장애를 보이고 있고, 타각적 증세로는 ① 보행 불가, 심한 좌위 균형 저하, ② 간이신경정신검사상 0점으로 평가되나, 간단한 명령에 부분적으로 반응, ③ 우측 근위약(근력등급 1)이 있고, 중등도의 경직을 보임, ④ 좌측 상하지에 불수의적인 움직임을 보임, ⑤ 몸을 반복적으로 움직임, ⑥ 일상생활동작을 보기 위한 한글판 수정바델지수상 0점으로 평가됨 등의 증상이 있다(이하 '이 사건 장애'라고 한다).

[인정근거] 다툼 없는 사실, 갑 제1 내지 4호증의 각 기재, 이 법원의 순천향대학교 서울병원장에 대한 진료기록감정촉탁결과 및 사실조회회신결과, 이 법원의 서울의료원장에 대한 신체감정촉탁결과, 변론 전체의 취지

2. 원고 주장의 요지

피고 병원 의료진은 아래와 같은 과실을 범하여 원고에게 이 사건 장애가 발생하게 하였고, 설명의무를 위반하여 원고의 자기결정권을 침해하는 불법행위를 하였으므로, 원고에게 일실수입, 치료비, 개호비, 위자료 등을 지급할 의무가 있다.

가. 시술방법 선택의 과실

피고 병원 의료진은 원고에게 코일색전술을 시행 시 혈관파열의 위험이 높다는 점을 고려하여 신중하게 수술 및 시술방법을 결정하여야 했음에도 불구하고 다른 치료법을 고려하지 않고 코일색전술을 강행한 과실이 있다.

나. 시술상의 과실

비파열성 뇌동맥류에 대한 코일색전술을 시행할 경우, 의료진으로서는 시술 전의 혈관촬영사진을 분석하여 미세도관의 항해시 마찰정도를 예상하여 와이어의 모양을 항해가 잘되도록 만들고, 동맥류의 크기, 모양을 분석하여 코일의 크기와 종류를 선택하여야 하며, 미세도관의 항해가 가능하도록 하는 카데터와 미세도관에 마찰이 일어나지 않도록 물의 흐름이 끊이지 않도록 하는 등 세심한 조치가 필요하다. 그럼에도 불구하고 피고 병원 의료진은 위와 같은 주의의

무를 다하지 않은 채 혈관과 동맥류에 적합한 코일종류를 선택하지 않아 출혈을 유발하였고, 또한 시술 도중 카데터, 미세도관의 미숙한 조작 및 풍선을 펼치는 과정에서의 미숙한 조작 등으로 인하여 혈관 또는 동맥류의 파열을 일으킨 과실이 있다.

다. 설명의무위반

피고 병원 의료진은 이 사건 시술을 시행하기 이전에 시술에 따르는 위험성과 부작용 등을 충분히 설명할 의무가 있음에도 이를 이행하지 아니하였다.

3. 손해배상책임의 발생

가. 시술방법 선택의 과실 인정 여부

1) 의사는 진료를 행함에 있어 환자의 상황과 당시의 의료수준 그리고 자기의 지식경험에 따라 적절하다고 판단되는 진료방법을 선택할 상당한 범위의 재량을 가진다고 할 것이고, 그것이 합리적인 범위를 벗어난 것이 아닌 한 진료의 결과를 놓고 그 중 어느 하나만이 정당하고 이와 다른 조치를 취한 것은 과실이 있다고 말할 수는 없다(대법원 2007. 5. 31. 선고 2005다5867 판결 참조).

2) 위 법리에 비추어 이 사건에 관하여 보건대, 갑 제3, 4호증의 각 기재, 이 법원의 순천향대학교 서울병원장에 대한 진료기록감정촉탁결과 및 사실조회회신결과, 변론 전체의 취지를 종합하여 알 수 있는 다음과 같은 사정들에 비추어 보면, 원고가 제출한 증거들만으로는 피고 병원 의료진이 원고의 비파열성 뇌동맥류의 치료방법으로 코일색전술을 선택한 것에 어떠한 과실이 있음을 인정하기에 부족하고, 달리 이를 인정할 만한 증거가 없으므로, 원고의 위 주장은 이유 없다.

① 뇌동맥류의 치료방법으로는 개두술 후 동맥류의 목 부위를 클립으로 결찰하는 뇌동맥류 결찰술과 혈관 내로 접근하여 동맥류 내부를 특수 제작된 백금 코일로 채우는 혈관내 수술법이 있는데, 일반적으로 동맥류의 목 부위가 좁은 동맥류의 경우 혈관내 수술이 용이하고, 후순환계 동맥류의 경우에는 상대적으로 개두술의 수술적 위험성이 높아 혈관내 수술을 실시하며, 환자가 고령이거나 기저질환으로 건강상태가 좋지 않은 경우에도 시술 위험도가 낮은 혈관내 수술이 이용된다.

② 원고의 동맥류는 비파열성 뇌동맥류로 개두술의 위험성에 비하였을 때 수술을 통한 이익이 상대적으로 낮고, 다발성 뇌동맥류이므로 개두술을 통해 여러 곳의 뇌동맥류를 동시에 수술하기 어려우며, 동맥류의 모양이 코일색전술을 시행하기에 비교적 용이한 낭성 형태이다.

③ 순천향대학교 서울병원의 감정의는 '안동맥 분지부에 기시하는 뇌동맥류의 경우 해부학적 특성상 동맥류에 골 구조, 시신경, 해면정맥동 등이 위치하고 있어 개두술의 난이도가 매우 높아 코일색전술이 주로 이용된다. 중대뇌동맥 동맥류는 비교적 뇌의 가장자리에 위치해 있으며 동맥류와 근접한 관통분지가 많아 개두술을 통한 동맥류 결찰술이 선호되나, 원고의 경우처럼 다른 부위의 동맥류와 동시 치료가 필요하고, 동맥류의 모양이 코일 색전술에 적합한 낭성 형태인 경우 코일색전술을 시도할 수 있다.'라는 소견을 밝히고 있다.

나. 시술상의 과실 인정 여부가. 당사자 등

1) 관련법리

의사가 진찰·치료 등의 의료행위를 함에 있어서는 사람의 생명·신체·건강을 관리하는 업무의 성질에 비추어 환자의 구체적인 증상이나 상황에 따라 위험을 방지하기 위하여 요구되는 최선의 조치를 취하여야 할 주의의무가 있고, 의사의 이와 같은 주의의무는 의료행위를 할 당시 의료기관 등 임상의학 분야에서 실천되고 있는 의료행위의 수준을 기준으로 삼되, 그 의료수준은 통상의 의사에게 의료행위 당시 일반적으로 알려져 있고 또 시인되고 있는 이른바 의학상식을 뜻하므로 진료환경 및 조건, 의료행위의 특수성 등을 고려하여 규범적인 수준으로 파악되어야 한다(대법원 2010. 7. 8. 선고 2007다55866 판결 등 참조). 한편, 의료행위에 의하여 후유장해가 발생한 경우, 그 후유장해가 당시 의료수준에서 최선의 조치를 다하는 때에도 당해 의료행위 과정의 합병증으로 나타날 수 있는 것이거나 또는 그 합병증으로 인하여 2차적으로 발생될 수 있는 것이라면 의료행위의 내용이나 시술 과정, 합병증의 발생 부위, 정도 및 당시의 의료수준과 담당 의료진의 숙련도 등을 종합하여 볼 때에 그 증상이 일반적으로 인정되는 합병증의 범위를 벗어났다고 볼 수 있는 사정이 없는 한, 그 후유장해가 발생되었다는 사실만으로 의료행위 과정에 과실이 있었다고 추정할 수 없다(대법원 2008. 3. 27. 선고 2007다76290 판결 참조).

2) 판단

위 법리에 비추어 이 사건에 관하여 보건대, 이 사건 시술 도중 원고의 좌측 내경동맥이 파열되어 지주막하 출혈이 발생한 사실은 앞서 본 바와 같고, 앞서 든 증거들 및 변론 전체의 취지를 종합하여 알 수 있는 다음과 같은 사정들을 종합하여 보면, 피고 병원 의료진은 원고에게 이 사건 시술을 시행하면서 혈관이 손상되지 않도록 카데터 및 코일을 섬세하게 조작할 의무가 있음에도 좌측 내경동맥의 뇌동맥류 아래쪽을 풍선 카데터로 지지하고 코일을 삽입하는 과정에서 조작을 잘못하여 원고의 좌측 내경동맥을 파열시킨 과실이 있다고 봄이 상당하다.

① 코일색전술 도중 뇌동맥류 파열 내지 뇌동맥류 주변 혈관을 손상시킬 수 있는 요인으로는 1) 미세도관이나 미세와이어를 조작하는 과정에서의 조작 미숙이나 뇌동맥류의 3차원적인 해부학적 구조를 제대로 파악하지 못해 뇌동맥류의 기저부를 찌르면서 발생하는 경우, 2) 뇌동맥류 내에 미세도관을 위치시킨 후 코일을 삽입하는 과정에서 파열이 발생하는 경우 등과 같이 시술 중에 시행되는 술기들이 뇌동맥류 등의 파열을 유발할 수 있다고 알려져 있다.

② 피고 병원의 2016. 9. 27. 신경외과 수술기록에는 수술 후 진단명으로 'injury of carotid artery traumatic rupture'라고 기재되어 있는데, 이는 자연적 원인에 의한 파열이 아닌 수술 중 뇌동맥 파열이 일어났음을 의미하는 것이다.

③ 코일색전술 도중 동맥류가 아닌 혈관이 손상되는 경우는 0.8-2% 이내로 매우 드물게 나타난다.

④ 순천향대학교 서울병원의 감정의는 '좌측 중대뇌동맥 분지부 동맥류 시술 후 안동맥 분지부 동맥류의 치료를 위하여 내경동맥에 풍선을 거치시키고, 코일을 삽입하던 도중 조영제의 누출이 확인되고 있으며, 미세유도선의 끝부분에 의하여 뇌동맥이 파열된 것으로 생각된다. 내경동맥의 뇌동맥류 아래쪽을 풍선 카데터로 지지하고 코일을 삽입하는 과정에서 코일이 삽입됨에 따라 풍선 카데터에 가해지는 압력이 변화하면서 미세와이어의 미세한 움직임에 의한 손상이 발생하였을 가능성이 있다.'라는 소견을 밝혔다.

⑤ 코일을 삽입하는 과정에서 풍선 카데터에 가해지는 압력의 변화를 최소화하기 위하여는, 원위부 동맥으로 미세유도선을 올릴 때 미세유도선에 혈관의 굴곡으로 인한 강한 장력이 가해져 튕겨지며 혈관을 손상시키는 현상이 발생하지 않도록 주의하여야 하고, 위 현상을 방지하기 위하여는 카데터에 가해지는 압력을 확인하며 적절한 속도 및 방향으로 카데터를 조작하여야 한다.

⑥ 비파열성 뇌동맥류에 대한 코일색전술 중 뇌혈관 손상 가능성은 시술자의 경험과 숙련도에 의하여 상당 부분 영향을 받는 것이므로, 뇌혈관의 손상이 코일색전술의 불가항력적인

부작용이라고 보기는 어렵다.

다. 상당인과관계의 존부

피고 병원 의료진에게는 이 사건 시술 중 내경동맥의 뇌동맥류 아래쪽을 풍선 카데터로 지지하고 코일을 삽입하는 과정에서 조작을 잘못하여 원고의 좌측 내경동맥을 파열시킨 과실이 있고, 그로 인해 지주막하 출혈이 발생하여 원고에게 이 사건 장애가 발생하였으며, 다른 원인이 개재되어 위 결과가 발생하였다고 보기는 어려우므로, 피고 병원 의료진의 과실과 이 사건 장애 사이에는 상당인과관계가 인정된다.

라. 설명의무위반 여부

을 제1호증의 기재 및 변론 전체의 취지를 종합하면, 피고 병원 의료진은 이 사건 수술을 하기 전에 원고 및 보호자인 원고의 동생 정영옥에게 시술을 하지 않을 경우의 예후, 예정된 시술 이외의 시행 가능한 다른 방법, 시술의 이유, 목적 및 필요성, 시술의 과정 및 방법, 발생 가능한 합병증 및 부작용 등에 관하여 설명한 사실, 피고가 설명한 합병증 및 부작용에는 수술 중 뇌동맥류가 파열될 수 있다는 내용이 포함되어 있는 사실, 원고와 정영옥은 위 설명을 들은 후 이 사건 수술에 동의하여 서명한 사실, 그 동의서에는 동맥류 파열과 관련하여 '이 합병증은 환자의 사망까지 이를 수 있는 것으로 알려져 있으나, 서울대학병원 뇌혈관팀의 통계로는 약 3% 미만으로 발생하였고 이와 관련된 영구적 뇌손상은 7%, 그리고 사망한 예는 없었다.'라고 기재되어 있는 사실을 인정할 수 있는바, 위 인정사실에 의하면 피고 병원 의료진은 원고에게 설명의무를 다하였다고 봄이 상당하므로, 원고의 위 주장은 이유 없다.

4. 손해배상책임의 제한

이 사건 과실의 정도와 그로 인하여 원고에게 발생한 결과, 이 사건 시술에 내재하는 위험성, 피고가 이 사건 시술 후 경과 관찰 과정에서 기울인 노력의 정도 등 이 사건 변론에 나타난 여러 사정들을 종합하여 보면, 피고의 손해배상책임을 40%로 제한함이 상당하다.

5. 손해배상책임의 범위

원고가 피고의 위와 같은 과실로 인하여 입게 된 손해는 아래와 같다. 계산의 편의상 기간의 계산은 월 단위로 계산하되, 월 미만은 버리고, 금액 계산에 있어 원 미만은 버리며, 사고 당시의 현가 계산은 월 5/12%의 비율에 의한 중간이자를 공제하는 단리할인법에 따른다. 그리고 당사자의 주장 중 별도로 설시하지 않는 것은 배척한다.

[인정근거] 다툼 없는 사실, 갑 제1호증의 기재, 이 법원의 서울의료원장에 대한 신체감정촉탁결과, 변론 전체의 취지

가. 일실수입

1) 인적사항 및 평가내용

가) 성별 : 여자

나) 생년월일 : 1965. 5. 5.

다) 사고시 연령 : 51세 4개월 22일

라) 기대여명 및 여명종료일 : 이 법원의 서울의료원장에 대한 신체감정촉탁결과에 의하면, 원고의 여명은 이 사건 사고일 기준으로 일반인의 34% 수준이므로, 원고의 여명종료일은 2028. 11. 5.이다.

마) 직업 및 소득 : 보통인부의 도시일용노임, 월 가동일수 22일

바) 가동종료일 : 원고가 만 60세가 되는 2025. 5. 4.

사) 노동능력상실률 : 100%

2) 계산

위와 같은 내용을 종합하여 불법행위일인 2016. 9. 27.로 계산한 일실수입은 아래 표 기재와 같이 합계 205,353,934원이다.

	기간 초일	기간 말일	노임 단가	일수	월소득	상실률	ml	호프만 1	m2	호프만 2	m1 −2	적용 호프만	기간일실수입
1	2016. 9.27	2017. 4.30	102,628	22	2,257,816	100%	7	6.8857	0	0	7	6.8857	15,546,643
2	2017. 5.01	2017. 8.11	106,846	22	2,350,612	100%	10	9.7773	7	6.8857	3	2.8916	6,797,029
3	2017. 8.12	2017. 8.31	106,846	22	2,350,612	100%	11	10.7334	10	9.7773	1	0.9561	2,247,420
4	2017. 9.01	2025. 5.04	106,819	22	2,416,018	100%	103	85.5519	11	10.7334	92	74.8185	180,762,842
일실수입 합계액(원)													205,353,934

나. 향후치료비

원고가 이 사건 변론종결일 다음날인 2018. 6. 21.부터 여명종료일인 2028. 11. 5.까지 재활치료비로 매년 5,616,000원, 외래비용으로 매년 480,000원, 검사비용으로 매년 100,000원, 종합검사비로 매년 140,000원, 약물치료비로 매년 1,825,000원을 지출하는 것이 필요한바, 이를 현가 계산하면, 그 금액은 별지 향후치료비 계산표 기재와 같이 71,663,644원(= 재활치료비 46,996,934원 + 외래비용 4,016,832원 + 검사비용 836,840원 + 종합검사비 1,171,576원 + 약물치료비 18,641,462)이다.

다. 개호비

1) 개호의 필요성

이 법원의 서울의료원장에 대한 신체감정촉탁결과에 의하면, 원고는 독립보행이 불가능하고, 일상 생활 동작에 전적인 도움이 필요한 상태임이 인정된다. 또한 위 개호의 내용에 비추어 24시간 계속적으로 관리와 보호를 요하는 것은 아니나, 원고의 곁에서 필요에 따라 수시로 일상적인 개호를 실시하여야 하므로, 1일 8시간의 개호를 인정함이 상당하다.

2) 계산 : 314,208,193원

기간 초일	기간 말일	단가	인원	월비용	기왕증	적용호프만	기간개호비
2018. 06.21	2028. 11.05	109,819	1	3,340,327	0%	94.0651	314,208,193

3) 원고는 이 사건 사고발생일인 2016. 9. 27.부터 이 사건 변론종결일까지의 개호비의 지급을 구하고 있으나, 원고가 이 사건 변론종결일까지 실제로 개호비를 지출하였다거나 개호비를 현실로 지출하지 아니하였다고 하더라도 적어도 원고가 부모나 배우자 등 근친자의 개호를 실제로 받았다는 점을 인정할 만한 증거가 없으므로, 원고의 위 주장은 받아들이지 아니한다.

라. 책임의 제한

1) 피고의 책임비율 : 40%

2) 계산

가) 일실수입 : 82,141,573원(= 205,353,934원 × 40%)

다) 향후치료비 : 28,665,457원(= 71,663,644원 × 40%)

마) 개호비 : 125,683,277원(= 314,208,193원 × 40%)

바) 합계 : 236,490,307원

마. 위자료

원고에 대한 치료 경위 및 현재 상태, 원고의 나이, 직업 및 가족관계, 피고의 과실의 정도, 그 밖에 이 사건 변론에 나타난 모든 사정을 참작하여 원고의 위자료를 40,000,000원으로 정한다.

바. 소결론

따라서 피고는 원고에게 276,490,307원(= 재산상 손해 236,490,307원 + 위자료 40,000,000원) 및 이에 대하여 불법행위일인 2016. 9. 27.부터 피고가 그 이행의무의 존재 여부나 범위에 관하여 항쟁함이 타당한 이 판결 선고일인 2018. 7. 25.까지는 민법이 정한 연 5%, 그 다음날부터 다 갚는 날까지는 소송촉진 등에 관한 특례법이 정한 연 15%의 각 비율로 계산한 지연손해금을 지급할 의무가 있다.

6. 결론

그렇다면, 원고의 이 사건 청구는 위 인정범위 내에서 이유 있어 이를 인용하고, 나머지 청구는 이유 없어 이를 기각한다.

[향후치료비 계산표]

종류	재활치료	수명(년):	1
단가	5,616,000원	수명(월):	0
최초필요일	2018.06.21	수치합계:	8.3684
필요최종일	2018.11.05	비용총액:	46,996,934원

순번	필요일시	월수	호프수치
1	2018-06-21	20	0.923
2	2019-06-21	32	0.8823
3	2020-06-21	44	0.845
4	2021-06-21	56	0.8108
5	2022-06-21	68	0.7792
6	2023-06-21	80	0.75
7	2024-06-21	92	0.7228
8	2025-06-21	104	0.6976
9	2026-06-21	116	0.6741
10	2027-06-21	128	0.6521
11	2028-06-21	140	0.6315

종류	외래비용	수명(년):	1
단가	480,000원	수명(월):	0
최초필요일	2018.06.21	수치합계:	8.3684
필요최종일	2018.11.05	비용총액:	4,016,832원

순번	필요일시	월수	호프수치
1	2018-06-21	20	0.923
2	2019-06-21	32	0.8823
3	2020-06-21	44	0.845
4	2021-06-21	56	0.8108
5	2022-06-21	68	0.7792
6	2023-06-21	80	0.75
7	2024-06-21	92	0.7228
8	2025-06-21	104	0.6976
9	2026-06-21	116	0.6741
10	2027-06-21	128	0.6521
11	2028-06-21	140	0.6315

종류	검사비용	수명(년):	1
단가	100,000원	수명(월):	0
최초필요일	2018.06.21	수치합계:	8.3684
필요최종일	2028.11.05	비용총액:	836,840원

순번	필요일시	월수	호프수치
1	2018-06-21	20	0.923
2	2019-06-21	32	0.8823
3	2020-06-21	44	0.845
4	2021-06-21	56	0.8108
5	2022-06-21	68	0.7792
6	2023-06-21	80	0.75
7	2024-06-21	92	0.7228
8	2025-06-21	104	0.6976

9	2026-06-21	116	0.6741
10	2027-06-21	128	0.6521
11	2028-06-21	140	0.6315

종류	종합검사비	수명(년):	1
단가	140,000원	수명(월):	0
최초필요일	2018.06.21	수치합계:	8.3684
필요최종일	2018.11.05	비용총액:	1,171,576원

순번	필요일시	월수	호프수치
1	2018-06-21	20	0.923
2	2019-06-21	32	0.8823
3	2020-06-21	44	0.845
4	2021-06-21	56	0.8108
5	2022-06-21	68	0.7792
6	2023-06-21	80	0.75
7	2024-06-21	92	0.7228
8	2025-06-21	104	0.6976
9	2026-06-21	116	0.6741
10	2027-06-21	128	0.6521
11	2028-06-21	140	0.6315

종류	약물치료비	수명(년):	1
단가	1,825,000원	수명(월):	0
최초필요일	2016.09.27	수치합계:	10.2145
필요최종일	2028.11.05	비용총액:	18,641,462원

순번	필요일시	월수	호프수치
1	2016-09-27	0	1
2	2017-09-27	12	0.9523
3	2018-09-27	24	0.909
4	2019-09-27	36	0.8695
5	2020-09-27	48	0.8333
6	2021-09-27	60	0.8
7	2022-09-27	72	0.7692
8	2023-09-27	84	0.7407
9	2024-09-27	96	0.7142
10	2025-09-27	108	0.6896
11	2026-09-27	120	0.6666
12	2027-09-27	132	0.6451
13	2028-09-27	144	0.625

05 급성 뇌경색 환자에 대한 t-PA 미투여로 인한 뇌경색 확대 사례

사례 5 급성 뇌경색 환자에 대한 t-PA 미투여로 인한 뇌경색 확대 사례

이 판례는 31세 여성 환자에게 급성 뇌경색과 비파열성 뇌동맥류가 발생한 사례를 다루고 있습니다. 환자는 수유 중이었으며, t-PA(조직 플라스미노겐 활성제) 투여가 결정되지 않아 뇌경색의 크기가 확대되었습니다. 법원은 의료진의 과실을 인정하고, 이에 따른 배상액을 판결하였습니다.

1. 기초 사실

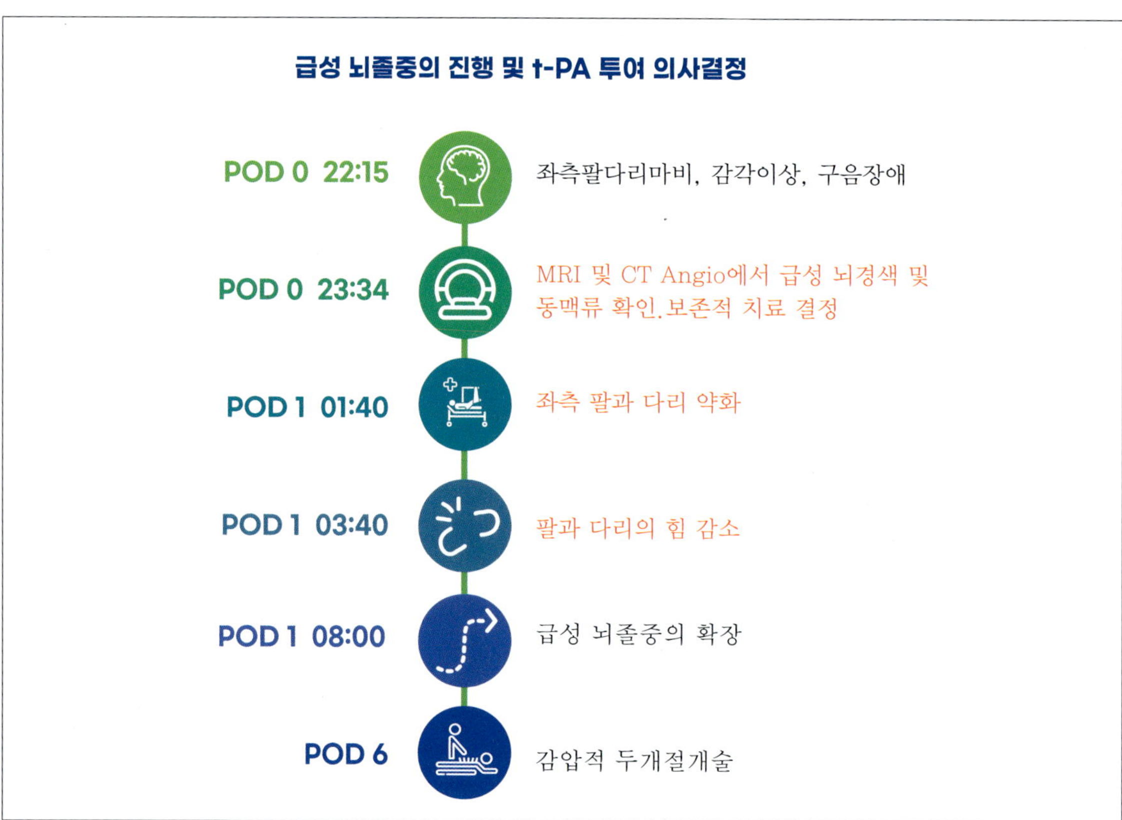

31세 여자로 급성 뇌경색, 비파열성 뇌동맥류, 수유 중인 환자에게 t-PA를 투여하지 않아 뇌경색

크기가 확대된 사례입니다.

- 입원 당일(POD 0): 22:15 좌측 팔다리 마비(GII), 감각 이상, 구음 장애 발생.
- 23:34 MRI 및 CT Angio 검사에서 우측 기저핵 급성 뇌경색과 비파열성 뇌동맥류 확인. t-PA 투여를 하지 않기로 결정하고 일반 병실로 이송.
- 입원 다음날(POD 1): 01:40 좌측 팔 GIII, 다리 GIV 상태.
- 03:40 원고의 힘이 떨어지며, 팔 G0, 다리 GII로 증상 지속.
- 다음날 08:00 MRI 및 CT Angio 검사에서 급성 뇌경색이 더 확장된 것을 확인.
  - 입원 6일째 감압적 두개절개술 시행.

피고는 원고의 신경학적 증상이 자발적으로 호전되었고, t-PA 사용 시 뇌동맥류 파열 우려가 있었으며, 당시 원고가 수유 중이어서 t-PA 적응증이 아니라는 의학적 판단에 따른 것이라고 주장하였습니다.

2. 법원 판단

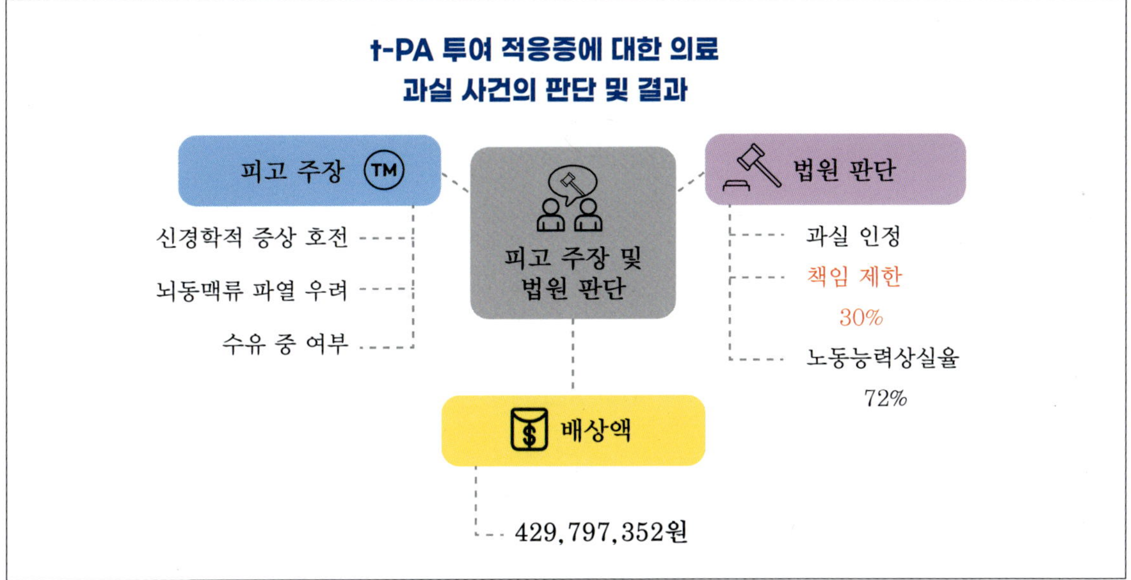

이 사건 법원은 정맥 내 t-PA를 투여하지 않은 과실을 인정하였습니다. 판결 이유는 다음과 같습니다:

- 뇌졸중 증상이 급격히 좋아지는 경우로 단정하기 어렵다.
- 10mm 이하 비파열성 뇌동맥류에 대해 t-PA를 투여해서는 안 된다는 뚜렷한 의학적 견해는 없다.
- 수유는 원고의 중증도에 비해 t-PA의 적응증에 해당하지 않는다고 본 것은 적정한 의학적 판단이 아니다.

또한, 입원 다음날 03:50 경 증상 악화에도 불구하고 적절한 치료를 하지 않은 과실 여부도 인정하였습니다. 따라서 피고의 책임의 제한은 30%로, 피고의 배상액은 429,797,352원으로 판결하였습니다.

서울북부지법	2013가합21943
진 단 명	**급성 뇌경색**
사 고 내 용	**t-PA 미투여로 인한 뇌경색 확대**
책 임 제 한	**30%**
판 결	원고 일부 승
의 사 과 오	주의의무 위반, 설명의무위반
배 상 액 (원)	429,797,352원

원 고 1. AAA

2. BBB

3. CCC

4. DDD

피 고 학교법인 EEE학원

판 결 선 고 2018. 2. 8.

주 문

1. 피고는 원고 AAA에게 412,797,352원, 원고 BBB에게 7,000,000원, 원고 CCC, DDD에게 각 5,000,000원 및 각 이에 대한 2012. 9. 13.부터 2018. 2. 8.까지는 연 5%의, 그 다음날부터 다 갚는 날까지는 연 15%의 각 비율로 계산한 돈을 지급하라.

2. 원고들의 피고에 대한 각 나머지 청구를 기각한다.

3. 소송비용 중 3/4은 원고들이, 나머지는 피고가 각 부담한다.

4. 제1항은 가집행할 수 있다.

청 구 취 지

피고는 원고 AAA에게 1,585,189,610원, 원고 BBB에게 32,000,000원, 원고 CCC, DDD에게 각 16,000,000원 및 각 이에 대한 2012. 9. 13.부터 이 사건 청구취지 및 청구원인 변경신청서 부본 송달일까지는 연 5%의, 그 다음날부터 다 갚는 날까지는 연 15%의 각 비율로 계산한 돈을 지급하라.

이 유

1. 기초사실

가. 당사자 등의 지위

1) 피고는 SS시 팔달구 중부대로93(지동)에 있는 "EEE대학교 FFFF병원" (이하 '피고 병원'이라 한다)을 운영하는 학교법인이다.

2) 원고 AAA은 2012. 9. 13. 피고 병원에 내원하여 급성 뇌경색으로 치료를 받은 사람이고, 원고 BBB은 원고 AAA의 배우자, 원고 CCC은 원고 AAA의 자녀, 원고 DDD는 원고 AAA의 모친이다.

나. 원고 AAA의 피고 병원 내원 및 피고 병원 의료진의 처치 경과

1) 2012. 9. 13.

가) 원고 AAA은 2012. 9. 13. 22:13경[이하 1)항에서 날짜의 표시 없이 시각만이 기재된 경우, 2012. 9. 13.의 시각을 의미한다] 좌측 팔다리 마비 및 감각 이상, 구음장애를 주로 호소하며 피고 병원 응급실에 내원하였다.

나) 내원 당시 원고 AAA에 대한 신경학적 검사 결과, 좌측 상 · 하지의 운동력이 모두 '수평 방향으로의 움직임은 있으나 수직으로 움직이지 못하는 때'인 'GⅡ'의 상태로 평가되었다.

다) 피고 병원 소속 의사 KKK는 23:00경 원고 AAA에게 정맥 혈전용해제인 t-PA의 투여를 준비하였다.

라) 원고 AAA에 대한 뇌 전산화단층혈관촬영(CT Brain Angiography, 이하 '뇌 CT Angio'라고 한다) 검사가 22:31경, 뇌 확산강조영상(MRI Brain Diffusion, 이하 '뇌 MRI Diffusion'이라고 한다) 검사가 23:34경 각 시행되었다. 검사 결과, 우측 기저핵의 급성 뇌경색이 확인되었다.

마) 의사 KKK는 23:45경 정맥 내 t-PA를 투여하지 않기로 결정하고, 23:50경 원고 AAA에게 일반병실로의 이실을 권유하였다.

2) 2012. 9. 14. 이후

가) 원고 AAA은 2012. 9. 14. 01:40경[이하 2)항에서 날짜의 표시 없이 시각만이 기재된 경우, 2012. 9. 14.의 시각을 의미한다] 응급실에서 퇴실하여 01:50경 일반 병실로 이실하였다. 응급실에서 일반병실로 이실하기 전 이루어진 신경학적 검사에서 좌측 팔은 '중력을 이길 정도로 수직 운동이 가능한 때'인 'GⅢ'의 상태로, 좌측 다리는'수직 운동이 가능하고 어느 정도 저항에도 견뎌낼 때'인 'GⅣ'의 상태로 측정되었다.

나) 원고 AAA, BBB이 03:40경 피고 병원 간호사에게 '원고 AAA의 힘이 떨어진다.'라는 취지로 호소하자 위 간호사는 피고 병원 소속 의사 LLL을 호출하였다.

다) 03:50경 원고 AAA의 운동력은, 좌측 팔의 경우 '전혀 근육의 수축을 볼 수 없는 때'인 'G0'의 상태로, 좌측 다리의 경우 'GⅢ'의 상태로 측정되었고, 구음장애 증상이 나타났다.

라) 06:00경 원고 AAA의 좌측 팔 운동력은 'G0', 좌측 다리의 운동력은 'GⅢ'의 상태로 측정되었고, 같은 날 07:40경 신경외과 회진 시에도 마찬가지의 상태로 평가되었다.

마) 08:00경 원고 AAA에게 항혈소판제인 아스피린(Aspirin), 클로피도그렐(Clopidogrel)이 투여되었다.

바) 10:35경 뇌 MRI Diffusion 검사가 시행되었다. 검사 결과, 뇌경색 부위가 우측 기저핵 쪽으로 더 확대되었다.

사) 12:55경 원고 AAA의 좌측 팔 운동력은 'GⅢ', 좌측 다리의 운동력은 'GⅣ'의 상태로 측정되었다.

아) 19:51경 원고 AAA에 대한 뇌 자기공명 혈관조영(MRA Brain) 검사가 시행되었다.

자) 2012. 9. 15. 원고 AAA의 좌측 팔 운동력은 'GⅡ', 좌측 다리의 운동력은 'GⅢ'의 상태로

측정되었다.

차)2012. 9. 17. 원고 AAA은 급성 뇌경색에 따른 뇌부종 상태가 되었고, 2012. 9. 18. 감압적 두개절개술을 받았다.

다. 관련 의학지식

1) 뇌경색의 개요 및 증상

고혈압, 심장질환, 당뇨, 비만, 흡연, 신체활동의 감소 등 다양한 원인으로 발생한 혈전이나 색전에 의해 뇌혈관에 폐색이 발생하여 뇌에 공급되는 혈액량이 감소하면 뇌 조직이 기능을 제대로 하지 못하게 되고, 뇌혈류 감소가 일정 시간 이상 지속되면 뇌 조직의 괴사가 시작되는데, 뇌조직이 괴사되어 회복 불가능한 상태에 이르렀을 때를 뇌경색이라 한다. 뇌경색의 증상으로는 갑작스럽게 발생하는 편측마비, 안면마비, 감각 이상, 구음장애 등이 있다. 위와 같은 운동기능 및 감각기능의 부전 외에도 실인증, 실어증, 시야 장애 및 의식 소실 등의 증상이 나타나기도 한다.

2) 진단

가) 개요

급성기 허혈성 뇌졸중은 발생 후 치료 가능한 시간이 짧으므로, 허혈성 뇌경색의 신속한 진단과 평가가 매우 중요하다. 병력, 일반적인 신체검사, 신경학적 검사로 구성된 임상적 진단은 기본적인 핵심평가요소이고, 이에 근거한 임상진단이 신속하게 이루어져야 한다. 최종목적은 뇌졸중을 확진하고 재조합 t-PA(tissue Plasminogen Activator, 이하 't-PA' 라고 한다)와 같은 급성기 치료의 적응증과 금기증을 확인하는 것이다.

나) 뇌 영상 검사

뇌 영상 검사를 통해 되살릴 수 있는 허혈성 뇌조직의 범위, 뇌혈관 상태, 뇌 혈류학적 상태에 관한 정보를 얻을 수 있고, 뇌출혈의 위험율, 또는 혈관의 폐쇄 부위를 확인하여 재관류 치료를 할 수 있는 환자의 선정에 도움을 준다. CT와 MRI가 초기영상도구로 선택될 수 있다.

다) 미국 국립보건원 뇌졸중 척도(NIHSS) 검사

의식 수준, 주시 능력, 시야, 안면마비, 팔과 다리의 운동, 사지 운동실조, 감각, 언어능력, 구음장애, 인식상실과 부주의상태 등 항목으로 나누어져 검사하는 국제적인 뇌졸중 척도인데, 뇌졸중 초기 장해를 평가하고 신경학적 상태를 추적하여 관찰하기 위해 개발된 것으로서 뇌졸중 환자의 신경학적 기능 이상을 정량적으로 측정하고자 하는 도구이다.

3) 치료

가) 개요

환자의 상태나 연령, 뇌 영상 검사의 소견, 동반질환의 상태에 따라 치료방법이 달라지는데, 대부분 발병 3시간 이내에는 혈전용해제인 t-PA를 통한 정맥 내 혈전용해술을 시행하게 되며, 6시간 이내에는 동맥 내 혈전용해술을, 8시간 이내까지 물리적 · 기계적 혈전용해술을 시행할 수 있다. 발병 8시간 이후에는 혈전용해술을 시행하지 않은 환자에게 항혈소판제를 사용하게 된다. 그 외에 급성 뇌경색의 합병증 관리, 뇌부종에 대한 치료 등 보존적인 치료와 관찰이 필요하다.

나) t-PA를 이용한 정맥 내 혈전용해술

정맥 내 혈전용해술은 1995년 미국 국립신경질환뇌졸중연구소(National Institute of Neurological Disorders and Stroke, NINDS) 연구에 의해 뇌졸중 증상 발생 3시간 이내에 투여하면 허혈성 뇌졸중 환자의 예후를 개선시킬 수 있다는 점이 입증된 이후 뇌졸중 급성기에 공인된 유일한 치료제로 사용되어 왔다. 주로 ① 환자가 18세 이상 80세 미만의 성인으로서 ② 적어도 미국 국립보건원뇌졸중 척도(NIHSS)에 따라 4점 이상의 신경학적 결손이 있고, ③ 뇌 CT 검사상 뇌출혈이 없는 경우, 환자가 발병 후 3시간 이내에 내원하였을 때 투여하게 된다. 2012년 당시 t-PA 혈전용해술의 구체적인 적응증은, 2009년 뇌졸중임상연구센터에서 발간한 뇌졸중 진료지침에 따를 때 다음과 같다.

1. 증상 발생 3시간 이내에 내원한 허혈성 뇌졸중 환자의 경우, t-PA 치료를 고려하여야 한다.
2. 단 영상 검사에서 뇌출혈이 배제되어야 하며, 아래 표에 기반한 적응증을 기준으로 한다.

1. 신경학적 기능 부전이 동반된 허혈성 뇌졸중
2. 신경학적 기능 부전이 자발적으로 호전되지 않아야 함
3. 신경학적 기능 부전은 경미하지 않아야 함
4. 신경학적 기능 부전이 현저한 환자는 치료 시 주의해야 함
5. 뇌졸중의 증상은 거미막하 출혈이 아니어야 함
6. 증상 발생 이후 3시간 이내에 치료가 시작되는 것이 바람직함
7. 과거 3개월 이내에 두부 외상 및 뇌졸중이 없어야 함
8. 과거 3개월 이내에 심근 경색이 없어야 함
9. 과거 21일 이내에 소화기 및 비뇨기계 출혈이 없어야 함
10. 최근 14일 이내에 주요 수술을 시행하지 않았어야 함
11. 최근 7일 이내 압박이 불가능한 위치의 동맥 천자를 시행하지 않았어야 함
12. 과거 두개내 출혈 없어야 함
13. 혈압은 수축기 혈압 185mmHg 및 확장기 혈압 110mmHg 이내로 조절되어야 함
14. 신체 검진 당시 출혈 및 외상(골절 포함)이 발견되지 않아야 함
15. 경구 항응고제를 복용하고 있지 않거나, 복용하더라도 INR 1.7 이하여야 함
16. 과거 48시간 이내 헤파린을 투여받고 있었다면, aPTT가 정상범위 이내로 조절되어야 함
17. 혈소판 수치는 100,000mm3 이상이어야 함
18. 혈당 수치는 50mg/dl, 12.7mmol/Ll 이상이어야 함
19. 발작 후 신경학적 기능부전을 동반한 경련이 없어야 함
20. 컴퓨터단층촬영(CT)상 저음영병변이 뇌반구의 1/3 이상을 차지하는 다엽 경색이 없어야 함
21. 환자 및 보호자가 치료에 따르는 위험과 이득에 대해 이해하고 있어야 함

다) 아스피린

아스피린을 48시간 이내에 투여하였을 때, 허혈성 뇌졸중 재발을 유의미하게 감소시킬 수 있다고 한다. 아스피린이 정맥 내 혈전용해술을 대체하지는 못하지만, 뇌출혈의 가능성이 배제된 급성기 허혈성 뇌졸중 환자에서는 아스피린이 뇌경색 발생 24~48시간 이내에 경구 투여되어야 한다.

[인정 근거] 다툼이 없음, 갑 제1 내지 3, 5, 7, 16호증(가지번호 있는 것은 각 가지번포 포함, 이하 같다), 을 제1 내지 3호증의 각 기재, 이 법원의 순천향대학교 서울병원장, 서울특별시 서울의료원장에 대한 각 진료기록감정 촉탁 결과, 이 법원의 순천향대학교 서울병원장, 서울특별시 서울의료원장에 대한 각 사실조회 결과, 변론 전체의 취지

2. 당사자의 주장

가. 원고들

피고 병원 의료진은, ① 원고 AAA이 2012. 9. 13. 뇌경색 발생 3시간 이내에 피고 병원 응급실에 내원하여 정맥 내 t-PA의 적응증에 해당함에도 불구하고, 원고 AAA을 신경과로 전과하지 않은 상태에서 그에게 뇌동맥류가 있고, 원고 AAA의 증상이 자발적으로 신속히 호전되고 있다고 잘못 판단하여 이를 투여하지 아니한 과실이 있고, 그 과정에서 설명의무도 이행하지 아니하였다. ② 그 이후에도 뇌혈관조영술 및 경동맥 초음파를 통해 원고 AAA의 상태를 파악하고 동맥 내 혈전용해제를 투여하거나 기계적 제거술 등을 시행할 주의의무가 있음에도 이를 시행하지 않은 과실이 있다. ③ 2012. 9. 14. 03:40경 원고 AAA의 신경학적 상태가 급격히 악화되었음에도 불구하고, 혈관 촬영검사를 시행하여 혈관의 상태를 확인하고, 동맥 내 혈전용해술 또는 기계적 제거술을 시행하거나 항혈소판제, 정맥 내 유로키나제를 투여하지 않고 수액만을 투여한 과실이 있다.

피고 병원 의료진의 위와 같은 과실로 인하여 원고 AAA의 뇌경색이 확대 및 악화되었다. 따라서 피고는 사용자책임 또는 채무불이행으로 인한 손해배상으로서, 원고 염종숙에게 1,585,189,610원 (기왕 치료비 76,328,986원 + 향후 치료비 345,516,552원 + 기왕 개호비 134,839,054원 + 향후 개호비 359,297,600원 + 기왕 보조구 비용 978,000원 + 향후 보조구 비용 3,710,000원 + 일실

급여 551,098,861원 + 일실 퇴직금 49,420,557원 + 위자료 64,000,000원), 원고 BBB에게 위자료 32,000,000원, 원고 CCC, DDD에게 각 위자료 16,000,000원 및 각 이에 대한 지연손해금을 지급할 의무가 있다.

나. 피고

피고 병원 의료진은, ① 원고 AAA의 신경학적 증상이 자발적으로 호전되었고, t-PA를 투여하면 원고 AAA의 뇌 CT Angio 검사 결과에서 발견된 우측 앞 침대 돌기에 바짝 붙어있는 4.75mm 크기의 뇌동맥류가 파열될 우려가 있었으며, 원고 AAA이 당시 수유 중이었기 때문에 t-PA의 적응증이 아니라는 의학적 판단에 따라 이를 투여하지 않은 것이다. ② 또한 원고 AAA의 경우 동맥 내 혈전용해술 또는 기계적 제거술의 대상이 되지 아니한다. ③ 그리고 뇌경색이 악화된 03:40경 이후 즉시 응급처치를 하지 않고 관찰한 것이 과실이라고 볼 수 없다. ④ 원고 AAA에게 뇌동맥류가 있다는 사실 및 뇌경색 악화 가능성과 이로 인하여 입원이 필요한 점 등을 모두 설명하였다. 따라서 원고들의 청구에 응할 수 없다.

가사 피고의 손해배상책임이 인정되더라도, 그 책임의 범위는 원고들이 주장하는 손해액의 일부에 그친다.

3. 판단

가. 손해배상책임의 발생

1) 관련 법리

가) 의료과실의 인정 기준

의사가 진찰 · 치료 등의 의료행위를 함에 있어서는 사람의 생명 · 신체 · 건강을 관리하는 업무의 성질에 비추어 환자의 구체적인 증상이나 상황에 따라 위험을 방지하기 위하여 요구되는 최선의 조치를 취하여야 할 주의의무가 있고, 의사의 이와 같은 주의 의무는 의료행위를 할 당시 의료기관 등 임상의학 분야에서 실천되고 있는 의료행위의 수준을 기준으로 삼되, 그 의료수준은 통상의 의사에게 의료행위 당시 일반적으로 알려져 있고 또 시인되고 있는 이른바 의학상식을 뜻하므로 진료환경 및 조건, 의료행위의 특수성 등을 고려하여 규범적인 수준으로 파악되어야 한다(대법원 2010. 7. 8. 선고2007다55866 판결 등 참조).

나) 의사의 설명의무 위반으로 인하여 모든 손해를 청구하는 경우 설명의무 위반과 결과 사이의 상당인과관계에 대한 증명

의사가 설명의무를 위반한 채 수술 등을 하여 환자에게 사망 등의 중대한 결과가 발생한 경우에, 그 결과로 인한 모든 손해를 청구하는 때에는 그 중대한 결과와 의사의 설명의무 위반 내지 승낙 취득 과정에서의 잘못과의 사이에 상당인과관계가 존재 하여야 하며, 그 때 의사의 설명의무 위반은 환자의 자기결정권 내지 치료행위에 대한 선택의 기회를 보호하기 위한 점에 비추어 환자의 생명, 신체에 대한 구체적 치료과정에서 요구되는 의사의 주의의무 위반과 동일시할 정도의 것이어야 한다(대법원 2007. 5. 31. 선고 2005다5867 판결 등 참조).

다) 의료상 과실과 결과 사이의 인과관계

의료행위상 주의의무 위반으로 인한 손해배상청구에서 피해자 측이 일련의 의료행위 과정에서 저질러진 일반인의 상식에 바탕을 둔 의료상 과실 있는 행위를 증명하고 행위와 결과 사이에 일련의 의료행위 외에 다른 원인이 개재될 수 없다는 점을 증명한 경우에는 의료상 과실과 결과 사이의 인과관계를 추정하여 손해배상책임을 지울 수 있도록 증명책임을 완화하여야 한다(대법원 2012. 1. 27. 선고 2009다82275, 82282 판결 등 참조).

2) 정맥 내 t-PA를 투여하지 않고, 그 설명의무를 이행하지 아니한 과실 여부

가) 정맥 내 t-PA를 투여하지 않은 부분

갑 제3호증의 1, 3, 6, 제16호증, 을 제1호증의 각 기재에 변론 전체의 취지를 종합하면, 피고 병원 의료진은, ① 원고 AAA이 '뇌졸중 증상이 급격히 좋아지는 경우'로써 ② '수유 중인 경우'에 해당하고, ③ 2012. 9. 13.경 시행한 뇌 CT Angio 검사에서 뇌동맥류가 발견되었으므로 정맥 내 t-PA의 금기사항에 해당한다고 판단하여 이를 투여하지 않은 사실이 인정된다.

그러나 기초사실 및 기초사실에서 든 서증들의 각 기재, 이 법원의 순천향대학교 서울병원장, 서울특별시 서울의료원장에 대한 각 진료기록감정 촉탁 결과, 이 법원의 순천향대학교 서울병원장, 서울특별시 서울의료원장에 대한 각 사실조회 결과에 변론 전체의 취지를 종합하여 알 수 있는 다음과 같은 사정들에 의하면, 피고 병원 의료진이 원고 AAA을 신경과로 전과하여 영상 검사를 통해 원고 AAA의 상태를 정확히 진단하여 정맥 내 t-PA를 투여할 의무가 있었음에도 불구하고, 원고 AAA의 상태를 잘못 판단하여 정맥 내 t-PA를 투여하지 않은 과실이 있다고 할 것이다.

① 원고 AAA에 대하여 미국 국립보건원 뇌졸중 척도 점수표(NIHSS)에 의하여 응급실 내에서 두 차례 측정된 평가점수는, 일부 잘못 산정된 것으로 보이는 사지운동 실조에 관한 부분을 합산에서 제외하더라도 모두 t-PA 투여 적응 기준에 해당하고, 상호간 평가점수의 차이도 크지 않다. 한편, 원고 AAA의 내원 당시 시행한 신경학적 검사상 좌측 팔다리의 운동력이 모두 'GⅡ'로 측정되었는데, 그 후 일반병실로의 이실 전 시행한 마지막 신경학적 검사에서는 좌측 팔은 'GⅢ', 좌측 다리는 'GⅣ'로 경미하게 개선된 상태로 측정되었다. 이에 의하면 원고 AAA이 '뇌졸중 증상이 급격히 좋아지는 경우'라고 단정하기 어렵다.

② 감정의 YYY는 원고 AAA에 대한 2012. 9. 13.자 뇌 CT Angio 검사 결과에 관하여, 협착이 있는 내경동맥의 길이가 길 경우, 영상에서 혈관이 울퉁불퉁하게 관찰될 수 있는데, 원고 AAA은 이에 해당하고, 피고 병원 의료진이 뇌동맥류로 판단하였던 부분은 우측 내경동맥의 주행 경로 내에 있는 내경동맥의 일부로서 급성 뇌경색 병변에 해당한다고 감정하였다. 이와 아울러, 뇌동맥류의 파열로 인하여 뇌출혈이 있는 경우에는 정맥 내 t-PA를 투여하여서는 안 되지만, 파열되지 않은 10mm 이하의 작은 뇌동맥류에 대하여는 정맥 내 t-PA를 투여하여서는 안 된다는 뚜렷한 의학적 견해는 보이지 않는 점 등을 종합하여 보면, 피고 병원 의료진이 원고 AAA에게 뇌동맥류가 있고 그것이 t-PA의 적응증에 해당하지 않는다고 본 것이 적정한 의학적 판단이라고 보기 어렵다.

③ 수유하는 환자에 대하여 t-PA의 투여가 제한되는 이유는, 모유를 통해서 약물이 그 자녀에게 전달될 우려가 있기 때문인데, 이와 같은 우려는 모유 수유를 일시 중단하는 방법으로 해결할 수 있다는 점과 아울러, 원고 AAA의 당시 증상 및 위중도를 고려하여 볼 때, 원고 AAA에게 t-PA를 투여하지 않아야 하는 합리적인 사유를 이룬다고 보기 어렵다.

④ 급성 허혈성 뇌졸중 환자의 경우, 다른 일반 질병에 비하여 발병 초기의 정확한 진단 및 치료가 환자의 예후를 결정하는 가장 중요한 사항이다. 그런데 원고 AAA의 발병 시각은 2012. 9. 13. 21:50경으로 보이고(갑 제16호증), 원고 AAA은 그로부터 이른 시각 내인 같은 날 22:13경 피고 병원에 도착하였으므로, 피고 병원 의료진은 신속한 진단과 평가를 통해 원고 AAA에게 정맥 내 t-PA를 투여할 수 있는지 등 급성기 치료의 적응증 및 금기증의 해당 여부를 면밀하게 확인하였어야 한다.

나) 설명의무 위반 여부

갑 제3호증의 9, 11, 을 제1호증의 각 기재에 변론 전체의 취지를 종합하면, 원고 AAA은 자신의 친오빠와 함께 피고 병원 응급실에 내원한 사실, 2012. 9. 13. 22:53경 원고 AAA의 상태를 진단한 의사 KKK은 같은 날 23:00경 원고 AAA의 친오빠에게 '원고 AAA의 상태 및 t-PA의 사용'에 관하여 설명하고, 그 투여를 준비한 점, 그 후 23:34경 이루어진 뇌 MRI Diffusion 검사 결과를 확인한 의사 김영덕은 원고 AAA 및 친오빠에게 다시 원고 AAA의 상태를 설명하고 t-PA 투여하지 않기로 결정한 사실, 그 이후 원고 AAA은 일반병실로 이실된 사실을 인정할 수 있다.

위 인정 사실에 의하여 알 수 있는, 피고 병원 의료진의 처치 경과 및 그 시간적 간격, t-PA 투여를 중단하게 된 경위 등에 비추어 보면, 피고 병원 의료진은 원고 AAA에게 t-PA의 부작용 및 금기증을 설명한 이후, 뇌 CT Angio 및 뇌 MRI Diffusion 검사 결과로 확인된 원고 AAA의 신체 상태에 따라 t-PA의 투여 중단의 필요성을 다시 설명하였으며, 원고 AAA 및 그 보호자가 이를 수긍하였던 것으로 보이는바, 결국 피고 병원 의료진은 t-PA의 사용 여부에 관한 설명의무를 다하였다고 봄이 상당하다.

따라서 원고들의 이 부분 주장은 받아들이지 아니한다.

3) 동맥 내 혈전용해제 투여나 기계적 제거술을 시행하지 않은 과실 여부

이 법원의 서울특별시 서울의료원장에 대한 진료기록감정 촉탁 결과, 이 법원의 서울특별시 서울의료원장에 대한 각 사실조회 결과에 변론 전체의 취지를 종합하면, 감정의 박상순은, 동맥 내 혈전용해술이나 기계적 제거술은 기본적으로 폐색으로 인한 뇌경색 환자에 대한 치료 방법으로 사용되는 것이어서, 원위부 내경동맥이 협착된 원고 AAA에게는 적절한 치료 방법이 아니라고 감정한 사실을 인정할 수 있는바, 결국 이 사건 변론에 현출된 모든 증거에 의하더라도, 피고 병원 의료진이 원고 AAA에게 동맥 내 혈전용해제 투여나 기계적 제거술을 시행하지 않은 과실이 있다고 보기 어렵고, 달리 이를 인정할 증거가 없다. 따라서 원고들의 이 부분 주장은 받아들이지 아니한다.

4) 2012. 9. 14. 03:50경 적절한 치료를 하지 않은 과실 여부

기초사실 및 기초사실에서 든 서증들, 갑 제9호증의 각 기재, 이 법원의 순천향대학교 서울병원장, 서울특별시 서울의료원장에 대한 각 진료기록감정 촉탁 결과, 이 법원의 순천향대학교 서울병원장, 서울특별시 서울의료원장에 대한 각 사실조회 결과에 변론 전체의 취지를 종합하여 알 수 있는 다음과 같은 사정들에 의하면, 피고 병원 의료진은 2012. 9. 14. 03:50경 신경학적 악화 증상을 호소하는 원고 AAA에게 영상 검사를 시행하거나 항혈소판제를 투여하지 아니한 과실이 있다고 할 것이다.

① 피고 병원 의료진은, 원고 AAA이 피고 병원 응급실에 내원한 직후부터 자발적으로 증상이 호전되고 있다고 판단하여 정맥 내 t-PA를 투여하지 않는 등 혈전용해술을 시행하지 않았으므로 원고 AAA의 신경학적 증상이 악화되었다면, 검사를 통해 뇌경색의 확대 여부 및 그 원인을 감별하여 항혈소판제인 아스피린을 조기에 투여하는 등 적극적인 의료행위에 나아가야 할 주의의무가 있었다. 그런데 2012. 9. 14. 03:50경 원고 AAA의 신경학적 상태가 좌측 팔 운동력은 '전혀 근육의 수축을 볼 수 없는 때'인 'G0'의 상태로, 좌측 다리는 'GⅢ'의 상태로 현저히 악화된 상태로 평가되었음에도, 피고 병원 의료진으로서는 그 원인을 감별하기 위한 검사나 적극적인 치료를 위한 조치를 취하지 아니한 채 수액 투여와 경과관찰만을 지시하였다.

② 의사 LLL은 원고 AAA이 응급실에서부터 신경학적 상태가 계속 좋지 않았다는 잘못된 전제에서 원고 AAA의 신경학적 상태가 새로이 악화된 사실을 알지 못한 채 수액 투여 및 경과관찰만을 지시하였던 것으로 보이는바, 원고 AAA의 내원 이후의 경과 및 상태를 신중하게 살피지 아니하였다.

③ 2012. 9. 14. 03:50경부터 약 4시간이 경과한 08:00경 항혈소판제가 투여된 이후 원고 AAA의 신경학적 증상이 다소 개선되었다.

5) 인과관계

2012. 9. 13. 당시 임상의학에서의 의료기준에 따르면, 정맥 내 t-PA 투여가 급성 허혈성 뇌졸중 환자에게 발병 시각으로부터 3시간 이내에 시행될 경우 그 증상을 유의미하게 치료할 수 있고, 항혈소판제인 아스피린도 마찬가지임은 앞서 본 바와 같은바, 결국 위와 같은 피고 병원 의료진의 과실, 즉 ① 원고 AAA의 내원 직후 정맥 내 t-PA를 투여하지 않고, ② 2012. 9. 14. 03:50경 항혈소판제를 투여하는 등의 적절한 치료를 하지 않은 과실로 인하여 원고 AAA의 뇌경색의 범위를 확대한 결과를 초래하였다고 할 것이다.

나. 손해배상의 범위

1) 인정 사실 및 평가 내용

원고 AAA은 1981. 6. 27.생 여성이고, 사고 당시 연령은 31세 2개월 17일이며, 이 사건 사고로 인한 여명 단축률은 65%로, 단축된 여명 종료일은 2050. 8. 8.이다. 원고 AAA은 2012. 9. 13. 당시 밀양시청 소속 공무원(8급 6호봉, 지방사회복지 서기)으로 근무하고 있었다.

[인정 근거] 다툼이 없음, 갑 제17호증의 기재, 이 법원의 국민건강보험공단 일산 병원장에 대한 신체감정 촉탁 결과, 변론 전체의 취지

2) 적극적 손해

가) 기왕 치료비

갑 제21호증의 기재에 변론 전체의 취지를 종합하면, 원고 AAA이 지출한 치료비는 합계 76,328,986원이다.

나) 향후 치료비

이 법원의 국민건강보험공단 일산병원장에 대한 신체감정 촉탁 결과에 변론 전체의 취지를 종합하면, 원고 AAA에 대한 향후 치료비는 1년을 기준으로, 재활치료비 16,639,456원, 방사선료 396,644원, 혈액 및 소변 검사비 255,976원, 외래 진료비 59,960원, 투여 약물비 659,190원이 소요되는 사실을 인정할 수 있다.

계산의 편의상, 이를 이 사건 변론종결일 다음날인 2017. 12. 22.부터 단축된 여명 종료일인 2050. 8. 8.까지 1년 단위로 지출하는 것으로 보고 아래 표의 기재와 같이 월 5/12%의 비율로 계산한 중간이자를 공제하는 단리할인법에 따라 이 사건 사고일인 2012. 9. 13. 당시의 현가로 계산(월 미만 및 원 미만 각 버림, 이하 같다)하면, 305,166,000원이 된다.

종류	연 비용(원)	최초 필요일	최종 필요일	수명(년)	호프만수치	비용(원)
재활치료비	16,639,456	2017. 12. 22	2050. 8. 8.	1	16.9431	281,923,966
방사선료	396,644	2017. 12. 22	2050. 8. 8.	1	16.9431	6,720,378

혈액 및 소변 검사비	255,976	2017. 12. 22.	2050. 8. 8.	1	16.9431	4,337,026
외래 진료비	59,960	2017. 12. 22.	2050. 8. 8.	1	16.9431	1,015,908
투여 약물비	659,190	2017. 12. 22.	2050. 8. 8.	1	16.9431	11,168,722
합계(원)						305,166,000

다) 개호비

피해자가 사고로 입은 상해의 후유증으로 말미암아 개호가 필요하게 되어 부모나 배우자 등 근친자의 개호를 받는 경우에도 피해자는 그 개호비 상당액의 손해를 입은 것이라고 하여서 가해자에 대하여 그 배상청구를 할 수 있다(대법원 1987. 12. 8. 선고 87다카1332 판결 등 참조). 갑 제23호증의 기재, 이 법원의 강동경희대학교병원장, 국민건강보험공단 일산 병원장에 대한 각 신체감정 촉탁 결과에 변론 전체의 취지를 종합하면, 원고 AAA은 식사, 대 · 소변관리, 목욕, 이동 등을 위해 타인이 도움이 필요한 사실, 이 사건 사고일인 2012. 9. 13.부터 원고 AAA이 구하는 2017. 6. 7.까지의 입원기간 동안에는 원고 심 강원, DDD가 원고 AAA을 개호하였던 사실이 인정되고, 위 기간 동안 성인여성 1인의 1일 6시간의 개호가 필요하였던 것으로 봄이 상당하다. 위 기간 동안의 개호비를 계산(도시지역 보통인부 일용노임 기준)하면, 아래 표의 기재와 같이 103,247,826원이된다.

그리고 위 기간 다음날인 2017. 6. 8.부터 원고 AAA의 단축된 여명 종료일인 2050. 8. 8.까지는 원고 AAA이 구하는 바에 따라 성인여성 1인의 1일 4시간의 개호비를 기준으로 산정하면(도시지역 보통인부 일용노임 기준, 호프만 수치가 240을 초과하는 경우이므로 과잉배상을 막기 위하여 240으로 제한함), 아래 표의 기재와 같이 316,823,655원이 된다.

초일	말일	기준 개호비(원)	월비용 (원)	m1	호프만 1	m2	호프만 2	m1 −m2	적용 호프만	비율	기간 개호비(원)
2012. 9. 13	2013. 4. 30.	81,443	2,477,224	7	6.8857	0	0.0000	7	6.8857	3/4	12,793,065
2013. 5. 1.	2013. 8. 31.	83,975	2,554,239	11	10.7334	7	6.8857	4	3.8477	3/4	7,370,959
2013. 9. 1.	2014. 4. 30.	84,166	2,560,049	19	18.2487	11	10.7334	8	7.5153	3/4	14,429,652
2014. 5. 1.	2014. 8. 31.	86,686	2,670,735	23	21.9199	19	18.2487	4	3.6712	3/4	7,259,887
2014. 9. 1.	2015. 4. 30.	87,805	2,724,299	31	29.0980	23	21.9199	8	7.1781	3/4	14,378,102

2015. 5. 1.	2015. 8. 31	89,566	2,724,299	35	32.6081	31	29.0980	4	3.5101	3/4	7,171,921
2015. 9. 1.	2016. 4. 30.	94,338	2,869,447	43	39.4780	35	32.6081	8	6.8699	3/4	14,784,610
2016. 5. 1.	2016. 8. 31.	99,882	3,038,077	47	42.8406	43	39.4780	4	3.3626	3/4	7,661,878
2016. 9. 1.	2017. 4. 30.	102,628	3,121,601	55	49.4276	47	42.8406	8	6.5870	3/4	15,421,489
2017. 5. 1.	2017. 6. 7.	106,846	3,249,899	56	50.2384	55	49.4276	1	0.8108	3/4	1,976,263
합계(원) 103,247,826											
2017. 6. 8.	2017. 8. 31.	106,846	3,249,899	59	52.6545	56	2.4161	3	50.2384	1/2	3,926,040
2017. 9. 1.	2018. 4. 30.	109,819	3,340,327	67	58.9811	59	6.3266	8	52.6545	1/2	10,566,456
2018. 5. 1.	2050. 8. 8.	109,819	3,340,327	454	254.5131	67	181.0189	387	58.9811	1/2	302,331,159
합계(원) 316,823,655											

라) 기왕 보조구 비용

갑 제22호증의 기재에 변론 전체의 취지를 종합하면, 원고 AAA은 보조구 비용으로 합계 978,000원을 지출하였음을 인정할 수 있다.

마) 향후 보조구 비용

이 법원의 강동경희대학교병원장, 국민건강보험공단 일산병원장에 대한 각 신체 감정 촉탁 결과에 변론 전체의 취지를 종합하면, 아래 표의 기재와 같이, 5년이 내구연 한인 휠체어 및 지팡이 비용이 향후 소요되고, 계산의 편의상 이 사건 변론종결일 다음날인 2017. 12. 22.부터 단축된 여명 종료일인 2050. 8. 8.까지 5년 단위로 위 비용을 지출하는 것으로 보고 이를 앞서 본 단리할인법에 따라 사고 시의 현가로 계산하면 1,971,070원이 된다.

종류	단가(원)	최초 필요일	최종 필요일	수명(년)	호프만수치	비용(원)
휠체어	500,000	2017. 12. 22.	2050. 8. 8.	5	3.719	1,859,500
지팡이	30.000	2017. 12. 22.	2050. 8. 8	5	3.719	111,570
합계(원)					1,971,070	

3) 소극적 손해

가) 일실 급여

(1) 계산 기준

원고 AAA이 구하는 범위 내에서 호봉승급 등의 월 소득액 기준(지방공무원 보수규정 제4조 및 제12조, 지방공무원 수당 등에 관한 규정 제6조의2)에 따라 계산한다. 가동 종료일은 지방공무원법 제66조에 따라 원고 AAA이 60세에 이른 해의 6. 30.인 2041. 6. 30.까지이다. 피고는 상여금 및 명절휴가비가 비정기적, 비정액적인 금원으로서 일실 급여에서 제외되어야 한다고 주장하나, 지방공무원 수당 등에 관한 규정 제6조의2의 문언과 아울러, 갑 제19호증의 기재에 변론 전체의 취지를 종합하면, 성과상여금은 근무성적과 관계없이 지급될 것으로 기대할 수 있고, 같은 규정 제18조의3은, 지방공무원에게는 설날 및 추석날 지급기준일 현재 월봉급액의 60%를 명절휴가비로 지급하도록 규정하고 있으므로 위 주장은 받아들이지 아니한다.

나아가 일반적으로 사고로 인하여 입원치료를 받는 경우 그 치료가 당해 사고와 관계가 없는 상해에 대한 것이거나 의학적으로 입원치료가 필요하지 않음에도 치료를 빙자하여 입원을 한 것이라거나 상해의 부위나 정도, 치료의 경과 등에 비추어 입원기간이 명백하게 장기이어서 과잉진료로 인정되는 사정이 있다는 등 그 입원치료의 전부 또는 일부가 상당하지 아니한 것이라고 볼 만한 특별한 사정이 없는 한, 사고로 인한 입원기간 동안에는 노동능력을 전부 상실하였다고 보아야 하고(대법원 2003. 12. 12. 선고 2003다49252 판결 등 참조), 타인의 불법행위로 상해를 입은 피해자의 일실이익을 산정하기 위한 방법의 하나인 피해자의 노동능력상실률을 인정 · 평가함에 있어, 궁극적으로는 법관이 피해자의 연령, 교육정도, 노동의 성질과 신체기능 장애 정도, 기타 사회적 · 경제적 조건 등을 모두 참작하여 경험칙에 비추어 규범적으로 결정할 수밖에 없다 (대법원 1999. 3. 23. 선고 98다61951 판결 등 참조).

갑 제21, 23호증의 각 기재, 이 법원의 국민건강보험공단 일산병원장에 대한 신체감정 촉탁 결과에 변론 전체의 취지를 종합하면, 원고 AAA은 2012. 9. 13.부터 2017. 6. 7.까지 입 · 통원 치료를 받은 사실을 인정할 수 있고, 감정의 KKK는 2017. 6. 8.을 기준으로 노동능력상실률을 72%로 산정한 사실을 인정할 수 있는바, 2012. 9. 13.부터 2017. 6. 7.까지의 노동능력상실률은 100%로, 그 이후부터 가동 종료일까지는 72%로 계산하기로 한다(이 법원의 강동경희대학교병원장에 대한 신체감정 촉탁 결과에서 산정된 58%는 한시장애임을 전제로 2014. 4. 1. 기준으로 판단된 점, 원고 AAA의 병변과 현재의 신체 상태 등 이 사건 변론에 현출된 제반 사정에 비추어 받아들이기 어렵다. 다만 이를 위자료 산정 시 반영하기로 한다).

(2) 계산

이와 같은 내용을 기초로 위의 단리할인법에 따라 이 사건 사고일인 2012. 9. 13. 당시의 현가로 계산하면, 아래 표의 기재와 같이 합계 509,829,984원이 원고 염종숙에 대한 일실 급여액이 된다.

초일	말일	월소득(원)	상실률(%)	m1	호프만 1	m2	호프만 2	m1 −m2	적용 호프만	일 실수입(원)
2012. 9. 13	2012. 12. 31.	2,143,115	100	3	2.9752	0	0.0000	3	2.9752	6,376,195
2013. 1. 1.	2013. 12. 31.	2,252,370	100	15	14.5205	3	2.9752	12	11.5453	26,004,287
2014. 1. 1.	2014. 12. 31.	2,672,860	100	27	25.5358	15	14.5205	12	11.0153	29,442,354
2015. 1. 1.	2015. 12. 31.	2,778,667	100	39	36.0676	27	25.5358	12	10.5318	29,264,365
2016. 1. 1.	2016. 12. 31.	3,016,967	100	51	46.1567	39	36.0676	12	10.0891	30,438,481
2017. 1. 1.	2017. 6. 7.	3,191,768	100	56	50.2384	51	46.1567	5	4.0817	13,027,839
2017. 6. 8.	2041. 6. 30.	3,191,768	72	345	213.5389	56	50.2384	289	163.3005	375,276,463
합계(원) 509,829,984										

나) 일실 퇴직금

갑 제20호증의 기재에 변론 전체의 취지를 종합하면, 정년인 2041. 6. 30.을 기준으로 산정한 예상 총퇴직금은 150,685,480원인 사실, 2017. 11. 30. 퇴직 시를 기준으로 산정한 퇴직금은 39,949,380원인 사실을 인정할 수 있다. 앞서 본 단리할인법에 따라 계산한 정년퇴직 시 퇴직금의 사고 시 현가 61,811,183원에서 2017. 11. 30.자 퇴직금의 사고 시 현가 31,747,772원을 공제한 금원에 노동능력상실률 72%를 곱하는 방법으로 계산하면, 일실 퇴직금은 21,645,655원이 된다.

4) 책임의 제한

기초사실 및 기초사실에서 든 증거들의 각 기재에 변론 전체의 취지를 종합하여 알 수 있는 원고 AAA의 나이, 피고 병원 의료진의 진료 및 처치의 전반적인 경과 등과 아울러 원고 AAA의 급성 뇌경색은 피고의 의료과실 없이 정상적인 의료행위가 이루어졌더라도 완치되지 않고 후유증을 남길 가능성이 큰 것으로 보이는 점 등을 고려하여 보면, 피고가 원고 AAA에게 발생한 손해 전부를 부담하도록 하는 것은 손해의 공평하고 타당한 분담이라는 손해배상제도의 이념에 비추어 적절하지 아니하다고 할 것인바, 피고의 원고 AAA의 재산상 손해액에 대한 책임을 전체의 30%로 제한함이 상당하다.

5) 위자료

원고들의 나이 및 관계, 피고 병원 의료진의 진료 및 처치의 전반적인 경과, 과실의 정도, 원고 AAA의 후유장해의 부위와 정도, 치료기간 및 방법 등 이 사건 변론에 나타난 모든 사정을 참작하여 피고의 원고 AAA에 대한 위자료의 액수를 12,000,000원으로, 원고 BBB에 대한 위자료의 액수를 7,000,000원으로, 원고 CCC, DDD에 대한 위자료의 액수를 각 5,000,000원으로 각 정한다.

다. 소결론

따라서 피고 병원 의료진의 사용자인 피고는 불법행위로 인한 손해배상으로서 원고 AAA에게 412,797,352원[= 재산상 손해액 400,797,352원{= 1,335,991,176원(= 기왕 치료비 76,328,986원 + 향후 치료비 305,166,000원 + 기왕 개호비 103,247,826원 + 향후 개호비 316,823,655원 + 기왕 보조구 비용 978,000원 + 향후 보조구 비용 1,971,070원 + 일실 급여 509,829,984원 + 일실 퇴직금 21,645,655원) × 30/100} + 위자료 12,000,000원], 원고 BBB에게 위자료 7,000,000원, 원고 CCC, DDD에게 각 위자료 5,000,000원 및 각 이에 대한 이 사건 손해 발생일인 2012. 9. 13.부터 피고가 이 사건 이행의무의 존재 및 범위에 관하여 항쟁함이 타당하다고 인정되는 이 사건 판결 선고일인 2018. 2. 8.까지는 민법이 정한 연 5%의, 그 다음날부터 다 갚는 날까지는 소송촉진 등에 관한 특례법이 정한 연 15%의 각 비율로 계산한 지연손해금을 지급할 의무가 있다.

4. 결론

그렇다면 원고들의 청구는 위 인정 범위 내에서 이유 있어 이를 인용하고, 그 각 나머지 청구는 이유 없어 이를 기각하기로 하여 주문과 같이 판결한다.

06 뇌심부자극술 후 뇌출혈로 인한 사망 사례

사례 6

뇌심부자극술 후 뇌출혈로 인한 사망 사례

이 판례는 48세 남성이 뇌심부자극술 후 발생한 뇌출혈로 사망한 사례를 분석합니다. 사건의 기초 사실과 법원 판단을 통해 의료 과실 여부와 책임의 정도를 살펴보며, 이 사례가 의료계에 미치는 함의를 논의합니다.

1. 기초 사실

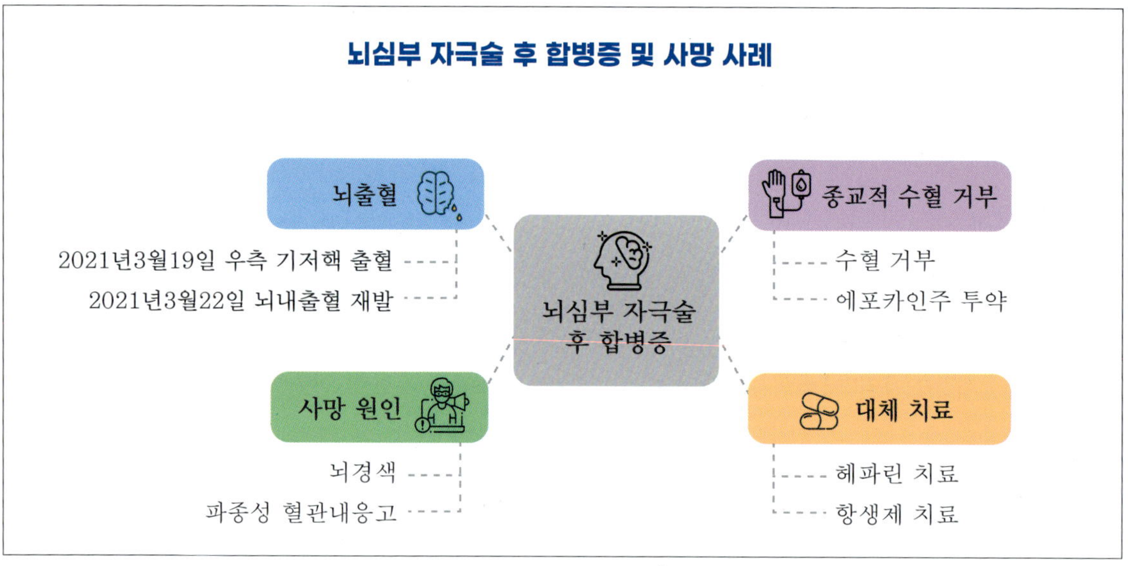

본 사례는 48세 남성이 뇌심부자극술을 시행받은 후 뇌출혈로 사망한 사건입니다. 원고는 뇌심부자극술을 성공적으로 시행받았으며, 수술 후 첫날 뇌CT 검사에서는 뇌출혈이 발견되지 않았습니다. 그러나 다음 날 우측 기저핵에서 출혈이 발견되어 카테터를 삽입하고 혈종제거술을 시행하였습니다. 수술 4일째에는 뇌내출혈과 뇌실내출혈이 재발하여 두개절제술을 통해 다량의 혈종을 제거하였습니다.

원고는 종교적 이유로 수혈을 거부하였고, 대신 에포카인주를 투약받았습니다. 이후 폐혈전색전증(PTE), 혈전정맥염, 흡인성 폐렴 등의 합병증이 발생하였으며, 결국 "직접사인 연수마비, 그 원인 뇌경색, 그 원인 파종성 혈관내응고"로 사망하게 되었습니다.

2. 법원 판단

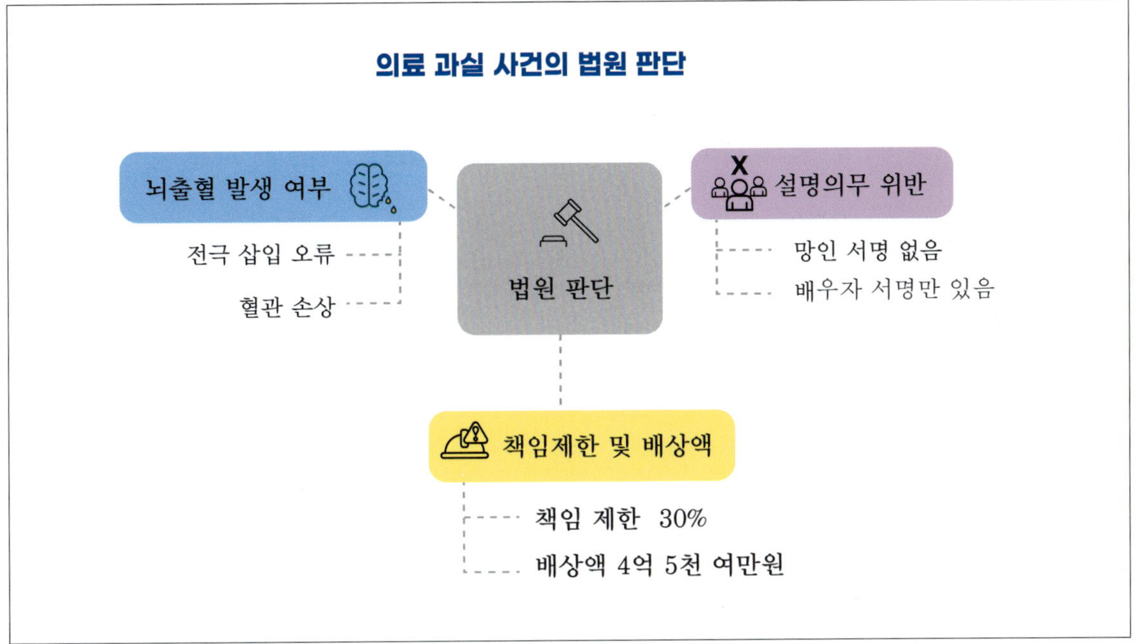

법원은 뇌출혈 발생 원인을 전극 삽입 오류로 인한 혈관 손상으로 판단하였으며, 이로 인해 의료진의 주의 의무 위반이 있었다고 보았습니다. 또한, 배우자 서명만으로는 충분한 설명 의무가 이행되지 않았다고 인정하였습니다. 피고 의사는 전극이 삽입된 동일 부위에서 출혈이 발생한 것은 아니라고 주장하였으나, 법원은 피고가 제시한 영상 사진과 자료만으로는 그 주장을 확인할 수 없다고 판단하였습니다. 결과적으로 책임의 정도를 30%로 제한하고, 배상금으로 4억 5천여 만원을 판결하였습니다.

이 사례는 의료진의 주의 의무와 환자에게 충분한 설명을 제공하는 것이 얼마나 중요한지를 잘 보여줍니다. 의료 과실이 발생했을 경우, 법원에서의 판단이 어떻게 이루어지는지를 이해하는 데 도움이 되는 사례입니다.

서울중앙지방법원	2021가합574962
진 단 명	**안검연축**
사 고 내 용	**뇌심부자극술 후 발생한 뇌출혈로 사망한 사례**
책 임 제 한	**30%**
판 결	원고 일부 승
의 사 과 오	주의의무 위반, 설명의무위반
배 상 액 (원)	4억 5천여 만원

원 고 1. AAA

2. BBB

3. CCC

4. DDD

피 고 학교법인 DDD학원

판 결 선 고 2024. 6. 19.

주 문

1. 피고는 원고 AAA에게 202,024,006원, 나머지 원고들에게 각 126,186,708원 및 위 각 돈에 대하여 2021. 3. 19.부터 2024. 6. 19.까지 연 5%, 그다음 날부터 다 갚는 날까지 연 12%의 각 비율로 계산한 돈을 지급하라.

2. 원고들의 나머지 청구를 모두 기각한다.

3. 소송비용 중 50%는 원고들이, 50%는 피고가 각 부담한다.

4. 제1항은 가집행할 수 있다.

청 구 취 지

피고는 원고 AAA에게 1,083,060,130원, 원고 BBB, CCC에게 각 704,275,767원 및 위 각 돈에 대하여 2021. 3. 19.부터 이 사건 소장 부본 송달일까지 연 5%, 그 다음날부터 다 갚는 날까지 연 12%의 각 비율로 계산한 돈을 지급하라.

이 유

1. 인정사실

가. 당사자들 지위 등

피고는 DDD대학교 EEEE병원(이하 '피고 병원'이라고 한다)을 운영하는 법인이다. 원고들은 피고 병원에서 수술 후 발생한 뇌출혈 등으로 치료를 받다가 2021. 4. 21. 사망한 망 유철(1973. 5. 13.생, 이하 '망인'이라 한다)의 상속인으로, 원고 AAA은 망인의 배우자, 원고 BBB, CCC은 망인의 자녀들이다. 한편 망인은 여호와의 증인 교인이었다.

나. 망인의 피고 병원 내원 전 다른 병·의원에서의 진료 등

1) **○○○병원 신경과 진료**

망인은 2019. 6. 19. ○○○병원 신경과에 내원하여 3달 전부터 눈꺼풀이 처지고, 오후에 심해지는 증상을 호소하였고, 담당의는 초기진단을 "안검하수(Blepharoptosis)"로 평가하고, 안검연축(blepharospasm)[1] 가능성 높으나 중증근무력증(MG), 근육병(myopathy)등을 의심해 봐야 한다고 보아 반복신경자극검사(Jolly test), 면역학적 검사 등을 하였다. 그 결과 별다른 이상은 없었고[Jolly test negative, achR AB[2]−], 담당의는 2019. 6. 26. 다시 내원한 망인에게 안검하수의 진단과 안검연축이 있다는 평가(계획란에 '안검연축+'라고 기재되어 있다) 아

1) 안구 주변 근육에 경련이 발생하는 것으로 그 원인은 대부분 알려지지 않았다. 눈썹 난생증, 안구 내 이물질, 건성안과 같은 기타 눈 장애로 발생할 수 있고, 간혹 파킨슨병과 같은 신경계 질환에 의해서도 발생할 수 있다. 안검연축에는 눈이 억제할 수 없이 깜빡이고 닫히는 증상이 있고, 심할 경우 눈을 뜰 수 없다. 연축은 피로, 밝은 빛, 불안으로 악화될 수 있다(출처:MSD 매뉴얼).

2) 혈청의 아세틸콜린수용체 항체를 측정하는 중증근무력증을 진단하는 수치. 망인은 0.02nmol/L 이하였다(참고치 0.5nmol/L)

래 리보트릴(Rivotril)[3]을 처방하고, 다음에 올 때 효과가 없으면 보톡스 클리닉 처방을 고려하였다. 망인은 2019. 7. 24. 다시 내원하였는데, "불수의적 눈 깜박임이 증가하고, 안검하수 악화는 없으며, 안검연축 가능성이 높다"고 평가되었고, 다시 리보트릴 등을 처방받았다.

2) ○○○신경과(○○신경과)의원 진료

가) 망인은 2019. 8. 12. 눈이 감기는 증상으로 ○○○신경과(○○신경과)의원에 내원하여, 졸피뎀을 4~5년 전 0.3알 장기간 복용한 과거력을 이야기하고, 6개월 전부터 눈 뜨기 어렵고, 대화, 운전 시 악화된다고 호소하였다. 담당의는 ○○○병원에서의 진료 내용을 확인하고 뇌 DWI[4]와 MRI 검사(검사결과 뇌에 급성 허혈/경색 또는 다른 병변 없고, 뇌척수액 공간과 뇌심실 크기도 정상이었다) 및 신경학적 검사 등을 한 후 "메이그 증후군(Meige syndrome)" 의증 진단하에 보톡스 30unit을 주입하는 치료를 하였다.

나) 이후 망인은 2020. 8. 5.까지 주기적으로 위 의원에 내원하여 약을 처방받고 추가로 다시 보톡스 치료도 받았는데, 진료기록부로 확인되는 망인의 호소, 진료 내용 등은 다음과 같다. ① 2019. 8. 19. : 50% 이상 호전, 2019. 9. 23. : 80~90% 호전, 약 처방 ② 2019. 10. 28. : 9월보다 보톡스 효과 풀림. 약이 도움이 된다. ③ 2019. 12. 6. : 3주 전 쌍꺼풀 수술, 약 떨어지고 너무 힘들다. ④ 2020. 1. 13. : 약 먹고 안 먹고 차이가 크다. ⑤ 2020. 3. 30. : 약이 효과 없으면 다음에 보톡스를 맞기로. ⑥ 2020. 5. 2. : 운전 계속해야 함. 보톡스 40unit 주입 /업무량 과중할 때 가슴이 두근거림. 기억력 저하. 가슴 답답. /뇌의 인지기능, 우울 · 불안 척도 등 평가 모두 정상[5] ⑦ 2020. 8. 5. : 운전할 때 눈이 잘 감기는데 이번에는 왼쪽 눈꺼풀 틈새 /EEEE병원 신경과 예약함. 의뢰서, CD 복사

다) 한편 망인은 피고 병원에서의 뇌심부자극술을 예정했다가 취소한 후 2020. 11. 30. 다시 위 의원에 내원하여 60일간 스틸녹스[6]를 시도해보기로 했고, 2021. 3. 3. 다시 위 의원에 내원하여 "스틸녹스 자기 전 먹으니 더 잘 자지만 눈 뜨는 것이 더 좋은 것은 없다"고 하였다.

---

3) 효능효과 : 간질 및 부분발작(초점발작), 원발성 및 2차적으로 전신화된 강직간대발작 등(약학정보원의 의약품 상세정보 참조. 이하 각주의 의약품 상세정보 부분에서 같다).

4) 확산강조영상(diffusion weighted image)의 줄임말로 뇌경색이나 뇌실질 이상 및 종괴 등을 평가할 때 도움이 되는 영상기법이다.

5) 엡워스 졸음 척도 2점(정상), K-MMSE 29점(30점 만점, 정상), GDS 2점(매우 경미한 인지장애), 한국판 몬트리올 인지평가(MOCA-K) 28점(30점 만점), BDI(Beck Depression Inventory) 14점(정상), 불안척도검사(Beck Anxiety Inventory: BAI) 16점 (정상)으로 평가되었다.

6) Stilnox Tab : 성분 졸피뎀타르타르산염, 효능효과 성인에서의 불면증의 단기 치료

다. 망인의 피고 병원 내원과 수술 전 치료 경과 등

1) 망인은 2020. 8. 5. ○○○신경과의원에서 “눈꺼풀연축, 상세불명의 근육긴장이 상”의 병명으로 “안검연축으로 보톡스 40unit에 효과 있었으나 최근 효과가 떨어지고 악화되어 수술적 처치를 위하여 전원드린다”는 진료의뢰서를 교부받아 2020. 8. 11. 피고 병원(이하 편의에 따라 ‘피고 병원’ 기재는 생략한다) 신경외과에 내원하였다. 의료진은 2020. 8. 11., 2020. 9. 8., 2020. 9. 17. 망인에 대해 각종 기능검사(운동신경전도 검사, 눈깜박임 반사, 근전도검사 등) 및 뇌관류 단일광자 단층촬영(SPECT) 등을 한 후 망인의 증상을 “특발성 구강안면근긴장이상(idiopathic orofacial dystonia)”으로 추정진단하고, 2020. 9. 29. 내원한 망인에게 뇌심부자극술[DBS(Deep Brain Stimulation)]을 권유하여 2020. 11. 19.에 수술을 시행하기로 계획하였다.

2) 그런데 망인은 가족들의 반대로 수술을 받는 것을 취소하였고, 이후 2020. 10. 30. 내원하여 보톡스 100unit을 주입받았으나, 2020. 11. 13. 효과가 작은 것이 확인되었다.

3) 망인은 2021. 2. 17. 다시 내원하여 보톡스 효과가 없고, 목도 뻐근하며, 입 주변이 씰룩거리는 모습을 보였고, 의료진과 상의 후 2021. 3. 14. 입원하여 2021. 3. 18.에 뇌심부자극술을 받기로 다시 계획하였다. 의료진은 망인에게 당뇨, 고혈압이 없는 것을 확인하고 입원시 조영제 뇌 MRI, 수술 전 뇌 CT 촬영 등을 하기로 계획하였다.

4) 망인은 2021. 2. 24. 피고 병원 재활의학과에 내원하여 우울감으로 정신과 약을 먹으면서 2~3달 전부터 기억력 악화가 있다고 호소하였고, 운전을 제외하고는 일상생활이 가능하며 성격 변화는 없다고 진술하였다. 이에 재활의학과 의료진은 2021. 2. 24. 망인에게 벡우울평가(BDI)[7], 해밀튼불안척도(HAM-A)[8], MMSE-K, 치매평가척도인 CDR[9] 등과 신경인지기능종합검사(SNSB)[10]를 하였고, 그 결과 집중력, 언어능력, 시공간기능, 전두엽/집행기능에서 정상수행을 보였으나, 기억력이 정상 이하의 수행을 보였고, 벡우울평가에서 보통의 우울 상태, 해밀튼불안척도에서 경미한 등급으로 평가되었다.

---

7) Beck Depression Inventory

8) Hamilton Anxiety Rating Scale

9) Clinical Dementia Rating

10) Seoul Neuropsychological Screening Battery : 신경심리검사를 크게 선별검사와 진단검사로 나누면 MMSE-K는 선별검사, SNSB는 진단검사이다. 우리나라에서 개발되었고, 현재 2판(SNSB-Ⅱ)이 사용되는데 검사시간이 대략 90분~120분으로 길다.

라. 망인의 피고 병원 입원과 뇌심부자극술

1) 망인은 뇌심부자극술을 받기 위하여 2021. 3. 14. 16:05경 피고 병원에 입원하였다. 입원 당일 간호정보조사에는 '여호와의 증인'이라고 망인의 종교가 기록되어 있다.

2) 의료진은 2021. 3. 14. 망인의 현 병력을 "양측 안검연축, 메이그 증후군(Meige syndrome)"으로, 추정진단을 "특발성 구강안면근긴장이상"으로 판단하고, 망인에게 같은 날 뇌 3D CT, 조영제를 사용한 뇌 MRI+MRA+Diff 검사 등을 하였는데, 그 결과 뚜렷한 이상 없거나 소혈관 질환 외 특이사항 없는 소견이었고, 2021. 3. 17. 한 심초음파 검사에서 심장 부분도 특별한 이상이 없었다[정상 좌심실 수축성, 다만 MV(승모판)만 경미(1등급) 수준으로 확장기 기능장애(1등급)]. 또한 2021. 3. 17. 마취 전 환자 상태평가 시 혈압 100/60mmHg, 심박수 60/분으로 정상이었고, 심혈관계, 호흡기, 폐기능검사 등도 모두 별다른 문제가 없었으며, 혈액검사결과 헤모글로빈(Hb) 수치 16.4g/dL (정상 참고치 남성 13.5~17.5)로 정상범위 내이고, 그 외 혈소판, 혈액응고장애 수치 등도 모두 정상범위 내였다.

   한편 의료진은 2021. 3. 16. 망인의 근긴장이상과 관련한 평가를 하여, ① 근긴장이상이 있는 부위별 정도를 평가하는 UDRS[11]는 총 8점, ② 근긴장이상에 대해 평가하고 뇌심부자극술의 치료 효과를 예측하는 FMDRS[12]는 총 10점[눈 8점[13](= 가만히 있을 때도 나타나는 근긴장이상 4점 × 중증 4점 × 가중치 0.5) + 입 2점(= 가만히 있을 때도 나타나는 근긴장이상 4점 × 경증 1점 × 가중치 0.5)], ③ 근긴장이상의 정도를 평가하는 GDS[14]는 총 9점으로 평가하였다.

3) 의료진은 2021. 3. 17. 17:30경 '수술에 대한 설명 및 동의서'에 망인의 보호자로서 원고 AAA의 서명을 받았고(그 아래에는 '설명하는 것이 환자의 심신에 중대한 나쁜 영향을 미칠 것이 명백함'이란 부분에 √체크가 되어있다. 을2-4, 74면), '수혈에 대한 설명 및 동의서'에도 원고 AAA의 서명을 받았는데, 여기에는 "안 한다. 수혈 거부"라고 기재되어 있다(을2-13, 27면).

4) 의료진은 2021. 3. 18. 09:20부터 12:20까지 망인에게 전신마취하에 두개골을 천공하여 신경자극기 전극(neurostimulator electrode)을 뇌에 삽입한 후 쇄골 아래 삽입한 자극발생기

11) Unified Dystonia Rating Scale

12) The Fahn-Marsden Dystonia Scale

13) 점수의 산출은 자극 요인(provoking factors) 점수 × 중증도(severity factors) 점수 × 가중치(weight)로 계산된다.

14) The Global Dystonia Severity Rating Scale

(pulse generator)와 전기자극기 연결선(lead extension)으로 연결하는 뇌심부자극술을 시행하였다(이하 '이 사건 수술'이라 한다). 전기자극기 연결선을 삽입하는 동안 추정 출혈량은 거의 없었고, 급성 합병증은 발생하지 않았으며, 추정 출혈량은 120이었다.

5) 수술 직후인 12:59경 뇌 CT 검사결과 수술 후 기뇌증(pneumocephalus) 소견이 었고, 망인은 의식이 명료하고 활력징후 안정적인 상태로 13:10경 일반병실로 입실하였다.

마. 뇌출혈 발생과 이에 대한 치료 경과, 사망 등

1) 뇌출혈 진단 시까지의 경과

가) 망인은 2021. 3. 18. 16:00경 NRS(수치통증척도, Numerical Rating Scale) 5 점의 수술 부위 통증을 호소하여 진통제 케토락주[15]를 투약받았고, 16:30경 NRS 2점으로 두통이 완화되었으나, 23:00경에 다시 진통제를 또 맞고 싶다며 NRS 5점의 통증을 호소하여 진통제 트리돌주[16]를 투약받은 후 23:30경 NRS 2점으로 통증이 호전되었다.

나) 망인은 2021. 3. 19. 00:00경 구역을 호소하며 간호사를 호출하여 속이 울렁거린다고 하였다. 간호사가 05:00경 활력징후 측정결과 혈압 140/80mmHg, 맥박 104회/분, 호흡수 13회/분, 체온 36.7℃였고, 당직의에게 보고하여 진토제 멕쿨주[17]를 투약하자 00:15경 속 울렁거리는 증상이 좀 나아진 것 같다고 보호자 원고 AAA이 답하였으며, 02:33경 간호 순회 당시 망인은 안정적인 모습으로 수면 중이었고, 원고 AAA도 수면 중이었다.

다) 망인은 06:00경 이름에 대답은 가능하나 나머지 질문에 느리게 반응하고, 우측 위쪽으로 고정된 양쪽 눈과 확장된 좌측 동공을 보이는 것이 관찰되었고(당시 활력징후 130/60-92-12-36.7), 이에 당직의에게 보고된 후 처치실로 이동되었다. 당직의가 06:03경 진찰결과 망인은 좌측 하지의 근력이 3등급(정상 5등급)으로 저하되어 있으면서 좌측 안면마비, 구음장애 등이 확인되어 07:18경 응급으로 뇌 CT 검사를 하였고, 그 결과 우측 기저핵(basal ganglia)과 전두엽(frontal lobe)에 급성 뇌내출혈[ICH (intracerebral hemorrhage)]과 급성 뇌실내출혈[IVH(intraventricular hemorrhage)] 소견이었다.

15) Ketorac inj : 효능효과) 중등도 및 중증의 급성통증(수술 후 통증 포함)에 대한 단기요법

16) Tridol inj : 트라마돌(tramadol) 성분의 중추신경계에 작용하는 중증 및 중등도의 급만성 통증에 대한 진통제

17) Meckool inj : 효능효과) 수술 후 구역 · 구토 예방, 구역 · 구토의 증상 치료

2) 뇌출혈 등에 관한 치료 경과

가) 의료진은 원고 AAA과 면담 후 응급수술 동의를 얻어 2021. 3. 19. 09:35부터 10:25까지 망인에게 두개골에 작은 구멍(천두공, bur hole)을 만들어 카테터를 삽입하고, 약 총 30cc의 혈종을 제거하는 혈종제거술(hematoma evacuation)을 하였다. 수술 직후 10:39경 촬영한 뇌 CT에서 뇌내출혈 용적이 약간 감소했으나 그 외의 변화는 없었고, 망인은 11:01경 중환자실로 이실되었다.

나) 이후 의료진은 망인에게 펜토탈을 투약하여 반혼수(semicoma) 상태를 유지하며 2021. 3. 20. 09:50, 19:30 및 2021. 3. 21. 04:30 망인의 뇌에 삽입된 카테터를 통해 혈전용해제(tPA)[18] 액티라제주사(Actilyse Injection)를 투여하여 혈종을 배출시키고, 만니톨을 투여하여 뇌압을 조절하는 등의 치료를 하였다. 한편 뇌 CT 검사에서 2021. 3. 20. 16:30 뇌내출혈과 뇌실내출혈 용적이 약간 감소했고, 2021. 3. 21. 10:36경 용적이 비슷하고 밀도가 감소하였으며, 2021. 3. 22. 08:55에는 뇌내출혈 용적이 약간 감소하고 다른 변화는 없었다.

다) 2021. 3. 22. 13:20경 망인의 동공이 확장되어 13:31경 응급으로 뇌 CT 검사를 하였고, 그 결과 뇌내출혈, 뇌실내출혈의 용적이 모두 증가한 소견이자 의료진은 15:30경부터 20:20경까지 두개절제술(머리뼈절제술, Craniectomy)을 하여 다량의 흑적색의 혈종을 제거하였다. 수술 당시 출혈소들 응고가 어려웠고, 추정 출혈량은 500cc 정도였다.

라) 한편 원고 AAA은 2021. 3. 19.경 의료진과 통화하여 “망인은 여호와의 증인으로 모든 수혈을 거부하고 알부민을 투약받겠다”는 의사를 표시하였고, 2021. 3. 24.경 망인의 빈혈증상에 대해 수혈의 필요성을 설명했으나 여전히 종교적 이유로 수혈을 거부하여, 의료진은 망인에게 수혈을 대신하여 수혈이 필요한 빈혈 등에 효능 · 효과가 있는 에포카인주(Epokine Injection 4000IU/mL)를 투약하였다.

마) 이후 의료진은 계속 여러 약물을 투약하며 지지적 치료를 하다가 2021. 3. 29. 불포화반응(desaturation)을 보여 폐혈관 CT 검사결과 폐혈전색전증(PTE)이 확인되었고, 이에 흡인혈전제거술과 풍선혈관성형술을 시행하였으며, 그 외도 혈전정맥염, 흡인성 폐렴의 소

18) Tissue Plasminogen Activator : 출혈이 발생했을 때 응고시키는 기전으로 인해서 생기는 혈전(피 덩어리)을 제거하는 물질인 플라스민의 비활성화단계인 플라스미노젠을 활성화하여 플라스민으로 만들고 이를 통해 섬유소 용해를 촉진하여 응고된 덩어리를 분해하는 것

견을 보여서 이에 관해 헤파린, 항생제 등의 약물치료를 하였다.

바) 의료진은 2021. 4. 1. 원고 AAA에게 망인이 폐렴 및 폐부종 악화로 급성 호흡곤란증후군(ARDS)의 위독한 상황이고, 치료를 위해 체외막산소요법(ECMO) 적용이 필요한데 망인의 헤모글로빈 수치가 낮아서 이를 시행하기 위해서는 수혈이 필요함을 설명하였으나, 원고 AAA은 여전히 수혈은 할 수 없다고 하였다. 이에 의료진은 대신 조혈제 에포카인을 사용하되 이를 사용하더라도 헤모글로빈 수치 상승이 더디고 혈전이 더 많이 생기는 위험이 있음을 설명했으나 원고 AAA은 조혈제 고용량 사용을 원하였고, 의료진은 2021. 4. 3.부터 2021. 4. 5.까지 망인에게 에포카인을 투여하였다.

사) 2021. 4. 8. 망인의 좌측 동공이 확장된 것이 관찰되었고 뇌 CT 검사결과 급성 뇌경색 소견이었다. 그러나 망인의 헤모글로빈 수치가 낮아 수혈 없이 수술을 할 수 없어서 지지적 치료인 저체온 치료 등이 지속되었다.

3) 망인의 사망 등

가) 망인은 2021. 4. 21. 사망하였고, 의료진은 망인의 사망원인을 “직접사인 연수마비, 그 원인 뇌경색, 그 원인 파종성 혈관내응고”로 한 사망진단서를 발급하였다.

나) 피고 병원 입퇴원요약기록에는 망인의 진단명이 주진단은 “우측 기저핵의 뇌실내출혈과 뇌내출혈”, 부진단은 “특발성 구강안면근긴장이상, 급성호흡부전증후군, 중대뇌동맥과 양측후대뇌동맥 경색, 파종성 혈관내응고, 빈혈, 폐혈전색전증, 혈전정맥염, 흡입성 폐렴”으로 기재되어 있다.

다) 피고 병원 경과기록, 간호기록 등으로 확인되는 이 사건 관련 망인에 대한 주요 진료 경과의 구체적 내용은 별지와 같다.

바. 관련 기초의학 지식

1) 근긴장이상(dystonia)[19)]

근긴장이상이란 지속적이고 반복적으로 근육의 수축이 발생하여 뒤틀리고 반복적인 비정상적 운동과 자세를 유발하는 증상들을 총칭하는 질환이다. 가장 흔한 것은 신체 한 부분만 침범하

19) 삼성서울병원 질환백과(을 제3호증), 서울대학교병원 의학정보, 서울의료원 감정의 감정서 등 참조

는 국소 근긴장이상증으로 보통 30~50대에 발생하고, 눈꺼풀 근육의 근긴장이상인 안검(눈꺼풀)연축, 입턱근긴장이상 등이 있다. 특발성(일부에서 유전적 원인으로)으로 발생하기도 하고, 특정 원인 질환이나 상태에 의해 이차적 징후로 나타나기도 하는데 그 발생기전은 명확하게 알려지지 않았다. 증상으로 본인의 의지와는 무관하게 지속적이며 반복적으로 비정상적인 자세나 운동이 나타나게 되고, 스트레스나 피곤하게 되면 증상이 악화되고 휴식을 취하거나 침범된 부위를 손으로 만지면 증상이 호전되는 특징이 있다. 증상을 조절하는 약물로 보통 항콜린제를 사용하고, 안검연축 등과 같이 국소 근긴장이상에서는 보툴리눔 독소(보톡스)를 국소적으로 투여하기도 하는데, 그 효과는 3개월 정도 지속된다. 약물치료에 반응하지 않는 심한 근긴장이상 환자에게 유용한 수술 치료방법으로 뇌심부자극술이 있으며, 그 외 수술치료로 근절제술, 신경절제술 등이 있다.

2) **메이그증후군**(Meige syndrome)[20]

주로 뇌 신경의 지배를 받는 눈 주변 근육과 얼굴 아래쪽과 입 주위 근육에 비정상적인 근긴장이상이 발생하는 질환으로, 프랑스의 신경과 의사였던 Meige 의사에 의해 1910년경 처음으로 보고되었다. 근긴장이상이 나타나는 신체 부위가 눈을 비롯한 얼굴 부위이기 때문에 환자들이 받는 신체적, 정신적 스트레스가 매우 심해 많은 환자들이 삶을 포기하고 싶다고 말할 정도로 심각한 질환이다. 임상 양상은 매우 일정한데, 눈 주위의 눈둘레근의 과도하게 반복적인 근긴장이상으로 수축 현상을 나타내는 것이 큰 특징이다. 눈 깜박임은 양쪽 눈에서 동시에 나타나는 경우가 대부분이며 근육의 수축하는 힘이 매우 강력하기 때문에 환자들은 일상생활에서 엄청난 고통을 겪는다. 이런 과도한 눈 주위 근육의 수축은 햇빛을 볼 때 더 심해지며, 독서, TV 시청, 운전이 불가능한 경우도 드물지 않다. 근육의 비정상적인 수축 현상은 이마근과 얼굴의 중간, 아래 근육에서도 함께 관찰되어 계속해서 입을 실룩거리거나 입을 오므렸다 벌렸다 하게 된다. 이 환자들에서 근긴장이상을 악화시키는 요인은 매우 밝은 불빛이나 햇빛, 육체적이나 정신적 스트레스 등이며, 편안하게 누워있거나, 말을 하거나 노래를 부르거나 껌을 씹으면 증상이 악화되기도 한다. 병의 경과는 매우 다양하여 약 17~35% 환자는 안검경련이 매우 미약하게 지속되기도 한다. 자연적으로 소실되는 환자도 보고되는데, 이런 현상은 병이 발생한 지 1년 이내에 나타나며 수개월 지속되기도 하지만, 많은 수의 환자가 다시 재발한다.

병이 발생한 후에는 계속 진행하는 경우가 대부분이며, 35% 정도의 환자는 기능적 실명에 해당할 정도로 심각한 증상을 보인다. 또한 입과 인두 주위 근육의 근긴장이상으로 인해 발음장

20) 국가정보포털(작성 및 감수 : 질병관리본부/대한의학회) 참조

애와 삼킴장애가 발생하여 심각한 일상생활과 사회생활 장애를 일으키며, 이런 환자들은 심각한 우울증을 동반하는 경우가 많다. 일차적 메이저 증후군의 경우 아직 명확한 원인이 밝혀지지 않고 있다. 다만 뇌의 기저핵의 기능이상으로 추정하고 있으나 정확한 병태생리는 연구 중이다. 치료는 약물치료, 보톡스 주사치료, 수술치료 등이 이루어진다. 수술치료는 아직 실험적 단계로 뇌심부자 극술을 담창구에 시행하는 데 치료 효과는 우수하게 보고되고 있다.

3) 뇌심부자극술(Deep brain stimulation)[21)]

가) 전극을 뇌 안에 이식한 후 목표 부위에 적절한 전기 자극을 전달하고, 전극의 다른 쪽 끝을 가슴 근육 아래에 심어놓은 자극발생기에 연결하여, 자극발생기의 고주파로 뇌심부핵을 자극하고 여러 가지 신경섬유들을 활성화하여 증상을 완화하는 수술이다. 일반적으로 투약으로 인한 약효가 현저히 줄거나 심한 약효변동성 및 충동적인 행동 등 부작용이 심한 경우 등에 뇌심부자극술을 시행한다.

나) 1963년경 고주파 자극에 의해 파킨슨병 환자의 진전이 호전되었다는 보고 이래 현재까지 파킨슨병, 본태성 진전, 근긴장이상증 등의 이상운동 질환에서 안전하고효과적인 치료법으로 알려져 있다. 미국 식약청은 2003년 근긴장이상증에 대한 뇌심부자극술을 승인하였고, 국내에서는 2005년 1월경 뇌심부자극술이 건강보험 적용 대상이 되어 현재 진전, 파킨슨병, 근긴장이상증, 만성통증, 간질 등 다양한 질환에서 시행되고 있다.

다) 수술방법 : MRI 혹은 CT 검사를 이용하여 뇌의 해부학적 구조물들을 확인하고 고정하는 틀(뇌정위틀)을 적용한다 → 뇌심부핵의 좌표를 이용하여 목표지점을 정한 뒤, 뇌심부핵 전극의 가상 궤적이 대뇌 고랑과 주변 혈관을 피하고, 뇌실을 통과하지 않도록 주의하여 전극 삽입지점을 선택한다 → 전극 삽입지점에 두개골 천공을 하고 경막을 절개한 다음 뇌정위틀을 이용하여 미리 정한 목표지점을 향하여 한 개 혹은 몇 개의 신호기록용 미세전극을 삽입한다 → 한 개 혹은 5개의 미세전극을 이용하여 전기생리신호를 기록하여 그중 목표지점과 가장 일치하는 궤적을 확인하고, 전기자극을 주어 환자의 증상완화 정도와 부작용을 면밀히 관찰한다 → 미세전극 전기생리 신호기록과 전기자극을 통하여 최적의 목표지점을 확인한 후 영구자극전극(예:3389)을 동일 위치에 삽입한다 → X선 투시(fluorpsopy), C-arm을 이용하여 전극의 위치를 확인한다 → 천공덮개를 이용하여 영

21) "뇌심부자극술: 기전, 수술방법, 임상적응증" (2013. 4. 서울대학교 의과대학 신경외과, 신경과 의사들 작성)(을 제4호증), "BBCC병원 의료정보: 뇌심부 자극수술"(을 제5호증) 등 참조

구자극전극선을 두개골에 고정한다 → 쇄골 아래 부위에 피부를 절개하고 자극기(pulse generator)를 삽입할 부위를 만들고 두피와 쇄골하부위를 연결하는 피하통로를 만든 후 전기자극기 연결선을 통과시켜 쇄골하 전기자극기와 두피내 영구자극전극을 각각 전기자극기 연결선에 연결한 후 쇄골하절개 부위와 두피절개 부위를 봉합한다 → 수술 후 MRI 검사를 통해 뇌내출혈 여부와 전극의 위치를 확인한다.

라) 뇌정위기구[22]를 사용함으로써 드물게 뇌 속에 출혈이 생기거나 감염의 가능성이 있다. 출혈이 발생할 경우 시간이 지나면 흡수되나 주변 뇌에 영향을 주는 경우도 있고, 감염의 경우 항생제 치료가 필요할 수 있다.

4) 뇌출혈(cerebral hemorrhage)[23]

가) 두개강 내 뇌조직에 혈액을 공급하는 혈관이 파열되어 혈액이 뇌조직으로 새어나가는 질병으로, 출혈성 뇌졸중이라고도 한다. 뇌출혈 중 지주막하 출혈은 대부분 뇌동맥류의 파열에 의해 발생하고, 뇌내출혈은 주로 고혈압, 뇌혈관 기형 등에 의해 갑자기 혈관이 터지면서 발생한다. 뇌출혈을 외상에 의한 출혈(급성 경막하출혈, 만성 경막하출혈, 경막외 출혈 등 두부 외상과 직간접적으로 연관이 있는 출혈)과 자발성 출혈로 구분할 경우, 자발성 뇌출혈이란 고혈압성 뇌출혈, 뇌동맥류, 뇌동정맥기형, 모야모야병, 뇌종양 출혈, 출혈성 경향이 있는 전신질환이 있는 중에 뇌출혈을 일으키는 것을 말한다. 발생 30일째 35~52%의 사망률을 보이고, 사망의 절반은 첫 2일 안에 발생한다고 보고되므로, 특히 급성기 관리가 중요하다. 뇌출혈이 발생하면 출혈 주위의 뇌 조직이 파괴되고, 출혈로 인하여 형성되는 혈종에 의하여 기존에 존재하던 뇌가 한쪽으로 밀리면서 뇌압이 상승하여 이차적인 문제를 일으킨다.

나) 뇌출혈이 발생하면 두통, 어지럼증, 편측마비, 발음/언어장애, 시각장애, 발작, 구토 등의 증상을 보인다. 뇌실내출혈의 경우 대개 갑자기 쓰러지면서 "어지럽다", "머리가 아프다"라고 호소하며 구토하고, 몸의 한쪽이 마비되어 움직이지 않고 의식이 점차 나빠진다. 뇌출혈에 대한 치료는 출혈 원인 등에 따라 다르나, 약물치료(뇌압 상승 조절, 혈압 조절, 수액공급 등), 수술치료(주변 뇌조직을 압박하고 뇌부종을 증가시키는 혈종제거술, 뇌부종이 심한 경우 감압개두술 등) 등이 시행된다.

22) '정위(stereotactic)'란 '삼차원적 구조'를 의미하는 그리스어와 '접근한다'라는 의미의 라틴어를 합친 것으로 1973년 채택되어 현재까지 사용되고 있다(신경외과학, 대한신경외과학회 참조)

23) "뇌출혈(출혈성 뇌졸중) 바로 알기"(갑 제19호증) 서울대학교병원 의학정보, BBCC병원 질환백과 등 참조

[인정근거] 다툼 없는 사실, 갑 제1, 2, 3, 14, 15, 19, 21호증(가지번호 있는 것은 가지번호 포함, 이하 같다), 을 제1 내지 6호증의 각 기재, 법원의 서울특별시 서울의료원장에 대한 진료기록 감정촉탁결과[이하 위 병원에서 감정을 한 신경외과(파킨슨) 전문의를 '서울의료원 감정의'라 한다], 변론 전체의 취지

2. 원고의 주장

가. 손해배상책임의 발생에 관한 주장

피고 병원 의료진의 아래와 같은 이 사건 수술 시 및 수술 이후 진료상 과실이나 설명의무 위반으로 망인에게 뇌출혈이 발생하고 악화되어 망인이 사망에 이르렀으므로, 피고는 피고 병원 의료진의 사용자로서 불법행위책임 또는 진료계약의 당사자로서 채무불이행책임으로 망인 및 원고들에게 발생한 손해를 배상할 의무가 있다.

1) 진료상 과실로 인한 손해배상책임 발생 주장

가) 치료방법 선택상 과실 : 망인은 스트레스 상황에서만 증상이 나타났음에도 의료진은 아직 그 효과가 분명하지 않고 연구 단계에 불과한 이 사건 수술을 완치할 수 있다면서 적극적으로 권유하는 등 치료방법을 신중히 선택하지 않았다.

나) 이 사건 수술상 과실 : 뇌심부자극술을 할 때는 뇌출혈 등 합병증 발생을 방지하기 위해 정위기구 고정, 좌표 설정, 전극 삽입 및 경로, 수술기구 선택 등 전 과정에서 혈관의 자극 및 손상을 최소화할 주의의무가 있음에도 의료진은 이러한 주의의무를 다하지 못하여 이 사건 수술 시 혈관을 자극하고 손상함으로써 수술을 시행한 부위에 뇌출혈이 발생하게 하였다.

다) 경과관찰상 과실, 조기 진단 및 처치 소홀 : 망인에게 이 사건 수술 당일 두통, 오심, 구토 증상이 발생하여 진통제 등 투여에도 증상이 호전되지 않았고, 편시 증상 등도 나타났음에도, 의료진은 보호자의 이상증세 보고를 무시하고 신경학적 검사나 영상검사를 시행하지 않은 채 망인을 방치하였다.

라) 뇌출혈에 대한 지혈조치 소홀 : 의료진은 뇌출혈이 발생한 망인의 출혈 및 혈종을 효과적

으로 제거하는 동시에 재출혈의 위험이 낮은 치료방법으로 지혈조치에 최선을 다하여야 함에도 뇌심부 출혈 및 혈종을 적절히 제거하지 못하고 무리하게 혈전용해제를 사용하여 뇌출혈을 악화시켰다.

2) 설명의무위반으로 인한 손해배상책임 발생 주장

가) 이 사건 수술 관련 설명의무위반 : 의료진은 이 사건 수술 전 망인에게 망인의 정확한 신체 상태, 이 사건 수술의 필요성과 정도, 수술의 장·단점과 다른 치료법, 수술로 인한 뇌출혈 등 합병증의 발생 및 시망 가능성, 종교적인 이유로 발생 가능한 수술의 위험성 등에 관해 구체적이고 충분하게 설명하지 않았고, 망인의 의식이 명료하였음에도 망인의 보호자에게만 수술에 대한 동의서를 받는 등 설명의무를 위반하였다.

나) 혈전용해제 투여 관련 설명의무위반 : 망인에게 시험적인 방법의 혈전용해제 액티라제를 투여하면서 그 약물정보상 뇌출혈이 발생한 망인에게 금기시되는 약물이라는 설명을 하지 않았다.

나. 손해배상책임의 범위에 관한 주장

피고 병원 의료진의 위와 같은 과실 등으로 망인에게 2,429,965,185원(= 일실수입 손해 2,329,965,185원 + 위자료 100,000,000원), 원고 AAA에게 기왕치료비 16,116,380원, 장례비 5,530,100원, 위자료 20,000,000원, 나머지 원고들에게 각 위자료 10,000,000원의 손해가 발생하였고, 망인의 손해배상채권은 원고들이 상속하였다. 따라서 ①피고는 원고 AAA에게 1,083,060,130원[= 상속분 1,041,413,650원(= 2,429,965,185원 × 3/7, 원 미만 버림. 이하 같다) + 치료비 16,116,380원 + 장례비 5,530,100원 + 위자료 20,000,000원], 나머지 원고들에게 각 704,275,767원[= 상속분 694,275,767원(= 2,429,965,185원 × 2/7) + 위자료 10,000,000원] 및 위 각 돈에 대한 지연손해금을 지급할 의무가 있다.

3. 의료상 과실로 인한 손해배상책임의 발생 여부에 관한 판단

아래 나.항 이하의 판단은 위 인정사실, 앞서 든 증거들, 갑 제9, 10, 13, 16, 17, 18호증, 을 제7 내지 10호증의 각 기재 또는 영상, 갑 제8호증의 일부 기재, 이 법원의 경찰병원장, 서울대학교병원장에 대한 각 진료기록감정촉탁결과[이하 경찰병원에서 감정을 한 신경외과(기타) 전문의를 '경찰병원 감정의', 서울대학교병원에서 감정을 한 영상의학과 전문의를 '서울대병원 감정의'라 한다], 변론 전체의 취지에 의한다(편의상 나항 이하에서 보는 것 같은 순서로 판단한다).

가. 관련 법리

1) 의사가 진찰 · 치료 등의 의료행위를 할 때에는 사람의 생명 · 신체 · 건강을 관리하는 업무의 성질에 비추어 환자의 구체적인 증상이나 상황에 따라 위험을 방지하기 위하여 요구되는 최선의 조치를 다하여야 할 주의의무가 있다. 의사의 이와 같은 주의의무는 의료행위를 할 당시 의료기관 등 임상의학 분야에서 실천되고 있는 의료행위의 수준을 기준으로 판단하여야 하고, 이때 의료행위의 수준은 통상의 의사에게 의료행위 당시 알려져 있고 또 시인되고 있는 이른바 의학상식을 뜻하므로 진료환경과 조건, 의료행위의 특수성 등을 고려하여 규범적인 수준으로 파악하여야 한다(대법원 2004. 10. 28. 선고 2002다45185 판결 등 참조).

2) 의료행위는 고도의 전문적 지식을 필요로 하는 분야로서 전문가가 아닌 일반인으로서는 의사의 의료행위의 과정에 주의의무 위반이 있는지 여부나 주의의무 위반과 손해발생 사이에 인과관계가 있는지 여부를 밝혀내기 극히 어려운 특수성이 있으므로, 수술 도중이나 수술 후 환자에게 중한 결과의 원인이 된 증상이 발생한 경우 그 증상 발생에 관하여 의료상의 과실 이외의 다른 원인이 있다고 보기 어려운 간접사실들을 증명함으로써 그와 같은 증상이 의료상의 과실에 기한 것이라고 추정하는 것도 가능하다(대법원 2023. 8. 31. 선고 2022다303995 판결 등 참조).

3) **의료소송에서의 증명의 어려움을 고려하면, 환자 측이 의료행위 당시 임상의학 분야에서 실천되고 있는 의료수준에서 통상의 의료인에게 요구되는 주의의무의 위반 즉 진료상 과실로 평가되는 행위의 존재를 증명하고, 그 과실이 환자 측의 손해를 발생시킬 개연성이 있다는 점을 증명한 경우에는, 진료상 과실과 손해 사이의 인과관계를 추정하여 인과관계 증명책임을 완화하는 것이 타당하다.** 여기서 손해 발생의 개연성은 자연과학적, 의학적 측면에서 의심이 없을 정도로 증명될 필요는 없으나, 해당 과실과 손해 사이의 인과관계를 인정하는 것이 의학적 원리 등에 부합하지 않거나 해당 과실이 손해를 발생시킬 막연한 가능성이 있는 정도에 그치는 경우에는 증명되었다고 볼 수 없다(대법원 2023. 8. 31. 선고 2022다219427 등 참조). 또한 **이 경우에도 일련의 의료행위 과정에 있어서 의료상 과실의 존재는 환자 측에서 증명하여야 하고 의사에게 무과실의 증명책임을 지우는 것까지 허용되는 것은 아니다**(대법원 2003. 11. 27. 선

고 2001다20127 판결, 대법원 2007. 5. 31. 선고 2005다41863 판결 등 참조).

4) 의사의 질병 진단 결과에 과실이 없다고 인정되는 이상 그 요법으로서 어떠한 조치를 취하여야 할 것인가는 의사 스스로 환자의 상황 기타 이에 터 잡은 자기의 전문적 지식 · 경험에 따라 결정하여야 할 것이고, 생각할 수 있는 몇 가지의 조치가 의사로서 취할 조치로서 합리적인 것인 한 그 어떠한 것을 선택할 것이냐는 해당 의사의 재량의 범위 내에 속하며 반드시 그중 어느 하나만이 정당하고 이와 다른 조치를 취한 것은 모두 과실이 있는 것이라고 할 수 없다(대법원 2022. 12. 29. 선고 2022다264434판결 등 참조).

나. 치료방법 선택상 과실 주장 부분

다음과 같은 사실이나 사정에 비추어, 제출된 증거들만으로 피고 병원 의료진이 망인에 대한 치료방법으로 뇌심부자극술을 선택한 것이 과실이라고 인정하기 부족하고, 달리 이를 인정할 증거가 없다. 원고들의 이 부분 주장을 받아들이지 않는다.

1) ❶ 망인은 2019년 3월경부터 눈꺼풀이 처지는 증상이 발생하여 2019. 6. 19. ○○○병원에서 의심할 만한 질환을 감별하는 검사를 받았으나 "안검연축" 가능성이 높은 것으로 평가되었고, 이후 2019. 8. 12. ○○○신경과에서 뇌의 기질적 이상 등을 확인하는 검사를 하였으나 이상이 없자 위 의원 의사는 망인의 증상을 "메이그 증후군" 의증 겸 "안검연축(눈꺼풀연축), 상세불명 근긴장이상"으로 평가하였다. ❷ 그러다가 위 의원의 진료의뢰서, 검사결과 등을 발급받아 2020. 8. 5. 피고 병원에 내원하였고, 피고 병원에서는 망인이 호소하는 증상 및 치료경과, 일반적 신체검진결과나 혈액검사 등뿐 아니라 각종 기능검사(신경전도검사, 반사, 근전도검사 등)와 뇌관류단일관자단층촬영 등을 한 후 망인에 대하여 "특발성(원인이 확인되지 않음) 구강안면근긴장 이상"으로 진단하였다. ❸ 이러한 각 검사결과나 망인이 보인 증상은 구강안면근긴장이상, 메이그 증후군에 관해 설명하는 의학지식에 부합하고, 서울의료원 감정의도 "망인의 진료경력에다가 피고 병원에서 시행한 전기진단학적 검사 소견상 안검연축을 동반한 특발성 구강안면근육긴장이상을 시사하는 소견이 나타나므로 피고 병원에서 망인을 구강안면근긴장이상으로 진단한 것은 적절하다"는 취지의 의견을 밝히고 있다.

2) ❶ 이처럼 망인은 피고 병원에 최초 내원 당시 이미 약 1년 6개월 전부터 증상이 있었고, 이후에도 6개월가량 지나서 2021. 3. 18. 이 사건 수술을 받았다. ❷ 망인은 최초 2019. 6. 19. ○○○병원 내원 시에는 눈꺼풀이 처지는 안검하수 증상을 주로 호소했으나 그때부터 담당의

는 안검연축 가능성이 높다고 보았고, 2019. 7. 24.에는 불수의적 눈 깜박임이 증가하였다. ○○○신경과의원에서는 눈 뜨기 어렵고 대화, 운전 시 악화된다고 호소하였고, 이러한 증상은 보톡스 치료와 약 복용으로 일시 호전되기도 하였으나 지속적으로 발생하며 계속 심해진 것으로 보인다. ❸ 이후 망인은 피고 병원에서 2020. 8. 11. "어두운 곳에서 괜찮으나 밝은 곳에 가거나 긴장, 피곤한 상황에서 눈이 지속적으로 감긴다"고 호소하였다. 2021. 2. 17.에는 입주변이 씰룩거리는 모습을 보였고, 우울감으로 정신과 약 복용하면서 2, 3달 전부터 기억력 악화를 호소하였으며, 2021. 3. 3. 검사결과 실제 주관적인 우울감을 동반한 기억력 저하가 뚜렷하였다. ❹ 또한 피고 병원에 입원 후의 간호기록에는 2021. 3. 14. "눈이 계속 감기는 증상 있으며 대화할 때 더 심해진다", 2021. 3. 15. "양쪽 눈 감김. 운전, 대화 등 신경 쓸 일 있을 때 더 심해짐. 심하면 입주변 씰룩거림 동반된다고 함", 2021. 3. 15. "얼굴 빳빳한 감 있다고 함", 2021. 3. 16. "양안 눈 감김 증상 여전하며 얼굴도 마음대로 움직이지 않는 것 같은 느낌이라 함"이라는 기재가 있다. ❺ 이러한 망인이 보인 주관적 · 객관적 증상들에다가 망인에게 진단된 구강안면근긴장이상, 메이그 증후군에 대한 의학지식 등을 종합하면, 망인이 스트레스 상황에서 증상이 심해지는 것은 망인에게 진단된 질환의 특징으로 보여서 원고들 주장처럼 망인이 스트레스 상황 또는 운전하거나 대화할 경우에만 증상이 나타나는 경미한 정도였다고 보기 어렵고, 오히려 망인은 최초 증상 발현 이후 계속 증상이 심해져서 상당한 스트레스를 받아 주관적인 우울감을 동반한 기억력 저하까지 있는 등 증상의 정도가 심했다고 보인다.

3) ❶ 망인은 위와 같은 증상에 관해 ○○○병원, ○○○신경과의원에서 계속해서 약 처방을 받아 복용하였을 뿐 아니라 보톡스 치료를 용량을 늘려가며 3차례 하였으나 (○○○신경과의원에서 2회, 피고 병원에서 2020. 10. 30. 1회) 처음에만 효과가 좋았을 뿐 이후에는 효과가 미미하거나 없었다. 한편 보톡스는 그 효과가 있더라도 약 3개월 정도 지속되는 일시적인 효과만 있을 뿐이다. ❷ 망인은 ○○○신경과의원에서 약물치료를 하다가 약이 효과가 없어서 보톡스를 맞았으나 효과가 떨어져 피고 병원에 내원하였는데, 진료의뢰서에 "수술적 처치를 위하여 전원한다"고 기재되었을 뿐 아니라, 위 의원 2020. 8. 5.자 진료기록부에는 "DBS(뇌심부자극술)"라고 기재되어 있어서 피고 병원에 내원할 때부터 뇌심부자극술에 관해 이야기를 들었거나 권유받고 내원한 것으로 보인다. ❸ 또한 피고 병원에 내원하여 최초 뇌심부자극술을 받기로 예약했다가 가족들 반대로 취소한 다음 피고 병원뿐 아니라 ○○○신경과의원에도 다시 내원하여 졸피뎀(스틸녹스)을 복용하는 치료도 시도했으나 근긴장이상 증상에는 아무런 효과가 없었다. 한편 2021. 3. 3.자 위 의원 진료기록부에 "리보트릴 먹고 졸리지는 않고, 눈 뜨는 것

은 확실히 좋다"고 기재되어 있고 원고들은 이를 들어 약물치료가 효과가 있었다는 취지로 주장하나, 리보트릴은 이미 ○○○병원에서부터 처방받아 복용 중이었고, ○○○신경과의원 진료기록부에 약 효과가 없어서 2020. 5. 2. 보톡스 치료를 받았다는 취지의 기재가 있기도 하므로, 위 기재만으로 약물치료가 효과가 있어서 약물치료를 계속해야 했다고 보기는 어렵다. ❹ 나아가 피고 병원 의료진이 이 사건 수술 이틀 전인 2021. 3. 16. 망인의 근긴장이상의 정도와 치료 효과 등을 평가하는 도구인 UDRS, FMDRS, GDS 평가를 한 결과 구강안면(눈과 입)의 근긴장이상 정도가 심하고, 뇌심부자극술의 치료 효과가 좋을 것으로 예상되기도 하였다. 이에 관해 원고들은 의료진이 빈약한 뇌심부자극술의 근거를 보완하기 위해 실제 망인의 증상보다 점수를 매우 과하게 평가했다고 주장하나, 위 평가내용은 앞서 본 망인에게서 주관적 · 객관적으로 관찰된 증상들이나 검사결과 등에 부합해 보이고, 원고들의 일방적 주장만으로 의료진이 주관적 · 자의적으로 평가했다고 보기 어렵다. ❺ 또한 망인은 흉부일반사진, 심전도검사, 심초음파 검사, 폐기능 검사 등 결과도 모두 정상소견이었고, 출혈의 위험도를 반영하는 혈소판 수치, 혈액응고검사도 모두 정상범위였으며, 뇌심부자극술이 수술 시 과도한 출혈이 발생하는 수술로 보이지도 않으므로 망인이 여호와증인으로 수혈을 거부한다고 해서 뇌심부자극술을 하면 안 된다고 볼 수도 없다. 서울의료원 감정의도 "의료진이 2021. 3. 19. 계획된 뇌심부자극술을 하지 말았어야 할 뚜렷한 사유는 보이지 않는다"고 하고 있다.

4) ❶ 뇌심부자극술은 파킨슨병에 대해 이미 1963년경부터 시도되다가 근긴장이상증에 대해서도 미국에서는 2003년경 이를 승인하였고, 국내에서도 2005년 1월경 건강보험 급여 대상이 되어 2019. 8. 1.자 보건복지부 고시에 의하면 "전신성 또는 반신성, 구역성 근긴장이상증으로서 약물치료로 조절되지 않는 만성 근긴장이상증이 있는 경우" 요양급여 대상이 된다. ❷ 삼성서울병원 질환백과 웹페이지에는 "약물치료에 반응하지 않는 심한 근긴장이상증 환자에게 유용한 치료방법으로 뇌심부자극술이 있다"고 소개되어 있고, BBCC병원 증상백과 웹페이지에도 뇌심부자극술을 소개하면서 "파킨슨병, 진전, 근긴장이상증과 같은 이상운동 질환 등을 치료하기 위해 시술을 시행한다"고 하고 있다. 서울대학교병원 파킨슨 센터 웹페이지에는 "최근 심한 근긴장이상증에 대해 외국에서 뇌심부자극술이 실시되어 만족할 만한 성과를 거뒀다는 보고가 계속 나오고 있다. 본 센터에서도 3명의 환자에게 뇌심부자극술을 실시하여 1명은 거의 완치에 가까운 성적을 거뒀고, 1명도 만족할 만한 성적을 얻었다. 따라서 향후 이 수술이 좀 더 많은 환자에게 적용 가능하리라 생각하고 있다"고 소개하고 있다. ❸ 2013년경 작성된 논문「뇌심부자극술: 기전, 수술방법, 임상 적응증」(을4)에는 현재 "진전, 파킨슨병, 근긴장

이상증, 강박증 등 다양한 질환에서 뇌심부자극술이 시행되고 있다", "뇌심부자극술은 다양한 질환에서 유용한 치료 효과를 보여주고 있다"고 기재되어 있다. 2019년경 작성된 논문「이상운동질환에 대한 뇌심부자극술 중에 미세전극 기록의 분석과 유용성」(을7)에는 "뇌심부자극술은 파킨슨병, 본태성 진전, 근긴장이상증 등의 이상운동질환에서 안전하고 효과적인 치료법으로 알려져 있다"고 기재되어 있다. ❹서울의료원 감정의도 임상병원들의 위와 같은 의학정보 등을 소개하며 "근긴장이상증이 심한 경우 뇌심부자극술이 실시된 바 있고, 국내에서도 치료의 한 방법으로 받아들여져 있으며, 치료 효과가 있다고 알려져 있다"고 하고 있다. ❺ 이러한 내용 등을 종합하면, 비수술적 치료(약물치료, 보톡스 치료)로 조절되지 않는 등의 근긴장이상에 대해 뇌심부자극술을 시행하는 것은 임상현장에서 널리 알려지고 실천되는 치료방법으로 보아야 하고, 그 명확한 기전이 아직 밝혀지지 않았거나 효과적이고 안전한 세부적 방법 등이 계속 연구 중이라고 해서 이를 연구 단계에 불과하다거나 임상시험적인 치료방법이라고 볼 수는 없다.

5) 위와 같이 피고 병원 의료진이 망인에 대해 안검연축, 메이그증후군의 현 병력이 있는 구강안면 근긴장이상으로 진단한 것에 잘못이 있다고 볼 수 없고, 그에 관한 앞서 본 것 같은 망인의 주관적 · 객관적 증상, 임상검사결과 및 치료 경과 등을 종합하면, 망인은 약물치료의 효과가 떨어지거나 그 부작용으로 기억력 저하, 우울감 등이 발생한 것으로 보이고, 보톡스 치료도 점차 효과가 떨어졌으며, 그런 경우 뇌심부자극술이 일반적으로 시행 가능한 치료방법으로 볼 수 있으므로, 의료진이 망인에 대해 뇌심부자극술을 시행하기로 선택한 것은 합리적인 재량 범위 내에 있다고 판단된다. 이에 관해 서울의료원 감정의도 "망인은 ○○○병원과 피고 병원에서 눈 감김, 안검연축 증상으로 특발성 근긴장이상으로 진단되었고, 이에 대한 치료로 3차례 보톡스 주사치료를 받았는데 효과가 없었으므로, 이후 증상 완화를 위한 다음 차례로 뇌심부자극술 시행이 고려의 대상이 될 수 있다"고 의견을 밝히고 있다. 따라서 약물치료나 보톡스 치료 등을 더 시도해 볼 수 있었다는 등의 사정만으로 의료진이 뇌심부자극술을 선택한 것이 과실이라고 볼 수는 없다.

6) 한편 원고들은, 의료진이 뇌심부자극술을 받으면 근긴장이상을 완치할 수 있다 거나 뇌출혈의 가능성이 없다는 등의 잘못된 정보를 제공하며 처음부터 뇌심부자극술을 적극 권유하였다고 하면서 이를 들어 치료방법 선택이 잘못되었다는 취지의 주장도 한다. 그러나 ❶ 2021. 3. 14. 입원 당일 경과기록에는 환자 및 보호자에게 입원목적, 질병상태, 치료계획, 예상되는 치료결과 등에 대하여 구두로 설명하고 교육하였다는 기재가 있고, ❷ 원고 AAA이 2021. 3.

17. 서명한 수술동의서에는 '수술 목적/필요성' 및 '수술의 장점/ 수술을 하지 않을 경우 예상되는 결과' 부분에 수기로 "떨린 움직임을 완화/완치 가능하다", "직접적으로 카테터로 뇌를 자극함으로써 이상운동을 완화 및 완치 가능하다"는 기재가, '수술의 단점(위험성/합병증의 종류와 발생 가능성)' 부분에 수기로 "① 뇌출혈→ 응급수술→두개술→open, 장애→ 사망/식물인간", "④ 효과 미미/ 없음 → 다시 조절" 등의 기재가 있다(위 동의서는 8항까지 제목만 인쇄되고 그 외 대부분 내용이 전부 수기로 기재되어 있다). 이에 비추어 의료진이 뇌심부자극술로 완화 및 완치의 가능성을 언급했을지언정 완치를 장담하거나 뇌출혈 등 부작용 발생 가능성이 없다고 잘못된 정보를 주면서 뇌심부자극술을 권유했다고 볼 수는 없다.

7) 한편 ❶ 2021. 6. 16. 의료진(담당 주치의)이 원고 AAA과 대화 당시 "그래서 그런 분들은 오는 경우가 전혀 없고, 올 확률도 없고 그렇기 때문에 그때 좀 그렇게 말씀을 드렸었던 거 같고. 그래서 제가 너무 교만했었다고 생각하는 게 그거에요", "그동안 제가 환자분들한테 자신 있게 얘기하고 막 그랬던 것들이 너무 지금 힘들어요"라고 말한 점, ❷ 원고 AAA은 면담 때마다 의료진이 뇌심부자극술을 권유했다고 진술하는데 그러한 진술이 거짓으로 보이지는 않는 점, ❸ 입원 당일 환자 및 보호자 교육에는 추상적인 기재만 있을 뿐 구체적인 내용이 없고, 수술동의서는 망인이 아닌 원고 AAA으로부터 받은 점 등에 비추어, 의료진이 망인에게 뇌심부자극술의 결과를 자신하며 권유했다고 볼 여지는 있다. 그러나 설령 의료진이 망인에게 뇌심부자극술을 권유했다고 하더라도 망인이 한 번 수술 예약을 취소했다가 다시 수술을 받기로 하는 등 그러한 권유를 받아들여 결국 망인의 의사에 따라 이 사건 수술을 받은 것이므로, 그 과정에서의 뇌출혈 등 부작용 발생에 관한 설명의무위반이 문제될 수 있음은 별론으로 망인의 의사에 반하여 이 사건 수술을 하였다고 볼 수는 없고, 위와 같은 사정을 들어 치료방법의 선택이 잘못되었다고 볼 만한 근거라고 보기도 어렵다.

다. 경과관찰상 과실 등 주장 부분

다음과 같은 사실이나 사정에 비추어, 제출된 증거들만으로 피고 병원 의료진이 망인에 대한 경과관찰을 소홀히 하여 조기 진단이나 처치를 하지 못한 과실이 있다거나 그로 인해 망인의 뇌출혈이 악화되었다고 인정하기 부족하고, 달리 이를 인정할 증거가 없다. 원고들의 이 부분 주장도 받아들이지 않는다.

1) ❶ 의료진은 2021. 3. 18. 09:20부터 12:20까지 망인에게 이 사건 수술을 하였는데, 수술 당

시 급성 합병증은 발생하지 않았고 출혈량도 많지 않았다. ❷ 또한 직후인 12:59경 뇌 CT 검사를 하였는데 그 결과 특별한 출혈 소견은 없었다. 서울대병원 감정의도 “위 뇌 CT 검사결과는 정상 수술 후 소견으로 판단되고, 일반적인 뇌심부자극술 후 기대할 수 있는 소견 외의 특별한 이상 소견은 없는 것으로 판단된다”고 하고 있다. ❸ 이후 망인은 활력징후 안정적인 상태에서 의식을 회복하여 13:10경 병실로 돌아왔는데, 입실 당시 의식 명료하고, 사지의 위약감, 안면마비 및 구음장애도 없었으며, 동공 크기도 정상이었다. 다만 경미한 두통 및 현기증만 있었다.

2) ❶ 이후 망인이 같은 날 16:00경 두통을 호소하였으나 진통제 투약 후 호전되었고, 다시 23:00경 두통을 호소했으나 진통제 투약 후 호전되었다. ❷ 또한 2021. 3.19. 00:00경 구역을 호소하여 활력징후를 측정한 결과 혈압이 140/80mmHg로 다소 높은 것 외에 특별히 이상은 없었고, 당시 펜라이트를 사용하여 동공반사도 확인하였으나 별다른 이상이 없었던 것으로 보인다(동공을 확인했다는 내용은 간호기록에 기재되어 있지 않으나, 원고 AAA도 간호사가 펜라이트를 사용하여 망인의 눈을 확인하였다고 하고 있다). ❸ 이에 관해 원고들은 당시 망인의 오른쪽 눈이 위쪽으로 쏠려 있었다고 주장하나, 설령 원고 AAA이 그렇게 생각했다고 하더라도 그 진술에 의해도 당시 간호사에게 말하여 간호사가 펜라이트로 망인의 눈을 확인하였다는 것이므로, 원고 AAA보다 전문가인 간호사가 확인하여 별다른 이상이 없다고 확인하였다면 원고 이윤진이 그처럼 생각했다는 사실만으로 당시 망인에게 눈이 위쪽으로 쏠린 편시 증상이 있었다고 보기는 어렵다. 한편 관련한 내용이 간호기록에 기재되어 있지는 않으나, 별다른 이상이 없는 경우 해당 내용을 기재하지 않기도 하므로, 기재가 없다는 사실만으로 간호사가 확인하여 이상이 있는 것을 발견하고도 아무런 조치를 하지 않았다고 볼 수는 없다. ❹ 간호사는 위와 같은 구역 증상을 확인 후 당직의에게 보고하여 진토제를 투약하였고, 이후 00:15경 구역, 구토 호전을 확인할 때 원고 AAA은 망인은 속이 울렁거리는 것이 좀 나아진 것 같다고 이야기했다(원고 AAA은 이러한 이야기를 한 사실이 없다고 주장하나 아무런 근거 없이 해당 내용이 허위로 기재되었다고 볼 수는 없다). 또한 02:30경에는 망인은 안정적인 모습으로 수면 중이었고, 원고 AAA도 수면 중이어서 이후 06:00경까지 특별한 문제는 없었다.

3) ① 앞서 본 것 같이 이 사건 수술 직후 망인의 상태가 안정적이고 뇌출혈을 의심할 만한 별다른 이상이 없었던 점, ② 이 사건 수술이 두개골을 천공하여 전극을 삽입하는 수술이고 수술 당시 전신마취도 하였던 점을 고려하면, 이후 두통이나 구역 등 은 일반적으로 발생 가능한 증상일 수 있는 점, ③ 또한 23:00경 투약한 진통제 트리돌주의 의약품 상세정보에는 이상반응으

로 "때때로 구역, 구토, 복부 팽만감, 복통 등이 나타날 수 있다"고 되어있고,[24] 실제 위 투약 후 1시간여 만에 구역을 호소하여 의료진은 트리돌주 투여로 인한 일시적 이상증세로 판단한 것으로 보이는 점 등을 고려하면, 망인이 두통, 구역 등을 호소한 것만으로 의료진이 뇌출혈의 발생가능성을 의심하여 추기적인 CT 검사 등 조치에 나아가지 않은 것을 과실이라고 보기는 어렵다. 서울의료원 감정의도 "2021. 3. 18. 16:00경과 23:00경 호소한 두통과 당시 트리돌주 투여 후 호소한 오심 증상에 비추어 반드시 뇌출혈 발생을 의심하여 뇌 CT 검사를 시행했어야 된다는 주장은 과도하고, 의료진의 관찰 주시 및 약물요법, 의사에 의한 이학적검사 시행 등은 받아들일 만하다"고 하고 있다.

4) 이후 의료진은 2021. 3. 19. 06:00경 망인에게 의식저하가 발견되자 당직의가 06:03경 망인에게 이학적 검사를 하였고, 뇌출혈 의심 소견이 확인되어 07:20경 응급으로 뇌 CT 검사를 하여 급성 뇌내출혈 · 뇌실내출혈 소견을 확인한 후 09:35경 혈종제거술을 하였다. 이처럼 의료진이 이상증세를 확인하고 약 3시간여 만에 곧바로 수술까지 조치가 이루어졌고, 이에 관해 서울의료원 감정의도 "위와 같은 시간 경과는 마취과 상의, 수술실 확보, 중환자실 병상 확보, 수술 전 체크, 약물 준비 등의 준비 사항을 감안할 때 수술이 지연되었다고 볼 수 없고 응급 수술 준비 및 개시에 통상적으로 소요되는 시간으로 볼 수 있다"고 하고 있다.

5) 나아가 수술로 인한 소량 출혈은 자연적으로 흡수된다고 하기도 하고, 뇌내출혈 발생 시 약물치료를 하기도 한다는 것이며, 2021. 3. 18. 16:00경 무렵부터 다음날 06:00경 무렵까지 망인의 뇌출혈의 상태나 정도가 어떠했을지도 알기 어려우므로, 뇌출혈 시 급성기 관리가 중요하다는 사정만으로 위 시간 사이에 망인에게 추가적인 검사 · 조치 등을 하지 않아서 망인에게 발생한 뇌출혈의 상태가 악화되었다고 단정할 수도 없다.

라. 뇌출혈에 대한 지혈조치 소홀 주장 부분

먼저 원고들은 뇌출혈에 대한 지혈조치를 소홀히 했다고 추상적, 포괄적으로 주장하나 혈전용해제 사용에 관한 주장 부분 외에는 과실 있는 적극적 · 소극적 행위를 특정하여 주장하는 내용이 없고, 위 부분 외에 다른 지혈조치 소홀이 문제될 만한 사정도 찾을 수 없으므로 혈전용해제 사용에 관한 부분만 본다.

피고 병원 의료진은 뇌출혈이 발생한 망인에게 2021. 3. 19. 혈종제거술을 한 다음 2021. 3. 20.

24) 해당 약품의 약학정보원 사이트의 의약품 상세정보 참조

09:50경, 19:30경, 2021. 3. 21. 04:30경 3회에 걸쳐서 혈전용해제인 액티라제를 투여하였고, 액티라제주 의약품 상세정보에는 금기로 "다음과 같이 출혈 위험이 큰 경우: 분명한 출혈 또는 최근에 심각하거나 위험한 출혈이 있는 환자, 거미막하 출혈을 포함하여, 두개내출혈의 병력이 있거나 출혈의 증거가 있거나, 증상이 의심되는 환자"가 기재되어 있기는 하다.

그런데 다음과 같은 사실이나 사정에 비추어, 제출된 증거들만으로 위와 같이 혈전용해제를 사용한 것이 과실이라거나 그로 인해 망인의 뇌출혈이 악화되었다고 인정하기 부족하고, 달리 이를 인정할 증거가 없다. 원고들의 이 부분 주장 또한 받아들이지 않는다.

1) 의료진은 망인에게 뇌출혈 발생을 확인한 후 곧바로 망인의 두개골에 작은 구멍을 내고 카테터를 삽입하여 혈종을 주사기로 제거하는 혈종제거술을 한 다음, 삽입된 카테터를 통해 액티라제주를 투여하여 혈종을 녹여낸 후 배액하는 방법으로 다시 혈종을 제거하였다. ① 뇌출혈이 발생하면 출혈 주위의 뇌조직이 파괴되고, 출혈로 인하여 형성되는 혈종에 의하여 기존에 존재하던 뇌가 한쪽으로 밀리면서 뇌압이 상승하여 뇌부종 등 심각한 문제를 일으킬 수 있으므로 혈종제거는 반드시 시행되어야 하는 필요하고 중요한 처치인 점, ② 종교 문제로 수혈을 거부하는 망인에게 곧바로 더 침습적이고 많은 출혈이 예상되는 머리를 열고 혈종을 제거하는 수술을 할 수는 없었을 것으로 보이고, 원고 AAA은 2019. 3. 19. 뇌출혈이 확인된 당일 수혈 거부 의사를 명확히 표시하기도 한 점, ③ 두개절제술과 같이 머리를 열고 혈종을 제거하는 침습적인 수술에 앞서 그보다 덜 침습적인 방법으로 처치를 하는 것은 일반적으로 통용되는 치료 순서이기도 하고, 달리 뇌출혈로 생기는 혈종을 제거할 만한 다른 적절한 방법이 있다고 보이지도 않는 점, ④ 의료진은 2019. 3. 19. 혈종제거술을 한 직후인 10:39경 및 2021. 3. 20. 16:30경, 2021. 3. 21. 05:23경, 10:36경, 2021. 3. 22. 08:54경, 13:32경 계속해서 뇌 CT 촬영을 하여 뇌출혈의 용적 변화 등을 확인하며 액티라제주를 투여하여 혈종을 제거했고, 13:32경 영상에서 용적 증가가 확인되자 곧바로 15:30경 머리를 열고 혈종을 제거하는 수술을 한 점 등을 종합하면, 액티라제주를 투여하여 혈종을 제거한 것은 당시 망인에게 취할 수 있는 최선의 조치였던 것으로 보인다.

2) 다음 사정들을 종합하면, 뇌출혈이 발생한 환자에게 액티라제주 같은 혈전용해제를 투여하여 혈종을 제거하는 방법은 임상현장에서 일반적으로 알려지고 시인되는 방법이라고 보아야 한다. ❶ 2020. 4. 1. 시행된 보건복지부 고시 '요양급여의 적용기준 및 방법에 관한 세부사항'을 반영한 건강보험심사평가원이 작성한 급여기준에 의하면, 액티라제주사를 허가사항 범위를

초과하여 "두개강내 혈종의 용해 목적으로 카테터를 통해 주입하는 경우"에 요양급여를 인정하고 있다. ❷ 경찰병원 감정의는 "뇌정위적 혈종 흡인 수술로 혈종에 도관(카테터)을 삽입하였을 때 액티라제 같은 혈전용해제를 반복적으로 주입하여 혈종을 녹여내는 방법으로 사용된다"는 뇌혈관외과학 교과서(대한 뇌혈관외과학회, 고려의학, 2018년 2판 320쪽)를 인용하면서 뇌내출혈이 발생하여 카테터를 거치한 환자에게 혈전용해제를 투여하는 방법은 뇌출혈 제거를 목적으로 사용하는 방법이라고 하고 있다. ❸ 혈전용해제를 사용하여도 혈종 주변 부종이 악화되지 않고, 약물이 두개내 혈전으로 전달될 때 신경독성 효과를 거의 나타내지 않는다는 내용의 2013년 3월 발표된 논문(을8), 뇌졸중(뇌출혈 포함) 환자에게 카테터를 통하여 혈전용해제를 투여하는 방법이 두개제거 후의 침습적 혈종제거술과 비교할 때 사망률에 유의미한 차이가 없다는 내용의 2011년 발표된 논문(을9)에도 뇌출혈이 발생한 경우 혈전용해제를 투여하여 혈종을 용해하는 방법이 소개되어 있다.

3) 의약품 상세정보에 기재된 금기사항은 개별 환자의 구체적 상황 등을 고려하지 않고 해당 의약품의 성분, 특성, 임상실험결과 등에 비추어 초래할 수 있는 위험이 있는 경우에 포괄적으로 정해놓은 것으로 보아야 하므로, 모든 환자에게 항상 동일하게 적용된다고 볼 수 없다. 또한 의약품 허가 당시 예상했던 것과 달리 임상에서 사용되면서 다른 용도로 효용성 등이 인정되기도 하는데 그 내용이 허가사항에 반영되기까지는 시간적 간극이 있을 수 있다. 앞서 본 것같이 액티라제주는 허가받은 금기사항으로는 뇌출혈 환자에게 사용될 수 없으나, 임상에서 뇌출혈 환자에게 두개강내 혈종 용해의 방법으로 효용성 등이 인정되어 교과서에 기재되고 요양급여로도 인정된 것으로 보이므로, 의약품 상세정보에 금기로 되어있다는 사정만으로 망인에게 액티라제주를 투여한 것이 과실이라고 볼 것은 아니다.

4) 나아가 앞서 본 것 같이 의료진은 액티라제주를 투여하며 계속해서 뇌 CT를 촬영하여 뇌출혈의 용적을 확인했는데 계속해서 약간 감소하거나 별다른 차이가 없었고, 특히 2021. 3. 21. 04:30경 마지막 투여 이후 10:36경 용적이 비슷하며 밀도가 감소하고, 다음 날 08:54에도 전두엽 뇌내출혈 용적이 약간 감소했다가 13:22경 기저핵, 전두엽의 뇌내출혈, 뇌실내출혈 용적이 모두 증가했다. 이처럼 마지막 액티라제주 투여 후 별다른 이상이 없다가 약 33시간이 지나서 출혈량이 증가한 것에 비추어 액티라제 주 투여로 망인의 뇌출혈이 악화되었다고 보기도 어렵다.

마. 이 사건 수술상의 과실 주장 부분

망인은 2021. 3. 18. 이 사건 수술 후 뇌출혈이 발생하고 그에 관해 치료하였으나 2021. 4. 21. 사망하였다.

1) 이 사건 수술상 과실로 인한 뇌출혈의 발생 여부

아래와 같은 사실이나 사정을 종합하면, 망인에게 발생한 뇌출혈은 피고 병원 의료진이 망인에 대한 이 사건 수술 과정에서 전극의 목표지점을 잘못 선택하여 삽입된 전극이 혈관을 손상하거나 이 사건 수술에 사용하는 미세전극 삽입 과정에서 주의 소홀로 혈관을 손상한 등의 과실로 발생하였다고 추정함이 타당하다.

가) 망인은 2021. 3. 18. 09:20부터 12:20까지 이 사건 수술을 받았고, 수술종료 후 약 4시간 경과 무렵인 16:00경부터 두통을 호소하여 진통제 투여에도 일시 완화되었다가 재발했으며, 그다음 날 0:00경에는 구역, 속 울렁거림 등을 호소하였다. 이후 약 6시간 경과 후인 06:00경에는 의식이 저하되고, 양쪽 눈 편시, 좌측 동공 확장, 하지 근력저하, 좌측 안면마비, 구음장애 등이 확인되어 응급으로 뇌 CT 검사결과 뇌실내출혈, 뇌내출혈이 확인되었다. 이러한 망인이 보인 증상은 뇌실내출혈의 경우 나타난다는 통상의 증상(두통→구토→마비, 의식저하)에 부합하고(다만 이는 인과관계적 측면에서 사후적으로 확인된 사정까지 종합하여 검토하는 것이므로, 망인이 보인 두통, 구역 등 증상으로 그 당시 의료진이 바로 뇌출혈을 의심했을 수 있는지의 평가와는 별개이다), 서울대병원 감정의도 위와 같은 증상은 급성 뇌실내출혈로 인해 발생했을 가능성이 있다고 하고 있다. 이에 비추어 망인의 뇌출혈은 이 사건 수술 후 불과 약 4시간가량 지나서 발생한 것으로 보인다.

나) ❶ 이 사건 수술은 전극을 삽입할 목표지점을 내측 담창구(GPi, internal globus pallidus)로 정하고 미세전극(micorelectrode)을 내측 담창구로 삽입 후 영구전극(Medtronic 3389)을 삽입할 적절한 지점을 찾아 담창구 내에 영구전극을 삽입하는 방법으로 양측에 모두 진행되었다. ❷ 그런데 2021. 3. 19. 07:20경 뇌 CT 검사결과 우측 기저핵(Basal ganglia)에 급성 뇌내출혈이 발생하였음이 확인되었고, 이후에도 계속 뇌출혈이 우측 기저핵 부분에서 확인되었다[진료기록부에도 진단명이 계속 우측 기저핵의 뇌실내출혈과 뇌내출혈로 기재되어 있다. 위 영상에 관해 서울대병원 감정의는 우측 기저핵 및 전두엽 심부백질에 급성 뇌실질내출혈(뇌내출혈)이 있고, 우측 뇌실, 제3, 4 뇌실로 급성 뇌실내출혈로 확장되어 있다고 하고 있다]. ❸ 내측 담창구는 이처럼 출혈이 발생한 기저핵의 구조물이어서, 망인에게 발생한 뇌출혈 부위는 이 사건 수술을 통해 전극을 삽입

한 부위와 일치한다. ❹ 또한 피고가 2021. 3. 22. 두 개절제술을 하기 전 촬영한 뇌 CT 영상을 캡처한 사진(2023. 5. 11.자 준비서면 8쪽)을 보면, 우측 출혈이 발생한 부분에 전극이 삽입된 것으로 보이고, 위 수술 시 동영상을 캡처한 사진들(2024. 1. 18.자 준비서면 1~4쪽)을 보아도 삽입된 전극 주변에서 출혈이 발생한 것이 확인된다. 피고도 이러한 영상 사진을 제시하며 “전극과 근접한 내측과 외측 부분에서 출혈이 확인되었다”고 진술하고 있기도 하다. ❺ 다만 피고는 전극이 삽입된 동일 부위에서 출혈이 발생한 것은 아니라는 것인데, 피고가 제시하는 영상 사진만으로는 출혈이 발생한 부분이 전극이 삽입된 바로 그 부근인지 아니면 다소 떨어진 부분인지 등을 알기 어렵고, 달리 피고 주장이 확인되는 자료도 없다. ❻ 한편 이러한 피고의 주장은 종래 “출혈이 ‘렌즈핵선조체 동맥(lenticulostriate artery)’에서 발생하여 이 사건 수술을 받은 부위와 무관하다”는 취지로 주장했던 내용의 연장선에 있는 것으로 보이는데,[25] 해부학적으로 렌즈핵선조체 동맥은 기저핵의 혈액을 공급하는 혈관이므로(피고도 이렇게 주장하고 있다), 설령 렌즈핵선조체 동맥에서 출혈이 발생했다고 하더라도, 전극 삽입 부위가 아닌 다른 부위에서 출혈이 발생했다고 단정할 수 없다. ❼ 그뿐만 아니라 이 사건 수술 후 뇌출혈이 발생하고, 혈종제거술 이후에도 출혈이 계속되어 두개절제술까지 이른 것이므로, 만일 피고 주장처럼 두개절제술 당시 출혈이 렌즈핵선조체 동맥에서 발생한 것이 확인되었고 그 부위가 삽입된 전극 등 이 사건 수술 부위와 무관했다면 그런 내용을 진료기록부에 기재했을 것으로 보인다. 그런데 위 수술 당시 수술기록에는 다량의 흑적색의 혈종을 제거했다는 기재 등만 있을 뿐 위와 같은 내용은 없다[인정사실 별지에 기재된 내용 외에는 수술 과정 등이 기재되어 있는데 해당 부분에도 위와 같은 내용은 없다(을2-4, 27쪽, 을6, 47쪽 참조)].

다) 위와 같은 내용과 관련하여 피고 병원 진료기록부뿐 아니라 영상검사 CD 등도 직접 확인한 서울대병원 감정의는, “① 구체적인 기전을 기술하자면 뇌심부자극술에 사용하는 미세전극 삽입 과정에서 발생할 수 있는 혈관 손상 가능성이 가장 가능성 높은 원인으로 추정된다(망인의 뇌출혈의 구체적인 원인으로 미세전극 삽입술 시 사용한 기구에 의해 혈관이 손상될 가능성이 높은지 질의한 부분에 대한 답변). ② 구체적으로 출혈을 일으킨 혈관을 주어진 영상소견만으로 명시하기는 어렵다. 해부학적으로 기저핵의 혈관 공급을 담당하는 혈관은 렉즈핵선조체 동맥이므로 이 동맥의 말단의 관통동맥이나 소동맥, 또는 같은 부위 정맥의 출혈 가능성이 높을 것으로 판단된다. ③ 급성 뇌내출혈(뇌실질내출혈)이 발생한 위치

25) 다만 원고의 반박 자료 제출, 추가 감정 등을 거친 후에는 이러한 주장을 하고 있지 않다.

는 우측 기저핵 및 전두엽 심부백질로 판단되며, 출혈은 삽입된 우측 전극을 둘러싸면서 뇌심부자극술 전극이 삽입된 경로에 있다. ④ 구체적으로 출혈이 발생한 혈관이 렌즈핵선조체 동맥인지 여부는 확인하기 어려우나 그 해부학적 구조와 뇌심부자극술 과정을 고려할 때 삽입된 전극이 그 말단 부위 혈관의 손상을 일으키고 출혈이 발생하였을 가능성이 가장 높을 것으로 판단된다"고 의견을 밝히고 있다. 이러한 감정의의 의견에 의하면 망인에게 발생한 뇌출혈은 이 사건 수술 시 삽입된 전극 또는 그 삽입을 위한 경로에서 발생했다는 것이어서 이 사건 수술 부위와 정확히 일치한다.

라) 다음과 같은 사정을 종합하면, 이 사건 수술 시의 혈관 손상 등 외에는 망인에게 발생한 뇌내출혈, 뇌실내출혈의 다른 원인을 찾기 어렵다. ❶ 망인에게 뇌출혈을 발생시킬 만한 외상은 없었고, 망인에게 발생한 뇌출혈은 뇌내출혈이므로 두부 외상과 직간접으로 연관 있는 외상에 의한 출혈은 아닌 것이 명백하다. 또한 지주막하 출혈은 대부분 뇌동맥류 파열에 의해 발생한다고 하는데 망인에게 여러 차례 시행된 뇌 CT, MRI, MRA 검사 등에서 뇌동맥류는 발견되지 않았고, 뇌내출혈이므로 지주막하 출혈도 아니다(다만 서울대병원 감정의는 이 사건 수술 직후 소량의 급성 지주막하 출혈도 있는데 이는 뇌내출혈이 확장되어 발생된 것으로 판단된다고 하고 있다). ❷ 뇌내출혈은 주로 고혈압, 뇌혈관 기형 등에 의해 발생한다고 하는데, 망인은 ○○○신경과의원에서 진료 시부터 이 사건 수술 시까지 고혈압이 없었고(수술 전 100/60mmHg), 이 사건 수술 도중에도 수축기 혈압의 의미 있고 지속적인 상승소견은 없었으며(수술 초기 134이다가 09:30경 이후 수술을 마칠 무렵까지 계속 100 이하였다. 서울의료원 감정서 35쪽 참조), 뇌출혈 발생 이후의 진료과정에서도 혈압은 특별히 문제되지 않은 것으로 보인다. 또한 2019. 8. 12. ○○○신경과의원에서 뇌 DWI와 MRI 검사결과 뇌에 급성 허혈/경색 또는 다른 병변이 없고, 뇌척수액 공간과 뇌심실도 정상이었고, 피고 병원에서의 2021. 3. 14. 뇌 3D CT 검사결과도 별다른 이상이 없었으며, 조영제를 사용한 뇌 MRI+MRA+Diff 검사에서도 소혈관 질환[26] 외 뇌동맥류, 뇌동정맥기형, 뇌종양 등은 없었다. 나아가 출혈성 경향이 있는 전신질환 등이 있지도 않았다. ❸ 그 밖에도 망인은 심장이나 폐 기능 등도 모두 특별한 문제 없이 정상소견이었고, 헤모글로빈 수치, 혈소판 수치 등을 포함한 혈액검사 등 결과도 모두 정상범위였다. 기초적인 신체검진에서도 모두 아무런 이상 없는 정상이었고, 음주, 흡연도 하

26) 검사결과지에 있는 소혈관 질환이 무엇을 의미하는지는 불분명하나, 피고 병원에서 이에 관해 전혀 염두에 두지 않은 것에 비추어 유의미한 검사결과는 아니었던 것으로 보인다.

지 않았다. 이전 수술 이력은 1990년경 맹장 수술, 2019년경 치질 수술을 받은 것뿐이었고, 그 외 치료 이력에도 별다른 내역은 없었다. ❹ 이에 비추어 망인이 이 사건 수술 당시 또는 수술종료 후 짧게는 약 4시간, 길어도 약 18시간(2021. 3. 18. 12:20경부터 뇌출혈 증상을 의료진이 확인한 2021. 3. 19. 06:00경까지) 동안 피고 병원 병실에 입원하여 있으면서 고혈압 등 기저질환으로 자발성 뇌출혈이 발생했다고 보기 어렵다. ❺ 서울대병원 감정의도 "일반적으로 급성 뇌내출혈의 가장 흔한 원인은 고혈압성 뇌출혈로, 호발하는 곳이 기저핵, 시상, 중뇌, 소뇌, 피질하백질 순으로 알려져 있다. 만일 망인이 기저질환으로 고혈압이 있었다면 수술 직후에 고혈압성 뇌출혈이 침습적 시술과 무관하게 발생하였을 가능성도 전혀 없지 않지만, 망인의 혈압은 정상이었으므로 우연히 고혈압성 뇌출혈이 수술과 무관하게 발생하였을 가능성은 지극히 낮거나 없을 것으로 판단된다. 뇌심부자극술 후 출혈 원인이 되는 기저질환으로 동정맥기형 등 혈관 기형 병변에서 출혈이 있었던 보고들이 있으나 망인은 수술 전 시행한 뇌 정위 MRI에서 이를 시사할 만한 특별한 기저 병변은 없다. 망인의 뇌출혈 원인으로 뇌심부자극술의 침습적 처치 외에 다른 설명 가능한 원인에 대한 증거는 주어진 영상 및 임상소견에서 발견하기 어렵다"고 하고 있다. ❻ 피고 또한 "알 수 없는 원인에 의한 지연성 뇌출혈"이라고 하면서 망인에게 발생한 뇌출혈의 원인이 될 만한 다른 요인을 밝히지 못하고 있다. 다만 피고는 망인이 2021. 3. 19. 00:00~00:15경 사이 심한 오심, 구토 등으로 일시적으로 혈압 또는 뇌압이 상승하면서 전극 삽입으로 약해진 전극 주변부 뇌조직에서 출혈이 발생했을 가능성이 있다는 주장을 하나,[27] 오심, 구토 등만으로 뇌출혈이 발생한다고 보는 것은 의학적 근거가 희박해 보일 뿐 아니라, 위와 같은 피고의 주장은 "00:00경 망인에게 뇌압 상승을 의심할 만한 활력징후 변화, 신경학적 이상증상이 확인되지 않았고, 00:15경 오심 증상도 호전되었으며, 이후 06:00경까지 오심 및 구토 증상 호소 없이 안정적으로 수면하였다"는 피고 자신의 주장과도 배치된다.

마) 뇌심부자극술은 뇌심부핵에 전극을 삽입할 목표지점을 정한 뒤 목표지점까지 경로를 설정하여 미세전극을 삽입하여 최적의 목표지점을 찾은 후 다시 영구전극을 삽입하는 것이어서, 전극이 삽입된 지점과 그 지점까지 이르는 경로 과정에서 주변의 여러 혈관들을 손상할 위험성이 있다. 이에 관해 위「뇌심부자극술: 기전, 수술방법, 임상 적응증」논문에서는 "대뇌의 고랑과 주변 혈관을 피하고, 뇌실을 통과하지 않도록 주의하여 전극 삽입지점을

27) 2024. 1. 18.자 준비서면 7쪽

선택한다"고 되어있고, 경찰병원 감정의는 "뇌심부자극술 과정에서 전극을 뇌에 삽입하여 목표지점으로 가는 과정에서 뇌혈관 손상이 발생하면 뇌출혈이 발생한다. 뇌심부자극술을 시행하는 과정에서 뇌출혈을 방지하기 위하여 의사에게 요구되는 주의사항은 ① 기술적 측면에서, 미세전극을 넣는 경로에 혈관이 있는지 확인하고 손상을 받지 않게 피해서 수술 진행을 하여야 하고, ② 원리적 측면에서 미세전극으로 뇌 안쪽의 목표지점을 향해 찔러서 집어넣는데, 뇌를 찌르는 삽입지점에서 뇌 속의 목표까지 도달하는 경로(가상 궤적)를 잘 설정해야 하고, 경로를 설정할 때 이미 찍어놓은 MRI 영상을 이용하며, 기존 혈관의 위치를 피해서 목표지점에 가도록 설정해야 한다"고 하고 있다.

한편 이 사건 수술기록이나 전후의 검사 사항, 피고가 제시하는 영상 사진(2024. 4. 22.자 준비서면 11쪽) 등에 의하면, 피고 병원 의료진은 뇌심부자극술의 통상의 수술방법 등에 어긋나지 않게 이 사건 수술을 하였고, 수술 당시 출혈량도 많지 않았던 것으로 보인다. 그러나 ❶ 피고가 제시하는 위 영상 사진만으로는 대뇌의 고랑과 주변 혈관을 피하여 전극 삽입지점이 선택되고 목표지점까지의 경로가 제대로 설정되었는지 알기 어렵다(피고가 제시한 위 영상 사진에는 혈관은 전혀 드러나 있지 않다). 피고가 제출한 위 논문에서는 미세전극 삽입 후 전기자극을 주어 환자의 증상 완화 정도와 부작용을 면밀히 관찰한다고 되어있는데, 의료진이 당시 미세전극 기록(MER, micorelectrode recording)[28]을 사용하기는 했지만 이를 이용하여 부작용을 관찰하고, 계획한 목표지점을 수정하거나 점검했다는 등의 기재도 없다. 또한 추정 출혈량이 거의 없었다는 기재는 마지막 연결선(lead) 삽입 과정 부분에 그런 기재가 있어서 미세전극 삽입 시나 영구전극 삽입 시 등에는 어떠했는지 알기 어렵고, '추정 출혈량 120'이라고 기재되어서 출혈이 아예 없었던 것도 아니다. ❷ 한편 이 사건 수술 직후인 12:59경 촬영한 뇌 CT 검사 영상에서 출혈의 소견은 없었지만, 서울대병원 감정의는 "2021. 3. 18. 12:59경 검사에서 급성출혈 소견이 없었다는 것이 이후 발생한 출혈이 뇌심부자극술과 무관하다는 의미는 아니다. 수술 직후에는 CT에서 탐지하기 어려울 정도의 극히 소량이거나 없었을 출혈이 지연성으로 발생하거나 증가하는 경우도 있다"고 하고 있다. ❸ 이에 관해 피고는 미세전극 삽입은 수술 초반 · 중반 정도에 이루어져 뇌 검사 시행 시점은 미세전극이 삽입되고 약 2시간 경과 후여서 미세전극 삽입 시 손상이 있었다면 출혈 소견이 확인되었을 것이라고 주장하나, 수술기록에 기재된 수술

28) 미세전극을 뇌심부핵까지 넣으면서 신경생리학적인 파형을 분석해서 정확한 표적을 확인하고 미세자극을 주면서 잘못된 위치에 자극이 전달되어서 생기는 부작용을 점검하고 재조정하는 것(을7, 2쪽 참조).

과정 등에 비추어 피고 주장처럼 보이지 않고, 서울대병원 감정의 의견처럼 삽입된 영구전극의 위치 등이 잘못되거나 움직여서 그 말단부위 혈관의 손상을 일으켰다면 수술종료 후 약 40분경이 지나 시행된 위 영상에서 특별히 출혈 소견이 확인되지 않았던 것도 설명이 된다.

바) 의료행위로 후유장해나 합병증이 발생한 경우 그 발생 사실만으로 의료행위 과정에 과실이 있었다고 추정할 수는 없으나, 의료행위의 내용이나 시술 과정, 합병증의 발생 부위·정도, 당시의 의료수준과 담당 의료진의 숙련도 등을 종합하여 볼 때에 의료행위로 인하여 발생한 증상이 일반적으로 인정되는 합병증의 범위를 벗어났다고 볼 수 있는 사정이 있는 경우까지 '일반적인 합병증'이라고 단정하여 과실이 없다고 볼 것은 아니다(대법원 2015. 10. 15. 선고 2015다21295 판결 등 취지 참조). 다음과 같은 사정들에 비추어 이 사건 수술로 망인에게 발생한 뇌출혈은 일반적인 합병증의 범위를 벗어났다고 평가함이 타당하다.

(1) ① 피고가 제출한 위 두 논문에서는 모두 "뇌심부자극술은 본태성 진전, 파킨슨병, 근긴장이상증에 대해 안전하고 효과적인 치료법으로 알려져 있다"고 기재되어 있다. ② 서울대학교병원 파킨슨센터 웹페이지에서는 "뇌심부자극술은 비교적 안전한 시술 방법이지만, 뇌정위기구를 사용하는 모든 수술과 동일하게 뇌 속에 출혈이 생기거나 감염의 가능성이 있을 수 있다. 이는 수술 자체에 의한 것이며 치료법 자체에 의한 위험성은 아니고, 이런 위험은 드물게 일어나며 성공적으로 치료되므로 장기적인 위험으로 발전되지 않는 것이 보통이다"라고 소개하고 있다. ③ BBCC병원 의료정보 웹페이지에도 뇌심부자극술의 주의사항으로 "뇌정위기구를 사용함으로써 드물게 뇌 속에 출혈이 생길 가능성이 있으나 출혈이 발생할 경우 시간이 지나면 흡수된다"고 하고 있다. ④ 이에 비추어 뇌심부자극술은 안전하다고 알려진 수술방법으로 뇌 속에 출혈이 발생할 수는 있지만 드물게 발생하고, 시간이 지나면 흡수되거나 성공적으로 치료되는 것이 보통이라는 것인데(위 각 병원 웹페이지 자료에는 뇌정위기구로 인한 출혈만 언급하고 있기도 하다) 이와 달리 망인은 뇌출혈이 발생하고 자연적으로 흡수되지 아니하여 응급으로 2회의 수술까지 하였다.

(2) 서울의료원 감정의가 소개하는 2022년 7월 발표된「뇌심부자극술 후 발생하는 뇌출혈의 위험인자는: 타깃 문제인지?」라는 논문에서는 "뇌심부자극술이 다른 병소 파괴 수술보다는 상대적으로 안전하고 효과적인 수술임은 틀림없지만, 그래도 뇌출혈은 뇌심

부자극술로 발생하는 심각한 합병증이고 안 좋은 예후를 가져올 수 있다"는 배경 아래 2001년부터 2020년까지 뇌심부자극술을 받은 파킨슨병이나 근긴장이상증 환자들 257명(527개의 뇌심부자극술 타깃들)의 기록을 조사하여, 그중 "약 12개의 수술(2.3%)에서 뇌출혈이 발생했다"고 하면서 "뇌심부자극술 전극 삽입 후 합병증으로 뇌출혈 발생 빈도는 0.5~6.9%, 또는 메타분석에서는 3~4% 정도로 보고된다. 전극을 섬세하게 삽입하더라도 뇌출혈은 수술 도중 또는 수술 후에 발생할 수 있다"는 기존 논의를 언급하고 있다. ❶ 그런데 위 논문에서는 위 2.3%의 뇌출혈 발생이 "수술 중 수축기 혈압의 상승과 관계있을 가능성을 제시한 것으로 나타난다"고 하고 있고, 기존 논의의 뇌출혈 발생 빈도 등을 소개하는 내용에서도 "이전 연구들에서는 뇌출혈을 발생하게 하는 기저 요인들로 나이, 남성, 고혈압, 미세전기도구 삽입 수, 파킨슨환자, 내측담창구 타깃의 경우, 아스피린 등 항응고제 복용들이 위험요소들로 보고되었다", "일반적으로 고혈압은 뇌심부자극술 후 뇌출혈의 위험인자로 알려져 있다"고 하고 있다.❷ 이에 비추어 위 뇌출혈 발생 확률은 다른 위험인자들, 특히 고혈압 등이 있는 경우의 발생 빈도이므로 이를 일반화하여 개별 사정을 고려하지 않은 채 뇌심부자극술을 하면 통상 0.5%~6.9%(또는 2.3%) 등의 뇌출혈이 발생한다고 단정할 수는 없다. ❸ 오히려 망인은 앞서 본 것 같이 이 사건 수술 전 고혈압이 없었고, 이 사건 수술 시에도 수축기 혈압의 상승이 없었으므로, 위 논문에서 조사, 연구한 내용대로면 수술 중 수축기 혈압의 상승과 관계있을 약 2.3%에 해당하지 않아 뇌출혈이 발생할 가능성이 약 20년간 0%였다는 셈이 된다. ❹ 또한 망인은 항응고제 복용도 하지 않았고, 파킨슨병으로 이 사건 수술을 받은 것도 아니므로, 위 보고된 위험요인들 중 '남성, 내측 담창구 타깃' 외에는 위험요인이 없었다. 그런데 남성이라는 이유만으로 뇌출혈 발생 가능성이 크게 높아진다고 보는 것은 상식에 반하고, 내측 담창구가 타깃이어서 위험성이 커지는 것은 수술을 하는 의료진의 지배 영역 내 위험이다.

(3) 대부분의 침습적 수술은 모두 위험성을 가지고 있고, 그로 인해 정도의 차이는 있어도 대부분 합병증 등이 유발될 수 있는 점 등을 고려하면, 의료진이 관리 · 지배하는 영역에서 이루어지는 수술로 인해 나쁜 결과가 발생했을 고도의 개연성이 있는 경우까지 일반적인 합병증의 잣대를 들어 과실을 부인하는 것은 자칫하면 손해의 공평 · 타당한 부담을 그 지도원리로 하는 손해배상제도의 이상에 부합하도록 의료소송에서 과실과 인과관계의 증명책임을 완화하는 것에 반하는 결과가 될 수 있으므로 신중해야 한

다. 그런데 앞서 본 것 같이 망인에게 발생한 뇌출혈은 이 사건 수술로 인한 것이라고 볼 고도의 개연성이 있고, 망인에게 자발적으로 뇌출혈이 발생할 만한 소인은 없었으므로, 이 사건 수술로 일부 환자에서 발생할 수 있는 합병증으로 뇌출혈이 알려져 있다는 등의 사정만으로 망인에게 발생한 뇌출혈이 의료진의 과실과 무관하게 불가항력적으로 발생한 뇌출혈이라거나 일반적인 합병증 범위에 있다고 볼 것은 아니다.

(4) 앞서 본 것 같이 의료진이 망인에게 뇌심부자극술의 결과를 지신하며 권유했다고 볼 여지가 있고, 망인의 심신에 중대한 나쁜 영향을 미칠 것이 명백하다는 이유로 원고 AAA에게 수술동의서를 받은 것에 비추어 망인에게 뇌심부자극술로 인한 뇌출혈의 발생 가능성을 설명했다고 보기도 어렵다(구체적인 내용은 설명의무위반 판단 부분 참조). 이를 고려하면 설령 의료진이 섬세하게 전극을 삽입하는 등의 주의를 기울여 이 사건 수술을 하였음에도 이 사건 수술 자체의 위험성으로 뇌출혈이 발생했다고 하더라도 이는 망인이 인수하지 않은 위험이므로, 그 위험이 발현된 결과에 대해서는 의료진에게 책임이 있다고 봄이 타당하다.

사) 위와 같이 ① 이 사건 수술종료 후 약 4시간 후 또는 적어도 약 18시간 만에 망인에게 뇌출혈의 증상이 발생한 점, ② 이 사건 수술 시 전극이 삽입된 부위와 뇌출혈이 발생한 부위가 일치하거나 그 주변인 점, ③ 망인에게 뇌출혈이 발생할 만한 기저질환이나 자발적 소인이 없었고, 기타 이 사건 수술 이외에 뇌출혈을 유발할 만한 다른 원인도 없었던 점, ④ 반면 이 사건 수술은 전극이 삽입되는 목표지점이나 그 지점까지 이르는 경로를 설정하고 이를 시행하는 과정에서 주변의 혈관들을 손상할 위험성이 있는 점, ⑤ 이 사건 수술방법 등에 특별한 문제는 없었고 출혈도 적었던 것으로 보이며, 직후 CT 영상에서 출혈 소견도 없었으나, 그것이 곧바로 전극 삽입 목표지점의 설정 등에 아무런 잘못이 없음을 확인하는 것은 아니며, 삽입된 전극이 그 말단부위 혈관의 손상을 일으켜 출혈이 지연성으로 발생할 수도 있는 점, ⑥ 통상 알려진 이 사건 수술의 위험성의 정도, 망인에게 발생한 뇌출혈의 정도와 치료 경과, 망인이 뇌출혈의 위험을 알고 이를 감수하고 수술을 받았다고 보기 어려운 점 등에 비추어 망인에게 발생한 뇌출혈은 일반적인 합병증의 범위를 벗어났다고 평가함이 타당한 점 등을 종합하면, 망인에게 발생한 뇌출혈은 피고 병원 의료진이 망인에 대한 이 사건 수술 과정에서 전극을 삽입할 목표지점을 잘못 선택하여 삽입된 전극이 혈관을 손상하거나 전극 등 삽입 과정에서의 주의 소홀로 혈관을 손상한 등의 과실로 발생하였다고 추정할 수 있다.

2) 뇌출혈로 인한 사망 여부

위와 같이 이 사건 수술상 과실로 망인에게 뇌출혈이 발생했다고 추정할 수 있고, 나아가 다음 사정을 종합하면 망인은 뇌출혈 및 그 치료 과정 중의 합병증으로 사망했다고 봄이 타당하다.

가) 의료진은 2021. 3. 19. 06:00경 망인의 뇌출혈 증상을 확인하여 같은 날 09:35경 바로 응급으로 혈종제거술을 하고, 이후 혈전용해제를 이용하여 혈종을 배출하는 시술을 계속했지만, 뇌출혈 용적은 약간 감소했을 뿐 크게 변화가 없다가 2021. 3. 22. 13:32경 다시 용적이 증가하였고, 이에 같은 날 두개골을 열어 혈종을 제거하는 수술까지 하였으며, 당시 다량의 흑적색의 혈종이 있었다. 앞서 본 것같이 의료진이 경과관찰을 소홀히 하여 망인의 뇌출혈을 늦게 발견했다고 보기 어렵고, 위와 같은 치료 방법이 잘못되었다고 보기도 어려운 이상 망인에게 발생한 뇌출혈은 가장 침습적인 두개절제술을 하여 혈종을 제거해야 할 정도로 정도가 심했다.

나) 이후 망인은 2021. 3. 29. 폐혈전색전증, 혈정정맥염, 흡인성 폐렴이 발생하고, 2021. 4. 1. 급성호흡곤란증후군을 보였으며, 2021. 4. 8. 좌 · 우측 동공이 모두 확대되고 뇌경색, 뇌부종 등으로 2021. 4. 12.경에는 사실상 뇌사상태였던 것으로 보이며, 직접사인 연수마비, 간접사인 뇌경색 및 파종성 혈관내응고로 뇌출혈 발생 후 약 한 달만인 2021. 4. 21. 사망하였다.

다) 뇌내출혈은 발생하면 흔히 영구적인 뇌 손상 또는 사망을 유발하는 위험한 질환으로 알려져 있다. 의료진도 2021. 3. 17. 원고 AAA에게 이 사건 수술의 합병증으로 뇌출혈이 발생할 수 있고, 응급수술을 통해 두개술을 하면 사망하거나 식물인간이 될 수 있다고 설명하기도 했다. 울산대학교병원에서 발간한 뇌출혈 바로알기라는 자료에서는 뇌출혈은 발생 30일째 35~52%의 사망률을 보인다고 하고 있다. 앞서 본 것 같이 망인에게 발생한 뇌출혈이 정도가 중했던데다가 그로 인해 두개절제술까지 받은 점 및 이후 약 한 달 만에 사망한 것을 고려하면 망인은 뇌출혈 및 그 치료로 인한 합병증으로 사망했다고 보아야 하고, 적어도 망인에게 발생한 뇌출혈과 사망 사이에 개연성은 충분히 인정된다.

라) 한편 피고는 2021. 3. 22. 뇌출혈이 급격하게 악화된 이후 망인의 종교적 이유로 수혈을 거부하여 고농도 에포카인 투여, 체외막산소요법 미시행 등 적절한 수혈 및 치료가 이루어지지 않아서 광범위한 뇌경색 및 폐색전증 등으로 전신상태가 악화되어 사망에 이른 것이므로, 망인에게 발생한 뇌출혈과 사망 사이 인과관계가 없다고 주장한다. 이

에 관해 망인의 수혈 거부가 치료에 영향을 미친 사실은 인정되고(구체적인 내용은 뒤의 책임제한 부분 참조), 서울의료원 감정의는 "망인에게 뇌출혈 발생 이후 의식저하의 상태에서 일반적인 표준적 치료를 하였더라면 생존의 가능성은 있었나"는 의견을 밝히기는 하였다.

그러나 ① 위 의견에 따르더라도 생존의 가능성이 있었다는 정도에 불과할 뿐 생존할 수 있다는 것은 아닌 점, ② 앞서 본 바와 같이 일단 뇌출혈이 발생하면 사망 위험이 높고, 두개절제술도 매우 침습적인 수술로 다양한 합병증 발생이 가능할 뿐 아니라 위 수술 후 망인의 상태가 상당히 호전되었다가 다시 나빠진 것도 아닌 점, ③경찰병원 감정의는 "망인의 선행사인은 이 사건 수술 후 발생한 뇌출혈 및 동반 합병증으로 볼 수 있다"는 것이고, "40대의 남자 환자에서 뇌심부자극술 후 뇌출혈이 발생하여 뇌사상태를 거쳐 약 1달 만에 '사망'한 것이 국내 의료기관의 임상현실상 당연히 발생하거나 필연적으로 발생할 수밖에 없는 합병증으로 볼 수는 없다"고도 의견을 밝힌 점29), ④ 의료진은 망인이 여호와의 증인으로 수혈을 거부한다는 것을 이 사건 수술 전에 이미 알고 수술했고, 이 사건 수술로 인한 부작용으로 뇌출혈이 발생할 수 있다는 것도 알았던 이상 그 경우 치료가 제한된다는 것도 알았거나 충분히 알 수 있으면서도 그 위험을 감수했다고 보아야 하는 점 등을 고려할 때, 망인의 수혈 거부로 에포카인을 사용하고 체외막산소요법 치료를 시행하지 못했다는 등의 사정만으로 뇌출혈과 사망 사이의 인과관계가 단절된다고 볼 수 없다(다만 이러한 사정은 손해 발생이나 확대에 기여한 것으로 판단되므로, 손해배상 범위를 정함에 있어 참작하기로 한다).

바. 소결론

1) 따라서 피고 병원 의료진의 치료방법 선택상 과실, 경과관찰상 과실, 혈전용해제 투여 등 지혈조치 과실로 인해 피고가 손해배상책임을 부담한다고 볼 수는 없다.

2) 그러나 앞서 본 것 같이 망인에게 발생한 뇌출혈은 이 사건 수술상 과실로 인한 것으로 추정할 수 있고, 뇌출혈 또는 그 치료로 인한 합병증으로 망인이 사망하였으므로, 피고는 원고에게 이러한 과실로 인한 망인의 사망에 대해 손해배상책임이 있다.

29) 다만 이는 질의에 대해 "예"라고 답변한 것이다.

4. 설명의무위반으로 인한 손해배상책임의 발생 여부에 관한 판단

가. 이 사건 수술 관련 설명의무위반으로 인한 손해배상책임의 발생 여부

1) 의사는 환자에게 수술 등 침습을 가하는 과정 및 그 후에 나쁜 결과 발생의 개연성이 있는 의료행위를 하는 경우 또는 사망 등의 중대한 결과 발생이 예측되는 의료 행위를 하는 경우, 응급환자라는 등의 특별한 사정이 없는 한 진료계약상의 의무 또는 침습 등에 대한 승낙을 얻기 위한 전제로서 환자나 그 법정대리인에게 질병의 증상, 치료방법의 내용 및 필요성, 발생이 예상되는 위험, 시술 전 환자의 상태 및 시술로 인한 합병증으로 중대한 결과가 초래될 가능성의 정도와 예방가능성 등에 관하여 당시의 의료수준에 비추어 상당하다고 생각되는 사항을 구체적으로 설명하여 환자가 그 필요성이나 위험성을 충분히 비교해 보고 그 의료행위를 받을 것인가의 여부를 선택할 수 있도록 할 의무가 있다. 의사의 설명의무는 의료행위에 따르는 후유증이나 부작용 등의 위험 발생 가능성이 희소하다는 사정만으로 면제될 수 없고, 후유증이나 부작용이 당해 치료행위에 전형적으로 발생하는 위험이거나 회복할 수 없는 중대한 것인 경우에는 그 발생 가능성의 희소성에도 불구하고 설명의 대상이 된다(대법원 2020. 11. 26. 선고 2018다217974 판결 등 참조). 한편 설명의무는 침습적인 의료행위로 나아가는 과정에서 의사에게 필수적으로 요구되는 절차상의 조치로서 특별한 사정이 없는 한 의사 측에 설명의무를 이행한 데 대한 증명책임이 있다(대법원 2007. 5. 31. 선고 2005다 5867 판결 등 참조).

2) 위 인정사실, 앞서 든 증거들에 변론 전체의 취지를 더하여 인정되는 다음과 같은 사실 및 사정에 의하면, 제출된 증거들만으로 피고 병원 의료진이 망인에게 이 사건 수술로 인하여 뇌출혈이 발생할 수 있고 이로 인하여 사망할 수 있다는 부작용 등을 설명하였다고 인정하기 부족하고, 달리 이를 인정할 증거가 없다.

가) 이 사건 수술일 전날인 2021. 3. 17. 17:30 작성된 수술동의서에는 이 사건 수술의 합병증으로 뇌출혈이 발생할 수 있고 이로 인해 사망할 수 있다는 취지의 수기 기재가 있으나, 여기에는 망인의 서명이 아닌 망인의 배우자 원고 AAA의 서명만 있다. 그런데 환자가 성인으로서의 판단능력이 있는 이상 친족의 승낙으로써 환자의 승낙에 갈음하는 것은 허용되지 않고, 친족에게 설명을 하였다면 친족을 통해 환자 본인에게 설명이 전달되어 사실이 인정되어야 한다(대법원 2015. 10. 29. 선고 2015다13843 판결 등 참조). ① 이 사건 수술 전 망인의 의식은 명료했고 판단능력에 아무런 문제가 없었던 점, ② 위 수술동의서

에 "설명하는 것이 환자의 심신에 중대한 나쁜 영향을 미칠 것이 명백"하다는 이유로 보호자(대리인)에게 설명한 것으로 되어있어서 의료진은 뇌출혈 등 부작용이 망인에게 전달되지 않을 것을 전제로 원고 AAA에게만 설명했다고 볼 수 있는 점, ③ 망인이 한 차례 수술을 받기로 했다가 가족들 반대로 취소하고 다시 수술을 받기로 하여 원고 AAA 등 가족들도 동의하여 입원한 상황에서 수술 전날에 뇌출혈 등 사망에 이를 수 있는 부작용을 원고 AAA이 망인에게 전달했을 것으로 보이지 않는 점, ④ 달리 원고 AAA이 망인에게 본인이 설명들은 뇌출혈 등 부작용을 망인에게 전달했다고 볼 아무런 자료가 없고, 오히려 원고 AAA은 의료진이 수술 전 여러 차례 면담 과정에서 망인에게 "이 사건 수술이 아주 간단하고 절대 걱정하지 않아도 된다"고 하면서 망인을 설득했다는 것인 점 등을 종합하면, 위 동의서를 근거로 의료진이 망인에게 이 사건 수술로 인한 뇌출혈 등 부작용을 설명했다고 볼 수 없다.

나) 망인이 한 차례 수술을 받기로 했다가 취소하고, 이후 여러 차례 피고 병원을 내원하기도 하는 과정에서 뇌심부자극술에 관해 의료진과 이야기를 했을 것으로는 보인다. 그런데 앞서 치료방법 선택상 과실에 관한 판단 부분에서 본 것처럼 의료진은 망인에게 뇌심부자극술의 결과를 자신하며 권유했던 것으로 보이고, 원고 AAA도 그 처럼 주장하는 사정 등에 비추어, 여러 차례 내원하여 치료받을 때의 설명은 뇌심부자극술의 단점과 부작용보다는 장점과 수술 필요성 등에 치우쳤을 것으로 보인다. 따라서 이 사건 수술에 이르기까지 여러 차례 치료를 받으면서 의료진과 상담했다는 사정만으로 망인이 이 사건 수술의 필요성이나 위험성을 충분히 비교하고 이 사건 수술을 받을 것인가의 여부를 선택할 수 있도록 뇌출혈 등 부작용의 위험이 구체적으로 설명되었다고 보기 어렵다.

다) 입원초진기록에 입원 당일인 2021. 3. 14. 환자 및 보호자 교육으로 "입원목적, 질병상태, 치료계획, 예상되는 치료결과, 기대하지 않았던 치료결과를 포함한 치료 결과에 대한 고지방법 등에 대하여 구두로 설명하였다"는 기재는 있으나, 구체적으로 어떠한 기대하지 않았던 치료결과에 대하여 설명하였다는 것인지 알 수가 없으므로 위 기재만으로 의료진이 망인에게 이 사건 수술로 인한 뇌출혈의 가능성이 있고 이로 인하여 사망할 수도 있다는 설명을 하였다고 인정하기도 부족하다.

라) 한편 수술동의서에 환자 이외 대리인이 서명하는 이유로 기재된 "설명하는 것이 환자의 심신에 중대한 나쁜 영향을 미칠 것이 명백"하다는 사정만으로 환자 본인인 망인에게 설명할

의무가 면제된다고 볼 수 없다. 또한 이 사건 수술로 인한 뇌출혈 발생 가능성은 의료진이 원고 AAA에게는 설명하기도 한 것처럼 이 사건 수술로 전형적으로 발생할 수 있는 위험이고, 회복이 쉽지 않은 중대한 것이기도 하므로, 그 발생 가능성이 희소하다고 해도 설명의 대상이 된다.

3) 의사가 설명의무를 위반한 채 수술 등을 하여 환자에게 사망 등의 중대한 결과가 발생한 경우에 환자 측에서 선택의 기회를 잃고 자기결정권을 행사할 수 없게 된데 대한 위자료만을 청구하는 경우에는 의사의 설명 결여 내지 부족으로 인하여 선택의 기회를 상실하였다는 점만 입증하면 족하고, 설명을 받았더라면 사망 등의 결과는 생기지 않았을 것이라는 관계까지 입증하여야 하는 것은 아니지만, 그 결과로 인한 모든 손해를 청구하는 경우에는 그 중대한 결과와 의사의 설명의무 위반 내지 승낙 취득 과정에서의 잘못과의 사이에 상당인과관계가 존재하여야 한다(대법원 2007. 5. 31. 선고 2005다5867 판결 등 참조). 앞서 본 것 같이 의료진이 설명의무를 다했다고 볼 수 없고 이로 인해 망인은 선택의 기회를 상실하였으므로 피고는 설명의무위반으로 인한 위자료의 지급의무가 있다. 그러나 제출한 증거들만으로는 망인이 뇌출혈 등 부작용 위험을 들었다면 이 사건 수술을 받지 않았을 것이 증명되었다고 보기는 어렵고, 달리 이 사건 수술의 부작용 등에 관한 설명의무 위반과 뇌출혈 및 사망의 발생 사이에 상당인과관계가 있다고 인정할 증거도 없으므로, 설명의무 위반으로 인한 위자료 외에 재산상 손해배상까지 청구하는 부분은 이를 받아들이지 않는다(한편 설명의무 위반으로 인한 위자료액수는 이 사건 수술상 과실로 인한 위자료 판단 시 함께 참작하여 결정한다).

나. 혈전용해제 투여 관련 설명의무위반으로 인한 손해배상책임의 발생 여부

1) 의사는 긴급한 경우나 다른 특별한 사정이 없는 한 의약품을 투여하기 전에 환자에게 질병의 증상, 치료방법의 내용과 필요성, 예상되는 생명 · 신체에 대한 위험성과 부작용 등 환자의 의사결정을 위하여 중요한 사항을 설명함으로써 환자로 하여금 투약에 응할 것인가의 여부를 스스로 결정할 기회를 가질 수 있도록 하여야 한다. 그러나 환자에게 발생한 중대한 결과가 투약으로 인한 것이 아니거나 또는 환자 스스로의 결정이 관련되지 아니하는 사항에 관한 것일 때에는 설명의무 위반이 문제되지 아니한다(대법원 2011. 10. 13. 선고 2009다102209 판결 등 참조).

2) 앞서 든 증거들에 의하면, 피고가 제출한 "비급여품사용에 대한 설명 및 동의서"에 원고 AAA에게 구두 동의를 얻었다는 기재와 주치의 2명의 서명만이 되어있고, "약제와 치료법이 비급

여 대상 품목이고, 이러한 약제와 치료법의 사용 후 얻을 수 있는 장점들과 기존의 약제와 치료법들 간의 차이에 관하여 설명을 들었고 비급여 사항임에 대하여 설명을 듣고 사용에 동의합니다"라고 기재되어 있다. 이처럼 위 동의서에 원고 AAA의 서명이 없는 데다가, 위 문언 등에 비추어 설명된 내용은 혈전용해제의 부작용이 아닌 비급여 약품을 사용하는 이유와 급여 약품과의 차이점에 불과해 보인다(앞서 본 바와 같이 두개강내 혈종의 용해 목적으로 카테터를 통해 혈전용해제를 주입하는 경우 요양급여 대상인데 피고는 의료진이 착오로 이러한 동의서를 받았다고 하고 있다). 달리 의료신이 의식이 없었던 망인의 보호자인 원고 AAA에게 혈전용 해제의 부작용에 관한 설명을 했다는 자료도 없다.

3) 그러나 앞서 본 것같이 의료진이 망인에게 혈전용해제 액티라제주를 투여하는 치료를 하여 망인의 출혈량이 증가하는 등 뇌출혈이 악화되었다고 보기 어렵고, 달리 이를 인정할 증거가 없으므로, 의료진이 혈전용해제 액티라제주 사용에 있어 필요한 설명을 다 하지 못했다고 하더라도 망인에게 발생한 뇌출혈의 악화나 사망이 혈전용해제 사용으로 인한 것이 아니어서 설명의무위반은 문제되지 않는다. 따라서 이 부분 설명의무위반으로 인한 손해배상청구 부분을 받아들이지 않는다.

5. 손해배상책임의 범위

계산의 편의상 원 미만은 버린다. 손해액의 사고 당시의 현가 계산은 월 5/12푼의 비율에 의한 중간이자를 공제하여야 하는 경우에는 단리할인법에 따른다.

[인정 근거] 위 인정사실, 앞서 든 증거들, 갑 제6, 7, 22 내지 제31호증의 각 기재, 이 법원의 주식회사 SJ랩, JJ코스메틱 주식회사, 주식회사 JO에 대한 각 사실조회결과, 변론 전체의 취지

가. 기초사항

성별 및 생년월일 : 남자, 1973. 5. 13.생

사고일시 : 2021. 3. 18.

사망일시 : 2021. 4. 21.

생계비 공제 : 수입의 1/3

나. 소극적 손해(일실수입): 1,309,678,264원

1) 소득 및 가동기간

가) 인용 부분

(1) 망인은 주식회사 SJ랩(변경 전: 주식회사 JJ에이치앤비, 주식회사 JN 인터내셔널)의 창립자로서 2017년 12월부터 2021년 4월 사망 시까지 대표이사로 재직하였다. 망인은 2017. 11. 29. 발기인 총회 의장으로 선임되었고, 당일 주식회사 JN 인터내셔널(설립 당시 상호이다)의 사내이사, 대표이사로 선임되었다. 사업의 형태와 방향에 따라 조금씩 달랐으나, 대부분 주식은 망인이 보유했다. 임원은 창립 당시 선출되었던 FFF(현재 위 회사의 사내이사이다) 외에는 없었고, 운영형태는 망인이 대표이사로서 전체적인 경영을 맡았으며, 임원 FFF이 그 외에 경영을 보조하였다. 이러한 주식회사 SJ랩의 설립 과정, 임원 현황, 주식 현황 등에 비추어 망인은 65세(2038. 5. 12.까지)까지는 위 회사에서 근무할 수 있었다고 봄이 타당하다.

(2) 망인은 2020. 1. 1.부터 2020. 12. 31.까지 주식회사 SJ랩에서 상여금을 제외하고 158,799,996원의 급여를 받았다. 다만 상여금은 위 회사의 당기순이익등의 상황에 따라 별도의 주주총회를 통해 대표이사, 이사, 직원들에게 급여에 상응하여 지급하는 점, 망인은 2019년 6,666,666원, 2020년 13,233,333원의 상여금을 받았지만, 2017년, 2018년 및 2021년에는 위 회사에서 상여금을 받지 못하여 고정적으로 상여금이 지급되는 것은 아닌 점 등에 비추어 망인이 2038. 5. 12.까지 계속하여 상여금을 받을 수 있다고 보기는 어렵다. 따라서 망인의 소득은 상여금을 제외하고 연 158,799,996원, 월 13,233,333원(= 158,799,996원/12개월)으로 인정한다.

나) 배척 부분

(1) 망인은 2019. 7. 1. JJ코스메틱 주식회사에 입사하여 중국사업팀에 전무로 근무하여 2020년 115,050,000원의 급여를 받기는 하였다. 그러나 망인은 2020. 12. 31.까지만 위 회사에서 근무하였고, 이후에 다시 위 회사에 근무하면서 위와 같은 급여를 받을 수 있을 것으로 볼 만한 증거가 없으므로, 위 회사에서의 소득을 일실수입 산정의 기초가 되는 소득으로 인정할 수 없다.

(2) 망인은 2019. 3. 20. 주식회사 JO의 공동대표이사로 취임하여 2019. 12. 31.까지 59,000,000원, 2020. 1. 1.부터 2020. 4. 30.까지 11,800,000원의 급여를 받기는 하였다. 그러나 망인은 2020. 5. 6. 위 회사의 공동대표이사에서 사임하였고 그 이후 급여를 받지도 않았으므로, 위 회사에서의 소득 또한 일실수입 산정의 기초가 되는 소득으로 인정할 수 없다.

다) 소결론

월 13,233,333원의 소득을 인정하여, 이 사건 수술일 이후로 원고가 구하는 2021. 3. 19.부터 망인이 65세에 이르는 2038. 5. 12.까지 노동능력상실률 100%를 적용하되, 사망일 이후인 2021. 4. 22.부터는 생계비 1/3을 공제한다.

2) 계산

기간초일	기간말일	월소득 (원)	생계비	m1	호프만 1	m2	호프만 2	m1 −m2	적용 호프만	일 실수입 (원)
2021.3.19.	2021.4.21.	13,233,333	0	1	0.9958	0	0	3	0.9958	13,177,753
2021.4.22.	2038.5.12.	13,233,333	1/3	205	147.9543	1	2.9752	0.9958	146.9585	1,296,500,511
일실수입 합계액(원) 1,309,678,264										

나. 적극적 손해 : 원고 AAA 16,116,380원

망인의 2021. 3. 14.부터 2021. 4. 21.까지 피고 병원에서의 진료비로 16,116,380원이 발생하였고, 원고 AAA이 2021. 5. 10. 이를 피고에게 지급하였다. 따라서 위 진료비 상당이 망인에게 발생한 손해이나, 실제 지출자가 원고 AAA이므로 원고들이 구하는 대로 원고 AAA의 손해로 인정한다.

다. 장례비 : 원고 AAA 5,530,100원

망인의 장례비로 5,530,100원(= 2,352,900원 + 1,677,200원 + 1,500,000원)이 지출되었는데, 이는 상당인과관계가 인정되는 범위 내이고, 지출한 사람이 원고 AAA이므로 원고 AAA의 손해로 인정한다.

라. 책임의 제한

1) 의사 등이 진료상 과실로 환자에게 손해를 배상할 책임이 있는 경우에 그 손해배상의 범위를 정할 때에는, 의사 측 과실의 내용 및 정도, 진료의 경위 및 난이도, 의료행위의 결과, 해당 질환의 특성, 환자의 체질 등 제반 사정을 참작하여 손해 분담의 공평이라는 손해배상제도의 이념에 비추어 그 손해배상액을 제한할 수 있다(대법원 2010. 10. 14. 선고 2007다3162 판결, 대법원 2021. 2. 25. 선고 2017다223835 판결 등 참조).

2) 위 인정사실, 앞서 든 증거들에 변론 전체의 취지를 더하여 인정할 수 있는 다음과 같은 망인과 원고 AAA의 수혈 거부를 비롯한 피고 병원 의료진의 과실의 내용 및 정도, 의료행위의 난이도 등 제반 사실이나 사정을 종합하여, 피고의 손해배상책임을 손해액의 30%로 제한한다.

가) 다음과 같은 사정에 비추어 원고 AAA의 무수혈 의사표시로 인해 의료진의 치료 수단에 상당한 제한이 초래되었고, 이러한 사정은 망인의 상태 악화에 상당 부분 영향을 끼쳤다고 보아야 한다.

(1) ① 2021. 3. 24.부터 망인의 헤모글로빈 수치가 계속 떨어져 빈혈이 발생하였으나 원고 AAA이 종교적 이유로 수혈을 거부하여 의료진은 차선책으로 에포카인을 투여하였다. ② 망인이 2021. 4. 1. 폐혈전색전증으로 인한 폐부종 악화로 위독한 상황이었고 의료진은 체외막산소요법(ECMO) 치료가 필요하고 이를 위해 수혈이 필요함을 설명하였음에도 원고 AAA가 수혈을 거부하여 체외막산소요법 치료를 하지 못하고 다시 에포카인을 투여하였다. 당시 의료진은 원고 AAA에게 에포카인을 사용하더라도 헤모글로빈 수치가 올라가는 속도가 더디고 혈전 형성의 효과 때문에 혈전이 더 많이 생겨서 수혈을 하는 것과 비교할 때 예후가 좋지 않을 수 있다고 알렸음에도 원고 AAA은 고농도의 에포카인 사용을 희망하였다. ③ 망인이 2021. 4. 8. 뇌경색이 발병하고, 2021. 4. 9. 뇌부종이 심해져 두개절제술 등 수술적 치료가 필요하였으나 망인의 헤모글로빈 수치가 낮고 수혈을 할 수 없어서 수술적 치료를 하지 못하고 차선책으로 저체온 치료를 하였다. 의료진은 당시에도 원고 AAA에게 저체온 치료가 수술적 치료를 완전히 대체할 수 없기에 망인의 예후가 좋지 않을 수 있다고 알렸다.

(2) 에포카인의 합병증으로 심부정맥의 혈전 및 색전 빈도를 증가시키는 것으로 알려져 있고, 서울의료원 감정의는 "에포카인이 폐색전증 발생 위험에 일부 영향을 주었고, 폐가 나빠진 상황에서 적시에 체외막산소요법 치료도 하지 못하여 망인은 폐색전증에 의한 혈류의 션트 및 파종성 혈관내응고, 급성호흡곤란증후군으로 진행하면서 뇌로의 혈액

공급의 제한을 받고 지연성 뇌혈관연축 등으로 다발성 뇌경색증이 발생하게 되었는바, 결국 뒤따르는 뇌부종과 함께 뇌허니아로 연수마비 및 사망에 이른 것으로 추정된다" 고 하면서 뇌출혈에 따른 표준적 치료가 이루어졌다면 사망에 이르지 않았을 가능성도 있다는 취지의 의견을 밝히고 있다.

나) 앞서 본 바와 같이 의료진에 치료방법 선택상 과실, 수술 이후 경과관찰상 과실, 혈전용해제 사용 등 지혈조치를 소홀히 한 과실은 인정되지 않는다. 또한 이 사건 수술상 과실에서 본 바와 같이 의료진의 이 사건 수술방법이 통상의 술기에서 벗어났다고 볼 만한 사정은 찾기 어렵고, 수술 중 급성 합병증도 발생하지 않았으며 출혈량도 적었다. 이 사건 수술은 뇌출혈 발생 위험을 높이는 내측 담낭구를 목표지점으로 하여 전극을 삽입하는 수술로 그 수술 자체의 위험성도 있다. 이러한 사정 등에 비추어 의료진의 과실의 정도가 중하다고 보기 어렵고, 이 사건 수술 자체의 위험성 발현으로 인한 부분까지 전부 의료진에게 책임을 지울 것은 아니다.

다) 다만 망인이 이 사건 수술을 받은 질환인 구강안면근긴장이상이 뇌출혈이나 사망을 초래할 수 있을 만한 중대한 질환은 아니었고, 망인에게 다른 건강상 결함도 없었던 점, 망인이 이 사건 수술을 받기로 선택하는 과정에서 뇌출혈 등 부작용에 관한 충분한 설명도 이루어지지 않은 점, 의료진은 망인이 여호와의 증인이라는 사실을 알고 이 사건 수술을 한 점 등에 비추어, 망인의 수혈 거부 등이 상당한 영향을 미쳤을 것을 고려하더라도 위에서 인정한 것 이상으로 책임을 제한할 것은 아니다.

마. 책임제한 후 재산상 손해액

망인 : 392,903,479원(= 일실수입 1,309,678,264원 × 30%)

원고 AAA : 6,493,944원[= 21,646,480원(= 기왕치료비 16,116,380원 + 장례비 5,530,100원) × 30%]

바. 위자료

이 사건 수술의 경과, 사고의 발생 경위, 피고 병원 의료진의 과실 내용 및 정도, 망인에게 발생한 결과, 망인과 원고들의 관계, 설명의무 위반의 내용, 기타 이 사건 변론에 나타난 여러 사정을 참작하여, 위자료로 망인 40,000,000원, 원고 AAA 10,000,000원, 나머지 원고들 각 2,500,000원을 인정한다.

사. 소결

따라서 피고는 원고 AAA에게 202,024,006원[= 상속분 185,530,062원{=432,903,479원(= 392,903,479원 + 40,000,000원) × 3/7} + 본인 재산상 손해 6,493,944원 + 본인 위자료 10,000,000원], 나머지 원고들에게 각 126,186,708원(= 상속분 123,686,708원(= 432,903,479원 × 2/7) + 본인 위자료 2,500,000원) 및 위 각 돈에 대하여 불법행위일 이후로 원고들이 구하는 2021. 3. 19.부터 피고가 그 이행의무의 존부나 범위에 관하여 항쟁함이 타당하다고 인정되는 이 판결 선고일인 2024. 6. 19.까지 민법이 정한 연 5%, 그다음 날부터 다 갚는 날까지 소송촉진 등에 관한 특례법이 정한 연 12%의 각 비율로 계산한 지연손해금을 각 지급할 의무가 있다.

6. 결론

그렇다면 원고들의 청구는 위 인정 범위 내에서 이유 있으므로 이를 인용하고, 나머지 청구는 이유 없으므로 이를 모두 기각하기로 하여 주문과 같이 판결한다.

별지

[진료 경과]

* [S&O]: 주관적, 객관적 소견 [A]: 평가 [P]: 계획

2020. 8. 11.
외래초진기록 신경외과(을1, 50면) [주호소] 1. 양쪽 눈 감김 [현병력] 상기 47세 남환 2년전부터 눈 감김 증상 있었고 ○○○병원 안검연축 진단받았고 7월 중순 마지막 botox 치료받은 자로(총 2차례) 큰 효과 못 보고 증상 호전 없어 금일 외래 내원함. 신경 쓸 때 더 심함. 이유 없이 주기적으로 지속됨 [과거력] 당뇨- , 고혈압 -, 결핵 -, 간염 -, 고지혈증 -, 심장질환 - [약물력] 약물력 있음. 약명(종류) 처방전 지참 [추정진단] 주 특발성 구강안면근긴장이상증(Idiopathic orofacial dystonia)
외래초진기록 재활의학과(을1, 43면) [주호소] 1. 안검연축 -; 2년 전부터 [현병력] 자고 일어나면 호전, 어두운 곳에서 TV, 핸드폰 볼 때는 괜찮으나 밝은 곳에 가거나 긴장, 피곤한 상황에서 눈이 지속적으로 감김 [과거력] 보톡스 2회(3개월 전, 12개월 전) 〉 효과 - [추정진단] 주 특발성 구강안면근긴장이상증(Idiopathic orofacial dystonia) [계획] 일상적 안면 근육과 눈주변 근육 바늘 근전도검사, 기타신경전도검사(순목반사검사), 신경전도검사(두부), 근전도검사(두부)
2020. 9. 8.
영상의학과 판독보고서(을1, 53면) 검사명: 뇌관류 SPECT: HMPAO (검사일: 2020. 9. 8. / 판독일: 2020. 9. 9.) [결론] 1. 양측 전두엽, 측두엽, 기저핵에서 관류저하 2. 양측 뇌실주위 심백질에서 관류저하
2020. 9. 17.
기능검사 판독 재활의학과(을1, 45면) (검사일: 2020. 9. 17. / 판독일: 2020. 9. 21.) 1. 신경전도검사 : 운동신경전도검사: 검사한 신경에서 정상소견임 2. 눈깜박임 반사 : 우측 안와상신경 자극시 동측 R1, R2, 반대측 R2 정상범위임. 좌측 안와상신경 자극시 동측 R1, R2, 반대측 R2 정상범위임.

3. 바늘근전도: 휴식시에 양측 눈둘레근과 눈썹주름근에서 비자발적인 운동단위의 근섬유 활동전위가 지속적으로 관찰됨
4. 진폭회전: 휴식시에 양측 눈둘레근과 눈썹주름근에서 비정상적으로 증가된 회전 운동단위의 근섬유 활동전위가 관찰됨

■ 해석: 상기 전기진단학적 검사 소견상 안검연축을 동반한 구강안면 근긴장이상증을 시사한다.

외래재진기록 신경외과(을1, 41면)

[S&O] # 근전도와 안압계(EMG & tonometry) c/w OFD with 안검연축

[A] – 주 특발성 구강안면근긴장이상증(idiopathic orofacial dystonia)

[P] 문진실시하였습니다.

2020. 9. 29.

외래재진기록 신경외과(을1, 34면)

11/18 입원

11/19 뇌심부자극술[DBS(Deep brain stimulation)] 수술

→ 가족들의 반대로 수술 취소하기로 하여 취소처리함. 10/16 진료(보톡스 여부) 보기로 함.

2020. 10. 30.

외래재진기록 신경외과(을1, 30면)

[S&O] 보톡스 100u 주입

2020. 11. 13.

외래재진기록 신경외과(을1 28면)

[S&O] 효과 없음(less effect)

2021. 2. 17.

외래재진기록 신경외과(을1, 21면)

[S&O] 보톡스 효과 없음. 목도 뻐근함. 입주변 씰룩

[A] 2021. 3. 18. 뇌심부자극술 수술

[P]

뇌심부자극술(DBS)

2021. 3. 18. 뇌심부자극술 수술/ 2021. 3. 14. 입원 / 2021. 3. 11. 타병원 코로나검사, 보호자 코로나 검사 진행

당뇨/고혈압(DM/HBP) : – / –

조영제 뇌 MRI+MRA+Diff 진행

수술 전 뇌 CT(3DMDCT) : 1㎜ 두께 컷으로 촬영해주세요.

외래재진기록 재활의학과(을1, 10면)
[S&O]
3/18 뇌심부자극술 예정
우울감으로 정신과 약 복용하면서 2~3달 전부터 기억력 악화 호소
운전시를 제외하고 독립적인 일상생활 활동[IADL(Instrumental Activities of Daily Living)]
성격 변화: 부인
[P] 벡우울평가 BDI, 해밀튼불안검사 HAM-A, 간이정신상태검사, 치매등급척도(CDR), 신경인지기능종합 검사(SNSB)

2021. 2. 24.

[검사일시] 2021. 2. 24. [판독일시] 2021. 2. 25. (을1, 3~9면)
- 벡우울평가(BDI) : 17점 / 중한 우울 상태
- 확장된 임상적 치매평가척도(CDR) : 기억력 불확실, 나머지 모두 정상
- Cognitive(인지) & MMSE-K : 25점
- 해밀튼불안척도(Hamilton Anxiety Rating) : 16점 / 점수등급 경미 (〈 17 mild)

[신경인지검사 보고서(SNSB II)] (을1, 11~19면)
결론 : 상기 환자는 집중력, 언어능력, 시공간기능, 전두엽/집행기능에서 정상수행을 보였고, 기억력은 정상 이하의 수행을 보였다. 기억력은 단기기억력이 시각기억력보다 나은 수행을 보였으나 모든 하위 항목에서 정상 이하의 수행을 보였다.

2021. 3. 3.

외래재진기록 재활의학과(을1, 1면)
[S&O]
#SNSB(신경심리검사)
주의력: 90.97%ile 언어: 67.93%ile 시공간 함수: 22.81%ile 기억력:0.59%ile
정면/집행기능: 95.24%ile
선별(screening)
MMSE 25/ CDR 0.5
BDI(벡우울평가) 17 (보통)
HAM(해밀튼불안척도) 16 (경미)
[P]
주관적인 우울감 동반한 기억력 저하가 뚜렷함.
검사결과 설명. 추후 증상(근긴장이상, 우울한 기분) 호전되면 SNSB 추적 권유

입원 이후
2021. 3. 14.
입원초진기록 신경외과(을2-2, 1면) **병동 입실시간 : 2021/3/14 16:05** [주호소] 1. 특발성 구강안면근긴장이상증 [현병력] # 양측 안검연축 # 메이그 증후군(Meige syndrome) 상기 환자 약 2~3년 전 눈이 감기는 증상 처음으로 발생하여 ○○○병원 내원하여 안검연축 진단받았고, 당시 증상 심하지 않아 별다른 치료는 하지 않았음. 이후 양쪽 눈 감기는 증상 더욱 심해지고(운전하거나 대화할 경우, 신경 쓸 일이 있는 경우 발생) 경한 주관적인 안면 마비 및 어지럼증, 두통 증상 발생하였고 보톡스 치료에도 호전 없어 본원 신경외과 외래 내원하였음. 2021/03/18 뇌심부자극술 수술위하여 입원하였음. [추정진단] – 주 특발성 구강안면근긴장이상증 [환자 및 보호자 교육] 환자의 현상태, 관련질환, 치료계획에 대해 설명하고 교육을 시행하였습니까? : 예 교육항목 : 입원설명, 교육내용 : 입원목적, 질병상태, 치료계획, 예상되는 치료결과, 담당 의료진 소개, 해당하는 경우 검사결과, 환자의 의학적 상태와 진단명, 기대하지 않았던 치료결과를 포함한 치료결과에 대한 고지 방법 등에 대해 설명함 교육대상: 환자, 교육대상: 보호자, 교육방법: 구두설명, 교육결과: 보통, 교육일자: 2021. 3. 14.
2021. 3. 15.
경과기활력징후 안정적 록 신경외과(을2-2, 4면) 조영제 뇌 MRI+MRA+Diff : 소혈관 질환, 그 외 특이 소견 없음
2021. 3. 17.
마취 전 환자 상태 평가서(을2-4, 1면) 작성일시 2021/03/17 08:48 ■ 키/ 몸무게: 171㎝ 74.9㎏ ■ BMI: 25.61㎏/㎡ ■ 혈압: 100/60mm/Hg ■ 심박수: 60/분 ■ 체온: 36.4℃

■ 진단 : 특발성 구강안면근긴장이상증 ■ 절차: 뇌심부자극술, IPG 전신마취
[병력/시스템 리뷰/신체검진]
■ 심혈관계: *음성 ■ 호흡기: *음성 ■ 위장관: *음성 ■ 내분비: *음성 ■ 신장: *음성
■ 신경과: 기타(#양측 안검연축 #메이그 증후군(GCS =E4V5M6=15) #MMSE 25/CDR 0.5 BDI 17(보통) HAM 16(경미) #주관적인 우울감 동반한 기억력 저하가 뚜렷함)
[검사소견]
■ Lab: 헤모글로빈 수치(Hb) 16.4, 혈소판 수치(PLT) 250, 혈액응고 검사[PT INR(0.89), aPTT(27.4)]
■ 가슴 일반사진(CXR): normal
■ 심전도 검사(EKG): normal(미판독)
■ 심초음파 검사(Echocardiogram) : yes(2021. 3. 17.) 미판독–판독 rec(+)
■ 폐기능검사(PFT) : yes(2021 3. 15.) 81/91/84 이상없음(WNL)

2021. 3. 18.

수술기록 신경외과(을2–4, 22면)
수술시작일시: 2021/3/18. 09:20
수술종료일시: 2021/3/18 12:20
[진단명]
■ 수술전 진단명 : 특발성 구강안면근긴장이상증
■ 수술후 진단명 : 특발성 구강안면근긴장이상증
[수술명]
1. 신경자극기 전극 삽입(Insertion of neurostimulator electrode) – 천두술(Burrhole)
2. 이식형 자극발생기 삽입(Insertion of implantable pulse generator)
[수술소견]
: 전신마취하에(Under G/A)
■ 계획한 목표지점(타깃)이 왼쪽 127.5/100/114/R 70/A 102 오른쪽 82/99.8/114/R 62/A 82에 있음. C,A,L 3 미세전극(microelectrode) 이용하여 미세전극 기록(MER) 시행 후, 왼쪽 측면 T+1.6 /오른쪽 중앙 T+2.4를 최종 목표점으로, 연결선 삽입(lead insertion) 후 수술 종료함.
■ 전신마취하에서 왼쪽 쇄골하 부위에 피부 절개하여 IPG 포켓 만든 후, 이전의 리드–터널 연장 케이블 – IPG(Boston gevia) 연결하여 임피던스(교류저항)에 이상 없음을 확인하고 피부 봉합 후 수술 종료함.
[수술과정]
1. 2% 리도카인의 국소침윤된 환자의 머리에 렉셀(The Leksell) 프레임을 적용하였음.
2. 정위 MR 스캔을 위해 환자를 MR실로 이동하였음.
3. 렉셀 프레임의 지시 패널을 적용한 후에, 환자를 MR 스캐너의 침대에 위치시킴.

4. 시상, 시상하부, 그리고 담창구(globus pallidus)를 보기 위해 2㎜ 두께의 T1 & T2 축 절편들(axial slices)과 T2 관상 절편들이 수행되었음.
5. 환자를 수술실로 이동시켰고, 헤드 프레임을 프레임 어댑터와 함께 수술실 테이블에 고정하였음. 환자 전신마취가 이루어졌음.
6. 베타딘을 포함한 살균액으로 두피 전체를 문질러주었음.
7. 전교련(AC)과 후교련(PC)의 정위 좌표를 계산 후 중간 교차점(MCP)의 좌표도 얻었음.
8. 그다음 AC, PC 그리고 MCP의 값으로부터 시상하부의 해부학적 좌표를 계산하였음. 시상하부의 직접 영상 목표지점 좌표도 MR 영상의 기준점으로부터 계산되었음.
9. 정위 프레임과 환자의 머리를 드레이핑 후 2% 리도카인 국소침윤제를 정면 Kocher's 포인트에 주입하였음.
10. 4㎝ 크기의 선형 두피 절개 후 자가견인장치로 절개 부위를 열었음.
11. 공기압드릴로 직경 12㎜의 두개골 구멍(burr hole)을 만들었고 경막을 응고시켰음, 보통의 방법으로 열렸음. 12. 렉셀 프레임에 프레임 아크를 부착하였고 계산된 목푯값에 따라 목표 좌표를 설정하였음.
13. 미세전극 조립(어셈블리)을 렉셀 프레임 아크에 부착하였고 25㎛ 두께의 미세전극(microelectrode)을 미세전극 조립에 부착하였음.
14. C-arm의 유도하에 미세전극을 천천히 그리고 조심스럽게 뇌에 삽입하였음.
15. 초기 목푯값보다 10㎜ 위부터 미세전극기록(MER)을 시작하였음.
16. 미세전극기록이 세포와 축삭 반응에 대한 정보를 제공하는 동안 미세전극을 목표 핵 안으로 조심스럽게 전진하였음.
17. 내측 담창구(GPi)에 들어가자 배경 소음이 갑자기 증가하였고,
18. 전극을 삽입할 적절한 지점을 찾음
19. 미세전극을 미세전극기록 조립에서 제거하였음
20. 1.5㎜ 간격의 Medtronic 3389 전극을 투시경(fluoroscopy) 유도하에 렉셀 아크를 따라 미세전극기록(MER) 부속장치(attachment)에 조립하였음.
21. 단단히 확실하게 부착한 후 두개골 구멍 링과 덮개로 전극을 고정하였음. 투시경 시야로 최종 전극 위치를 다시 확인하였음.
22. 동일한 절차를 투시경 유도와 미세전극 기록을 사용하여 반대쪽에 반복하였음.
23. 수술 상처를 세척하고 깨끗이 한 후 여러 겹으로 봉합하였음.
24. 연결선(lead) 삽입 과정 동안 환자는 견딜 수 있었고 추정 출혈량[EBL(Estimated Blood Loss)]은 거의 없었음.
25. 수술 동안 급성 합병증은 발생하지 않았음.

■ 특이사항 및 합병증 : No ■ 배액 : No

[추정 출혈량] 120

수술 후 기록 신경외과(을2-2, 7면)
■ 수술 후 상태[수술 후 합병증 포함]
활력징후 안정적
참을만한 상태
■ 계획[주의관찰사항 및 이에 대한 계획 포함]
수술 후 치료
통증 조절, 출혈 조절
상처 드레싱

영상의학 판독 보고서(을2-9, 9면)
검사명 : 뇌 CT
검사일시 2020-03-18 12:59 (판독일시: 2021-03-26 08:33)
양측에 뇌심부자극술 후 상태
수술 후 기뇌증(pneumocephalus)

간호기록 및 투약기록(을2-11, 13, 14면. 을2-6, 4면)
13:10 이송요원 1인 보호하에 long car타고 수술 후 병실로 돌아옴. / 의식 명료 / 사지 위약감 없음 / 동공 3P/3P 체크 / 안면마비 및 구음장애 없음 / 두통과 현기증 경미 / 수술 부위(머리, 왼쪽 가슴) 삼출 징후 없음
16:00 ■ 보호자 상주하에 침상 안정 중임. 의식 명료. 사지 허약감 없음. 안면마비 및 구음장애 없음. 경미한 두통 및 어지러움. 수술 부위 깻끗함.
■ "수술 부위 아픈데 진통제 맞을 수 있나요?" NRS 5점 체크 케토락주 투약
16:30 NRS 2점 체크
23:00 "진통제 또 맞고 싶어요" NRS 5점 체크 트리돌주 투약
23:30 NRS 2점 체크

2021. 3. 19.

간호기록 및 투약기록(을2-11, 15면. 을2-6, 6면)
00:00 콜벨 올려 병실 들어감. 환자 구역(nausea) 호소함. 그 외 호소하는 증상 없음. 구토 봉투 제공하려 하자 환자, 보호자가 화장실에서 가서 구토하고 싶다고 말함.
00:05 "속이 울렁거려요" by 환자. 트리돌주 투약 후 구역 호소함. 혈압 140/80mmHg, 맥박 104회/분, 호흡수 13회/분, 체온 36.7 체크. 위 사항 당직의에게 알림. 진토제 주자 함.
00:15 간호순회함. 멕쿨주 투여 후 구역, 구토 호전 여부 확인함. "속 울렁거리는 증상… 좀 나아진 것 같아요" by 보호자

02:30 간호순회함. 환자 안정적인 모습으로 수면중임. 보호자(아내) 상주하며 수면중임.
06:00 환자 이름에 대답 가능하지만 나머지 질문에 느리게 반응하는 모습 보임. 양쪽 눈(OU) 우측 위쪽으로 고정되어 있는 모습임. 동공(pupil) 3P/5S 체크. 경미한 두통 증상. 활력징후 130/60-92-12-36.7 체크. 당직의에게 보고함.
06:03 처치실로 이동함. 본인 이름 말할 수 있으며, 질문에 정확히 대답하나 반응 느림. 양쪽 눈 우측 위쪽 주시하며, 좌측 주시 제한됨. 동공 3P/5S. 오른쪽 팔, 다리 올리는 것(hold up) 가능하며 운동 위약감 없음. 오른쪽 팔 심부 통증(deep pain)에 움찔함. 왼쪽 다리 심부 통증 올리는 것 가능하나 버티지 못함. 3등급 체크. 얼굴 감각 둔화(facial sensory dullness) 없으나, 좌측 안면 마비(facial palsy), 구음장애(dysarthria) 관찰됨. 수면 경향 관찰됨.
07:05 간호사 2인 관리하에 CT실 내려감
08:25 닥터 장일 방문. 보호자(아내)와 면담 시행함. 응급 수술 및 ICU 술후 치료 설명함. 수술 동의 얻음

영상의학 판독 보고서(을2-9, 11면)
검사명: 뇌 CT
검사일시: 2020-03-19 07:18 (판독일시 2021-03-26 08:33)
검사결과: 급성 뇌내출혈[ICH(intracerebral hemorrhage)]이 우측 기저핵과 우측 전두엽에 생김.
급성 뇌실내출혈[IVH(intraventricular hemorrhage)]
양측 뇌심부자극술 수술 후 기뇌증

수술기록 신경외과(을2-4, 25면)
수술시작일시: 2021/03/19 09:35
수술종료일시: 2021/03/19 10:25
[수술명] 유도장치 가이드하 혈종제거술(Navigation guided hematoma evacuation)
[수술소견]
: 전신마취하, 뇌 CT 영상을 활용해 스트라이커 내비게이션 등록 완료.
계획 후, 이전 우측 천두공 위치 근처에 작은 천두공을 만들었고, 12Fr 카테터를 계획된 목표를 향해 삽입하였음. 약 총 30cc 혈종을 주사기로 제거

영상의학 판독 보고서(을2-9, 12면)
검사명 : 뇌 CT
검사일시 : 2021-03-19 10:39 (판독일시 2021-03-26 08:45)
검사결과 : 뇌내출혈의 배액 튜브 삽입됨. 뇌내출혈 용적이 약간 감소함. 그 외의 변화 없음

경과기록 신경외과(을2-2, 8~11면)
[S&O]
2021. 3. 19. 06:00 양측 눈의 우측 위쪽 주시 편위 관찰되며 좌측 위약감(3등급), 좌측 안면 마비, 구음장애 확인되었고, 07:05 촬영한 CT에서 우측 뇌기저핵 뇌내출혈 소견 관찰되어 응급 유도장치 가이드 하 혈종제거술 시행함
@ 뇌 CT 20210319
뇌내출혈의 배액 튜브 삽입됨. 뇌내출혈 볼륨이 약간 감소함. 그 외의 변화 없음
[A] # 특발성 구강안면근긴장이상증 s/p 뇌심부자극술 삽입 21-03-18
[P] 펜토탈(penthotal) 혼수(coma) 치료

[S&O] 보호자(배우자: AAA) 통화함. 환자 여호와의 증인으로 전혈, 적혈구, 혈소판, 혈장 성분 수혈 거부하였으며 알부민을 투약받겠다고 의사 표현함.

주요 환자상태
GCS : 1/1/4 세미코마 동공: 2P/2P 동작:2/0 3/0
주말동안 펜토탈 혼수 치료 유지
높은 혈압 관찰됨 → 체온 상승과 함께 동반 :
1) 발작성 교감신경과민반응
2) 바르비투르염(barbiturate)에 의한 시상하부 thermocenter 이상?
혈종 배출 : 46→8→8→3→13(bloody)

수술 전 증상 : 뇌내출혈, 우측 기저핵
수술 후 증상 : 뇌내출혈, 우측 기저핵
수술명: 유도장치 가이드하 혈종제거술
수술 후 상태[수술 후 합병증 포함] : 참을 만함
계획[주의관찰사항 및 이에 대한 계획 포함]
수술 후 치료 -
상처 관리 - 밀접 모니터링 펜토탈 치료

2021. 3. 20.

투약기록(을2-6, 9면)
2021. 3. 20. 09:50 액틸라제(Actilyse) 주사 정상투약
2021. 3. 20. 19:30 액틸라제주 주사 정상투약

영상의학 판독 보고서(을2-9, 17면) 검사명: 뇌 CT 검사일시: 2021-03-20 16:30 (판독일시 2021-03-26 08:47) 검사결과: 뇌내출혈 용적이 약간 감소함. 뇌실내출혈 용적은 약간 감소함
경과기록 신경외과(을2-9, 13, 14면) [A] #0. 2021.03.19. 수술 후 상태 유도장치 가이드하 혈종제거술 우측 기저핵 뇌내출혈로 # 2021. 3. 18. 수술 후 상태 뇌심부자극술. 구강안면근긴장이상증으로 # 메이그 증후군 [P] 엄격히 혈압 조절 바르비투르염 혼수 치료에 의한 활력징후 이상 및 혈액 상처 이상 잘 관찰하기 고삼투압 치료: HTS-MNT-HTS-MNT 대체
2021. 3. 21.
투약기록(을2-6, 13면) 2021. 3. 21. 04:30 액티라제주 투약
영상의학 판독 보고서(을2-9, 20면) 뇌 CT 검사일시 2021-03-21 10:36 뇌출혈 및 뇌실내출혈 부피 비슷하며 밀도가 감소함
2021. 3. 22.
영상의학 판독 보고서(을2-9, 22, 24면) 검사명: 뇌 CT ■ 검사일시: 2021-03-22 08:54 검사결과: 우측 전두엽 뇌내출혈 용적 약간 감소함. 다른 변화 없음. ■ 검사일시: 2021-03-22 13:32 검사결과: 우측 기저핵, 우측 전두엽의 뇌내출혈 용적 증가함. 뇌실내출혈 용적도 증가함 **수술기록 신경외과**(을2-4, 27면) 수술시작일시: 2021/03/22 15:30 수술종료일시: 2021/03/22 20:20

[진단명] 수술 전후: 1. (주) 뇌내출혈
[수술명] 두개(머리뼈)절제술하 혈종제거(Craniectomy with hematoma removal)
[수술소견]
브레인랩 항법시스템 가이드하 미니 개두술
뇌피질절제술 후, 다량의 흑적색의 혈종제거, 출혈소들 응고가 어려웠음
[추정 출혈량] 500

경과기록 신경외과(을2-2, 17면)
[S&O]
GCS : 1/1/4 세미코마 동공: 2F/2F 동작:0/0 1/1
뇌내출혈 c 뇌실내출혈, 우측 기저핵
– 전일 1㎝ 위축 후 56cc 배출
– 금일 2㎝ 추가 위축
CRP 상승
[A] # 뇌내출혈, 우측 기저핵 c 뇌실내출혈, 양측 측면, 3rd 심실(ventricles)
유도장치 가이드하 혈종제거술 후 상태
[P] 출혈 치료 / 펜토탈 치료 내일까지 유지 예정

2021. 3. 23.

경과기록 신경외과(을2-2, 18면)
[S&O] 동공: 3P/3P 동작:0/0 1/1

2021. 3. 24.

경과기록 신경외과(을2-2, 19면)
빈혈(Anemia)
– 환자, 보호자(아내) 종교적 이유로 수혈 거부함
– 에포카인(Epokine) 4000 IU 투여함
혈관경련(Vasospasm)

2021. 3. 25.

영상의학 판독 보고서(을2-9, 30면)
검사명: CVA(CE) CT
검사일시: 2021-03-25 18:47 (판독일시 2021-03-26 08:49)

* 양측 뇌심부자극술
우측 개두술 / HR 튜브 제거 상태
부종을 동반한 소량의 뇌내출혈 우측 기저핵에, 양측 전두엽 비슷함.
뇌실내출혈과 반구형 SAH 양이 비슷함.
의증 혈관연축(vasospasm) 양측 V4, 기저(뇌바닥)동맥(basilar artery), 양측 M1
좌측 하부 내경정맥(IJV) 혈전증.
아주 작은 갑상샘결절

경과기록 신경외과(을2-2, 20면)
빈혈: 헤모글로빈(Hb) 8.7 → 9.7

2021. 3. 28.

경과기록 신경외과(을2-2, 24면)
펜토날 중단함

2021. 3. 29.

경과기록 신경외과(을2-2, 26면)
[S&O]
환자 금일 불포화반응 이벤트로 폐혈관 CT 촬영했으며
분절 폐혈전색전증[PTE(Pulmonary thromboembolism)], 양측 확인함. 중재적 시술로 혈전제거술 진행하지 못함. 혈압 저하는 없었으며 트로포닌 T는 59.6pg/mL로 증가해있음.
환자 FiO21.0으로 산소포화도 96~98% 유지되는 상태로 적응된 폐혈전색전증으로 생각되어 보호자에게 위험/이익 설명하고 헤파린화 시행하기로 함.
보호자 헤파린화로 인한 반복적인 채혈 및 헤파린에 기인한 저혈소판증의 위험 있지만 수혈을 원하지 않는다는 의견 다시 주심
[P]
헤파린화 주사 / 신경학적 상태 변화시 뇌 CT → 필요시 프로타민

[S&O]
폐혈전색전증(PTE)
수술 후 상태 흡인 혈전제거술과 풍선 혈관성형술, 양쪽 폐동맥(s/p aspiration thrombectomy and balloon angioplasty, both pulmonary artery), 2021. 3. 29.
→ 시술 후 상태 참을 만함.
– 헤파린 투여 예정

혈전정맥염(thrombophlebitis)
– 왼쪽 상완골, 쇄골하 및 내부경정맥
흡인성 폐렴(Aspiration pneumonia)
– 항생제 : 반코마이신 + 세페핌

2021. 4. 1.

경과기록 신경외과(울2-2, 32년)
[S&O]
보호자(배우자) 유선으로 면담함. 환자 현재 폐렴 및 폐부종 악화로 인하여 위독하신 상황임을 설명드렸고, 이에 대한 치료를 위하여 체외순환기(ecmo) 치료가 필요함을 설명드림. 하지만 환자 금일 Hb 6.8로 ecmo를 시행하기에는 Hb가 더 떨어질 것으로 생각되어서 수혈이 필요함을 설명드렸지만, 환자 보호자 및 환자가 의식이 있을 때에도 수혈 원하지 않았기에 수혈은 할 수 없다고 함. 대신 조혈제(에포카인)는 사용하기로 함. 환자 현재 조혈제를 사용하더라도 Hb 올라가는 속도가 더디고 혈전형성의(thrombogenic) 효과 때문에 혈전이 더 많이 생겨서 큰 혈전이 생기는 경우에는 급사의 가능성도 있음을 설명드렸으나, 조혈제 고용량 사용을 원하심. 환자 현재 호흡곤란증후군(ARDS)으로 위독하고, 조혈제 사용함에도 예후가 좋지 않을 수 있음을 여러 차례 설명드림
[A]
폐혈전 색전증(Pulmonary thromboembolism) s/p 헤파린화 주사 21-03-30 ~
급성호흡곤란증후군(ARDS)
[P]
에포카인 10,000 units 투약
지지적 치료

[[S&O]
환자 금일 뇌CT 추적관찰하였으며 헤파린화 약 60시간 하고난 뒤에 뇌내출혈 증가 없음을 확인함. 이후 ㎏당 0.5㎎으로 bid(하루에 두 번)로 항응고제(LMWH) 사용 시작하였으며 3일 정도 지난 뒤에 출혈 증가 없으면 ㎏당 1㎎ bid로 증량해볼 수 있겠음.
환자 급성호흡곤란증후군 증세로 현재 FiO2/PaO2 70/1로 70 정도이나 PCO2 잔류는 아니라 절대징조는 아니나 현재 환자 폐가 급격히 나빠지는 점 고려하여 ECMO 해보는 것이 좋겠다고 호흡기내과에서 의견 주심.
하지만 환자 종교적 신념으로 의식있을 때부터 수혈 거부했던 자로 수혈 원하지 않고 (환자, 배우자, 환자 부모님 모두 원하지 않았다고 함) Hb 6.8에서는 ECMO 자체가 Hb 저하가 추가로 생길 수 있어 어려울 것 같다고 흉부외과에서 구두로 답변받음.

2021. 4. 2.
경과기록 신경외과(을2-2, 34면) 환자 금일 오후 들어서 흉부 엑스레이 음영 악화되는 소견이며 abga/FiO2 악화됨. 에코모 필요한 상황이나 종교적 이유로 수혈 거부하심. 환자 종교적 이유로 수혈 거부하였을 때 의학적으로 수혈 필요하다면 수혈 가능할지에 대해서 소위원회 상정하였으며 답변 아래와 같이 주심 '의뢰 환자 심의한 결과 의학적으로나 윤리적으로는 수혈이 절대적으로 필요하다고는 판단됩니다. 그렇지만 보호자가 종교적인 문제로 수혈을 거부하는 상황(환자 의사능력 있을 때 수혈 거부)으로 강제적으로 수혈을 시행하는 것은 환자의 자기결정권에 위배되는 법적인 문제가 될 수 있으므로 환자 본인의 의향이 분명하였다면 수혈을 어렵다고 봅니다. 그 이외에 할 수 있는 처치와 돌봄에 집중하는 것이 좋겠습니다'
2021. 4. 3./2021. 4. 4./2021. 4. 5.
투약기록(을2-7 57, 59, 62, 64면) 2021. 4. 3. 11:00 에포카인 투약 / 2021. 4. 4. 18:00 에포카인 투약 2021. 4. 5. 00:00 에포카인 투약 / 2021. 4. 5. 18:00 에포카인 투약
2021. 4. 8.
경과기록 신경외과(을2-2, 40면) 23:10 특이 전조 증상 없이 동공 우측 5㎜/ 좌측 8㎜로 확대되어 만니톨 200mL 투여하며 응급 뇌 CT 촬영함. → 양측 중대뇌동맥, 후대뇌동맥 영역에 뇌경색 의심되는 저음영 영역 관찰됨 → 보호자(아내) 면담 진행하였고 현재 양측으로 뇌경색이 온 상황에서 두개골 절개술 시행 시 뇌간 탈출 진행할 수 있음을 설명하여 수술적 어려움을 설명함.
2021. 4. 9.
경과기록 신경외과(을2-2, 41면) 환자 뇌부종 심한 소견으로 감압성 두 개 절개술 필요한 상황이나, Hb 낮고(당시 7.0) 수혈 불가능한 점, 양측성 뇌경색으로 양쪽 다 감압이 필요하나 실질적으로 어려운 점 고려하여 수술적 치료는 어렵다고 판단함. 이에 차선책으로 저체온치료 하기로 하여 금일 시작함. 보호자에게 수술적 치료, 약물치료 어려운 상태이며 저체온 치료 시작하였음을 설명드림. 저체온 치료가 수술적치료, 약물치료를 완전히 대체할 수는 없기에 환자 예후 매우 좋지 못함을 설명드림.

01-C

최근 신경외과 의료사고에 대한 판결 경향

A. 척추 질환

B. 뇌신경 질환

C. 최근 신경외과 의료사고에 대한 판결 경향

최근 신경외과 의료사고 판결의 주요 경향

1 입증 책임의 변화

입증 책임이 환자에서 의사로 이동하여 의료 과실 소송에 큰 영향을 미칩니다

2 의사의 책임 상향

물가 상승과 수명 연장으로 인해 의사의 책임이 증가합니다.

3 형사 기소의 증가

의료 과실에 대한 형사 기소의 수가 증가하고 있습니다.

최근 의료사고 판결 경향 분석

이 장은 판례 분석을 통해 최근 의료사고에 대한 판결 경향을 정리하고, 입증 책임의 변화, 의사의 책임 상향, 형사 기소의 증가 등 주요 요소를 살펴봅니다. 의료사고 소송에서의 법적 환경 변화는 의료인에게 큰 부담을 주고 있으며, 이는 환자와 의료인 간의 관계에도 영향을 미치고 있습니다. 나아가 이러한 경향이 의료계에 미치는 영향을 분석하고, 향후 전망을 제시합니다.

1. 입증 책임의 변화

최근 의료사고 소송에서 입증 책임이 원고 환자에게서 피고 의사에게로 전가되는 경향이 뚜렷해지고 있습니다. 과거에는 환자 측이 의료 과실을 입증하기 어려워 패소하는 경우가 많았으나, 현재는 의료인의 설명 의무를 소홀히 한 경우에 대한 책임이 증가하고 있습니다. 이러한 변화는 의사들에게 상당한 부담을 주고 있으며, 의료 과실에 대한 법적 책임이 더욱 엄격하게 적용되고 있습니다.

2. 의사의 책임 상향

물가 상승, 인건비 증가, 노동 연령 및 수명 연장 등의 요인으로 인해 법원에서의 배상금 및 위자료에 대한 의사의 책임이 상향 조정되고 있습니다. 예를 들어, 2023년 도시 일용근로자의 임금은 약 16만원으로 책정되었으며, 위자료는 1억에서 1.5억 원에 이르는 경우가 많습니다. 이러한 변화는 의료사고 발생 시 의사가 부담해야 할 금전적 책임을 더욱 증가시키고 있습니다.

3. 형사 기소의 증가

우리나라에서 업무상 과실치사상죄로 기소되는 의사의 수가 다른 국가에 비해 현저히 높은 상황입니다. 이는 의료 행위에 대한 형사적 책임 추궁이 강화되고 있음을 나타냅니다. 피해를 입었다고 생각하거나 합리적 배상을 받지 못한 환자가 민사적 배상을 얻기 위해 형사소송을 제기하는 경우가 대부분입니다.

민사와 형사소송에서의 의사의 책임을 비교해보면, 민사소송에서는 의사의 책임을 폭넓게 인정하기 때문에 손해배상 판결 가능성이 높습니다. 반면, 형사소송은 인용이 어려운 반면 입증 책임이 완전히 피고 의사에게 전환된다는 점이 다릅니다. 형사소송에서 의사는 자신의 무죄를 소명해야 하는 부담을 지며, 법정에 직접 나가야 하고, 대법원에서 무죄로 확정되더라도 1, 2심 진행 중에는 엄청난 압박을 받습니다. 또한, 과실 치사 사건의 경우 환자 측이 손해배상을 받았더라도 합의를 하지 않으면 법정 구속이 이루어질 수 있습니다.

이러한 경향은 의료사고 소송의 복잡성을 증가시키고 있으며, 의료인들은 법적 책임에 대한 인식을 더욱 강화해야 할 필요성이 있습니다.

02-A

악결과 사례

07 비파열성 뇌동맥류 수술 후 반신마비 후유장애

사례 7

비파열성 뇌동맥류 수술 후 반신마비 후유장애

이 판례는 32세 여성 환자가 비파열성 뇌동맥류(UIA/(MCA) 수술 후 겪은 반신마비 후유장애에 대한 사례를 다룹니다. 환자는 수술 후 뇌경색이 발생하여 중증 뇌병변 장해 싱태에 이르게 되었으며, 이아 관련된 법적 책임과 시사점을 분석합니다.

1. 기초 사실

의료 여정 및 법적 청구 타임라인

2017.01.10
환자가 증상으로 응급실에 내원
좌측 과열성 중대뇌동맥류
측두엽 급성 뇌내출혈

2017.02.02
환자가 동맥류 수술 후 퇴원

2017.06.14
초기 동맥류 수술 시행
우측 비과열성 중대뇌동맥류
수술 시행

2017.06.14
수술 직후 CT 검사에서
이상 없음 확인

2017.06.14
합병증으로 인한 재수술 시행

2017.06.14
재수술후 CT 검사에서
뇌경색 확인

이 사례는 32세 여성 환자가 비파열성 뇌동맥류(UIA/(MCA) 결찰 수술 후 반신마비 후유장애를 겪은 경우입니다. 환자는 응급실에 내원하여 좌측 파열성 중대뇌동맥류 및 측두엽의 급성 뇌내출혈, 우측 비파열성 중대뇌동맥류 진단을 받았습니다. 먼저 좌측 중대뇌동맥류 결찰술이 시행되었고, 5개월 후 우측 비파열성 뇌동맥류 클립 결찰술('이 사건 수술')이 시행되었습니다. 수술 직후 뇌 CT 검사에서 '이상 없음'이 확인되었으나, 뇌경색 소견이 있어 같은 날 재결찰술('이 사건 재수술')이 시행되었습니다. 이 사건 재수술 후 뇌 CT 검사 결과 우측 기저핵의 급성 뇌경색이 확인되었습니다. 현재 환자는 좌측 반신마비와 인지기능 저하로 인해 중증 뇌병변 장해 상태에 있습니다.

2. 기초 사실 - 영상 자료

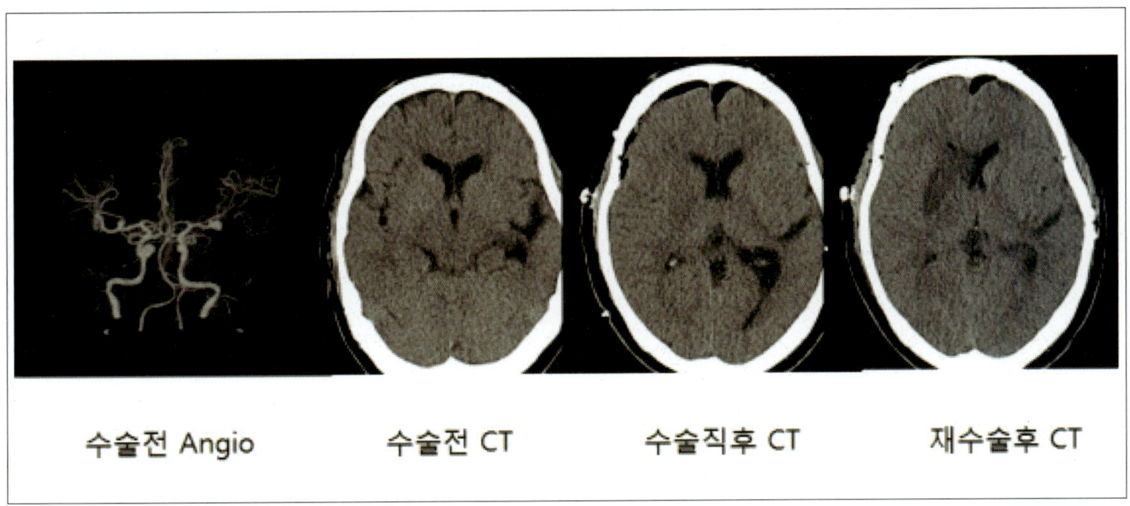

수술전 Angio 수술전 CT 수술직후 CT 재수술후 CT

2017년 1월 10일 수술 전 CT 혈관종영술(Angiogram)에서 좌측 파열성 중대뇌동맥류 및 측두엽의 급성 뇌내출혈, 우측 비파열성 중대뇌동맥류가 확인되었습니다. 우측 비파열성 뇌동맥류 클립 결찰술('이 사건 수술') 시행 전, 수술 직후 13:40경 원고에 대한 뇌 CT 검사에서 뇌출혈이 없이 '이상 없음'이 확인되었으나, 뇌경색 의심으로 재수술이 시행되었습니다. 이 사건 재수술 후 원고의 뇌 CT 검사 결과 우측 기저핵 급성 뇌경색이 확인되었습니다.

3. 법적 판단

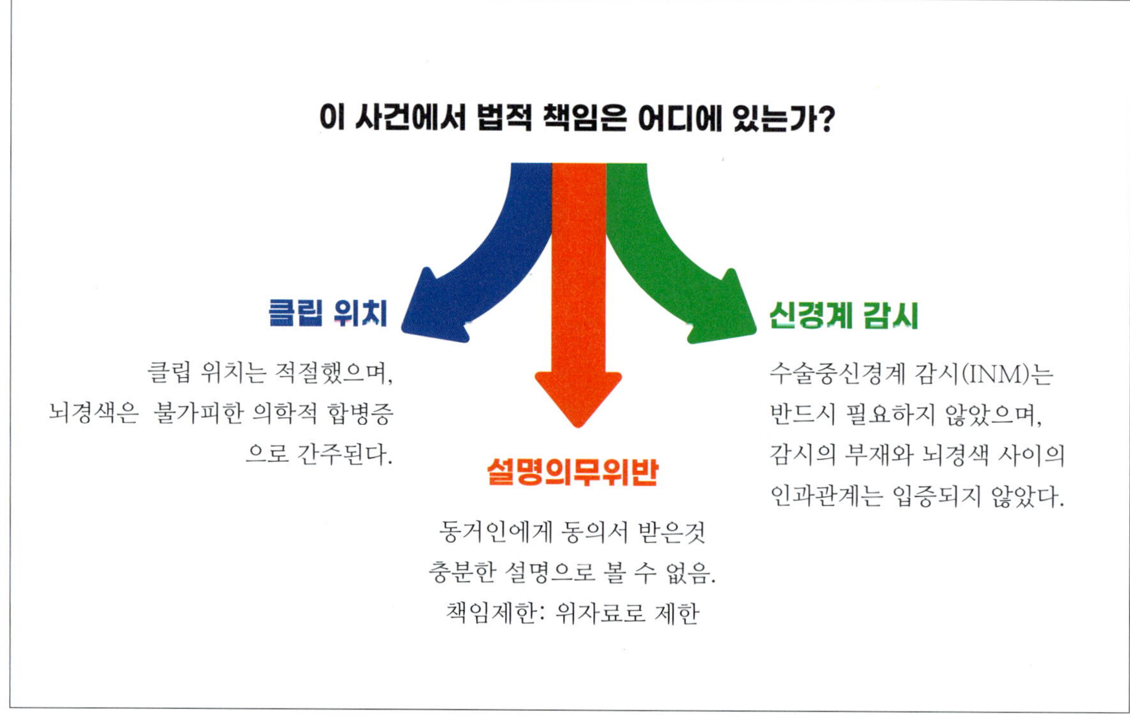

이 사건에서 법적 책임의 쟁점은 다음과 같습니다:

- 클립 위치: 미세혈관 도플러검사를 이용한 수술중 신경계 감시, 클립 위치는 적절했으며, 뇌경색은 불가피한 의학적 합병증으로 간주됩니다.
- 신경계 감시: 수술 중 신경계 감시는 반드시 필요하지 않았으며, 감시의 부재와 뇌경색 사이의 인과관계는 입증되지 않았습니다.
- 설명의무위반: 동거인에게 동의서를 받은 것은 충분한 설명으로 볼 수 없습니다. 책임 제한: 위자료로 제한됩니다.
- 피고의 손해배상의 범위: 위자료로 제한됩니다.
- 피고의 배상액: 2000만원으로 판결되었습니다.

이 사건의 시사점은 진료기록(수술기록, 영상자료, 수술 중 Doppler 검사 자료 등)이 피고의 주장을 객관적으로 뒷받침하고 있어 최선의 주의의무가 입증된 것으로 보입니다.

창원지방법원 마산지원 2018가합275

진 단 명	**비파열성 뇌동맥류(UIA/(MCA)**
사 고 내 용	**비파열성 뇌동맥류(UIA/(MCA) 수술 후 겪은 반신마비 후유장애**
책 임 제 한	**30%**
판 결	원고 일부 승
의 사 과 오	설명의무위반
배 상 액 (원)	2000 만원

원 고 1. AAA

피 고 BB대학교병원

판 결 선 고 2021. 1. 13.

주 문

1. 피고는 원고에게 20,000,000원 및 이에 대하여 2017. 6. 14.부터 2021. 1. 13.까지는 연 5%의, 그 다음날부터 다 갚는 날까지는 연 12%의 각 비율에 의한 금원을 지급하라.

2. 원고의 나머지 청구를 기각한다.

3. 소송비용 중 95%는 원고가, 나머지는 피고가 각 부담한다.

4. 제1항은 가집행할 수 있다.

청 구 취 지

피고는 원고에게 728,520,570원 및 이에 대하여 2017. 6. 14.부터 이 사건 판결선고일까지는 연 5%의, 그 다음날부터 다 갚는 날까지는 연 12%의 각 비율에 의한 금원을 지급하라.

이 유

1. 기초사실

가. 원고의 내원 경위

1) 원고는 2017. 1. 10. 두통 및 묻는 말에 대답을 못하는 증상으로 피고 병원 응급실에 내원하였고, 뇌 CT검사, 뇌혈관 조영술 검사 등을 시행한 후 좌측 파열성 중대뇌동맥류 및 측두엽의 급성 뇌내출혈, 우측 비파열성 중대뇌동맥류의 소견을 보였다.

2) 원고는 내원 당일 피고 병원의 의료진인 의사 CCC으로부터 좌측 중대뇌동맥류 결찰술(結紮術, 끊어진 혈관 따위를 묶어 연결하거나 특정 인체 조직을 묶어 혈액 따위의 흐름이 이루어지지 않게 하는 수술) 및 뇌출혈 제거술을 받고 2017. 2. 2. 퇴원하였다.

나. 이 사건 수술 및 재수술의 시행

1) 원고는 2017. 6. 13. 우측 비파열성 중대뇌동맥류 수술을 위하여 피고 병원에 입원하였고, CCC은 다음날인 2017. 6. 14. 09:55경부터 12:55경까지 원고에 대하여 우측 뇌동맥류 클립 결찰술(이하 '이 사건 수술'이라 한다)을 시행하였다.

2) CCC은 이 사건 수술 직후 원고에 대한 뇌 CT검사에서 '이상없음'을 확인하고 환자를 13:40경 중환자실로 옮기도록 하였다.

3) 그러나 원고가 1차 수술 후 진정에서 깨어나지 못하고 좌측 부위 허약감 소견을 보이자, CCC은 같은 날 18:05경부터 19:35경까지 원고의 우측 뇌동맥류 재결찰술(이하 '이 사건 재수술'이라 한다)을 시행하였다.

다. 이후의 경과

1) 이 사건 재수술 후 원고의 뇌 CT검사 결과 우측 기저핵(基底核의, 대뇌 수질의 안쪽에 있는 몇 개의 신경세포의 집단을 통틀어 이르는 말)의 급성 뇌경색(뇌혈관이 막혀 뇌의 일부가 손상되는 질환)이 확인되었다.

2) 원고는 인지 및 언어장애, 좌측 편마비 증상에 대하여 재활치료 등 보존적 치료를 받다가 2017. 12. 5. 피고 병원에서 퇴원하였다.

3) 원고는 현재 좌측 반신마비, 인지기능 저하로 인해 부분적으로 언어의 혼돈이 있어 언어를 통한 대화에 어려움이 있으며, 타인에 의한 식사, 착탈의, 개인위생, 이동, 목욕이 필요한 중증뇌병변 장해(이하 '이 사건 장해'라 한다)상태에 있다.

라. 관련 의학지식

1) 뇌동맥류 결찰술 시행 후의 뇌경색 발생

가) 뇌동맥류는 혈관벽의 약화와 지속적인 혈역학적 부담으로 인해 뇌혈관의 일부가 풍선처럼 부풀게 되는 뇌혈관질환을 말한다. 뇌동맥류의 치료 방법으로는 개두술(두개골을 절개하여 뇌를 노출시킨 상태에서 진행하는 수술)을 통해 뇌혈관에 직접 접근하여 뇌동맥류의 경부를 클립과 같은 기구를 이용하여 결찰하는 방법(결찰술)과 혈관 속을 통해 뇌동맥류에 접근하여 뇌동맥류 내부를 코일과 같은 물질로 채워 색전하는 방법(코일 색전술)이 있는데, 뇌동맥류를 위와 같은 방법으로 치료할 것인지, 만약 치료해야 한다면 어떠한 치료방법을 선택할 것인지는 뇌동맥류의 파열 여부, 뇌동맥류의 위치, 뇌동맥류와 모동맥과의 관계, 뇌동맥류의 크기 및 구체적인 모양, 환자의 나이, 가족력 및 전신 상태 등을 종합적으로 고려하여 판단해야 한다.

나) 비파열성 뇌동맥류의 치료를 위해 결찰술을 시행하는 과정에서 뇌동맥류가 파열되는 경우로는 뇌동맥류에 접근하기 전 개두 도중 우연히 파열되는 경우, 뇌동맥류에 접근하여 뇌동맥류를 주위 조직과 박리하는 과정에서 외력이 가해져 파열되는 경우, 뇌동맥류의 경부에 클립을 이용하여 결찰하는 도중 뇌동맥류의 압력이 높아져 파열되는 경우 등이 있을 수 있다.

다) 이처럼 결찰술 시행 도중 뇌동맥류가 파열되면 뇌혈류 이상에 의한 뇌경색 등과 같은 합병

증이 발생할 수 있는데, 만약 운동신경중추나 운동신경전달부위에 뇌경색이 발생할 경우 좌반신(左半身, 몸의 왼쪽 절반)에 근력 저하 등이 생길 수 있다.

2) **수술 중 신경계 감시**(intraoperative neurophysiological monitoring, INM)

수술 중 신경계 감시는 수술 중 신경생리검사를 이용하여 신경계를 추적 감시하거나 기능을 평가하는 방법을 말한다. 이용되는 신경생리검사는 전기신경생리와 신경초음파로 나눌 수 있는데, 전기신경생리는 뇌파, 유발전위, 신경전도, 근전도, 전기자극술을 말하며, 신경초음파는 경두개 초음파, 수술중 초음파를 말한다.

수술 중 신경계 감시는 수술 중 신경계의 손상을 조기에 감지하거나 혹은 수술 중 손상의 위험이 높은 주요 신경의 정확한 위치를 파악하여 궁극적으로 수술 후 신경장애의 위험성을 최소화하는 것을 주요 목적으로 한다.

[인정 근거] 다툼 없는 사실, 갑 제1 내지 4, 10호증, 을 제1호증(가지번호 있는 것은 각 가지번호 포함, 이하 같다)의 각 기재, 변론 전체의 취지

2. 원고의 주장

가. 이 사건 수술 및 재수술 과정에서의 과실

1) 피고 병원 의사인 CCC은 이 사건 수술 및 재수술을 시행하면서 뇌에 손상이 가지 않도록 적절한 위치에 클립을 설치하여야 함에도 불구하고, 이러한 주의의무를 위반하여 잘못된 위치에 클립을 설치하여 원고에게 뇌경색 등의 증상이 발생하도록 한 과실이 있다.

2) 또한 CCC은 이 사건 수술을 시행하면서 수술 중 신경계 감시를 시행하지 않았고, 이러한 의료진의 과실로 인하여 신경계 손상에 대한 인지 및 대처를 하지 못하여 원고에게 장해가 발생하였다.

나. 설명의무 위반

CCC은 원고 또는 보호자에게 이 사건 수술 및 재수술의 이환률(발생률 또는 발병률) 및 사망률과 관련된 위험성을 제대로 알리지 않고 단순히 '일주일이면 퇴원할 수 있다'고 말하고 구체적인 위험에 대한 언급을 하지 않아 설명의무를 위반하였다.

다. 피고의 책임 및 손해배상의 범위

피고 병원 의료진의 위와 같은 의료상 과실로 인하여 원고에게 뇌경색과 같이 중대한 후유증이 발생하였고, 피고 병원 의사 CCC은 설명의무를 위반하여 원고의 자기 결정권을 침하였다. 따라서 피고 병원은 사용자로서 원고에게 원고가 입은 손해 1,073,480,562원(= 기왕치료비 7,395,350원 + 향후 치료비 58,395,284원 + 향후 보조구비 9,118,400원 + 개호비 700,223,991원 + 휴업손해 95,784,648원 + 일실소득 102,562,889원 + 위자료 100,000,000원) 중 일부인 728,520,570원 및 이에 대한 지연 손해금을 배상할 책임이 있다.

3. 판단

가. 관련 법리

의사가 진찰 · 치료 등의 의료행위를 하는 경우 사람의 생명 · 신체 · 건강을 관리하는 업무의 성질에 비추어 환자의 구체적인 증상이나 상황에 따라 위험을 방지하기 위하여 요구되는 최선의 조치를 취하여야 할 주의의무가 있고, 의사의 이와 같은 주의의무는 의료행위를 할 당시 의료기관 등 임상의학 분야에서 실천되고 있는 의료행위의 수준을 기준으로 삼되, 그 의료수준은 통상의 의사에게 의료행위 당시 일반적으로 알려져 있고 또 시인되고 있는 이른바 의학상식을 뜻하므로 진료환경 및 조건, 의료행위의 특수성 등을 고려하여 규범적인 수준으로 파악되어야 하며, 또한 진단은 문진 · 시진 · 촉진 · 청진 및 각종 임상검사 등의 결과에 터잡아 질병 여부를 감별하고 그 종류, 성질 및 진행 정도 등을 밝혀내는 임상의학의 출발점으로서 이에 따라 치료법이 선택되는 중요한 의료행위이므로, 진단상의 과실 유무를 판단함에 있어서는 그 과정에 있어서 비록 완전무결한 임상진단의 실시는 불가능하다고 할지라도 **적어도 임상의학 분야에서 실천되고 있는 진단 수준의 범위 내에서 그 의사가 전문직업인으로서 요구되는 의료상의 윤리와 의학지식 및 경험에 터잡아 신중히 환자를 진찰하고 정확히 진단함으로써 위험한 결과 발생을 예견하고 그 결과 발생을 회피하는 데에 필요한 최선의 주의의무를 다하였는지 여부를 따져 보아야 한다**(대법원 2010. 7. 8. 선고 2007다55866 판결 등 참조).

의사는 진료를 하면서 환자의 상황, 당시의 의료 수준과 자신의 전문적 지식 · 경험에 따라 적절하다고 판단되는 진료방법을 선택할 수 있다. 그것이 합리적 재량의 범위를 벗어난 것이 아닌 한 진료

결과를 놓고 그중 어느 하나만이 정당하고 이와 다른 조치를 취한 것에 과실이 있다고 할 수는 없다.

의료행위는 고도의 전문적 지식을 필요로 하는 분야로서 전문가가 아닌 일반인으로서는 의사의 의료행위 과정에 주의의무 위반이 있는지나 주의의무 위반과 손해 발생 사이에 인과관계가 있는지를 밝혀내기가 매우 어렵다. 따라서 문제 된 증상 발생에 관하여 의료 과실 이외의 다른 원인이 있다고 보기 어려운 간접사실들을 증명함으로써 그와 같은 증상이 의료 과실에 기한 것이라고 추정할 수도 있다. 그러나 그 경우에도 의사의 과실로 인한 결과 발생을 추정할 정도의 개연성이 담보되지 않는 사정을 가지고 막연하게 중대한 결과에서 의사의 과실과 인과관계를 추정함으로써 결과적으로 의사에게 무과실의 증명책임을 지우는 것까지 허용되지는 않는다.

의료행위로 후유장해가 발생한 경우 후유장해가 당시 의료수준에서 최선의 조치를 다하는 때에도 의료행위 과정의 합병증으로 나타날 수 있거나 그 합병증으로 2차적으로 발생될 수 있다면, 의료행위의 내용이나 시술 과정, 합병증의 발생 부위 · 정도, 당시의 의료수준과 담당 의료진의 숙련도 등을 종합하여 볼 때에 그 증상이 일반적으로 인정되는 합병증의 범위를 벗어났다고 볼 수 없는 한, 후유장해가 발생되었다는 사실만으로 의료행위 과정에 과실이 있었다고 추정할 수 없다(대법원 2019. 2. 14. 선고 2017다203763 판결).

나. 의료상 과실 주장에 대한 판단

1) 적절한 위치에 클립을 설치할 주의의무를 위반하였는지 여부

비파열성 뇌동맥류의 치료를 위해 결찰술을 시행하는 과정에서 뇌동맥류가 파열되는 경우가 있을 수 있고, 결찰술 시행 도중 뇌동맥류가 파열되면 뇌혈류 이상에 의한 뇌경색 등과 같은 합병증이 발생할 수 있는 점 등은 앞서 본 바와 같다.

그러나 앞서 인정한 사실, 위 각 증거들 및 을 제2호증의 기재, 이 법원의 인제대학교 부속 부산백병원장, 가톨릭대학교 서울성모병원장에 대한 각 진료기록감정촉탁결과 및 변론 전체의 취지를 종합하여 인정할 수 있는 다음의 사정들에 비추어 보면, 피고 병원 의료진이 이 사건 수술 및 재수술을 시행하면서 뇌에 손상이 가지 않도록 적절한 위치에 클립을 설치하여야 할 주의의무를 위반한 과실이 있다고 보기는 어렵다.

① 통상 비파열뇌동맥류의 경우 수술 후 이환률 2~11%, 사망률 1~3%로 보고되며, 뇌동맥류 결찰술과 관련하여서는 출혈이나 동맥의 폐색으로 인하여 사망 및 이환에 이를 수 있다고

알려져 있다. 따라서 수술이 정상적으로 과실 없이 이루어졌다고 하더라도 높은 확률로 뇌경색 등의 후유증이 발생할 수 있고, 이 사건 장해도 위와 같은 수술 후 발생할 수 있는 후유장해로 볼 수 있다.

② 원고의 뇌경색은 수술 시야 확보를 위해서 견인 또는 위축되었던 뇌가 제 위치를 차지하는 과정에서 클립이 밀리면서 천공 동맥이 폐쇄되어 발생한 것으로 보이는데, 클립이 고정되어 있다고 하더라도 위와 같이 뇌가 정상화되면서 어느 정도 움직일 가능성이 있다. 따라서 수술 과정에서 클립이 정확한 자리에 고정되더라도 위와 같이 클립이 움직일 가능성을 완전히 배제할 수는 없으므로, 의사 CCC이 클립을 정확한 위치에 고정하지 않아 이 사건 장해가 발생하였다고 단정할 수는 없다.

③ 결찰 클립 위치의 적절성 여부는 수술 현장에서 미세혈관 도플러 검사를 통하여 이를 확인하는데, CCC은 이 사건 수술 및 재수술시 클리핑 후 도플러를 이용하여 동맥류의 근위부, 원위부의 혈류의 흐름에 문제가 없다는 것을 확인하였고, 동맥류 지붕(dome)에는 혈류가 흐르지 않는다는 것도 확인하였다. 위 와 같이 CCC은 결찰술의 합병증을 예방하기 위한 조치를 취하였다고 판단된다.

④ 결국, 클립의 위치가 적절하였더라도 뇌동맥류의 크기 및 상태에 따라 클립이 미끄러지면서 위치를 벗어날 수 있으며, 의료진의 과실이 없더라도 불가피하게 환자에게 뇌경색이 발생할 수 있다.

2) 수술 중 신경계 감시를 시행하여야 할 주의의무를 위반하였는지 여부

피고 CCC이 이 사건 수술을 진행하면서 미세혈관 도플러 검사 외에 유발전위와 같은 수술 중 신경계 감시를 하지 않은 사실, 이 사건 수술 당시 피고 병원이 수술 중 신경계 감시가 가능한 장비를 보유하고 있었던 사실은 당사자 사이에 다툼이 없고, 갑 제10 내지 12, 20호증의 각 기재, 이 법원의 가톨릭대학교 서울성모병원장에 대한 진료기록 감정촉탁결과, 건강보험 심사평가원에 대한 사실조회결과 및 변론 전체의 취지를 종합하면, 2005. 8.경부터 수술 중 신경계 감시가 본인 일부 부담항목으로 변경되어 급여화가 이루어지고 그 이후로 이에 대한 수요가 증가한 사실, 이 사건 수술과 같은 뇌동맥류 수술에 수술 중 신경계 감시를 시행하면 수술 중 발생할 수 있는 신경계의 이상을 조기에 발견할 수 있는 사실이 인정된다.

그러나 앞서 인정한 사실, 위 각 증거들에 을 제2호증의 기재, 이 법원의 인제대학교 부속 부산백병원장, 가톨릭대학교 서울성모병원장에 대한 각 진료기록 감정촉탁결과 및 변론 전체의 취지를 종합하여 인정할 수 있는 다음의 사정들에 비추어 보면, 피고 병원 의료진이 이 사건 수술을 시행하면서 수술 중 신경계 감시를 시행하지 않은 것에 의료진으로서 과실이 있다고 보기 어렵고, 수술 중 신경계 감시를 시행하지 않은 것과 원고에게 뇌경색이 발생한 것 사이에 인과관계도 인정되기 어렵다.

① 원고는 수술 중 신경계 감시를 해야 한다는 것이 이 사건 수술 및 재수술 당시 임상의학 분야에서 실천되고 있는 의료행위의 수준에 해당하므로, 위 신경계 감시를 하지 않은 것은 과실이라는 취지로 주장한다. 그러나 원고가 그 근거로 들고 있는 수술중신경계감시 임상진료지침(갑 제10호증의 1)은 2015년 대한신경과학회 제34차 학술대회에서 발표된 것으로서 위 지침에 따르더라도 '검사의 비용 및 인력 등을 고려하여 수술후 신경손상의 가능성이 높거나 기존 연구를 통해 INM의 효용성이 제시된 수술에 시행하는 것이 일반적'이라고 기재되어 있을 뿐, 이 사건 수술과 같은 뇌동맥류 클립 결찰술의 경우에 반드시 신경계 감시를 해야한다고 기재되어 있지는 않다.

② 또한 원고가 제시한 신문기사(갑 제21호증의 1, 2)에는 뇌동맥류 수술에 신경계 감시가 효과적이라는 취지로 기재되어 있기는 하나, 이는 모두 이 사건 수술 및 재수술 이후인 2018년경에 나온 기사에 불과하다.

③ 원고가 제출한 '우리나라 수술 중 신경계 감시의 역사'(갑 제20호증)에 따르더라도 우리나라에서 수술 중 신경계 감시가 발전한 것은 비교적 최근의 일로 보여지고, 더욱이 신경계 감시를 위해서는 신경생리전문의와 같은 신경생리검사 전문가들이 수술에 참여해야 하는데, 이러한 전문가들은 병원의 규모 등에 따라 그 인원 등에 차이가 있을 수밖에 없으므로, 모든 병원에서 이러한 신경계 감시를 해야 한다고 보기는 어렵다.

④ 수술 중 신경계 감시로 유발전위의 유의한 변화가 있을 경우 수술적 조작을 함으로써 허혈로 인한 신경학적 결손의 발생을 예방하거나 감소시킬 수도 있으나, 수술장의 전기환경 및 수술기구로부터 전류 누출이나 전기 소작기 사용 등으로 충분한 유발전위 신호를 얻기 불가능한 경우도 있고, 마취약제, 체온의 변화, 동맥의 탄산가스의 분압 및 혈압의 변동 등이 유발전위에 영향을 줄 수도 있다. 특히 유발전위 검사 중 운동유발 전위 검사의 경우 전위를 유발하기 위한 자극시 근수축으로 미세현미경 수술에 방해를 줄 수 있고, 이유 없이 유발전위가 얻어지지 않는 경우도 10% 정도로 알려져 있으며, 너무 예민하게 반응하여 수술에 부담을 주며 수술을 지연시킬 수 있는 단점도 있다. 위와 같이 신경계 감시에도 단점

이 존재할 뿐만 아니라, 신경계 감시를 한다고 하더라도 뇌경색 등의 합병증을 100% 방지할 수 있다고 단정할 수도 없다.

⑤ 피고 병원에서는 2016년경 수술 중 신경계 감시 장비를 도입하였으나, 그 동안 뇌동맥류 수술과 관련하여 감시 장비를 활용한 것은 1건 밖에는 없다고 주장하고 있는바, 앞서 본 바와 같이 이 사건 수술 및 재수술 당시 반드시 수술 중 신경계 감시를 해야 한다는 의료지침이나 피고 병원 내부적으로 신경계 감시 장비 활용과 관련한 지침 등이 존재하지는 않는 것으로 보이는 점, 앞서 본 바와 같이 신경계 감시 장비를 활용하기 위해서는 검사 전문 인력도 필요한 것으로 보이는 점, 신경계 감시에도 여러 단점이 존재하는 점 등을 고려해보면, 이 사건 수술 당시 피고 병원 의료진이 신경계 감시를 하지 않았다고 하여 그 당시 준수되어야 하는 기준을 위반하였다고 단정할 수는 없다.

⑥ 설령 피고 병원 의사가 수술 중 신경계 감시를 하지 않은 것을 과실로 볼 수 있다고 하더라도, 신경계 감시를 하지 않은 과실과 이 사건 장해와의 인과관계가 인정되기 위해서는 신경계 감시를 하였더라면 이 사건 장해가 발생하지 않았다는 점이 증명되어야 한다. 그런데 피고 병원의 의료진인 CCC은 이 사건 수술시 도플러를 이용하여 동맥류의 근위부, 원위부의 혈류의 흐름에 문제가 없다는 것을 확인하였는바, 적어도 이 사건 수술 중에는 클립의 위치가 밀리는 등의 현상은 없었고, 수술 후 회복하는 과정에서 클립의 위치가 변동되어 이 사건 장해가 발생하였을 가능성이 존재한다. 수술 중 신경계 감시 장비가 수술 이후 발생하는 합병증까지도 방지할 수 있는 것은 아니므로, 결국 이 사건 수술에 신경계 감시 장비가 활용되었더라도 수술 이후 발생한 합병증일 가능성이 있는 이 사건 장해를 방지할 수 있었다고 보기는 어렵다.

다. 설명의무 위반 주장에 대한 판단

1) 설명의무 위반여부

일반적으로 의사는 환자에게 수술 등 침습을 가하는 과정 및 그 후에 나쁜 결과 발생의 개연성이 있는 의료행위를 하는 경우에 있어서 진료계약상의 의무 내지 침습 등에 대한 승낙을 얻기 위한 전제로서 당해 환자나 그 법정대리인에게 질병의 증상, 치료방법의 내용 및 필요성, 발생이 예상되는 위험 등에 관하여 당시의 의료수준에 비추어 상당하다고 생각되는 사항을 설명하여 당해 환자가 그 필요성이나 위험성을 충분히 비교해 보고 그 의료행위를 받을 것인가의 여부를 선택할 수 있도록 할 의무가 있고, 이러한 설명의무를 이행한 데 대한 증명책임은 특별한 사정이 없는 한 의사 측에게 있다(대법원 2007. 5. 31. 선고 2005다5867 판결 등 참조). 또한, 설명의무는 환자가 의료행위 등의 침습행위를 받을 것인지 말 것인지에 대한 자기결정권을 실질적으로 행사할 수 있도록 하기 위한 것, 즉 환자 자신의 자유를 보장하기 위한 것이므로, 환자가 성인으로서 판단능력을 가지고 있어 자기결정권의 주체가 될 수 있는 이상 그 설명의 상대방은 환자 본인이어야 하지 환자의 친족 등 제3자가 될 수 없다(대법원 1994. 11. 25. 선고 94다35671 판결, 대법원 2015. 10. 29. 선고 2015다13843 판결 등 참조).

앞서 본 바와 같이 이 사건 수술로 인한 이환률은 2~11%, 사망률도 1~3%에 이르므로, 피고 병원 의료진으로서는 원고에게 이 사건 수술의 필요성과 그에 따른 위험성, 부작용 등에 관하여 충분히 설명하여 원고로 하여금 이 사건 수술에 응할 것인지 여부를 선택할 수 있도록 하여야 할 의무가 있다.

따라서 피고 병원이 원고에게 위와 같은 설명의무를 제대로 이행하였는지 여부에 관하여 살피건대, 을 제1호증의 기재, 증인 DDD의 증언 및 변론 전체의 취지를 종합하면, 이 사건 수술 전날 원고와 연인관계에 있던 DDD가 이 사건 수술에 대한 동의서에 서명한 사실을 인정할 수 있다.

피고 병원은 원고가 당시 이 사건 수술에 관하여 제대로 설명을 들을만한 정신상태가 아니었다는 취지로 주장하므로, 살피건대, 이에 부합하는 듯한 증인 FF의 일부 증언은 이 사건 수술 전 작성된 수혈 동의서에는 원고가 직접 서명한 점(을 제1호증 참조) 등에 비추어 믿기 어렵고, 달리 원고가 이 사건 수술 전 위 수술을 받을 것인지 여부에 관한 자기결정권을 행사하는데 필요한 설명을 직접 받았다거나, 원고가 직접 의사의 설명을 듣고 수술에 동의할 수 없었던 특별한 사정이 있었다는 점을 인정할 증거가 없다.

따라서 피고 병원은 원고 본인에 대한 설명의무를 불이행하여 원고의 자기결정권을 침해하였다고 판단된다.

2) 손해배상의 범위

의사가 위 설명의무를 위반한 채 수술 등을 하여 환자에게 사망 등의 중대한 결과가 발생한 경우에 있어서 환자 측에서 선택의 기회를 잃고 자기결정권을 행사할 수 없게 된 데 대한 위자료만을 청구하는 경우에는 의사의 설명결여 내지 부족으로 선택의 기회를 상실하였다는 사실만을 입증함으로써 족하고, 설명을 받았더라면 사망 등의 결과는 생기지 않았을 것이라는 관계까지 입증할 필요는 없다고 할 것이다. 그러나 그 결과로 인한 모든 손해를 청구하는 경우에는 그 중대한 결과와 의사의 설명의무위반내지 승낙취득과정에서의 잘못과의 사이에 상당인과관계가 존재하여야 하며, 그 경우 의사의 설명의무의 위반은 환자의 자기결정권 내지 치료행위에 대한 선택의 기회를 보호하기 위한 점에 비추어 환자의 생명, 신체에 대한 의료적 침습 과정에서 요구되는 의사의 주의의무위반과 동일시 할 정도의 것이어야 한다고 할 것이다(대법원 1994. 4. 15. 선고 93다60953 판결).

앞서 본 바와 같이 피고 병원 의료진이 원고에게 이 사건 수술을 시행한 것은 의사에게 부여된 합리적 재량범위 내에 있다고 보이고, 수술 과정에서 특별한 과실이 있다고 보기 어려우므로, 위 설명의무 위반과 이 사건 장해 사이에 상당인과관계가 있다거나 그것이 의료적 침습과정에서 요구되는 의사의 주의의무 위반과 동일시할 정도에 이르렀다고 보기는 어렵다. 따라서 피고 병원 의료진의 설명의무 위반을 이유로 하여 이 사건 장해에 따른 모든 손해의 배상을 구하는 원고의 주장은 나아가 판단할 필요 없이 이유 없다.

한편, 원고의 이 부분 주장에는 설명의무 위반으로 인한 위자료의 배상을 구하는 취지도 포함되어 있다고 보이고, 앞서 인정한 바와 같이 피고 병원 의료진은 설명의무를 위반하여 원고의 자기결정권을 침해함으로써 정신적 고통을 가하였으므로, 피고 병원은 피고 병원 의료진의 사용자로서 원고에게 위자료를 배상할 책임이 있다. 나아가 위자료 액수에 관하여 살피건대, 이 사건 수술에 이르게 된 경위, 그 이후의 진료 경과, 원고의 장해 상태, 피고 병원 의료진의 설명의무 위반의 내용 및 정도와 기타 변론에 나타난 여러 사정을 참작하여 원고에 대한 위자료는 20,000,000원으로 정한다.

3) 소결론

따라서 피고는 원고에게 위자료로 20,000,000원 및 이에 대하여 이 사건 수술일인 2017. 6. 14.부터 피고가 그 이행의무의 존재 여부나 범위에 관하여 항쟁함이 타당하다고 인정되는 이 판결 선고일인 2021. 1. 13.까지는 민법이 정한 연 5%의, 그 다음날부터 다 갚는 날까지는 소송촉진 등에 관한 특례법이 정한 연 12%의 각 비율에 의한 지연손해금을 지급할 의무가 있다.

4. 결론

그렇다면, 원고의 청구는 위 인정범위 내에서 이유 있어 이를 인용하고, 나머지 청구는 이유 없어 이를 기각하기로 하여, 주문과 같이 판결한다.

08 대후두공 뇌수막종 수술 후 소뇌 및 경수 경색

사례 8 대후두공 뇌수막종 수술 후 소뇌 및 경수 경색

이 판례는 43세 남성 환자의 대후두공 뇌수막종 수술 후 발생한 소뇌 및 경수 경색 사례를 다루고 있습니다. 수술 중 발생한 합병증과 법원에서의 판단을 통해 의료 과실 여부를 검토하며, 이 사건이 의료계에 미치는 시사점을 분석합니다.

1. 기초 사실

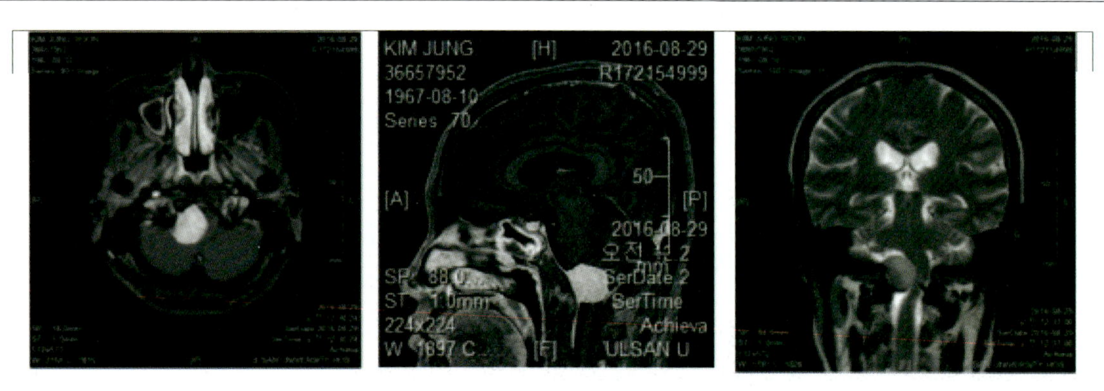

두통, 어지러움증, 왼쪽으로 쏠리면서 걸음을 제대로 걷지못하는 증상, 발음이 꼬이는 구음장애 증상 등으로 입원, **뇌수막종 조직이 딱딱하여 1/3 제거 중 수술시야 동맥출혈이 있고 MEP상 뇌간, 척수 손상 소견 발생되어 수술 종료.** **수술 후 소뇌 경수 경색으로 좌측 반신마비, 연하장애, 배뇨배변장애**

본 사례는 43세 남성이 대후두공 뇌수막종 수술 후 소뇌 및 경수 경색으로 인한 증상을 겪은 경우입니다. 수술 중 뇌수막종 조직이 딱딱하여 1/3 제거하는 과정에서 동맥 출혈이 발생하였고, MEP 검사에서 뇌간 및 척수 손상 소견이 나타났습니다. 이로 인해 전적출이 불가능하여 수술이 종료되었습니다. 수술 후 환자는 좌측 반신마비, 연하장애, 배뇨 및 배변장애를 겪게 되었습니다.

2. 법원 판단

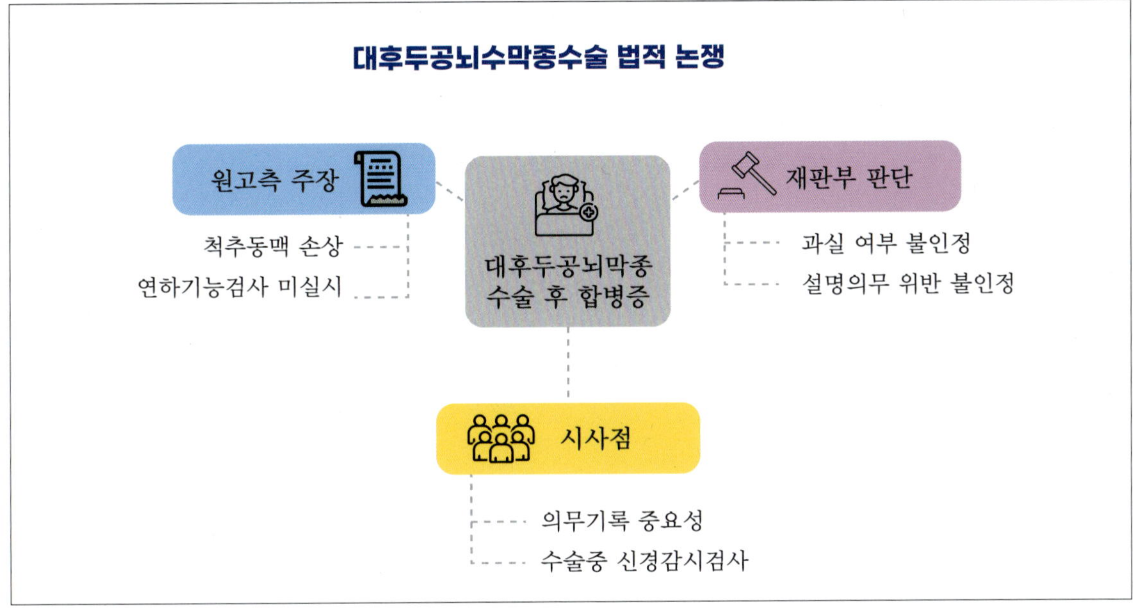

원고측 주장

- 수술 중 척추동맥 분지를 손상시켜 뇌와 경수에 허혈성 손상을 유발한 과실.
- 수술 후 연하기능검사를 시행하지 않고 성급하게 요플레를 경구 투여하여 호흡곤란 및 흡인성 폐렴을 유발한 과실.

재판부 판단

재판부는 원고측의 주장을 불인정하였습니다. 그 이유는 다음과 같습니다:

- 척추동맥 출혈에 대해 피고 병원 의료진의 과실이 있었는지 여부를 불인정하였고,
- 요플레 경구 투여 과정에서 피고 병원 의료진의 과실이 있었는지도 불인정하였으며,
- 설명의무 위반 여부 또한 불인정되었습니다.

3. 이 사건의 시사점

이 사건은 불가항력적으로 합병증이 발생할 수 있음을 주장하고 이를 충실한 의무기록(수술기록, 신경생리추적검사), 진료기록, 자료, 문헌, 감정서 등을 통해 객관적으로 입증하였습니다. 수술 기록과 MEP 검사 소견이 잘 제시되어, 의료진에게 무과실의 증명책임을 지우는 것이 허용되지 않음을 보여주었습니다. 이러한 점은 향후 유사 사건에서 의료진의 책임 범위를 명확히 하는 데 중요한 참고자료가 될 것입니다.

서울중앙지법	2019가합502148
진 단 명	대후두공 뇌수막종
사 고 내 용	수술 후 발생한 소뇌 및 경수 경색
책 임 제 한	
판 결	원고 패
의 사 과 오	
배 상 액 (원)	

원 고 1. AAA

피 고 BB대학교병원

판 결 선 고 2019. 9. 18.

주 문

1. 원고의 청구를 기각한다.

2. 소송비용은 원고가 부담한다.

청 구 취 지

피고는 원고에게 407,850,991원 및 이에 대하여 2016. 9. 30.부터 이 사건 청구취지 및원인변경 신청서 부본 송달일까지는 연 5%, 그 다음날부터 다 갚는 날까지는 연 15%의 각 비율로 계산한 돈을 지급하라.

이 유

1. 기초사실

가. 피고는 BB서울병원(이하 '피고 병원'이라 한다)을 운영하는 사회복지법인이고,원고는 피고 병원에서 정중 후두하 개두 뇌 종양 제거수술(우측) [Midline sub-occipital craniotomy and tumor removal of brain(right)], 이하 '이 사건 수술'이라 한다 을 받은 사람이다.

나. 원고는 2016. 8. 29.경 두통, 어지러움증, 왼쪽으로 쏠리면서 걸음을 제대로 걷지못하는 증상, 발음이 꼬이는 구음장애 증상 등으로 울산대학교병원 응급실을 통해 입원하였고, 위 병원에서 받은 뇌 영상검사 결과 원고의 두개저와 경수 부위를 연결하는 통로인 대후두공에서 뇌수막종(meningioma)이 발견되었다.

다. 원고는 2016. 9. 1. 뇌수막종의 치료를 위해 피고 병원 신경외과에 내원하였고, 수술적 치료를 위해 2016. 9. 26. 피고 병원에 입원하였다.

라. 피고 병원 의료진은 2016. 9. 30. 원고의 정중 후두하 부위 경막을 절개하여 하얗고 딱딱한 양상의 종양을 확인하였고, 초음파쇄석기(Cavitron Ultrasonic Surgical Aspirator)를 이용하여 종양 제거를 반복적으로 시도하였으나, 종양이 딱딱하여 최고 강도의 초음파로도 종양이 절제되지 않았다. 피고 병원 의료진은 초음파쇄석기 대신 소작 및 절단을 반복하여 종양 중앙 부위에서 1/3 가량의 종양을 절제하였고, 나아가 종양 주변부의 혈관을 박리하던 도중 수술 시야 아래쪽 부위에서 급작스러운 동맥 출혈(arterial bleeding)이 발생하였다. 피고 병원 의료진은 양극성 전기소작기로 위 출혈 부위의 지혈을 시도하였으나 지혈이 되지 않았고, 출혈 부위가 종양에 의해 가려져 있어 정확한 확인이 불가능하자 타코콤, 플로실, 서지셀(tachocomb, floseal, surgicel) 등의 각종 지혈 도구를 이용해 압박을 시행하여 출혈을 조절하였으며, 약 15 내지 30분 동안의 출혈 조절 후 지혈이 이루어졌다.

마. 피고 병원 의료진은 위와 같이 심한 출혈이 있었고, 수술 도중 좌측 운동유발전위(Lt. MEP)가 감소하여 뇌간, 척수 손상이 의심되자, 더 이상의 종양을 제거하는 것은 오히려 뇌손상을 악화시킬 수 있다고 판단하여 추가적인 종양 제거를 시도하지 않기로 하였고, 위와 같이 종양의 일부만 적출한 상태에서 수술을 종료하였다.

바. 수술 후 원고에 대하여 척추 동맥 혈관조영술을 시행한 결과 우측 원위부 척추동맥 폐색, 좌측 원위부 척추동맥의 단분절 협착 소견이 관찰되었고, 뇌 CT 결과 뇌실내출혈, 지주막하출혈, 기뇌증 소견이 관찰되었으며, 뇌 MRI 결과 우측 소뇌 반구 하부, 우측 외측 연수 및 상부 경수의 우측 편척수에서 다발성 급성 경색 소견이 관찰되었다.

사. 피고 병원 의료진은 2016. 10. 3. 20:30경 의료진의 관찰 하에 원고에게 보호자가 사온 건더기가 없는 요거트 3스푼을 먹도록 하였다. 원고는 위 과정에서 흡인증상이나 별도의 불편함을 호소하지는 않았으나 산소포화도가 75%까지 저하되었고, 피고병원 의료진은 원고의 식이를 중단시킨 다음 원고에게 산소마스크를 착용시키고 추이를 지켜보았다. 원고가 같은 날 21:00경 숨 쉬는 것이 불편하다고 호소하자 피고 병원의료진은 21:05경 원고에게 앰부배깅(ambu bagging)을 시행하였으나 산소포화도는 75 내지 85%로 체크되었고, 21:25경 기관내삽관을 시행하고 인공호흡기를 연결하였다. 원고에 대한 흉부 엑스레이 추적검사 결과 원고에게서 흡인성 폐렴 소견이 관찰되자 피고 병원 의료진은 원고에게 가슴 두드림, 흡인 및 폐 치료, 항생제 투약 등의 치료를 수행하였고, 2016. 10. 14. 원고에게 기관절개술을 시행하였다.

아. 원고는 2016. 10. 30. 포괄적 재활치료를 위해 재활의학과로 전과하여 물리치료, 작업치료, 기능적 전기자극치료, 언어치료, 삼킴치료 등을 받았다. 원고는 2016. 11. 9.경 재활치료 도중 객담 흡인(sputum suction)으로 산소포화도 저하가 발생하여 흡인을 시행하였다.

자. 원고는 2016. 11. 18. 울산에 있는 세민에스요양병원으로 전원하였으며, 현재까지 좌측 반신마비, 연하장애, 배뇨배변장애 등으로 울산대학교병원에서 재활치료를 받고 있다.

[인정근거] 다툼 없는 사실, 갑 제1 내지 9호증, 을 제1호증(가지번호 포함, 이하 같다)의 각 기재, 이 법원의 서울의료원장에 대한 신체감정촉탁결과, 이 법원의 고려대학교 구로병원장, 순천향대학교 서울병원장에 대한 각 진료기록감정촉탁 결과, 변론 전체의 취지

2. 원고 주장의 요지

가. 피고 병원 의료진의 업무상 주의의무 위반

1) 이 사건 수술 전 원고에게 뇌 및 경수 경색 소견이 없었던 점, 이 사건 수술 중 출혈이 발생하고 운동유발전위가 소실된 점, 이 사건 수술 직후 원고에게서 우측 원위부 척추동맥 폐색 소견과 뇌 및 경수 경색 소견이 관찰된 점, 원고의 수막종 대부분이 이 사건 수술 후에도 잔존하고 있는 점 등을 감안할 때, 피고 병원 의료진은 2016. 9. 30. 원고에게 이 사건 수술을 시행하면서, 척추동맥의 분지를 제대로 확인하지 아니하여 수술 중 척추동맥을 손상시켰고, 이로 인하여 뇌, 경수에 허혈성 손상을 유발시킨 과실이 있다.

2) 피고 병원 의료진은 뇌 및 경수 부위 뇌경색으로 인하여 원고의 연하기능이 정상적이지 않을 수 있음에도 이에 대하여 연하기능검사를 시행하지 않고 성급하게 요플레를 경구 투여하여 원고에게 호흡곤란, 흡인성 폐렴을 유발시킨 과실이 있으며, 이로 인하여 원고는 적절한 시기에 재활치료를 시작하지 못하였고 원고의 뇌 및 경수 경색이 더욱 악화되었다.

나. 피고 병원 의료진의 설명의무 위반

피고 병원 의료진이 이 사건 수술을 시행하면서 수술방법, 수술적 치료의 필요성,수술적 치료 전 보존적 치료 가능성, 수술의 위험성과 부작용, 특히 수술 후 뇌 및 경수 경색, 연하장애, 배뇨, 배변 장애에 대하여 적절히 설명을 받지 못하여 원고가수술을 할 것인지 여부를 결정할 수 있는 권리를 침해당하였다.

다. 피고의 책임

피고 병원 의료진은 원고를 진료함에 있어 업무상 주의의무를 해태하거나 설명의무를 위반한 위법이 있고, 피고는 피고 병원 의료진의 사용자로서 책임이 있으므로, 피고는 원고에게 불법행위 또는 채무불이행에 기한 손해배상책임을 부담한다.

라. 손해배상의 범위

피고는 원고가 입은 재산상 손해액 합계 459,813,739원(= 기왕치료비 17,425,899원 + 일실수입

140,558,592원 + 개호비 259,661,892원 + 향후 치료비 41,068,504원 + 보장구 1,098,852원)에 대하여 80%의 책임제한을 인정한 금액인 367,850,991원(=459,813,739원 × 80%)에 원고가 입은 정신적 손해에 대한 위자료 40,000,000원을 더한 407,850,991원 및 이에 대한 지연손해금을 지급할 의무가 있다.

3. 판단

가. 피고 병원 의료진의 업무상 주의의무 위반 여부

1) 관련 법리

의료행위는 고도의 전문적 지식을 필요로 하는 분야로서 전문가가 아닌 일반인으로서는 의사의 의료행위의 과정에 주의의무 위반이 있는지의 여부나 그 주의의무 위반과 손해발생 사이에 인과관계가 있는지 여부를 밝혀내기가 극히 어려운 특수성이 있으므로 수술 도중이나 수술 후 환자에게 중한 결과의 원인이 된 증상이 발생한 경우 그 증상 발생에 관하여 의료상의 과실 이외의 다른 원인이 있다고 보기 어려운 간접사실들을 증명함으로써 그와 같은 증상이 의료상의 과실에 기한 것이라고 추정하는 것도 가능하다고 하겠으나, 그 경우에도 의사의 과실로 인한 결과발생을 추정할 수 있을 정도의 개연성이 담보되지 않는 사정들을 가지고 막연하게 중한 결과에서 의사의 과실과 인과관계를 추정함으로써 결과적으로 의사에게 무과실의 증명책임을 지우는 것까지 허용되는 것은 아니다(대법원 2010. 8. 19. 선고 2007다41904 판결 참조).

2) 척추동맥 출혈에 관하여 피고 병원 의료진의 과실이 있었는지 여부

이 사건 수술 도중 원고의 척추동맥에서 출혈이 발생한 사실, 이 사건 수술 직후 원고에게 우측 원위부 척추동맥 폐색 소견과 뇌 및 경수 경색 소견이 관찰된 사실은 앞서 본 바와 같으나, 위 기초사실에 앞서 든 증거 및 변론 전체의 취지를 종합하여 인정할 수 있는 다음과 같은 사정들을 종합하면, 원고가 제출한 증거만으로는 피고병원 의료진들의 수술상 과실로 인하여 원고에게 척추동맥 출혈이 발생하였고, 그로 인하여 원고의 뇌 및 경수에 허혈성 손상이 유발되었다고 단정하기 어렵고, 달리 이를 인정할 증거가 없다.

① 원고의 뇌수막종이 자리잡은 곳은 대후두공 내에서 우측으로 치우쳐 있는 곳이다. 대후두공은 두개저와 경수 부위를 연결하는 통로로서 척추동맥 및 전·후 척수동맥이 뇌간부 및

경수와 함께 통과하는 부위에 해당하며, 원고의 경우 종양에 의해 뇌간이 압박되어 좌측으로 밀려 있고, 소뇌 또한 압박된 상태였다. 원고는 최초 내원 당시 어지럼증, 왼쪽으로 쏠리면서 걸음을 제대로 걷지 못하는 증상, 타인이 보았을 때 발음이 꼬이는 증상 등을 호소하였는데, 이는 대후두공의 종양에 의한 소뇌 및 뇌간 압박으로 인한 신경 증상에 해당한다.

② 뇌수막종의 치료에 있어서 표준적인 치료법은 종양절제술인바, 원고의 경우
대후두공과 척수공의 70% 이상을 종양이 차지하고 있었고, 원고가 보인 증상에서 뇌간 및 척수신경의 압박이 관찰되었으며, 방사선 치료의 경우에는 뇌부종을 촉진하여 오히려 뇌간 및 신경손상을 악화시킬 수 있었으므로 수술적인 방법 외에는 다른 치료방법을 선택하기 어려운 상황이었다.

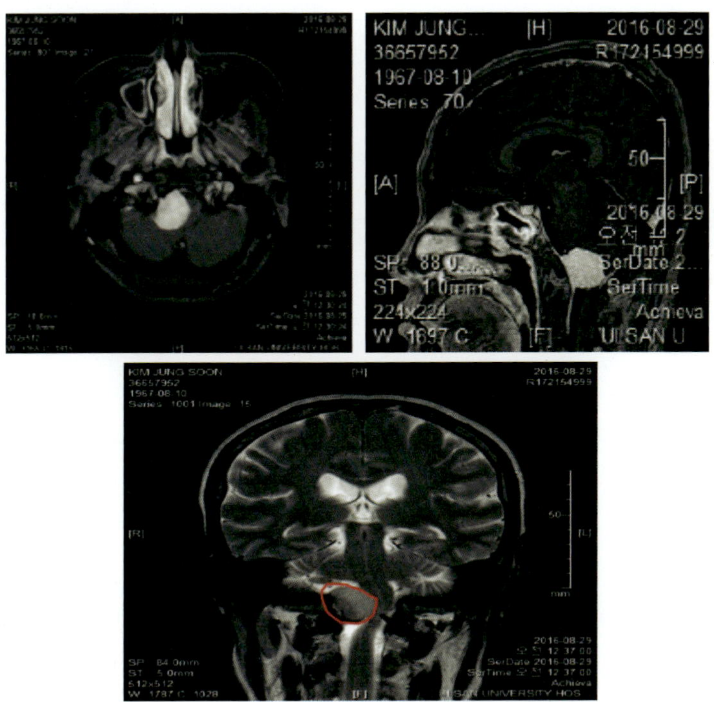

③ 이 사건 수술은 환자를 엎드리도록 한 상태에서 두부를 고정한 후 후두부 및 목 정중앙으로 두피를 절개하고 5×8cm 정도의 두개골을 제거한 후 소뇌 및 뇌간부에 접근하여 종양을 절제하는 수술법에 해당한다.

④ 피고 병원 의료진이 개두술 후 소뇌 및 뇌간 부위가 노출된 상태에서 종양을 절제하던 도중 수술시야에 노출되지 않은 아래쪽 부위에서 출혈이 발생하였는데, 출혈양상이나 원고에게 나타난 손상결과에 비추어 위 출혈은 척추동맥에서 발생한 것으로 추정되었다. 대후두공 레벨에서 척추동맥의 주행경로는 뇌간부의 옆쪽에서 앞쪽으로 돌아가기 때문에 당시 수술시야에서 척추동맥을 확인할 수 없는 상황이었다.

⑤ 원고와 같은 대후두공 수막종은 특징적으로 33 내지 61%의 높은 확률로 척추동맥과 유착되어 둘러싸고 있거나 동맥 혈관벽을 침범하고 있을 가능성이 높기 때문에 수막종 수술 중 척추동맥 혈관벽이 손상되어 출혈이 발생할 수 있고, 두 개저종양 수술 중 동맥손상 빈도는 5% 정도로 보고되고 있으며, 동맥 손상 후 뇌경색이 발생할확률은 20% 정도이다.

⑥ 통상적으로 두개저종양 수술은 현미경 시야에서 현미경용 미세수술기구를 이용하여 수술하기 때문에 가해지는 힘은 매우 작으며, 수술도구가 직접적으로 혈관을 손상시킨 경우에는 수술 중 인지할 수 있었을 가능성이 높으나 이 사건 수술의 경우에는 수술기록지에 수술도구가 혈관을 손상시켰다 는 언급이 없다.

⑦ 종양이 위치한 부위가 뇌간과 척추동맥 및 척수동맥이 지나가는 부위로서 수술시 위험성이 높은 부위였던 점, 수술시야가 매우 좁았던 점, 수술시야에서 보이지 않는 곳에서 출혈이 발생하였던 점, 출혈발생부위가 정확하게 확인되지 않아 결찰이 아닌 압박지혈 등을 통해 출혈을 조절할 수 있었던 점 등에 비추어 원고의 척추동맥 출혈은 종양이 척추 동맥과 유착되어 혈관벽 자체가 정상인보다 파열 위험성이 증가된 상태에서 발생한 합병증에 해당하는 것으로 봄이 상당하고, 피고 병원 의료진이 수술도구 등을 이용해 척추동맥의 혈관벽을 직접 손상시켰기 때문에 발생한 것으로 보기는 어렵다.

⑧ 피고 병원 의료진은 이 사건 수술과정에서 큰 출혈이 있었고, 수술 도중 좌측 운동유발전위(Lt. MEP)가 감소하여 뇌간, 척수 손상이 의심되었으며, 그 밖에 종양의 양상 등을 고려하여 더 이상 종양을 제거하는 것은 오히려 원고의 뇌손상을 악화시킬 수 있다는 판단하에 추가적인 종양 제거를 시도하지 않고 수술을 종료하였는데, 이러한 판단에 주의의무를 해태한 과실이 있다고 보기 어렵다.

3) 요플레 경구투여 과정에서 피고 병원 의료진의 과실이 있었는지 여부

앞서 든 증거 및 변론 전체의 취지에 의하여 인정되는 다음과 같은 사정을 종합하면, 원고가 제출한 증거만으로는 피고 병원 의료진이 원고에게 요플레를 경구투여한 행위에 주의의무를 해태한 과실이 있다고 보기에 부족하고, 달리 이를 인정할 증거가 없다.

① 연하기능을 검사하기 위하여 모든 병원에서 일률적으로 동일한 내용의 검사를 수행하거나 반드시 연하검사(VFSS)를 수행하여야 한다고 볼 수 없고, 개별 병원마다 검사의 수행방식 등에 차이가 있으며, 환자의 의식이 명료하여 의사소통이 원활한 경우에는 정식 검사를 하지 않고 소량의 유동식을 투여하여 이상 여부를 확인한 후 경구 식이를 진행하는 방법으로 연하기능에 장애가 있는지 평가할 수 있다.

② 피고 병원의 간호사는 담당의에게 경구로 음식물을 투여할지 여부에 관하여 확인한 다음 일단 경구 식이를 시작하기 전에 요거트의 경구투여를 시도해보기로 하고 흡인증상, 불편감, 호흡양상, 산소포화도 상태 등을 확인하면서 원고에게 건더기가 없는 요거트 3스푼을 먹도록 하였는바, 이는 일종의 간이한 방법으로 연하기능 검사를 시도한 것으로 보인다.

③ 피고 병원 의료진은 원고가 위 식이과정에서 흡인증상이나 별다른 불편감을 호소하지 않았음에도 산소포화도를 관찰하여 이상반응이 나타나자 투여를 중단하고 즉시 산소마스크 장착, 흉부 엑스레이(X-ray) 검사, 기관내삽관, 앰부배깅 등의 조치를 취하였는바, 이러한 조치에 과실이 있다고 볼 수 없다.

④ 원고가 요플레 시도 이전에 선결되었어야 한다고 주장하는 연하검사(VFSS)
또한 소량의 유동식을 환자에게 경구 투여하면서 엑스레이로 그 양상을 확인하는 것으로, 위 연하검사 과정에서도 원고의 폐에 이물질이 유입되었을 가능성을 배제하기 어려운 점을 고려하면, 연하검사(VFSS)를 통해 흡인성 폐렴을 피할 수 있었다고 단정하기도 어렵다.

나. 피고 병원 의료진의 설명의무 위반 여부

1) 관련 법리

의사의 환자에 대한 설명의무가 수술시에만 한하지 않고, 검사, 진단, 치료 등 진료의 모든 단계에서 각각 발생한다 하더라도 설명의무 위반에 대하여 의사에게 위자료 등의 지급의무를 부담시키는 것은 의사가 환자에게 제대로 설명하지 아니한 채 수술 등을 시행하여 환자에게 예기치 못한 중대한 결과가 발생하였을 경우에 의사가 그 행위에 앞서 환자에게 질병의 증상, 치료나 진단 방법의 내용 및 필요성과 그로 인하여 발생이 예상되는 위험성 등을 설명하여 주었더라면 환자가 스스로 자기결정권을 행사하여 그 의료행위를 받을 것인지 여부를 선택함으로써 중대한 결과의 발생을 회피할 수 있었음에도 불구하고, 의사가 설명을 하지 아니하여 그 기회를 상실하게 된 데에 따른 정신적 고통을 위자하는 것이므로, 이러한 의미에서의 의사의 설명은 모든 의료과정 전반을 대상으로 하는 것이 아니라 수술 등 침습을 과하는 과정 및 그 후에 나쁜 결과 발생의 개연성이 있는 의료행위를 하는 경우 또는 사망 등의 중대한 결과발생이 예측되는 의료행위를 하는 경우 등과 같이 환자에게 자기결정에 의한 선택이 요구되는 경우만을 대상으로 하여야 하고, 따라서 환자에게 발생한 중대한 결과가 의사의 침습 행위로 인한 것이 아니거나 또는 환자의 자기결정권이 문제되지 아니하는 사항에 관한 것은 위자료 지급대상으로서의 설명의무 위반이 문제될 여지는 없다고 봄이 상당하다(대법원 1995. 4. 25. 선고 94다27151 판결 등 참조).

2) 판단

앞서 든 증거 및 변론 전체의 취지에 의하여 인정되는 다음과 같은 사정, 즉 ① 원고는 2016. 8. 28. 야외에서 갑작스럽게 어지럼증, 왼쪽으로 쏠리면서 걸음을 제대로 걷지 못하는 증상, 타인이 보았을 때 발음이 꼬이는 증상 등이 나타나 울산대학교 병원 응급실에 내원하였고, 위 병원에서 시행한 뇌 영상검사 결과 뇌수막종이 발견되자 종양 치료를 위해 2016. 9. 1. 피고 병원에 내원하게 되었던 점, ② 뇌종양의 경우 악성이 아니더라도 종양이 커질수록 두개골 내에서 성장을 하여 주변 뇌조직을 압박하여 신경학적 결손을 유발할 수 있고, 원고의 경우 종양이 이미 뇌간과 소간을 압박하여 신경학적 이상 증상을 보이고 있었으므로 외과적 수술로 뇌종양을 제거할 필요가 있었으며, 방사선 치료의 경우에는 뇌부종을 촉진하여 오히려 뇌간 및 신경손상을 악화시킬 수 있었으므로 수술적인 방법 외에는 다른 치료방법을 선택하기 어려운 상황이었던 점, ③ 원고는 위와 같은 수술적 치료의 필요성에 동의하여 2016. 9. 27. 이 사건 수술을 받기 위해 피고 병원에 입원하였고, 피고 병원 의료진은 수술 전 원고에게 수술의 목적, 수술부위, 수술방법, 수술장소, 수술 후 상태에 따라 중환자실에 이동할 가능성 등을 설명하고 원고로부터 수술동의서를 받았던 점, ④ 앞서 본 바와 같이 척추동맥 출혈로 인한 뇌 및 경수 손상에 관하여 피고 병원 의료진의 과실이 있다고 할 수 없고, 현재 원고에게 발생한 주된 병적 증상인 좌측 편마비 및 연하장애는 수술 과정에서 발생한 척추동맥 출혈보다는 주로 기존의 뇌종양에 의해 발생한 것으로 보이는 점 등을 종합하면, 피고 병원 의료진이 이 사건 수술을 할 당시 원고에 대한 설명의무를 위반하였다고 볼 수 없고, 달리 피고 병원 의료진이 설명의무를 위반하였음을 뒷받침 할만한 반증이 없다.

다. 소결론

따라서 피고 병원 의료진에게 업무상 주의의무를 해태한 과실이 있다거나 피고 병원 의료진이 설명의무를 위반하였음을 전제로 한 원고의 주장은, 손해의 범위 등에 관하여 더 나아가 살필 필요 없이 이유 없다.

4. 결론

그렇다면, 원고의 청구는 이유 없으므로 이를 기각한다.

09 천추2번 신경초종 수술 후 좌하지위약

사례 9

천추2번 신경초종 수술 후 좌하지위약

이 판례는 19세 남성의 천추2번 신경초종 수술 후 발생한 좌하지위약 사례를 다루고 있습니다. 이 사례는 수술 중 신경계 감시 장치의 적용과 수술 후 환자의 증상, 법원의 판단 및 시사점을 포함하여 의료 과실 여부에 대한 논의를 제공합니다. 이를 통해 의료진의 책임과 의무기록의 중요성을 강조하고자 합니다.

1. 기초 사실

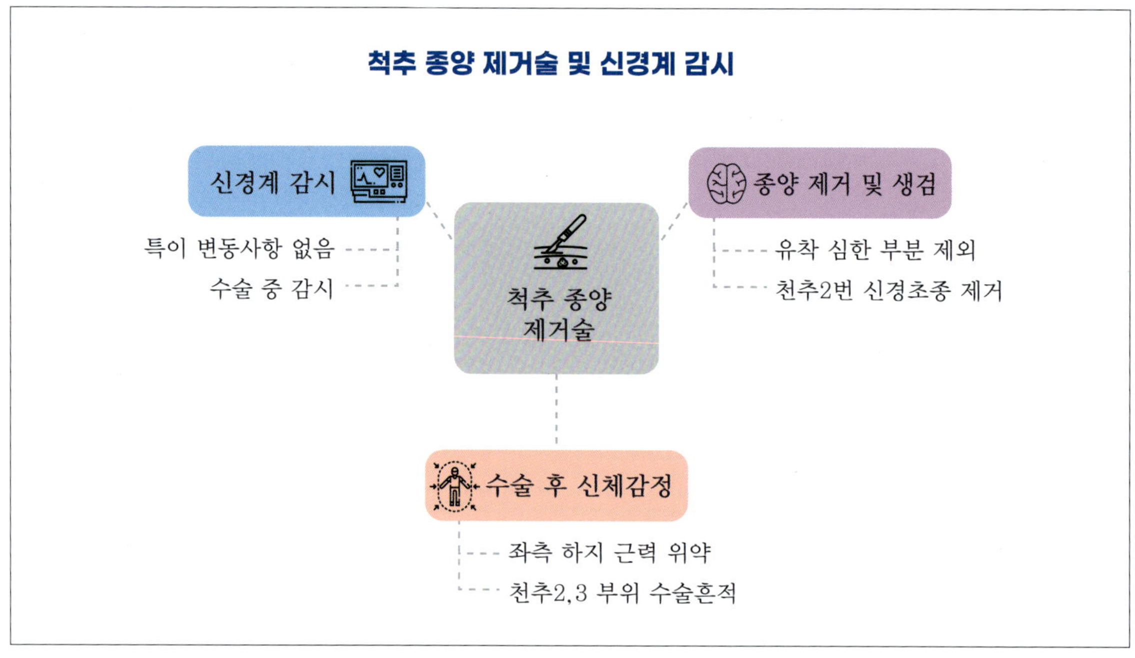

19세 남성의 사례로, 천추2번 신경초종 수술 후 좌하지위약이 발생하였습니다. 환자는 교통사고 후 촬영한 MRI에서 천추2번 신경초종이 발견되어, 수술 중 신경계 감시 장치를 적용한 상태에서 척추 종양 제거 수술이 진행되었습니다. 수술 기록에 따르면, 유착이 심한 안쪽 깊은 곳의 일부 종양을 제외한 나머지 종양 제거 및 생검이 시행되었으며, 수술 중 신경계 감시 결과 특이 변동사항이 없음을 확인한 후 수술이 종료되었습니다. 이후 병리검사에서 생검 조직은 신경초종으로 판독되었습니다.

신체 감정서에 의하면 수술 후 좌측 하지 근력 위약이 G2-3으로 평가되었으며, MRI에서는 천추2,3 부위에 수술 흔적 또는 종양으로 의심되는 조영 증가된 소견이 보였습니다.

2. 법원 판단

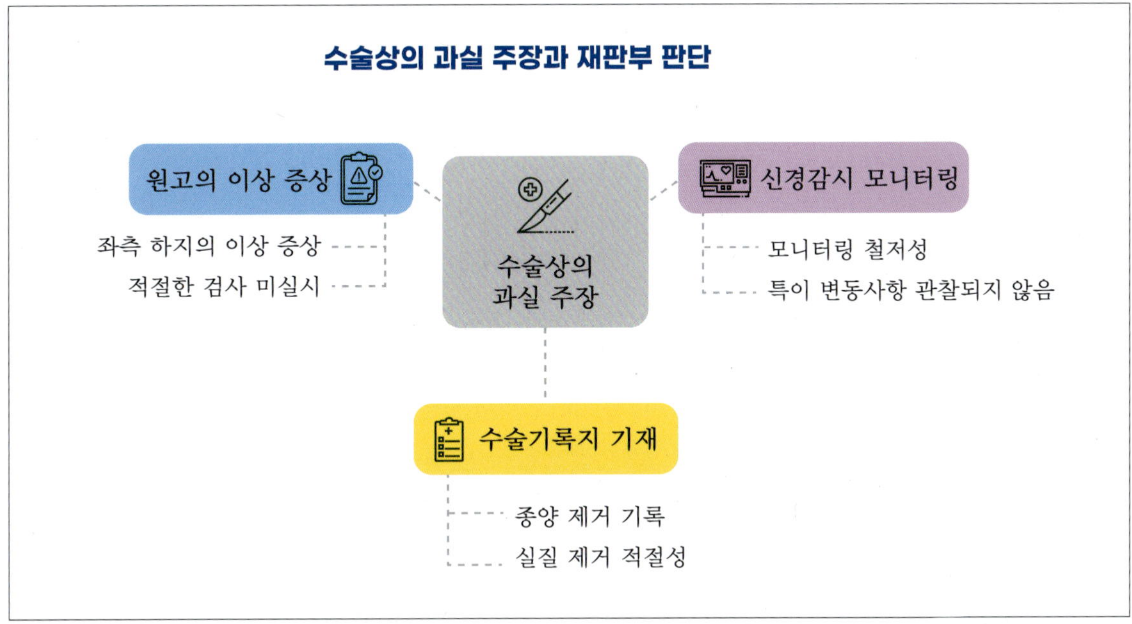

원고들의 주장 요지

원고는 이 사건 수술상의 과실을 주장하였습니다. 주장 내용은 다음과 같습니다:

- 수술 직후부터 원고가 좌측 하지의 이상 증상을 호소하였음.
- 피고병원 의료진이 수술 중 신경 감시 모니터링을 제대로 하였는지 알 수 없음.
- 피고병원이 양성 종양을 모두 제거하지 못하였으면서도 수술 기록지에 종양을 모두 제거하였다고 기재한 점.
- 피고병원 의료진이 수술 후 원고의 이상 증상을 발견하였으면서도 적절한 검사를 시행하지 않은 점.

재판부 판단

- 재판부는 수술상의 과실 여부를 불인정하였으며, 그 판단 이유는 다음과 같습니다:
- 피고병원 의료진은 눈에 보이는 종양을 모두 제거하고 수술 기록지에 “Gross total removal 시행함.”이라고 기재하였음.

- 상임전문심리위원들은 '종양 껍데기를 남기고 실질을 제거한 것으로, 적절한 조치'라는 의견을 제시하였음.
- 수술 기록지에 의하면 수술 중 신경계 감시장치(IOM)상 "특이 변동사항 관찰되지 않음"이라고 기재되어 있어, 수술 당시 원고의 신경이 손상되었다고 볼 수 없다고 판단하였습니다.

3. 이 사건의 시사점

이 사건은 의사에게 무과실의 증명책임을 지우는 것까지 허용되지 않음을 보여줍니다. 또한, 충실한 의무기록(수술 기록, 신경 생리 추적 검사)의 중요성을 강조하며, 불가항력적으로 합병증이 발생할 수 있음을 주장하고 이를 진료 기록, 자료, 문헌, 감정서 등으로 객관적으로 입증하는 것이 필요함을 시사합니다.

수원지방법원	2021가합19258
진 단 명	**천추2번 신경초종**
사 고 내 용	**수술 후 발생한 좌하지 위약**
책 임 제 한	
판 결	원고 패
의 사 과 오	
배 상 액 (원)	

원 고 1. AAA

피 고 학교법인 BB대학

판 결 선 고 2022. 8. 10.

주 문

1. 원고의 청구를 기각한다.

2. 소송비용은 원고가 부담한다.

청 구 취 지

피고는 원고에게 217,983,994원 및 이에 대하여 2017. 6. 1.부터 2022. 3. 29.자 청구취지 및 청구원인 변경신청서 부본 송달일까지는 연 5%의, 그 다음날부터 다 갚는 날까지는 연 12%의 각 비율로 계산한 돈을 지급하라.

이 유

1. 기초사실

가. 당사자들의 관계

원고는 BB대학교병원(이하 '피고병원'이라고 한다)에서 수술을 받은 사람이고, 피고는 피고병원의 운영자이자 피고병원 소속 의료진의 사용자이다.

나. 피고병원에서의 진료 경과

1) 원고는 2016. 10.경부터 허리통증과 함께 왼쪽 엉덩이부터 무릎까지 저린 증상이 발생하였는데 2017. 5. 15. 교통사고를 당한 후 촬영한 MRI 상 척수의 덩어리가 관찰되어 이에 대한 진단 및 치료를 위해 2017. 5. 30. 피고병원에 입원하였다. 입원 당시 원고는 허리의 통증과 왼쪽 엉덩이부터 무릎까지 전기가 통하는 것처럼 찌릿거리는 증상이 있었으나 감각이나 운동기능의 이상은 없었다.

2) 피고병원 의료진은 2017. 5. 31. 시행한 척추 MRI 및 척추 CT상 좌측 천추 2번에 종양 소견이 있어 이에 대한 수술적 치료가 필요하다고 판단하였고, 원고 및 보호자에게 수술에 대한 목적, 필요성, 방법, 후유증 또는 합병증 등을 설명하였다.

3) 피고병원 의료진은 2017. 6. 1. 14:00경(이하 날짜의 변동이 없는 경우 시각만 표시한다) '수술 중 신경계 감시 장치(IOM, Intraoperative monitoring)'를 적용한 상태에서 척추 종양 제거술(이하 '이 사건 수술'이라고 한다)을 시작하여 17:25경 종료하였다. 조직검사 결과 제거한 종양은 양성종양인 신경초종(Schwannoma)으로 밝혀졌다.

4) 원고는 18:48경 병실로 복귀하였는데, 당시 의식은 명료하고 CMS(순환, 근력, 감각)은 양호

하였으며 허리, 왼쪽 다리에 통증이 심하여(NRS 6점) 자가통증조절장치를 통해 진통제를 시간당 1cc의 속도로 주입받았다. 원고는 21:43경 좌측 상하지, 옆구리, 쇄골 등 좌측의 감각이 없고 근력 저하가 확인되었으며, 21:48경 호흡곤란 및 산소포화도가 저하되는 증상이 발생하였고, 지속적인 모니터링 결과 전반적인 산소포화도는 95-100%로 유지되었으나, 간헐적으로 80%로 저하되는 소견이 있었다.

5) 이에 피고병원 의료진은 뇌 MRI 및 척추 MRI를 시행하였고, 다음날인 2017. 6. 2. 신경과로부터 원고에게 시행한 뇌 · 척추 검사상 상지 및 우측 다리의 불수의적 움직임과 좌측의 감각 마비를 설명할 수 있는 구조적 병변은 관찰되지 않는다는 답변과 근육간대경련을 유발할만한 항생제, 마약성 진통제 사용에 유의하며, 증상을 조절하기 위해 항경련제를 투여할 것을 권고 받았다.

6) 피고병원 의료진은 2017. 6. 2. 00:05경 원고가 MRI 검사 후 병실로 돌아온 뒤 자가통증조절장치가 빠진 것을 확인하였고, 원고는 심한 통증을 호소하며 왼쪽에 근력저하(상지 4등급, 하지 3등급), 지속적인 감각 저하 소견을 보였다.

7) 원고가 통증을 호소하자 피고병원 의료진은 01:15경 원고에게 진통제인 트라마돌(Tramadol) 50㎎을 투여하였고, 02:30경 진통제인 페티딘(*pethidine) 25㎎을 투여하였다.

8) 원고는 08:06경 오른손이 굽고 강직, 팔과 다리에 불수의적인 움직임을 보여, 피고병원 의료진은 신경과 협진을 요청하였다.

9) 원고는 09:01경 트라마돌 투여 후 호흡곤란을 호소하며 산소포화도가 98%에서 30초 만에 83%로 떨어졌다가 바로 회복되어 95% 정도로 유지되었고, 피고병원 의료진은 원고를 집중관찰하면서 트라마돌을 약물유해로 입력하고 사용하지 않기로 하였으며, 강직, 호흡억제 원인이 될 수 있는 자가통증조절장치를 보호자 동의하에 폐기하였다.

10) 피고병원 의료진은 13:00경 원고가 통증을 호소하자 해열진통제인 데노간(Denogan) 2g을 생리식염수 100㎖에 혼합하여 투여하였는데, 이에 원고가 호흡곤란을 호소하여 13:02경 중단하였다가 호흡이 안정화되자 천천히 재투여하기 시작하였고 통증이 호전되었다.

11) 피고병원 의료진은 2017. 6. 3. 13:30경 원고가 양손의 경직 증상을 보이며 빈호흡 및 호흡곤란을 호소하여, 산소포화도를 측정하였는데, 산소포화도는 정상 범위인 98%로 유지됨을 확인하였고, 원고의 상태를 집중 관찰하기 위해 처치실로 이동시켜 신경학적 징후 · 활력징후를

감시하던 중, 13:42경 전신 떨림과 강직 증상이 관찰되어 항경련제인 아티반 및 산소(5L/분)를 투여하였으며, 14:03경 중환자실로 옮겨 집중 관찰하였다.

12) 원고는 지속적으로 불수의적 움직임을 보이다가 19:35경 갑자기 20초간 호흡을 정지하였고 안구가 상방으로 편위되는 모습을 보였으며, 고유량 산소처치 후 20:00경 산소포화도가 회복되면서 안구 편위 증상 없이 의식수준이 호전되었지만, 지속적으로 가슴이 답답하다고 호소하였다.

13) 피고병원 의료진은 22:30경 원고의 전반적인 상태에 대해 보호자에게 설명하였고, 이에 보호자가 전원하기 원하여 23:20경 피고병원 퇴원 후 서울백병원으로 전원하였다.

다. 그 이후의 치료 경과

1) 원고는 서울백병원 입원 후인 2017. 6. 4. 응급의료센터에서 실시한 근력검사에서 왼쪽 하지 근력이 3등급으로 저하된 소견을 보였으나, 같은 날 신경외과에서 실시한 근력검사에서는 5등급으로 근력저하가 나타나지 않았다.

2) 원고는 발작이 계속되어 중환자실에서 집중치료 및 보존적 치료를 받다가 2017. 6. 23. 퇴원하였는데, 당시 근력검사에서 5등급으로 정상 소견이었고, 발작의 원인은 찾지 못하였다.

3) 원고는 2017. 6. 23. 피고병원에 입원하여 재활치료, 약물요법 등 대증적인 치료를 받았고, 뇌 MRI와 뇌파검사상 특이 소견이나 발작 증상이 없어 2017. 7. 7. 퇴원하였다. 원고는 퇴원 당시 좌측 하지에 감각 둔화는 있으나 근력은 4+등급으로 우측과 차이가 없었다.

4) 원고는 2017. 9. 13. 좌측 하지 방사통에 대한 천추 1, 2번 신경차단술을 위해 피고병원에 다시 입원하였고, 당시 근력은 5등급으로 정상이었다. 원고는 신경차단술을 받은 후에도 방사통 및 위약감이 지속되었으나 신경과에서 진행한 검사 결과상 수술 후 나타난 증상과 수술 부위가 부합하지 않아 증상에 대한 원인을 찾지 못하였다.

5) 원고는 2018. 3. 20. 삼성서울병원에서 진료를 받았는데 근력검사에서 고관절, 무릎관절 3등급, 발목관절 2등급으로 확인되었다. 원고는 2018. 5. 14. 외래진료에서 종양이 남아있고 조금 줄어든 것 같지만 종양을 제거해도 증상이 없어질 것 같지 않으며, 증상이 종양에 의한 것인지 종양을 제거하면서 신경 손상이 되어 그런 것인지 정확하지는 않다는 이야기를 들었다.

라. 원고의 현재 상태

원고는 현재 좌측 하지에 대한 운동 및 지각신경 부전마비 상태로, 영구적인 장애가 예상된다.

마. 관련 의학정보-신경초종

사람의 몸에는 뇌로부터 시작되는 12쌍의 신경과 척수로부터 시작되는 31쌍의 신경이 있는데, 이 신경들은 각각 두개골과 척추골의 통로를 통해 신체의 각 부위에 이른다. 신경초종은 이러한 신경을 둘러싸서 받쳐주는 관상의 구조인 신경초, 곧 슈반세포에서 발생하는 종양을 통틀어 이른다. 대부분 뇌나 척수에서 나온 신경이 뼛속의 통로로 들어가는 과정까지의 좁은 곳에서 발생하며, 때로는 말초신경이나 연부조직에 발생하기도 한다. 척수신경초종은 척추강 내 종양 가운데 가장 많이 발생하는 종양으로, 약 25%를 차지한다. 주로 30~40대에 많이 발생하며, 남녀의 발생 비율도 비슷하고, 척수 전체에서 고르게 발생한다. 종양이 서서히 자라기 때문에 증상도 장기간에 걸쳐 서서히 진행되며, 병이 진행되면 척수 기능이 완전히 상실되고 하반신 마비나 항문 · 방광의 괄약근 마비 증세가 나타난다. 치료는 수술적으로 절제를 하며, 완전 절제 시 신경 손상의 가능성이 큰 경우 등 완전 절제를 못하는 경우가 발생할 수 있고, 이 때는 재발할 수 있다. 대부분 완전 절제가 가능하고 완전 절제 시 예후는 상당히 좋다. 악성화 가능성은 1% 미만이다.

[인정근거] 다툼 없는 사실, 갑 제1 내지 3, 11 내지 13호증(가지번호 있는 것은 각 가지번호 포함, 이하 같다), 을 제1, 2호증의 각 기재, 고려대학교 구로병원장에 대한 신체감정촉탁결과, 대한의사협회장에 대한 각 진료기록감정촉탁결과, 대한의사협회장, 성균관대학교 삼성창원병원장에 대한 각 사실조회결과, 변론 전체의 취지(이 법원 상임전문심리위원의 의견서 포함, 이하 같다)

2. 원고들의 주장 요지

가. 피고병원 의료진은 원고의 진료 과정에서 아래와 같은 주의의무를 위반하였고, 이러한 주의의무 위반으로 인하여 원고에게 좌측 하지에 대한 운동 및 지각신경 부전마비가 발생하였다(진료상 과실 주장).

1) 이 사건 수술상의 과실

① 수술 직후부터 원고가 좌측 하지의 이상 증상을 호소하였던 점, ② 피고병원 의료진이 수술

중 신경감시 모니터링을 철저히 하였다는 기록이 전혀 없는 등 모니터링을 제대로 하였는지 여부를 알 수 없는 점, ③ 피고병원이 양성 종양을 모두 제거하지 못하였으면서도 수술기록지에 종양을 모두 제거하였다고 기록하는 등 수술기록지 기재가 사실과 다른 점, ④ 피고병원 의료진이 수술 후 원고의 이상 증상을 발견하였으면서도 적절한 검사를 시행하지 않은 점 등에 비추어 보면, 피고병원 의료진에게는 이 사건 수술 도중 부적절한 술기로 원고의 척수에 손상을 발생시킨 과실이 있다.

2) 이 사건 수술 후 진통제 투여상의 과실

피고병원 의료진은 이 사건 수술 후 자가통증조절장치 관리를 소홀히 하고, 부작용이 있는 트라마돌 진통제를 투여하는 등 진통제 투여를 잘못하여 원고에게 경련 및 호흡곤란을 발생시킨 과실이 있다.

3) 스테로이드를 사용하지 않은 과실

피고병원 의료진은 이 사건 수술 직후 원고에게 발생한 증상들의 원인을 뇌의 문제 혹은 약물 부작용이라 생각하여 스테로이드 치료를 시행하지 않았고, 이로 인해 원고의 척수 상태를 악화시킨 과실이 있다.

4) 방사선치료를 시행하지 않은 과실

피고병원 의료진은 이 사건 수술 시 불가피하게 신경초종을 완전히 적출할 수 없었다면, 방사선치료를 통해 남은 신경초종을 제거하였어야 함에도 이를 시행하지 않은 과실이 있다.

나. 피고병원 의료진은 이 사건 수술 전 원고의 상태, 수술의 목적 및 필요성, 수술로 기대할 수 있는 효과 및 발생 가능한 합병증, 대체 가능한 치료 방법 등에 대해 충분히 설명하지 않아 원고의 자기결정권을 침해하였다(설명의무 위반 주장).

다. 위와 같이 피고병원 의료진의 진료상 과실 및 설명의무 위반으로 원고가 손해를 입었으므로 피고병원 의료진의 사용자인 피고는 원고에게 손해배상으로 청구취지 기재 각 돈을 지급할 의무가 있다.

3. 손해배상책임의 성립 여부에 관한 판단

가. 관련 법리

1) 의료행위는 고도의 전문적 지식을 필요로 하는 분야로서 전문가가 아닌 일반인으로서는 의사의 의료행위의 과정에 주의의무 위반이 있는지 여부나 그 주의의무 위반과 손해발생 사이에 인과관계가 있는지 여부를 밝혀내기 매우 어려운 특수성이 있으므로, 수술 도중이나 수술 후 환자에게 중한 결과의 원인이 된 증상이 발생한 경우에, 그 증상 발생에 관하여 의료상의 과실 이외의 다른 원인이 있다고 보기 어려운 간접사실들을 증명함으로써 그와 같은 증상이 의료상의 과실에 기한 것이라고 추정하는 것도 가능하지만, 그 경우에도 의사의 과실로 인한 결과 발생을 추정할 수 있을 정도의 개연성이 담보되지 않는 사정들을 가지고 막연하게 중한 결과에서 의사의 과실과 인과관계를 추정함으로써 결과적으로 의사에게 무과실의 증명책임을 지우는 것까지 허용되지는 아니한다(대법원 2004. 10. 28. 선고 2002다45185 판결, 대법원 2007. 5. 31. 선고 2005다5867 판결 등 참조). 한편 의사는 진료를 행할 때에 환자의 상황과 당시의 의료 수준 그리고 자기의 지식경험에 따라 적절하다고 판단되는 진료방법을 선택할 상당한 범위의 재량을 가진다고 할 것이고, 그것이 합리적인 범위를 벗어난 것이 아닌 한 진료의 결과를 놓고 그중 어느 하나만이 정당하고 이와 다른 조치를 취한 것은 과실이라고 말할 수는 없다(대법원 2007. 5. 31. 선고 2005다5867 판결 등 참조).

2) 의사가 진찰 · 치료 등의 의료행위를 함에 있어서는 사람의 생명 · 신체 · 건강을 관리하는 업무의 성질에 비추어 환자의 구체적인 증상이나 상황에 따라 위험을 방지하기 위하여 요구되는 최선의 조치를 행하여야 할 주의의무가 있고, 의사의 이와 같은 주의의무는 의료행위를 할 당시 의료기관 등 임상의학 분야에서 실천되고 있는 의료행위의 수준을 기준으로 판단하여야 할 것이다. 따라서 의료행위에 의하여 후유장해가 발생한 경우, 그 후유장해가 당시 의료수준에서 최선의 조치를 다하는 때에도 당해 의료행위 과정의 합병증으로 나타날 수 있는 것이거나 또는 그 합병증으로 인하여 2차적으로 발생될 수 있는 것이라면 의료행위의 내용이나 시술 과정, 합병증의 발생 부위, 정도 및 당시의 의료수준과 담당의료진의 숙련도 등을 종합하여 볼 때에 그 증상이 일반적으로 인정되는 합병증의 범위를 벗어났다고 볼 수 있는 사정이 없는 한, 그 후유장해가 발생되었다는 사실만으로 의료행위 과정에 과실이 있었다고 추정할 수 없다(대법원 2008. 3. 27., 선고, 2007다76290, 판결 참조).

나. 수술상의 과실 여부

앞서 든 증거에 변론 전체의 취지를 종합하여 인정할 수 있는 다음과 같은 사실 또는 사정에 비추어 보면, 피고병원 의료진에게 수술상의 과실이 있었다거나 그로 인하여 원고에게 신경손상이 발생하였다고 보기 어렵고, 달리 이를 인정할 증거가 없다.

① 천추2번에 발생하는 신경초종에 의해 천골신경총, 음부신경총, 미골신경총 등이 영향을 받을 수 있다. 천골신경총의 경우 여러 신경을 분지하며 대퇴후방, 무릎 하방 및 발의 운동, 감각, 골반의 일부 운동 및 감각을 담당한다. 음부신경총의 경우 회음부. 성기, 항문 주변 감각신경을 분지하며 골반의 근육, 요도 괄약근, 항문 괄약근의 기능과 관련이 있다. 미골신경총의 경우 비골의 피부감각을 담당한다. 수술적 처치가 가해진 부위는 제2천추 부위로 제1천추(S1) 신경근부터 미추신경에 이르기까지 손상 가능성이 있다. 척수는 제1~ 2요추 부위까지만 존재하기 때문에 멀리 떨어져 있어 제2 천추 부위를 수술하는 과정에서 손상되지 않는다. 이 법원 상임전문심리위원들은 '2 내지 5 요추신경근과 제1천추신경근은 수술 부위 상방 각 신경관(neural foramen)을 통해서 빠져나간 하방에서 수술이 진행되었고, 고관절과 슬관절 운동은 제2 내지 4 요추신경근 기능에 좌우되므로 해부적, 의학적으로 이 사건 수술에 연관하여 하지 운동 부전증이 발생하였다는 것은 이해하기 어렵다'는 의견을 제시하였고, 대한의사협회 소속 감정의도 '피고병원에서 원고가 수술받고 이틀 후에 나타난 여러 증상은 수술부위의 해부학적 위치, 수술과정 등을 고려했을 때 수술과는 무관하다고 추정된다'는 의견을 제시하였다.

② 대한의사협회 소속 감정의는 '수술 후 원고에게 나타난 양팔과 우측 다리의 불수의적인 움직임, 좌측의 감각 마비, 호흡곤란 및 간헐적 산소포화도 저하 등의 증상은 매우 드물고, 예상할 수 없는 경우로 환자에게 나타난 증상은 이 사건 수술의 직접적인 결과의 가능성이 매우 낮다. 위 증상은 발작(Seizure)이 의심된다.'는 의견을 제시하였다.

③ 원고는 2019. 4. 8. 시행한 근전도 검사상 이상 소견이 확인되지 않았고, 2018. 4. 18. 시행한 요천추부 MRI 검사에서도 제2, 3 천추신경 부위의 수술 흔적 또는 종양으로 예상되는 조영이 증가된 소견만이 관찰되는 등 근전도 검사 및 MRI 검사상 신경 손상 등의 이상 소견이 확인되지 않았다. 대한의사협회 소속 감정의는 '천추신경 및 척수신경손상(spinal cord injury)을 가능성은 명확하지 않다'는 의견을 제시하였다.

④ 신경초종이 천추신경근에서 기원하므로 신경 자체의 신경병증성 통증을 유발 할 수 있다. 수술과정에서 또는 종양이 신경에서 기원하는 경우 신경손상으로 인한 감각 또는 운동기능의 이상이 수술 후 남을 수 있고, 수술 후 유착 등에 의해 주변 신경이 영향을 받을 경우에도 관련 증상이 남을 가능성이 있다. 신경초종의 절제술 이후 심각한 장기 후유증은 드물지만, 절반 이상에서 장기간 수술 부위의 통증이나 방사통을 호소한다. 신경초종의 경우 종양 제거시 신경손

상이 불가피하게 발생할 가능성이 높은 종양으로, 이 사건 수술 후 원고에게 근력이나 감각 저하, 통증 등 이상 증상이 발생하였다고 하여 곧바로 피고병원 의료진의 과실이 추정되는 것은 아니다.

⑤ 종양 주변에 중요한 신경구조물, 내부 장기, 혈관 등이 붙어 있어서 종양을 박리하는 과정에서 주변 조직 손상이 예상되는 경우 중요 주변조직에 붙어있는 종양을 일부 남기는 것이 환자의 종양제거술로 인한 합병증을 줄이기도 한다. 종양의 유착이 심하고, 안쪽 깊은 곳에 있는 경우 일부 종양을 남길 수 있다. 종양이 천천히 자라기 때문에 신경학적 결손이 예상된다면 부분절제를 시행하는 것이 좋다. 피고병원 의료진은 눈에 보이는 종양을 모두 제거하고 수술기록지에 "Gross total removal 시행함."이라고 기재하였는데, 상임전문심리위원들은 '종양 껍데기를 남기고 실질을 제거한 것으로, 적절한 조치'라는 의견을 제시하였다.

⑥ 2017. 6. 1. 수술기록지에서는 수술중 신경계 감시장치(IOM)상 "특이 변동사항 관찰되지 않음"이라고 기재되어 있다. 원고는 수술과정을 동영상으로 녹화하거나 실시간 기록하는 등의 조치가 없었으므로 위 기재를 믿기 어렵다고 주장하나, 이는 현재 의료여건상 기대하기 어렵고, 위에서 본 바와 같은 그 이후 원고의 상태에 비추어 보더라도 수술 당시 원고의 신경이 손상되었다고 볼 수 없다.

⑦ 원고는 피고병원 의료진이 2018. 2. 9. 근전도검사 결과 '요천추부의 상부 뉴런 병변을 시사하는 소견으로 특히 좌측이 매우 심각한 상태'라는 이상소견을, 2018. 4. 18. 요천추부 MRI 검사 결과 '천추 3번 신경근의 압박'이라는 이상소견을 발견하였음에도 적절한 추가검사를 시행하여 정확한 병변 부위를 진단하지 않았다고 주장하나, 척수의 이상은 이 사건 수술과 해부학적으로 연관이 없고, 위 검사는 이 사건 수술 이후 8개월 이상 경과된 후의 것으로 위 검사결과 추가 검사를 시행하지 않았다고 하여 이 사건 수술 당시 피고병원 의료진의 과실이 있었다고 할 수 없다. 이를 별개의 과실 주장으로 보더라도 원고는 어떠한 추가 검사가 필요한지 의학적 근거를 제시하지 못하고 있다.

⑧ 원고는 피고병원 의료진이 구체적인 기록을 하지 않아 원고의 상태가 객관적으로 어떠한지 정확히 알기 어렵다고 주장하나, 특이 소견이 발견되지 않은 이상 상세하게 기록되지 않았다고 하여 근력검사 등을 제대로 시행하지 않았다고 단정할 수 없고, 달리 피고병원 의료진의 과실을 추정해야 할 정도로 피고병원의 의무기록이 부실하게 기재되었다고 볼 만한 증거도 없다.

다. 이 사건 수술 후 진통제 투여상의 과실 여부

앞서 든 증거에 변론 전체의 취지를 종합하면, 2017. 6. 1. 이 사건 수술 직후 원고에게 좌측 반신의 이상 감각 및 통증, 사지의 불수의적 운동, 간헐적 무호흡 등의 증상이 나타났고, 2017. 6. 3. 중환자실로 옮긴 후에는 경련 발작이 발생하였던 사실, 진통제 투여 부작용으로 인하여 발작이 생길 가능성이 있는 사실은 인정된다. 그러나 앞서 든 증거에 변론 전체의 취지를 종합하여 인정할 수 있는 다음과 같은 사실 또는 사정에 비추어 보면, 피고병원 의료진에게 진통제 투여상의 과실이 있다고 보기 어렵다.

① 원고는 2017. 6. 1. 21:48경 호흡곤란이 발생하였음에도 피고병원 의료진이 약 15시간 후인 2017. 6. 2. 12:00경에야 자가통증조절장치를 제거하였다고 주장한다. 그러나 자가통증조절장치를 유지하고 있는 경우 자동으로 진통제가 투여되므로 주기적으로 별도의 진통제 투여를 할 필요가 없는데, 01:15경, 04:51경, 06:37경 09:01경 트라마돌과 02:30경 페티딘을 투여한 점, 다시 자가통증조절장치를 삽입한 기록이 없는 점에 비추어 보면, 00:05경 자가통증조절장치가 연결되지 않은 것을 확인한 이후 다시 삽입하지 않은 것으로 보이고, 2017. 6. 2. 12:00경은 보관하고 있던 자가통증조절장치를 폐기한 시점으로 보인다.

② 자가통증조절장치의 오류 가능성이 있으나, 이는 원고에게 발생한 경련의 원인을 설명하기 위한 하나의 가능성이고, 실제로 과도한 양의 진통제가 투여되었는지 다른 원인이 있는지는 명확하게 밝혀지지 않았다. 또한 그것만으로 피고병원 의료진의 과실을 추단할 수 있는 사정도 아니다.

③ 원고는 마약성 진통제로 부작용이 있는 트라마돌보다 부작용이 적은 아세트아미노펜 등 비스테로이드성 진통제를 먼저 투여하여야 한다고 주장하나, 반드시 비스테로이드성 진통제를 먼저 투여하여야 한다는 의학적 근거는 제시하지 못하고 있다.

④ 트라마돌은 수술 후 통증 경감을 위하여 1회 50~100㎎를 정맥 또는 근육주사한 후 4~5시간마다 반복 주사할 수 있고, 1일 최고 400㎎까지 투여할 수 있는 점, 원고에게 트라마돌의 금기는 없었던 것으로 보이는 점, 사전에 원고에게 트라마돌의 부작용이 발생한 사실은 없었던 점 등에 비추어 보면 피고병원 의료진이 6시간마다 또는 NRS 4점 이상인 경우 필요시 원고에게 트라마돌 50㎎을 투여하도록 하고, 2017. 6. 2. 01:15경부터 09:01경까지 4회 투여한 것이 합리적 재량의 범위를 넘어 과실에 해당한다고 단정할 수 없다.

라. 스테로이드를 사용하지 않은 과실 여부

앞서 든 증거에 변론 전체의 취지를 종합하여 인정할 수 있는 다음과 같은 사실 또는 사정에 비추어 보면, 피고병원 의료진이 스테로이드를 사용하지 않은 과실이 있다고 보기 어렵다.

① 피고병원 의료진은 2017. 6. 1.부터 같은 달 3.까지 원고에게 스테로이드인덱사메타손(Dexamethasone), 메틸프레드니솔론(Methylprednisolone)을 정맥 투여하였다. 또한, 피고병원 의료진은 원고가 재입원한 다음 날인 2017. 6. 24.부터 2017. 7. 4.까지 스테로이드인 프레드니솔론(Prednisolone)을 경구 투여하였다.

② 대한의사협회 소속 감정의는 '원고에게 스테로이드 투여한 것은 부적절한 치료라고 보기 어렵다'는 의견을 제시하였다.

마. 방사선치료를 시행하지 않은 과실

앞서 든 증거에 변론 전체의 취지를 종합하여 인정할 수 있는 다음과 같은 사실 또는 사정에 비추어 보면, 피고병원 의료진이 원고에게 방사선치료를 하지 않은 것에 과실이 있다고 보기 어렵고, 달리 이를 인정할 증거가 없다.

① 척추 종양에 대한 방사선치료는 주로 악성 종양을 치료하는 부가적인 요법으로 시행한다. 경계성 종양이나 양성 종양을 완전 절제한 경우에는 추가적인 방사선치료가 필요하지 않지만, 부분 절제한 경우 및 재발한 경우에 부가적인 치료 방법으로 고려된다. 재발이 반복되거나, 잔여 종양이 재발하는 경우에는 방사선치료가 필요하기도 하다. 그러나 원고는 이에 해당하지 않으므로 방선치료가 필수적이었다고 보기 어렵고, 원고가 치료받은 서울백병원이나 삼성서울병원에서도 방사선치료는 시행하지 않았으며, 부작용을 고려하여 방사선치료를 시행하지 않은 것이 의사의 합리적인 재량범위를 일탈하였다고 할 수 없다.

② 대한의사협회 소속 감정의는 '원고에게 방사선치료를 시행하는 경우 신경손상 등의 부작용이 초래될 수 있고, 방사선치료를 시행하지 않는 것이 의학적 오류라 할 수 없다'는 의견을 제시하였다.

바. 설명의무 위반 여부

을 제3호증의 기재에 변론 전체의 취지를 종합하면, 이 사건 수술 동의서에 이 사건 수술과정 중 발생할 수 있는 문제점으로 "신경손상: 수술 도중 척수 다발의 손상 및 경막 손상 → 부종발생 → 일시적 혹은 영구적인 신경학적 장애 및 손상", 회복과 관련하여 발생할 수 있는 합병증 및 후유증으로 "신경손상에 따른 일시적 혹은 영구적인 통증 양상의 지속 가능성, 다리 감각의 소실 및 운동 기능 약화", 수술 이외의 대안은 "없음", 치료를 하지 않았을 경우 발생 가능한 문제점으로 "지속적인 통증에 따른 생활상의 어려움 증가, 통증으로 인한 자세의 불균형으로 척추 질환의 발생 확률 증가"가 각각 기재되어 있고, 위 내용을 설명한 흔적과 함께 원고의 부 김영권의 서명이 되어 있는 사실을 인정할 수 있으므로, 설명의 김현우가 친권자인 원고의 부 김영권에게 이 사건 수술에 따른 부작용 등을 설명하고, 김영권이 이 사건 수술에 동의한 것으로 보인다. 이와는 다른 전제에 선 원고의 이 부분 주장은 이유 없다.

사. 소결

피고병원 의료진에게 진료상의 과실 또는 설명의무 위반을 인정할 수 없으므로 이를 전제로 하는 피고의 손해배상책임은 그 범위에 관하여 나아가 살펴볼 필요 없이 이유 없다.

4. 결론

원고의 청구는 이유 없으므로 이를 기각하기로 하여 주문과 같이 판결한다.

02-B

악결과가 발생한 경우의 대처 방법

의료과실에 대한 이해: 악결과와 그 대응

이 장(chapter)의 판례들은 의료과실에 대한 이해를 돕기 위해 악결과가 의료과실이 아님을 설명하고, 이를 입증하기 위한 방법과 초기 대응 방안을 제시합니다. 의료 현장에서 발생할 수 있는 불가항력적 합병증과 그에 대한 적절한 대응 방법을 통해 의료진이 직면할 수 있는 법적 문제를 예방하는 데 도움을 주고자 합니다.

1. 충실한 진료기록

- 악결과나 사망이 발생한 경우, 수술기록, 간호기록, CCTV 등을 통해 사건의 경위를 철저히 확인해야 합니다.
- 이러한 기록들은 불가항력적 합병증임을 입증하는 데 중요한 역할을 합니다.
- 진료기록부는 의료분쟁발생시 사건의 진상규명을 위한 가장 중요한 증거자료입니다. 따라서 설명에 따른 문진, 시진, 촉진의 근거를 남기고 진단결과나 후유증에 대한 설명과 함께 설명내용, 시간, 입회인 등 최대한 자세하게 기록하여야 합니다. 충실한 진료기록은 의료 감정을 통해 객관적인 근거를 확보할 수 있으며, 의료과실이 아님을 명확히 할 수 있습니다.

2. 초기대응: 용어 선택에 주의한다

- 환자에게 "미안합니다"라는 표현보다는 "원하지 않은 결과에 유감입니다"라는 보다 중립적인 용어를 사용하는 것이 중요합니다.
- 사용하는 의료용어의 의미를 오해하고 있는 것도 의료분쟁의 원인으로 작용합니다. 예를 들면 합병증은 '의료인의 부주의에 의하여 생기는 것', 봉합부전은 '봉합하는 방법이 나빠 실밥이 풀린 것', 원내 감염은 '병원의 관리가 견고하였더라면 발생하지 않는 것', 스테로이드는 '사용을 시작하면 끊을 수 없는 약' 이라는 등의 선입견이 환자들 사이 널리 퍼져 있는데, 이는 매우 부정확한

정보들입니다. 이 때문에 환자측에서는 의료행위에 과오가 있었던 것으로 속단할 수 있습니다.

- 따라서 이러한 부정확한 선입견은 의료과오로 잘못 판단될 수 있으므로, 신중한 용어 선택이 필요합니다.

3. 설명 및 동의서는 본인에게 직접 시행한다

- 의사의 설명 의무는 해당 의료행위에 따른 후유증이나 부작용이 전형적으로 발생할 수 있는 위험에 대해 설명해야 합니다. 특히 신경외과와 같은 분야에서는 더욱 중요합니다. 대법원 판례에 의하면 의사의 설명의무는 그 의료행위에 따르는 후유증이나 부작용 등의 위험 발생 가능성이 희소하다는 사정만으로 면제될 수 없으며, 그 후유증이나 부작용이 당해 치료행위에 전형적으로 발생하는 위험이거나 회복할 수 없는 중대한 것인 경우에는 그 발생가능성의 희소성에도 불구하고 설명의 대상이 된다고 보아야 한다고 합니다.

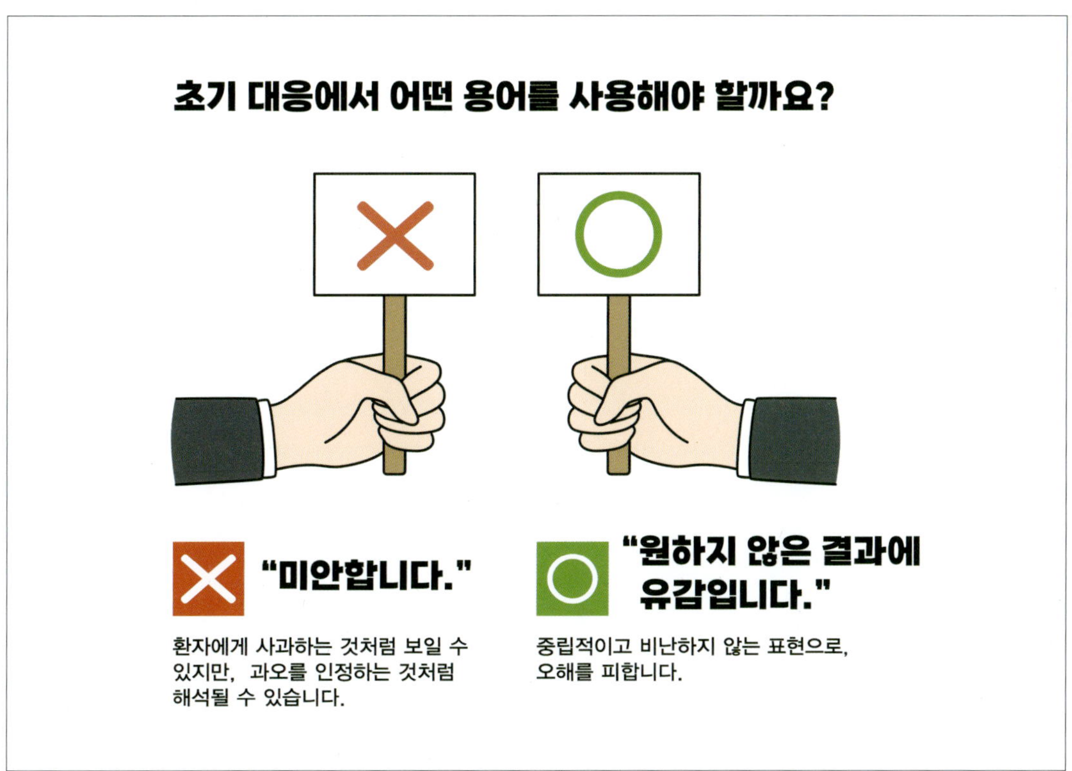

- 이러한 설명은 반드시 환자 본인에게 직접 시행해야 하며, 이를 통해 환자는 자신의 치료에 대한 이해를 높일 수 있습니다. 이를 설명할 때 반드시 환자측의 질문이나 요망사항 등의 유무를 확인하고, 그 내용을 진료기록부에 기록하여 놓은 것이 중요합니다.

이 장(chapter)의 판례들은 의료진이 악결과에 대한 정확한 이해와 대응 방안을 통해 의료과실로 오해받지 않도록 돕기 위한 내용을 담고 있습니다.

03 - A

명백한 의료과실 사례

10 76세 여환의 전방경유 요추체간 유합술 중 대량출혈로 인한 심정지 사례

사례 10 76세 여환의 전방경유 요추체간 유합술 중 대량출혈로 인한 심정지 사례

이 판례는 76세 여성 환자가 전방경유 요추체간 유합술(L5-S1 ALIF) 중 대량출혈로 심정지에 이른 사례에 대한 법적 판단 및 조정 절차를 다룹니다. 환자의 기왕병력과 수술의 고위험성을 고려하여 법원에서 내린 판단과 조정 과정의 세부 사항을 설명합니다.

1. 기초 사실

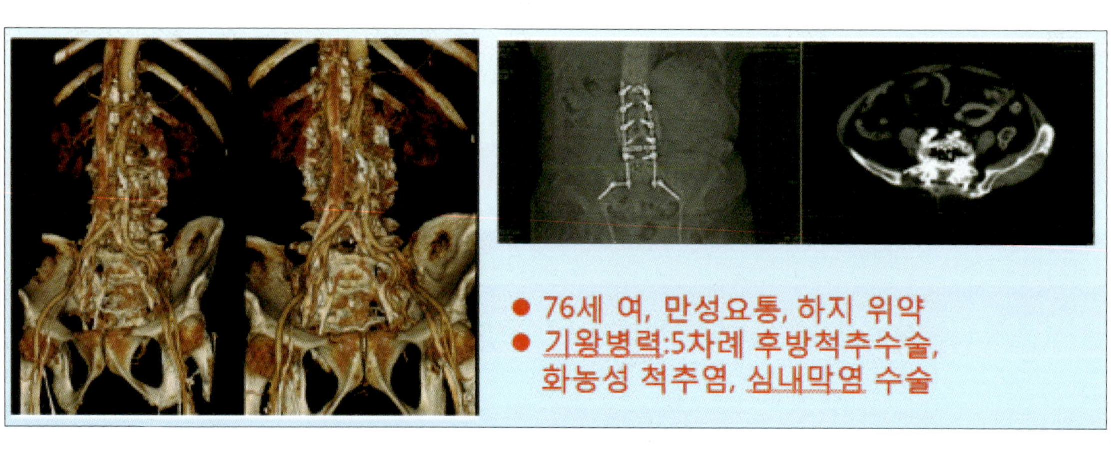

76세 여환은 전방경유 요추체간 유합술(L5-S1 ALIF) 수술 중 대량출혈로 심정지에 이른 사례입니다. 이 환자는 5차례의 후방척추수술, 화농성 척추염, 심내막염 수술 등의 기왕병력이 있는 고위험 환자로 분류됩니다. 수술 전 영상사진(CT Angio, X-ray)에서 이러한 기왕병력을 확인할 수 있습니다.

2. 법원 판단

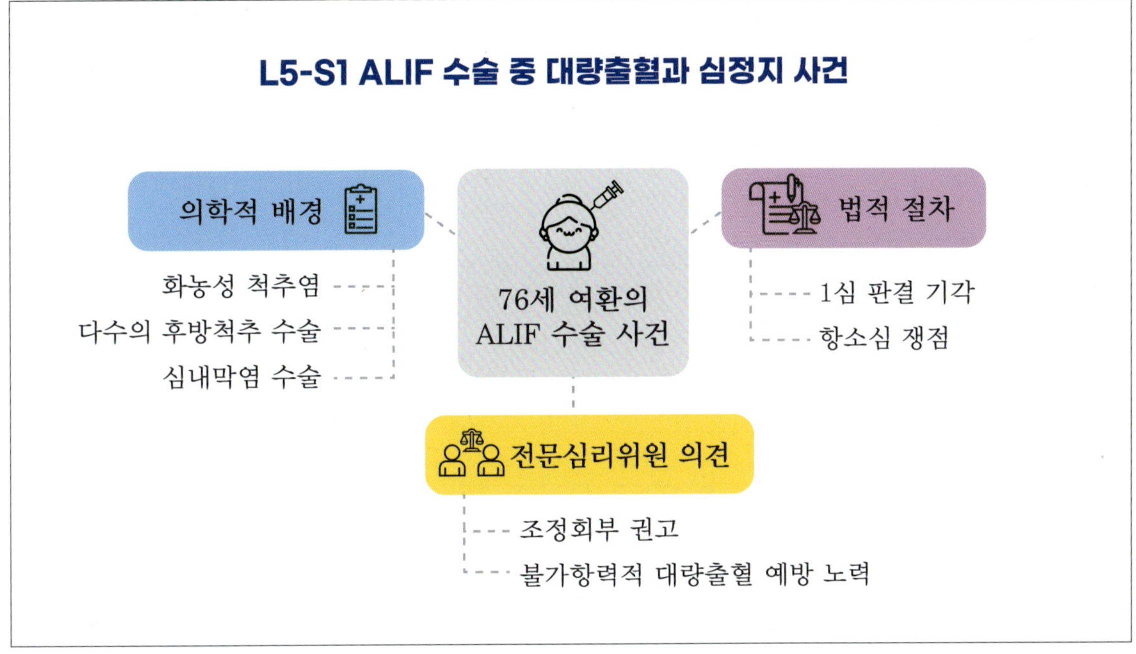

1심에서 원고의 청구는 기각되었습니다. 판결 이유는 의학적으로 전방척추수술과 환자의 사망 간에 인과관계가 존재하나, 복부 대량출혈은 불가항력적인 요소가 있어 피고의 주의의무 위반 및 설명의무 위반이 입증되지 않았기 때문입니다. 원고는 이 판결에 불복하여 항소하였습니다.

2심 재판부는 상임전문심리위원의 의견을 요청하였고, 위원은 환자가 ①76세 고령, ②5번의 후방척추수술, ③화농성 척추염 및 화농성 심내막염으로 인한 기왕병증이 있는 점을 고려하여, 판결보다는 조정을 권고하였습니다.

3. 조정 절차

IV. 상임전문심리위원 조정 설명(의견)

조정(2024. 3. 21 15:30)–제 1별관 503호

의학적 주의의무위반: 없음(혈관손상/대량출혈:주의의무위반 면제?)
설명의무위반: 없음(충분한 설명의무 면제?)

합병증 요인		원 고	피 고	비 고
주의의무 위반	영상검토	▲	▲	노인성혈관, 부행혈관
	혈관손상	▲		복부대혈관 리스크
	출혈처치	▲	▲(기록x)	8000ml 전혈량 초과
	퇴행성변화	▲		5번 후방수술
	직업, 나이	▲		76세
설명의무 위반	합병증설명	▲	▲	충분한 설명?
	재수술	▲	▲	충분한 설명?
기왕병증 관여도	요추협착증	▲		
	5번요추수술	▲		
	척추염	▲		
	심내막염	▲		
조정	청구금액	153,191,364	40,851,030	4/15(11+4)
	조정	41,000,000	15,000,000	(소 제기 전 피고대리인) 조정안: 1500만원 + 알파

○ 없음, X 있음, ▲ 중간

조정기일은 2024년 3월 21일로 설정되었습니다. 원고의 청구액은 1억 5여만원이었으나, 원고측에게 피고의 주의의무 위반을 명확히 입증하기 어려운 상황이었기 때문에 위자료 부분만 신청이 가능하다는 조정 권고가 있었습니다. 반면, 피고측에게는 악 결과와 인과관계가 인정될 가능성이 있으며, 최소한 설명의무 위반이 인정될 가능성이 있음을 설득하였습니다. 최종적으로 3500만원에 합의하여 조정이 이루어졌습니다.

가. 조정 성립 보고서

이 문서는 2024년 3월 21일에 진행된 조정기일에 대한 내용을 정리한 보고서입니다. 원고의 청구액은 1억 5여만원이었으나, 피고의 주의의무 위반을 입증하기 어려운 상황에서 위자료 부분만 신청이 가능하다는 조정 권고가 있었습니다. 이에 따라 피고측의 설명의무 위반 가능성을 고려하여 조정이 성립된 결과를 기록합니다.

나. 조정기일 개요

- **조정기일**: 2024년 3월 21일
- **원고 청구액**: 1억 5여만원

다. 조정 권고 내용

조정 과정에서 원고측은 피고의 주의의무 위반을 명확히 입증하기 어려운 점을 강조하였고, 이로 인해 위자료 부분만 신청이 가능하다는 조정 권고가 있었습니다. 반면, 피고측에는 악 결과와 인과관계가 인정될 가능성이 있으며, 최소한 설명의무 위반이 인정될 가능성이 있다는 점을 설득하였습니다.

라. 조정 결과

조정의 결과로, 양측은 3,500만원에 합의하여 조정이 성립되었습니다. 이는 원고측의 청구액에 비해 상당히 낮은 금액이지만, 피고측의 법적 리스크를 줄이고 원고측의 일부 손해를 보상하는 방향으로 합의가 이루어진 것입니다.

마. 결론

이번 조정은 원고와 피고 모두에게 일정 부분 만족스러운 결과를 도출하였으며, 향후 유사한 사건에 대한 교훈을 제공할 수 있을 것입니다. 조정 성립을 통해 양측은 법적 분쟁을 종결하고, 추가적인 소송 비용과 시간을 절약할 수 있었습니다.

1심 판결문

서울중앙지방법원	2021가단5243129

진 단 명	요추척추협착증
사 고 내 용	전방경유 요추체간 유합술 중 대량출혈로 심정지
책 임 제 한	
판 결	원고 패
의 사 과 오	
배 상 액 (원)	

원 고 1. AAA

2. BBB

3. CCC

피 고 학교법인 DDD학원

판 결 선 고 2022. 12. 15

주 문

1. 원고의 청구를 기각한다.

2. 소송비용은 원고가 부담한다.

청 구 취 지

피고는 원고 AAA에게 76,048,508원, 원고 BBB, CCC에게 각 38,571,428원과 각 이에 대하여 2020. 6. 3.부터 이 사건 소장 부본 송달일까지는 연 5%, 그 다음날부터 다 갚는 날까지는 연 12%의 각 비율로 계산한 돈을 지급하라.

이 유

1. 기초사실

가. FFF는 1944. 5. 8.생 여성이고, 원고 AAA은 FFF의 배우자이며, 원고 BBB, CCC은 원고 AAA과 FFF 사이의 자녀들이다.

나. 피고는 DDD대학교 서울EE병원(이하 '이 사건 병원'이라 한다)을 운영하는 학교법인이자, 이 사건 병원에서 근무하는 의료진의 사용자이다.

다. FFF는 2020. 6. 1. 요추5번-천추1번의 전방 추체간 유합술(이하 '이 사건 수술'이라 한다)을 받기 위하여 이 사건 병원에 입원하였고, 이 사건 병원의 의료진은 호흡기내과에 대한 협진을 의뢰한 뒤 수술이 가능하다는 판단을 하였다.

라. 이 사건 병원의 의료진은 2020. 6. 2. 08:50경 전신마취를 하고 이 사건 수술을 시작하였는데, 장골정맥을 박리하던 중 FFF에게 대량 출혈이 발생하였고, 이 사건 병원의 의료진은 지혈, 수혈, 승압제 투여 등의 조치를 취하고 FFF를 중환자실로 이실하였다.

마. 이 사건 병원의 의료진은 2020. 6. 2. 12:48경 중환자실에서 FFF에 대한 심폐소생술 등을 시행하였으나, FFF는 2020. 6. 2. 13:23경 사망하였다(이하 '망인'이라 한다).

[인정사실] 다툼 없는 사실, 갑 제1호증의 1 내지 3, 갑 제2, 3호증, 을 제1호증의 1, 2의 각 기재, 변론 전체의 취지

2. 원고들의 주장

가. 혈관 손상 관련 의료상의 과실 주장

이 사건 병원의 의료진은 이 사건 수술에 관하여 수술 전 대비를 소홀히 하고 수술 기구를 과도하게 조작하여 수술 중 망인의 혈관을 손상시킨 잘못이 있다.

나. 응급처치 상의 과실 주장

수술 도중 망인에게 혈관의 손상으로 인한 출혈이 확인되고 혈압, 심박수, 산소포화도 등 활력징후가 불안정하였으면 의료진으로서는 출혈 부위의 지혈조치를 충분히 하고 신속히 수액을 보충하고 수혈을 하는 등 적절한 응급조치를 하고 근본적인 치료를 위하여 손상된 혈관을 복구하여야 함에도 이 사건 병원 의료진은 이를 소홀히 한 과실이 있다.

다. 설명의무 위반 주장

이 사건 병원의 의료진은 이 사건 수술 전 수술에 관하여 망인에게 설명의무를 제대로 이행하지 아니하였다.

라. 소결론

따라서 피고는 이 사건 병원의 의료진의 사용자로서 의료상의 과실을 원인으로 손해배상책임을 부담하므로, 원고 AAA에게 장례비 11,220,250원, 위자료로 망인에게 100,000,000원, 원고 AAA에게 20,000,000원, 원고 BBB, CCC에게 각 10,000,000원을 지급할 의무가 있다. 그런데 망인의 위자료는 원고 AAA에게 3/7, 원고 BBB, CCC에게 각 2/7의 지분으로 상속되었으므로, 피고는 원고 AAA에게 76,048,508원, 원고 BBB, CCC에게 각 38,571,428원과 각 이에 대한 지연손해금을 지급할 의무가 있다.

3. 판 단

가. 혈관 손상 관련 의료상의 과실 주장에 관한 판단

1) 관련 법리

인간의 생명과 건강을 담당하는 의사에게는 그 업무의 성질에 비추어 보아 위험방지를 위하여 필

요한 최선의 주의의무가 요구되고, 따라서 의사로서는 환자의 상태에 충분히 주의하고 **진료 당시의 의학적 지식에 입각하여 그 치료방법의 효과와 부작용 등 모든 사정을 고려하여 최선의 주의를 기울여 그 치료를 실시하여야 하며, 이러한 주의의무의 기준은 진료 당시의 이른바 임상의학의 실천에 의한 의료수준에 의하여 결정되어야 한다**(대법원 1997. 2. 11. 선고 96다5933 판결, 대법원 2010. 7. 22. 선고 2007다70445 판결 등 참조).

의료행위상의 주의의무 위반으로 인한 손해배상청구에서 피해자측에서 일련의 의료행위 과정에 있어서 저질러진 일반인의 상식에 바탕을 둔 의료상의 과실 있는 행위를 입증하고 그 결과와 사이에 일련의 의료행위 외에 다른 원인이 개재될 수 없다는 점, 이를테면 환자에게 의료행위 이전에 그러한 결과의 원인이 될 만한 건강상의 결함이 없었다는 사정을 증명한 경우에는 의료상 과실과 결과 사이의 인과관계를 추정하여 손해배상책임을 지울 수 있도록 입증책임을 완화하는 것이 대법원의 확립된 판례이나(대법원 1995. 2. 10. 선고 93다52402 판결, 2003. 1. 24. 선고 2002다3822 판결 등 참조), 이 경우에도 **일련의 의료행위 과정에 있어서 일반인의 상식에 바탕을 둔 의료상 과실의 존재는 환자측에서 입증하여야 하는 결과 의료과정에서 어떠한 주의의무 위반의 잘못을 인정할 수 없다면 그 청구는 배척될 수밖에 없다**(대법원 2003. 11. 27. 선고 2001다20127 판결, 대법원 2005. 10. 28. 선고 2004다797 판결 참조).

2) 구체적 판단

위와 같은 법리에 비추어 이 사건에서 보건대, 앞서 든 증거들, 이 법원의 CC대학교병원장에 대한 진료기록감정촉탁결과에 변론 전체의 취지를 종합하여 인정되는 다음과 같은 사정들을 모두 고려하여 보면, 이 사건 수술 과정에서 혈관이 손상되어 출혈이 발생하고 이로 인하여 망인이 사망하였다고 하더라도, 그러한 사정만으로 이 사건 병원의 의료진에게 어떠한 과실이 있다고 인정하기에 부족하고, 달리 이를 인정할 증거가 없다.

① 일반적으로 이 사건 수술 전 혈관의 손상을 최소화하기 위하여 CT 혈관조영술을 하여 혈관의 위치, 모양 등을 확인하는데, 이 사건 병원의 의료진은 이 사건 수술 전 망인에 대하여 복부 혈관조영 CT검사를 실시하였다.

② 이 사건 수술 중 복부혈관을 박리할 때 대혈관의 손상이 발생하면, 대량 출혈로 인하여 생명을 위협하는 상황이 발생할 수 있으므로, 이 사건 수술을 하는 의사는 혈관이 손상되지 않도록 주의를 기울일 필요가 있다. 그러나 원고들이 제출한 증거들만으로는 이 사건 수술 중 장골정맥이 손상되어 대량출혈이 발생하였다는 사실을 넘어 그러한 장골정맥의 손상에 이

사건 병원 의료진의 과실이 있다고 인정하기에 부족하다(장골정맥이 손상된 사실 자체로 이 사건 병원 의료진의 과실이 있다고 인정할 수는 없다).

③ 이 사건 수술 중 수술부위 접근을 위해 장골정맥이나 동맥을 박리하여 이동시키는 과정이 필요하므로, 이 사건 병원의 의료진은 망인의 수술 경력, 나이, 건강 상태 등을 고려하여 혈관이식외과 의료진에게 협진을 요청하였다.

④ 이 사건 수술 중 이 사건 병원의 의료진이 혈관을 박리하는 과정에서 필요한 주의의무를 다하지 않았다거나 임상의학의 실천에 의한 의료수준에 맞지 않는 행위가 있었다고 인정할 증거가 없다.

나. 응급처치 상의 과실 주장에 관한 판단

살피건대, 앞서 든 증거들에 변론 전체의 취지를 종합하여 인정되는 다음과 같은 사정들, 즉 ① 수술 중 혈관이 손상된 경우 이를 봉합하거나 지혈할 필요가 있는데, 이 사건 수술 중 망인에게 혈관 손상으로 인한 출혈이 발생하자 이 사건 병원의 의료진은 지혈, 수혈, 승압제 투여 등의 조치를 취한 점, ② 이 사건 병원의 의료진은 망인을 중환자실로 옮긴 뒤에도 심폐소생술을 실시하며 수액을 주입하고, 승압제를 투여하며 수혈을 계속한 점, ③ 망인의 혈관이 봉합할 수 있었다고 단정할 수 없는 점 등을 종합하여 보면, 원고들이 제출한 증거들만으로는 이 사건 병원의 의료진이 망인에게 응급처치를 하는 과정에서 어떠한 주의의무를 위반하였다고 인정하기에 부족하고, 달리 이를 인정할 증거가 없다. 따라서 원고들의 이 부분 주장도 이유 없다.

다. 설명의무위반 주장에 관한 판단

살피건대, 을 제1호증의 2의 기재에 변론 전체의 취지를 종합하면, 이 사건 병원의 의료진은 2020. 6. 1. 망인에게 환자의 현재 상태, 수술의 목적 및 필요성, 수술의 방법 및 치료 성공 가능성, 주의사항, 혈관 손상과 대량출혈로 인한 사망가능성 등의 합병증에 관하여 설명하고, 망인으로부터 이 사건 수술에 관하여 동의를 받은 사실(을 제1호증의 2 61면, 62면 등)이 인정된다. 따라서 원고들의 설명의무위반 주장은 이유 없다.

4. 결 론

그렇다면, 원고들의 청구는 이유 없으므로, 이를 모두 기각하기로 하여, 주문과 같이 판결한다.

2심 판결문

서울중앙지방법원	2023나2915
진 단 명	요추척추협착증
사 고 내 용	전방경유 요추체간 유합술 중 대량출혈로 심정지
책 임 제 한	30%
판 결	조정에 갈음하는 결정
의 사 과 오	주의의무 위반(일부) 설명의무 위반(일부)
배 상 액 (원)	3500만원

원고, 항소인　1. AAA

2. BBB

3. CCC

피고, 피항소인 학교법인 DDD학원

제1심판결 서울중앙지방법원 2022. 12. 15. 선고 2021가단5243129 판결

판 결 선 고 2024. 8. 21.

주 문

1. 제1심판결 중 아래에서 지급을 명하는 금액에 해당하는 원고들 패소 부분을 취소한다.
   피고는 원고 AAA에게 16,366,075원, 원고 BBB, CCC에게 각 8,500,000원과 각 이에 대하여 2020. 6. 3.부터 2024. 8. 21.까지는 연 5%의, 그다음 날부터 다 갚는 날까지는 연 12%의 각 비율로 계산한 돈을 지급하라.
2. 원고들의 피고에 대한 나머지 항소를 모두 기각한다.
3. 소송 총비용 중 3/4은 원고들이, 나머지는 피고가 각 부담한다.
4. 제1항의 금전 지급 부분은 가집행할 수 있다.

청구취지 및 항소취지

1. 청구취지

피고는 원고 AAA에게 76,048,508원, 원고 BBB, CCC에게 각 38,571,428원과 각 이에 대하여 2020. 6. 3.부터 이 사건 소장 부본 송달일까지는 연 5%의, 그다음 날부터 다 갚는 날까지는 연 12%의 각 비율로 계산한 돈을 지급하라.

2. 항소취지

제1심판결을 다음과 같이 변경한다. 피고는 원고 AAA에게 76,048,508원, 원고 BBB, CCC에게 각 38,571,428원과 각 이에 대하여 2020. 6. 3.부터 이 사건 항소심 판결 선고일까지는 연 5%의, 그다음 날부터 다 갚는 날까지는 연 12%의 각 비율로 계산한 돈을 지급하라.

이 유

1. 기초 사실 및 원고들의 주장

이 법원이 이 부분에 기재할 이유는 제1심판결 이유 제1, 2항 기재와 같으므로, 민사소송법 제420조 본문에 의하여 이를 그대로 인용한다.[1)]

2. 손해배상책임의 발생

가. 진료상 과실 주장에 대한 판단

1) 관련 법리

의사의 의료행위가 그 과정에 주의의무 위반이 있어 불법행위가 된다고 하여 손해배상을 청구하는 경우에도 일반의 불법행위와 마찬가지로 의료행위상의 과실과 손해발생 사이에 인과관계

---

1) 다만, 원고들의 청구원인에 의하면 원고 AAA의 청구금액은 74,077,392원(= 장례비 11,200,250원 + 망인의 위자료 100,000,000원 × 상속지분 3/7 + 위 원고의 위자료 20,000,000원, 원 미만 버림)임이 계산상 분명하나, 위 원고가 76,048,508원의 지급을 구하므로 원고가 구하는 바에 따른다.

가 있어야 하고, 이에 대한 증명책임은 환자 측에서 부담하지만, 의료행위는 고도의 전문적 지식을 필요로 하는 분야로서 전문가가 아닌 일반인으로서는 의사의 의료행위의 과정에 주의의무 위반이 있었는지 여부나 그 주의의무 위반과 손해발생 사이에 인과관계가 있는지 여부를 밝혀내기가 극히 어려운 특수성이 있으므로, **수술 도중이나 수술 후 환자에게 중한 결과의 원인이 된 증상이 발생한 경우 그 증상의 발생에 관하여 의료상의 과실 이외의 다른 원인이 있다고 보기 어려운 간접사실들이 증명되면 그와 같은 증상이 의료상의 과실에 기한 것이라고 추정할 수 있다**(대법원 2012. 5. 9. 선고 2010다57787 판결 등 참조).

2) 혈관 손상 관련 의료상의 과실 주장에 관한 판단

앞서 인정한 사실, 앞서 든 증거, 갑 제9호증의 1의 기재, 제1심법원의 CC대학교병원장에 대한 진료기록감정촉탁결과에 변론 전체의 취지(이 법원의 전문심리위원 의견 포함)를 종합하여 인정할 수 있는 아래와 같은 사실 또는 사정에 비추어 보면, 이 사건 병원 의료진은 이 사건 수술을 하면서 망인의 혈관을 손상하지 않도록 할 주의의무가 있었음에도 이러한 주의의무를 위반하여 과도한 조작을 하였다고 추정되고, 이로 인하여 망인의 혈관이 손상되어 대량출혈이 발생한 결과 망인이 사망하였으므로, 피고는 이 사건 병원 의료진의 사용자로서, 망인에게 이로 인한 손해를 배상할 의무가 있다.

가) 전방 추체간 유합술을 시행하기 위해서는 복부 대동맥과 대정맥, 총장골정맥등을 박리 또는 이동시켜야 한다. 전방 추체간 유합술 중 정맥 손상은 0.8~4.3%, 동맥 손상은 0.4~4.3%에서 발생하는 것으로 알려져 있고, 주요 요인으로는 혈관의 해부학적 기형, 동맥경화, 오래된 척추 골절, 이전 복부 수술 과거력, 혈관 종양, 중증 척추증, 염증성 디스크와 골극, 그리고 이로 인한 디스크와 혈관의 유착 등이 있다. 혈관을 박리할 때 일반적으로 혈관이 손상되어 출혈이 생기더라도 대량출혈로 이어질 가능성은 높지 않지만, 혈관 유착이 심한 경우 대량출혈이 발생할 가능성이 있다.

나) 복부 혈관을 박리하는 의사는 혈관이 손상되지 않도록 수술 중에는 척추체 접근을 위해 가능한 복부 혈관이 손상되지 않도록 주의하고, 혈관의 유착상황 등을 면밀히 관찰하여야 하며, 유착이 심해 혈관 박리와 이동이 어려울 경우에는 혈관 손상의 예방과 회피를 위해 척추 수술을 중단하기도 해야 한다. 특히 고령, 석회화 또는 죽상경화성 혈관, 오래된 척추 골절, 복부 수술 병력, 혈관 종양, 중증 척추증, 디스크와 혈관 사이의 유착을 촉진할 수 있는 염증성 디스크가 있는 환자의 경우 특별한 주의를 기울여야 한다.

다) 2020. 5. 19. 촬영된 망인의 하대정맥 혈관조영CT 결과에 따르면, 양측 총장골정맥은 5번 요추 부위에서 하대정맥으로 합류되고 있으며 노령에 따른 변화는 보이나 혈관의 파열은 확인되지 않는다. 수술 이전 신체검사에서 혈관 파열이나 손상과 관련된 이상소견도 찾기 어렵다.

라) 혈관 손상 부위가 의무기록에 명확하게 기재되어 있지 않으나, 수술기록에서 '장골정맥 박리 중 정맥 출혈이 있어 지혈술 시행하였다'고 기재되어 있는 점에 미루어 볼 때 손상된 혈관은 장골정맥 내지 그에 인접한 정맥가지인 것으로 추정되고, 이는 수술 부위와 근접한 부분이다. 감정의는 "이 사건 수술 외에 대량출혈이 발생한 원인을 찾기 어렵다"는 의견을 밝혔다.

마) 망인의 직접 사인은 "수술적 혈액량 감소로 인한 쇼크사"이고, 실제 실혈량은 약 8,000㎖로 추정되며, 지혈이 되지 않을 정도로 다발성 출혈이 발생한 점에 비추어 손상 부위가 광범위했던 것으로 보인다.

바) 전방 추체간 유합술 중 합병증으로 정맥 손상으로 인한 출혈이 발생할 수 있으나, 대량출혈로 인한 환자의 사망은 필연적으로 발생할 수밖에 없는 합병증으로 볼 수 없다.

3) 응급처치상의 과실 주장에 관한 판단

이 법원이 이 부분에 기재할 이유는 제1심판결 제3의 나.항 이유 기재와 같으므로, 민사소송법 제420조 본문에 의하여 이를 그대로 인용한다.

나. 설명의무 위반 주장에 관한 판단

1) **의사의 설명의무는 그 의료행위에 따르는 후유증이나 부작용 등의 위험발생 가능성이 희소하다는 사정만으로 면제될 수 없으며, 그 후유증이나 부작용이 치료행위에 전형적으로 발생하는 위험이거나 회복할 수 없는 중대한 것인 경우에는 발생가능성의 희소성에도 불구하고 설명의 대상이 되며**(대법원 2002. 10. 25. 선고 2002다48443 판결 등 참조), **이 경우 의사가 시술 전 환자의 상태 및 시술로 인한 합병증으로 사망할 가능성의 정도와 예방가능성 등에 관하여 구체적인 설명을 하여 주지 아니하였다면 설명의무를 다하였다고 할 수 없다**(대법원 2004. 10. 28. 선고 2002다45185 판결 참조).

2) 을 제1호증의 2의 기재에 변론 전체의 취지를 종합하면, 이 사건 병원의 의료진은 2020. 6. 1. 망인에게 수술명(혈관박리술), 환자의 현재 상태(특이사항 없음), 수술의 목적 및 필요성(전방 허리 척추 사이 유합술 시행 전 접근을 위한 혈관 분리), 수술의 방법(전신 마취하에 수술)

및 치료 성공 가능성(높음), 주의사항(수술 전 금식, 수술 후 조기 보행 및 심호흡), 혈관 손상과 대량출혈로 인한 사망가능성 등의 합병증에 관하여 설명하고, 망인으로부터 이 사건 수술에 관하여 동의를 받은 사실(을 제1호증의 2 제63, 64면)을 인정할 수 있다. 그러나 ① 망인이 76세의 고령으로 과거 5회의 척추 수술 및 화농성 척추염의 기왕증이 있었던 점, ② 전방 추체간 유합술을 시행하기 위한 혈관 박리시 일반적으로 대량출혈이 발생할 가능성은 높지 않으나 고령의 환자, 동맥경화성 혈관, 오래된 척추 골절, 이전 복부 수술 과거력, 혈관 종양, 중증 척추증, 염증성 디스크와 골극, 그리고 이로 인한 디스크와 혈관 사이의 유착 등이 있는 환자의 경우에는 혈관 손상으로 대량출혈의 가능성이 높아질 수 있는 점, ③ 망인과 같이 고령 및 기왕증으로 인하여 혈관 유착 및 부행혈관[2] 과증식이 발생할 수 있는 위험군의 경우 환자가 수술의 필요성이나 위험성을 충분히 비교하여 자기결정권을 행사할 수 있도록 통상의 경우보다 상세한 설명을 할 필요가 있었던 점 등의 사정에 비추어 보면, 위와 같이 설명한 것만으로는 환자가 자기결정권을 행사할 수 있을 정도로 설명의무를 이행하였다고 보기 어렵다.

3. 손해배상의 범위

가. 적극적 손해(= 3,366,075원)

1) 장례비

갑 제4, 5호증의 각 기재에 변론 전체의 취지를 종합하면, 원고 AAA이 망인의 장례비로 11,220,250원을 지출한 사실을 인정할 수 있다.

2) 책앞서 본 사실과 사정 및 위에서 든 증거들에 변론 전체의 취지를 더하여 알 수 있는 다음의 사정, 즉 ① 망인은 피고 병원에 입원한 당시 76세의 고령이고, 요추 및 천추의 추간판탈출증으로 과거 5회의 수술 및 화농성 척추염의 기왕증이 있었으며, 수술과 보존적 치료에도 증상이 호전되지 않아 일상생활에 상당한 지장을 받고 있었던 점, ② 수술경력 및 척추염으로 인하여 혈관벽이 약화되고 주변 조직과의 유착 및 부행혈관 과증식이 있어 혈관을 박리하기 어렵고 합병증 발생 위험도 높았던 점, ③ 부행혈관은 혈관 수도 많고 혈관 자체도 약해서 손상 가능성이 높고 통상적인 방법(봉합, 소작, 결찰 등)으로 지혈하기 어려운 점, ④ 그 밖에 피고 병원

2) 염증이 있으면 조직을 치유하기 위하여 비정상적으로 발달하는 혈관이다.

의료진의 과실 정도, 망인의 사망 경위 등 이 사건에 나타난 제반 사정을 고려하여 피고의 책임을 30%로 제한한다.

3) 계산: 3,366,075원(= 11,220,250원 × 30%)

나. 위자료

1) 진료계약상 주의의무 위반으로 환자의 생명이나 신체에 불이익한 결과를 초래한 경우 일반적으로 채무불이행책임과 불법행위책임이 성립할 수 있다. 이와 같이 생명·신체가 침해된 경우 환자가 정신적 고통을 입는다고 볼 수 있으므로, 진료계약의 당사자인 병원 등은 환자가 입은 정신적 고통에 대해서도 민법 제393조, 제763조, 제751조 제1항에 따라 손해를 배상해야 한다(대법원 2018. 11. 15. 선고 2016다244491 판결 등 참조).

2) 위에서 본 사정, 망인의 가족관계 등 이 사건에 나타난 제반 사정을 고려하여 이 사건 병원의 사용자인 피고가 지급해야 하는 위자료를 망인에게 21,000,000원, 원고 AAA에게 4,000,000원, 원고 BBB, CCC에게 각 2,500,000원으로 정한다.임의 제한 3) 갑 제1호증의 3의 기재에 변론 전체의 취지를 종합하면, 원고들이 망인의 재산을 공동상속하였고, 상속지분은 원고 AAA 3/7, 원고 BBB, CCC 각 2/7인 사실을 인정할 수 있으므로, 피고는 원고 AAA에게 망인의 위자료 중 원고 AAA의 상속분 9,000,000원(= 21,000,000원 × 3/7) 및 원고 AAA 고유의 위자료 4,000,000원 합계 13,000,000원, 원고 BBB, CCC에게 망인의 위자료 중 원고 BBB, CCC의 상속분 각 6,000,000원(= 21,000,000원 × 2/7) 및 고유의 위자료 각 2,500,000원 합계 각 8,500,000원 및 각 이에 대한 지연손해금을 각 지급할 의무가 있다.

다. 소결론

따라서 피고는 원고 AAA에게 손해배상금 16,366,075원(= 적극적 손해액 3,366,075원 + 위자료 13,000,000원), 원고 BBB, CCC에게 각 위자료 8,500,000원 및 각 이에 대하여 불법행위일 다음 날인 2020. 6. 3.부터 피고가 그 이행의무의 존재 여부나 범위에 관하여 다투는 것이 타당하다고 인정되는 이 판결 선고일인 2024. 8. 21.까지는 민법이 정한 연 5%의, 그다음 날부터 다 갚는 날까지는 소송촉진 등에 관한 특례법이 정한 연 12%의 각 비율로 계산한 지연손해금을 지급할 의무가 있다.

4. 결론

원고들의 피고에 대한 청구는 위 인정 범위 내에서 이유 있어 이를 각 인용하고, 나머지 청구는 이유 없어 이를 각 기각하여야 한다. 제1심판결 중 이와 결론을 일부 달리한 부분은 부당하므로, 원고들의 피고에 대한 항소를 일부 받아들여 위 돈의 지급을 명하며, 나머지 항소는 이유 없어 기각한다.

11 전방경유 경추유합술 후 추골동맥 손상 및 소뇌경색 사례

사례 11 전방경유 경추유합술 후 추골동맥 손상 및 소뇌경색 사례

이 판례는 56세 남성이 C3-4 ACDF(전방경유 경추유합술) 수술 후 발생한 추골동맥 손상과 소뇌경색에 대한 사례를 다룹니다. 수술 후 3시간 이내에 나타난 신경학적 증상과 그에 따른 진단 및 치료 과정을 상세히 설명하며, 조정 절차와 최종 합의 금액에 대해서도 언급합니다.

1. 기초 사실

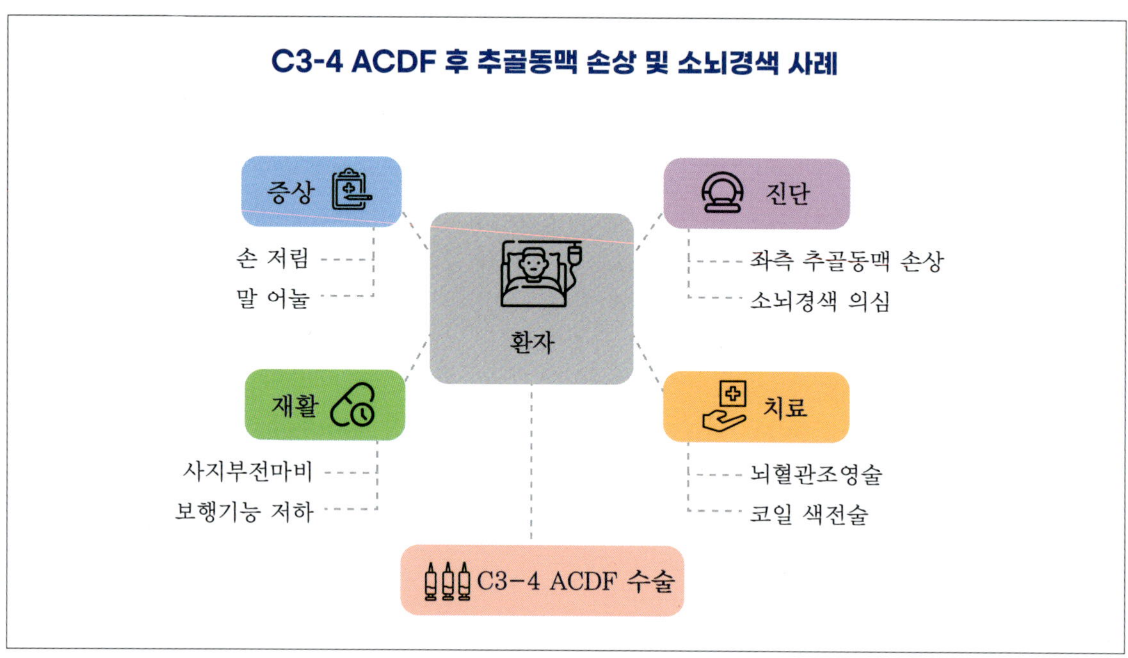

56세 남성 환자는 C3-4 ACDF 수술 후 3시간이 지나 손의 저림과 말이 어눌해지는 증상을 호소하였습니다. 즉각적으로 MRI를 촬영한 결과, 좌측 추골동맥 손상으로 인한 소뇌 경색증이 진단되었습

니다. 이후 환자는 3차 병원으로 전원되어 뇌혈관조영술 및 코일 색전술을 받았으며, 사지부전마비 및 보행기능 저하로 인해 최소 20주 이상의 재활치료와 신경학적 경과 관찰이 필요하게 되었습니다.

2. 기초 사실 - 영상 소견

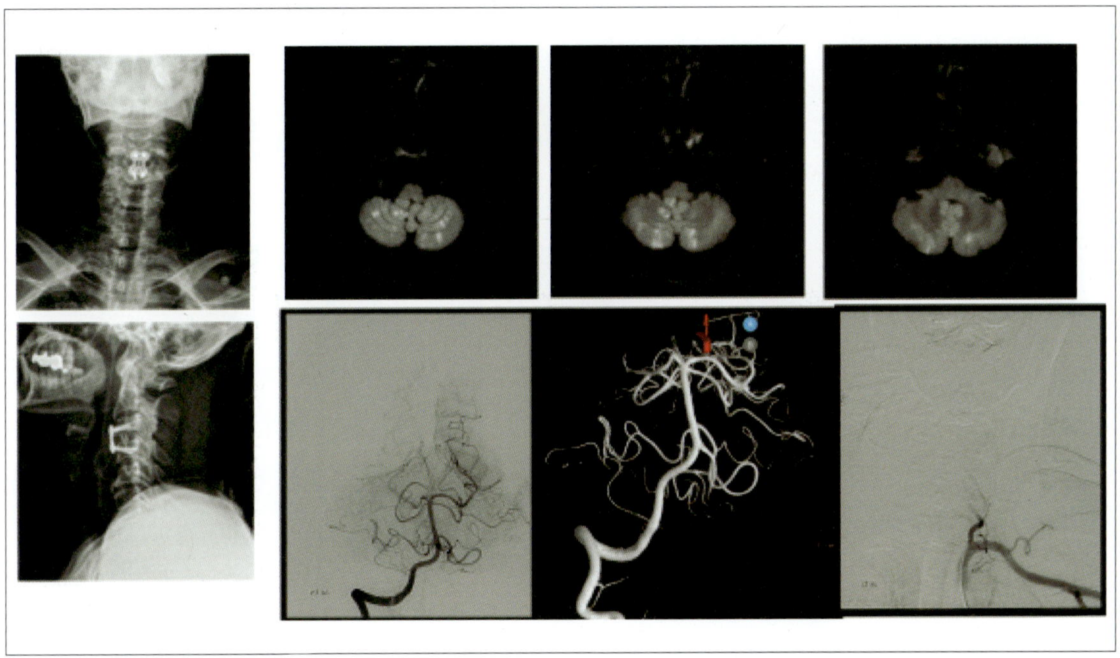

수술 당일인 14:50경, 경추 3-4번에 대한 경추 추간판제거 및 유합수술이 완료된 후 촬영된 X-Ray 사진과 MRI 소견에서 소뇌 경색증이 확인되었습니다. 또한, 뇌혈관조영술에서는 좌측 추골동맥의 폐색 소견이 나타났습니다.

3. 조정 절차

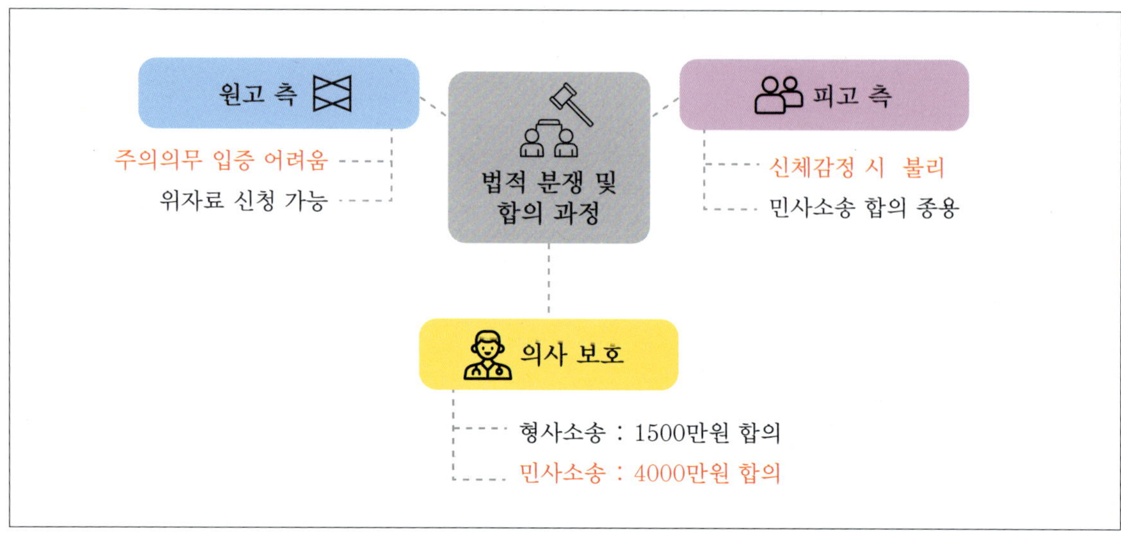

조정기일은 2024년 6월 12일로 설정되었습니다. 원고는 2억5천만원(위자료 5천만원 포함)의 청구액을 제시하였으나, 피고의 주의의무 위반을 입증하기 어려운 점을 고려하여 8000만원으로 낮추어 조정의사를 보였습니다. 피고측은 이미 형사소송에서 1500만원의 합의를 한 사실이 있어 민사 사건에서도 위자료 수준에서 합의를 유도하였으며, 신체감정 및 기록감정이 피고에게 불리할 수 있음을 강조하여 조정의 필요성을 설득하였습니다.

최종적으로 조정금액은 4000만원으로 성립되었습니다.

대구지방법원서부지원 2023가단57873

진 단 명	경추척추협착증
사 고 내 용	**전방경유 경추유합술 후 추골동맥 손상 및 소뇌경색**
책 임 제 한	
판 결	조정에 갈음하는 결정
의 사 과 오	
배 상 액 (원)	4000만원

원 고 1. AAA

2. BBB

3. CCC

피 고 1. 의료법인 BB의료재단CC병원

대표자 이사 DDD

2. EEE

결 정 사 항

1. 피고들은 공동하여 2024. 8. 31.까지 40,000,000원을 원고에게 지급한다. 만일 피고들이 위 금원의 지급을 지체하는 때에는 미지급 금액에 대하여 지급기일 다음 날부터 다 갚는 날까지 연 12%의 비율에 의한 지연손해금을 가산하여 지급한다.
2. 위 제1항에서 정한 외에는, 피고EEE이 2022. 12. 23. 원고에게 실시한 경추 추간판 제거·유합수술 및 그 후유증, 합병증 등과 관련하여 원고와 피고들 사이에 아무런 채권·채무가 존재하지 아니함을 확인하고, 향후 이에 대하여 일체의 민·형사상 이의를 제기하지 않는다.
3. 원고는 나머지 청구를 포기한다.
4. 소송비용 및 조정비용은 각자 부담한다.

청구의 표시

1. 청 구 취 지

피고들은 연대하여 원고에게 금 80,000,000원 및 이에 대하여 2022. 12. 24.부터 이 사건 소장 부본 송달일까지는 연 5%, 그다음 날부터 다 갚는 날까지는 연 12%의 각 비율에 의한 금원을 지급하라.[1)]

2. 청 구 원 인

별지 '청구원인' 기재와 같다.

2024. 6. 14.

※ 이 결정서 정본을 송달받은 날부터 2주일 이내에 이의를 신청하지 아니하면 이 결정은 재판상 화해와 같은 효력을 가지며, 재판상 화해는 확정판결과 동일한 효력이 있습니다.

1) 다만, 원고는 소장으로 위 청구금액이 일부청구임을 명시하였고, 2024. 6. 12. 자 조정의견제출서로 청구금액을 242,105,004원 및 이에 대한 2022. 12. 23.부터의 지연손해금으로 주장하였다.

별지

청 구 원 인

1. 신분관계

가. 원고는 이 사건 수술로 인하여 의료사고를 당한 불법행위자의 피해자입니다.

나. 피고 EEE은 원고의 경추부 추간판탈출증 수술을 집도한 집도의로서 불법행위자이며, 피고 의료법인 BB의료재단CC병원(이하 '피고 CC병원'이라고 합니다)은 피고 EEE이 근무하고 있는 의료법인으로서 피고 EEE의 사용자입니다.

2. 손해배상 책임의 발생

가. 사고 발생경위

(1) 원고는 2022. 12. 22. 경추부 추간판탈출증에 대한 수술(경추 전방 추간판제거 및 유합술)을 받기 위해 대구 달서구 월배로 102 소재 의료법인 BB의료재단CC병원(이하 '피고 CC병원'이라 합니다.)에 입원하였습니다.

(2) 이후 원고는 2022. 12. 23. 담당의사인 피고 EEE의 집도하에 경추 3-4번(C3-4)에 대한 '경추 추간판제거 및 유합수술(ACDF:Anterior cervical discectomy & fusion)'을 받게 되었습니다.

(3) 그런데, 위 수술 과정에서 집도의 피고 EEE은 주의의무를 다 하지 못한 의료상 과실로 인해 원고의 좌측 추골동맥을 손상(박리)시키는 불법행위를 야기하였고, 그로 인해 원고는 다발성 색전증에 의한 뇌경색과 좌측 추골동맥 폐색으로 인한 급성의식장애가 발생하게 되었던 것입니다.(갑 제2호증 진단서 및 갑 제2호증 응급일지 각 참조).

(4) 그리하여 원고는 급히 영남대학교병원 응급실을 통해 신경외과에 입원한 후 뇌혈관조영술 및 코일 색전술을 시행하게 되었던 것입니다(갑 제1호증 진단서 참조).

(5) 이후 원고는, 위와 같은 좌측 추골동맥 박리(손상)로 인한 뇌경색과 좌측 추골동맥 폐색으로 인해 사지부전마비 및 보행기능 저하로 대구 서구 이곡동 소재 해성병원에서 현재까지 재활치료를 받고 있는 상태이며, 향후 최소한 20주 이상의 재활치료 및 신경학적 경과 관찰이 필요한 상황입니다(갑 제4호증 진단서 참조).

(6) 한편, 피고 EEE은 원고에게 위 경추 추간판제거 및 유합 수술이 안전하다고만 강조하였을 뿐 신경손상으로 인한 후유증이 발생할 수 있다는 사실을 설명하지도 않았는바, 이는 의료진이 환자에게 반드시 해야 하는 설명의무를 위반한 것입니다.

나. 피고들의 손해배상 책임

따라서 피고 EEE은 경추부 추간판탈출증 수술을 집도한 집도의로서 수술과정에서 주의의무를 다하지 못한 의료상 과실로 인해 이건 의료사고를 야기한 불법행위자로서 민법 제750조에 따라, 피고 CC병원은 피고 EEE의 사용자로서 민법 제750조에 따라, 이 사건 사고로 인해 원고가 입은 모든 손해를 연대하여 배상할 책임이 있다.

3. 손해배상 책임의 범위

가. 일실수입 등

(1) 원고는 1965. 12. 28.생으로 이 사건 사고 당시(사고발생일:2022. 12. 23.) 56세 11개월 남짓 된 신체 건강한 남자이고, 원고는 사고일(2022. 12. 23.)로부터 만 65세에 이르는 날(2030. 12. 23.)까지 이건 사고로 노동능력상실 비율에 따른 일정 수입을 순차적으로 상실하는 재산적 손해를 입었다고 할 것입니다.

(2) 한편, 원고는 이건 사고 발생 당시 수십년을 대구AA보험대리점을 운영하여 왔고, 위 대구AA보험대리점을 운영하면서 월 평균 4,995,401원(원 미만 버림)[={14,986,203원(2022. 10. 수입금 5,298,050원+2022. 11. 수입금 5,034,112원+2022. 12. 수입금 4,654,041원)÷3개월}]이상의 수입을 얻어 왔는바, 원고의 월 평균 급여 4,995,401원을 기준으로 일실수입을 산정하도록 하겠습니다. (갑 제5호증 총계정원장 참조)

(3) 그러나, 원고에 대한 확정적인 일실수입 손해는 추후 원고에 대한 귀원의 신체감정 결과에 따라 확정 청구하기로 하고, 우선 일부청구로 금 5,000만원의 일실수입만을 청구합니다.

나. 향후치료비 및 개호비, 보조구 대금 등

추후 귀원의 원고에 대한 신체감정 결과에 따라 확정 청구하도록 하겠습니다.

다. 직접 치료비

추후 관련자료를 확보한 후 확정 청구하도록 하겠습니다.

라. 위자료

(1) 원고는 2022. 12. 22. 경추부 추간판탈출증에 대한 수술(경추 전방 추간판제거 및 유합술)을 받기 위해 피고 CC병원에 입원하여 수술을 받게 되었으나, 수술 집도의 피고 EEE은 의료과실로 원고의 좌측 추골동맥 손상시키는 의료사고를 야기하였습니다. 이후 원고는 좌측 추골동맥 박리(손상)로 인한 뇌경색과 좌측 추골동맥 폐색으로 인해 사지부전마비 및 보행기능 저하로 현재에 이르기까지 재활치료를 받고 있는 상태이며, 향후 최소한 20주 이상의 재활치료 및 신경학적 경과 관찰이 필요한 상황입니다.

(2) 원고가 이 사건 의료사고로 인해 엄청난 육체적, 정신적 고통을 받았을 것임은 경험칙상 명백하다고 할 것이므로, 피고는 금전으로나마 이를 위자할 의무가 있다고 할 것입니다.

(3) 따라서 원고의 연령, 직업, 가족관계, 이 사건 사고의 경위 등 제반 사정을 고려해 볼 때, 피고들은 위자료로 원고에게 3,000 만 원을 지급함이 상당하다고 할 것입니다.

4. 결론

그렇다면 피고들은 연대하여 원고에게 금 80,000,000원(일실수입 50,000,000원+위자료 30,000,000원) 및 이에 대하여 이건 의료사고 일 다음날인 2022. 12. 24. 부터 이사건 소장부본 송달일까지는 연 5%, 그 다음 날부터 다 갚는 날까지는 연 12%의 각 비율에 의한 지연 손해금을 지급할 의무가 있다 할 것입니다.

이에 원고는 피고들에 대하여 손해배상금의 일부청구로 청구취지 기재와 같은 금원의 지급을 구하기 위하여 이 사건 청구에 이른 것입니다.

12 63세 여, 추체경사대 수막종 수술 후 잠김증후군

사례 12 63세 여, 추체경사대 수막종 수술 후 잠김증후군

이 판례는 63세 여성 환자가 추체경사대 수막종 수술 후 발생한 잠김증후군(Locked-in Syndrome) 사례에 대한 기초 사실과 조정 절차를 다룹니다. 환자는 수술 후 뇌간 손상으로 인해 잠김증후군이 발생하였고, 이에 대한 법적 소송이 진행되었습니다. 본 판례에서는 사건의 경과와 조정 과정에서의 논의 및 결과를 정리합니다.

1. 기초 사실

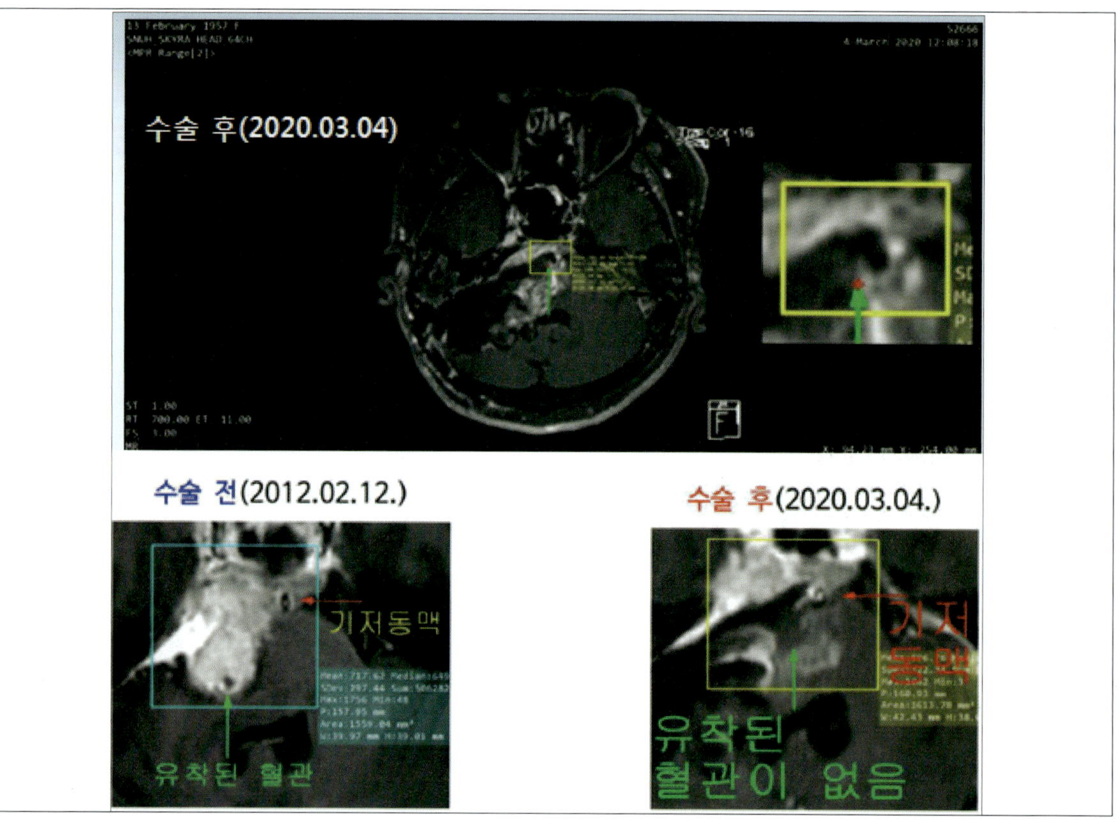

63세 여성 환자는 추체경사대 수막종 수술 후 뇌간 손상이 발생하여 잠김증후군을 앓게 되었습니다. 원고는 Basilar artery 분지가 손상되어 뇌간 손상이 발생했다고 주장하며 소송을 제기하였습니다. 그러나 소송 진행 중 환자는 안타깝게도 사망하였습니다. 수술 전후의 사진이 사건의 중요한 증거로 남아 있습니다.

2. 조정 절차

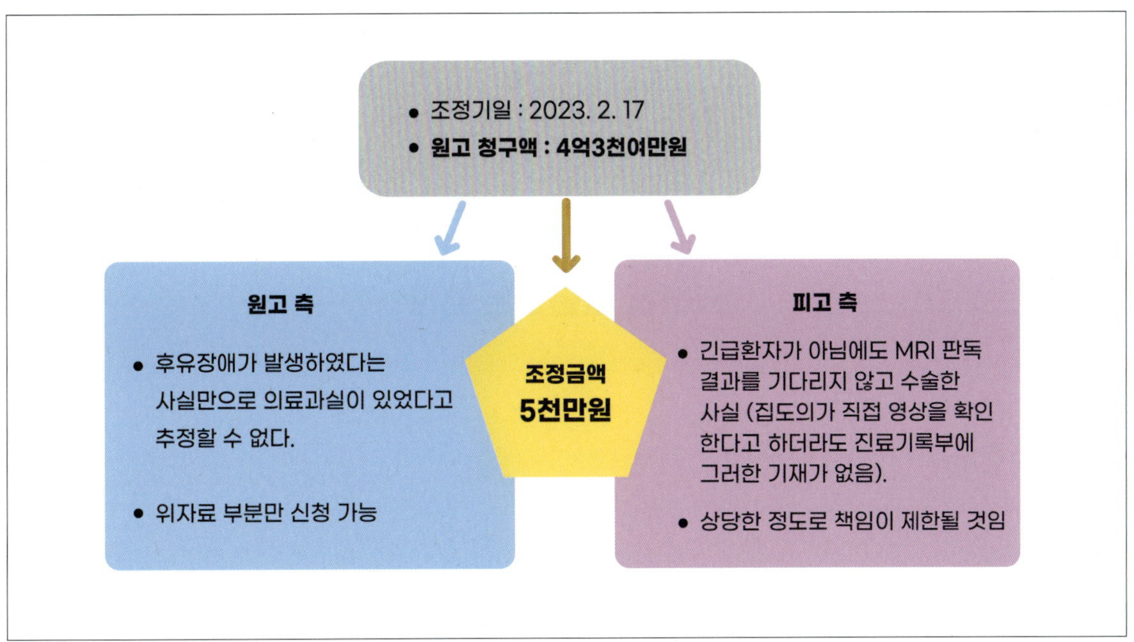

재판부는 이 사건을 조정에 회부하였으나, 양측 모두 조정에 부정적인 입장을 보이며 법적 절차를 원하였습니다. 원고는 4억3천여만원의 청구액을 제시하였으나, 후유장애가 발생하였다는 사실만으로 의료과실이 있었다고 추정할 수 없음을 설득하였습니다. 따라서 위자료 부분만 신청 가능하다는 결론에 도달하였습니다.

피고측은 긴급환자가 아님에도 불구하고 MRI 판독 결과를 기다리지 않고 수술을 진행한 사실을 지적받았습니다. 집도의가 직접 영상을 확인했더라도 진료기록부에 그러한 기재가 없다는 점이 강조되었습니다. 이러한 논의 끝에 조정금액은 5천만원으로 합의되었고, 사건은 조정으로 잘 해결된 것으로 평가됩니다.
이 사례는 의료 소송에서의 조정 절차와 양측의 입장, 그리고 최종 합의 과정에 대한 중요한 교훈을 제공합니다.

서울중앙지방법원	2021가합510265
진 단 명	**추체경사대 뇌수막종**
사 고 내 용	**수술 후 뇌간손상**
책 임 제 한	
판 결	조정에 갈음하는 결정
의 사 과 오	
배 상 액 (원)	5000만원

조정을 갈음하는 결정

원 고 본인 겸망 AAA의 소송수계인(선정당사자)

BBB

피 고 1. CC대학교병원

2. DDD

위 사건의 공평한 해결을 위하여 당사자의 이익, 그 밖의 모든 사정을 참작하여 다음과 같이 결정한다.

결정사항

1. 피고 CC대학교병원은 2023. 3. 31.까지 원고 본인 겸 망 AAA의 소송수계인(선정당사자)에게 3,000만 원, 별지1 신청자명단 기재 선정자 EEE에게 2,000만 원을 각 지급한다. 만일 위 지급을 지체하는 때에는 각 미지급한 금액에 대하여 지체한 다음 날부터 다 갚는 날까지 연 12%의 비율로 계산한 지연손해금을 가산하여 지급한다.

2. 피고들과 원고 본인 겸 망 AAA의 소송수계인(선정당사자) 및 별지1 선정자명단 기재 선정자 EEE은 향후 망 AAA의 피고 CC대학교병원에서의 진료 및 진료과정에서 발생한 제반 사건(관련 가처분 사건 포함)과 관련하여 상호 간에 제1항에서 정한 것을 제외하고는 일체의 다른 채권 · 채무가 존재하지 아니함을 확인하고, 위 원고 및 선정자 EEE은 이에 관하여 피고들 및 피고 CC대학교병원 의료진을 상대로 향후 다른 민 · 형사상 이의나 청구, 고소 등을 하지 아니하며, 망 AAA의 다른 아들 FFF이 별도로 피고들 및 리고 CC대학교병원 의료진을 상대로 민 · 형사상 이의나 청구, 고소 등을 하지 아니하도록 한다. 만일 FFF이 별도로 피고들을 상대로 이 사건과 관련한 손해배상청구 등을 할 경우 피고들에게 손해배상책임이 인정된다는 결론하에 이 사건 조정을 갈음하는 결정을 한 것은 아님을 확인한다.
3. 원고 본인 겸 망 AAA의 소송수계인(선정당사자)은 피고 CC대학교병원에 대한 나머지 청구 및 피고 이은정에 대한 청구를 모두 포기한다.
4. 소송 및 조정비용은 각자 부담한다.

결정이유

조정기일에서 이야기된 것 외에 다음과 같은 의견을 덧붙이고, 기타 이 사건소송의 진행 경과, 쌍방의 주장 내용, 소송경제 등 제반 사정을 참작하여 위와 같이 조정을 갈음하는 결정을 합니다.

○ '기저동맥'의 손상과 '기저동맥 분지들(기저동맥 주위 작은 혈관)'의 손상을 구별하여 사건을 검토해야 합니다. 감정의는 질의사항 카.항, 파.항 등에 대한 답변에서 기저동맥의 손상으로 보기 어려운 근거들에 관해 의견을 밝히고 있고 그러한 의견이 부당하다고 볼 만한 사정은 현재까지 찾기 어렵습니다(원고도 일응 이 부분에 관해서는 납득한 것으로 보입니다. 그런데 제출하는 서면에서는 계속 양자를 구분하지 않고 '기저동맥' 손상이라고 하고 있습니다). 한편 원고 주장처럼 피고들(집도의)이 준비서면에서 '기저동맥이 손상되어 출혈했다'고 스스로 진술한 사실은 없

습니다. 피고들이 준비서면에서 위와 같이 언급했다고 원고가 지적하면서 기재한 내용을 보더라도 진술한 내용은 "종양 바깥의 혈관들이 산발적으로 파열되었으며","상소뇌동맥과 전하소뇌동맥의 변색이 관찰되었다"는 것입니다. 즉 종양이 감싸고 있다는 기저동맥이 아닌 종양 바깥의 혈관들이 파열되었다는 것이고, 변색이 관찰되었다는 것일 뿐 상소뇌동맥이나 전하소뇌동맥을 손상했다는 진술은 아닐뿐더러, 상소뇌동맥이나 전하소뇌동맥이 기저동맥도 아닙니다. 한편 이에 관해 감정의는 만일 기저동맥 자체가 파열되면 상소뇌동맥이나 전하소뇌동맥뿐만 아니라 '후대뇌동맥' 또한 변색되었을 가능성이 매우 높은데, 이에 대한 기록은 없고 수술 후 영상에서도 광범위한 후대뇌동맥 손상은 없는 것을 고려하면 종양 내부 1차 출혈 지점은 기저동맥이 아닌 기저동맥 분지들로 추정된다고 하고 있습니다(감정서 7쪽).

○ 감정의는 "수술기록지의 내용을 통해 종양 주변 및 내부 혈관의 손상과 출혈 방지를 위해 조심한 것으로 추정할 수 있다"(감정서 6쪽), "수술 중 주요 동맥과 뇌간, 신경등을 손상할 가능성이 있으면 종양의 감량을 중단하고 남겨두는 것이 의료관행상 맞습니다. 하지만 집도의 판단에 의해 혈관 손상을 최소화하면서 조심스럽게 종양의 감량을 지속할 수도 있습니다"(감정서 7쪽), 종양 내부에 중요 혈관이 있을 것으로 예상되는 경우는 집도의의 판단에 따라 종양의 감량 여부와 감량 정도가 결정됩니다. 따라서 종양 내부에 중요 혈관이 있을 것으로 예상되는 경우 통상적인 진료 규범이나 절차보다는 환자 상태 및 수술 당시 상황에 따른 집도의 판단에 따라 수술 감량 진행, 중단, 범위가 결정되는 것이 합당하여 통상적인 진료 규범과 절차에 적합한지 여부에 대해 답하기 어렵습니다"(감정서 8쪽)라고 의견을 밝히고 있습니다.

○ 이 사건의 경우 다음과 같은 관련 법리들을 함께 고려하여 검토해야 합니다.

- 진료방법 등 선택과 의사의 재량: 의사는 진료를 상황과 당시의 의료수준 으리고 자기의 전문적 지식 · 경험에 따라 적절하다고 판단되는 진료방법을 선택할 상당한 범위의 재량을 가진다고 할 것이고, 그것이 합리적인 재량의 범위를 벗어난 것이 아닌 한 진료의 결과를 놓고 그 중 어느 하나만이 정당하고 그와 다른 조치를 취한 것에 과실이 있다고 말할 수는 없다(대법원 1992. 5. 12. 선고 91다23707 판결, 1996. 6. 25. 선고 94다13046 판결, 2007. 5. 31. 선고 2005다5867 판결, 대법원 2008. 3. 27. 선고 2007다16519 판결, 2012. 6. 14. 선고 2010다95635 판결, 2015. 1. 29. 선고 2012다41069 판결, 2019. 2. 14. 선고 2017다203763 판결 등 다수)

- 개연성이 담보되는 사정들에 관한 입증, 후유장해 발생 사실만으로 과실 추정 불가: 의료행위는 도고의 전문적 지식을 필요로 하는 분야로서 전문가가 아닌 일반인으로서는 의사의 의료행위의

과정에 주의의무 위반이 있는지의 여부나 그 주의의무 위반과 손해발생 사이에 인과관계가 있는지 여부를 밝혀내기가 극히 어려운 특수성이 있으므로 수술 도중 환자에게 사망의 원인이 있다고 보기 어려운 간접사실들을 입증함으로써 그와 같은 증상이 의료상의 관실에 기한 것이라고 추정하는 것도 가능하다고 하겠으나, 그 경우에도 **의사의 과실로 인한 결과발생을 추정할 수 있을 정도의 개연성이 담보되지 않는 사정들을 가지고 막연하게 중한 결과에서 의사의 과실과 인과관계를 추정함으로써 결과적으로 의사에게 무과실의 입증책임을 지우는 것까지 허용되는 것은 아니다**(대법원 2004. 10. 28. 선고 2002다45185 판결, 대법원 2007. 5. 31. 선고 2005다5867 판결, 대법원 2009. 12. 10. 선고 2008다22030 판결, 대법원 2009. 12. 10 선고 2008다22030 판결, 대법원 2010. 8. 19. 선고 2007다41904 판결, 대법원 2022. 12. 10. 선고 2022다264434 판결 들 다수). 의료행위에 의하여 후유장해가 발생한 경우, 그 후유장해가 당시 의료수준에서 최선의 조치를 다하는 때에도 당해 의료행위 과정의 합병증으로 나타날 수 있는 것이거나 또는 그 합병증으로 인하여 2차적으로 발생할 수 있는 거싱라면, 의료행위의 내용이나 시술과정, 합병증의 발생 부위, 정도 및 당시의 의료수준과 담당의료진의 숙련도 등을 종합하여 볼 때 그 증상이 **일반적으로 인정되는 합병증의 범위를 벗어났다고 볼 수 있는 사정이 없는 한, 그 후유장해가 발생하였다는 사실만으로 의료행위 과정에 과실이 있었다고 추정할 수 없다**.(대법원 2008. 3. 27. 선고 2007다76290 판결, 대법원 2019. 2. 14. 선고 2017다 203763 판결 등 다수). 이 사건의 경우 기저동맥 분지들인 작은 혈관들이 감량 과정에서 손상된 것 자체를 과실이라고 평가할 수 있다면 모르겠지만 그렇지 않은 경우 망인에게 감금증후근이 발생했다는 결과만으로 과실을 추정할 수는 없습니다.

○ 의료법상 의료인, 의료기관의 장 및 의료기관 종사자는 환자나 그 가족 등 정해진 요건을 갖추지 않을 경우 진료기록부등의 열람 등을 제한하고 있고(의료법 제21조 참조), 소송기록 또한 당사자나 이해관계를 소명한 제3자 등에 대해서만 소송기록의 열람을 허용하고 있습니다(민사소송법 제162조 참조).

진료기록부등에 기재된 내용이나 가처분 사건에서 법원에 제출된 의견서 등에 망인과 원고 등의 관계, 선정자 등에게서 들었다는 이야기 등이 기재되어 있고 그것이 진료기록부등의 작성 이유 등에 비추어 적절한지 여부는 차지하더라도 이를 비밀누설 등으로 불법행위가 된다고 보기는 어렵습니다.(원고가 들고 있는 판결 사례는 의사가 환자의 수술 사실과 사진 등을 '인터넷 커뮤니티 사이트 게시판'에 게시한 사건입니다)

또한 가처분 사건에서 석명준비명령에 기재된 담당 주치의[1]가 아닌 피고2가 망인과 소통하여 영상을 제출했다고 하더라도 그것만으로 망인의 자기결정권을 침해하였다고 보기도 어렵다고 판단됩니다.

○ 다만 기일에서 일부 언급한 것처럼 수술에 이르게 된 경위(2018년 검사결과에서 종양 크기가 이전보다 약간 증가한 사실이 확인된 것이 수술을 결정하는데 영향을 미쳤다고 하더라도 진료기록부등에 집도의가 그 후 약 2년이 지나서 수술을 결정한 경위등이 제대로 기재되어 있지 않고, 다만 망인의 의사에 관해서만 "나이가 조금이라도 젊을 때 수술받고 싶다. 타 병원 진료 및 다른 의견을 들어볼 것에 관해서도 설명하였으나 본원에서 수술받기를 원하심"이라고 비교적 구체적으로 기재되어 있습니다. 그런데 환자는 전문가가 아닌 것을 고려할 때 환자의 의사만으로 수술 결정을 하지는 않았을 것이므로 수술을 계획한 의학적 판단 이유 등이 좀 더 구체적으로 기재되었어야 할 것으로 보입니다), 긴급환자가 아님에도 수술 전 영상의학과 전문의의 MRI 판독 결과를 기다리지 않고 수술한 사실(통상 집도의가 직접 영상을 확인한다고 하더라도진료기록부등에 그와 관련한 기재가 없습니다.), 수술 결과가 좋지 않은 이후의 원고 등 망인 가족들과 사이에 발생한 분쟁의 내용과 그 처리 과정 등에 아쉬움이 엿보입니다.(이러한 사정들로 손해배상책임이 인정될 수 있는지 별론으로 합니다.)

○ 만일 피고들의 손해배상책임이 일부 인정된다고 하더라도, 현재 법원에서 위자료의 산정기준으로 삼는 금액은 최대 1억원(사망 시, 책임제한 사유가 없는 경우, 가족들 포함)이고, 통상의 의료과실 손해배상사건이나 다른 일반 손해배상사건 등에 비추어 이 사건에서 특별히 위자료의 액수를 가증할 만한 사정도 찾기 어렵습니다. 그리고 위자료의 액수는 청구취지 및 청구원인변경신청서에서 주창하는 것처럼 의료과실로 주장하는 행위별, 고통의 종류별, 피고1과 피고2에 대한 위자료 등으로 구분하여 별도로 인정되지 않습니다(주장하는 내용 중 대부분이 피고 1과 피고2에게 같은 내용의 채무여서 각각 별도로 손햐뱌상을 청구할 수 없고 피고들은 부진정연대 관계에 있습니다). 또한 망인의 기저질환, 진료경과, 주장하는 과실의 내용 등 제반 사정을 고려할 때 인정할 수 있는 금액에서 상당한 정도로 책임이 제한될 것입니다.

○ 수술을 받기로 결정하고 실제 수술을 받기까지 가장 고민하고 힘들었을 분은 오랜 기간 질병을 가지고 이미 기왕에 2차례 수술을 받기도 했던 망인 본인일 것이고, 그 결과가 좋지 못하여 감금증후근이라는 상태에서 의사를 제대로 표현하지도 못한 채 선뜻 상상하기도 어려운 고생을 하셨을

1) 통상 대학병원 등에서 '주치의'는 이 사건의 피고2와 같은 담당 교수를 지칭하는 경우가 많기도 합니다.(피고 CC 대학교병원에서 주치의 호칭 사용이 다른 병원과 차이가 있습니다)

분도 망인 본인일 것입니다. 그러한 망인에 대해 깊은 애도를 표하고, 그 모습을 지켜보면서 함께 고통을 나누셔야 했을 원고 등의 상실감과 아쉬움, 슬픔, 고통 등에도 미약하나마 위로를 전합니다. 한편 항상 최선을 다하여 환자들을 치료하고 건강을 증진하는 데에 노력한다고 자부하였을 피고들로서도 수술결과가 좋지 못하여 느꼈을 아쉬움과 이후의 갈등과 분쟁들로 인해 겪었을 어려운 등에 위로를 전합니다. 의료계에 임상현장이 환자 측과 병원 측에서 갈등상황이 발생했을 때 원만하게 의사소통을 하고 갈등을 해결할 수 있는 여건이 갖추어져 있지 못한 현실이 이 사건 분쟁을 더욱 악화시킨 면이 있어 보입니다. 이 사건 소송과정을 통해 그리고 이 결정을 통해서나마 갈등을 해소하고 정리할 수 있기를 바라면서 위와 같이 결정을 합니다.

[참고:FFF의 경우 이 사건과 관련하여 특별히 피고들에게 책임을 묻는 소송 등을 제기할 의사는 없어 보입니다. 다만 피고들로서는 혹시라도 FFF이 다시 소송 등을 제기할 경우 이 조정을 갈음하는 결정으로 인해 피고들이 다시 별도로 FFF에게 일정 금액을 지급해야 하는 의무가 있는 것처럼 오인될 우려가 있으므로 결정사항에 관련 내용 추가합니다(이 사건의 당사자가 아니어서 그 이상의 확인과 결정 등은 불가능합니다.)]

청구의 표시

청구 취지

피고 CC대학교병원은, 원고 겸 망 AAA의 소송수계인(선정당사자, 이하 '원고'라고만 함)에게 247,931,047원, 원고 겸 망 AAA의 소송수계인 별지1 선정자명단 기재 선정자(이하 '선정자'라고만 함) EEE에게 92,857,413원 및 위 각 돈에 대하여 2021. 5. 1.부터 다 갚는 날까지 연 12%의 비율로 계산한 돈을, 피고 이은정은 원고에게 55,714,285원, 선정자 EEE에게 34,285,714원 및 위 각 돈에 대하여 2021. 5. 1.부터 다 갚는 날까지 연 12%의 비율로 계산한 돈을 각 지급하라.

청구원인

별지2 기재와 같음.

2023. 2. 23.

※이 결정서 정본을 송달받은 날부터 2주일 이내에 이의 신청하지 아니하면 이 결정은 재판상 화해와 같은 효력을 가지며, 재판상 화해는 확정판결과 동일한 효력이 있습니다.

별지2

청구원인(변경된 청구원인)

1. 당사자들 간의 관계

2022.03.02.자 청구 취지 및 청구원인 변경신청서를 원용합니다. 이 청구취지 및 청구원인 변경신청서에서 **사건본인은 소장에 기재한 원고1 망 AAA(2021.05.01.사망)**을 말합니다. (갑 제61호증 사망진단서)

2. 배상책임의 확장 및 축소

가. 피고1에 대해

1) ① 사건본인의 수막종에 대해 크기나 영향의 변화에 대한 경과관찰이 필요함에도 이를 이행하지 않았고, ② 수술로 결정을 결정할 때 수술의 필요성 및 위험선 확인을 위한 필수적인 CT, MRI 등 특수검사를 하지 아니하였으며, ③ 수술을 위해 처방한 MRI 검사에 대한 경상의학과의 판독 결과를 기다려 수술에 참조하지 않음으로써, ④ '기저동맥이 종양 속에 있다'는 사실을 모른 체 뇌종양 제거 수술을 하다가, ⑤ 기저동맥 및 기저동맥 분지 혈관들을 손상하여, ⑥ 사건 본인이 소뇌를 잘라내고, 수술장에서 전신이 마비되어, ⑦ 결국 사건 본인이을 사망케 한 의료과실과

2) ① 종양의 크기와 영향 등이 변화가 없고, 급성 뇌내출혈, 수두증, 뇌 위축 등 급성 합병증이 없다고 CT, MRI 등으로 영상의학과에서 판독했음에도 불구하고, ② 종양 크기 증가를 이유로 색전술을 요청했고, ③ 급성 합병증 호전 목적으로 수술계획을 작성하고 수술한 적극적인 오진 행위와 이를 설명하지 아니한 설명의무 위반.

3) 위법 부당행위인, ① 피고2가 의료법 제58조3에 정한, 「전문의 자격 확인 및 진료권한 부여 지침」에 따라, 개두술 권한 없음에도 불구하고, 임용 1년 미만인 피고2로 하여금 고난도의 개두술을 하게 한 행위, ② 피사용자인 피고2가 의료상 알게 된 환자와 그 가족의 비밀누설을 진료기록에 기록하여 누설한 행위에 대한 감독을 게을리한 행위, ③ 피고1이 제기한 제기한 가처분 재판 과정에서 피고2가 재판부의 석명준비명령을 어기고, 재판부를 속여서 사건본인의 자기결

정권을 침해를 방조한 행위와 그 밖의 위법부당행위 및 기타 위법부당행위에 대하여,

4) 2022. 3. 2.자 청구취지 및 청구원인 변경신청서를 원용하고, ① **기저동맥의 분자 혈관들 손상 책임을 확장**하며, ② 악의적 허위 및 비밀누설 진료기록을 작성하여 의료진에게 공개한 위법행위와 피고2가 카톡, 가처분소송 재판부에 제출한 의견서로 **명예훼손 부분은 철회**하고, 비밀누설 책임은 그대로 유지합니다. 나아가, **가처분소송에서 자기결정권 침해행위 중 자격모용, 허위 사문서작성 동행시에 대한 책임**을 **철회**합니다. 이를 표로 정리하면 아래와 같습니다.

피고1이 배상책임

구분		원용	변경
주의의무 위반 및 재무불이행 (의료과실)	① 경과관찰 **불이행**, ② 수술 결정 때 CT, MRI, **불이행**, ③ 수술용 MRI 판독 결과 **미확인**으로 ④ **기저동맥이 종양 속에 있다는 것을 모르고 종양 내부를 감량, 지혈, 견인 번복** ⑤ 기저동맥 및 그 분지들 손상 **그 결과,** ① 소뇌절제, 전신마비(잠김증후군) ② 사망	소장 및 2022.03.02.자 청구취지 및 청구원인 변경신청서	**확장** 진료기록 감정서 도착을 밝혀진 기저동맥 및 그 분지들 손상 책임 확장
설명의무 위반 및 적극적 오진 (의료법 위반)	① CT, MRI 판독 결과, 종양 크기, 영향, 증상, 급성합병증이 없으므로, **수술이 불필요**함에도 설명 불이행 ② 아무런 근거 없이, 종양 크기 증가를 이유로 **색전술** 요청 ③ 부존재하는 **급성합병증**을 호전 목적 수술 및 퇴원계획 수립	위와 같음	변동 없음
기타 위법부당행위	① 개두술 **권한이 없는** 집도의가 개두술을 하게 한 행위 ② 사건본인의 지정의 4회에 걸쳐 변경해 달라는 민원제기에도 불구하고, 피고가 제기한 가처분소송에서 피고2가 석명준비명령을 어기고, 사건본인의 **자기결정권 침해** 방조	위와 같음	카톡 및 가처분소송 재판부 제출 의견서로 인한 명예훼손 및②항에서 자격모용, 허위사문서 작성 동행사 **책임 철회**

나. 피고2에 대해[2)]

1) 소장 등 원용

① 「의료법」 제3조의4에 따라, 피고병원이 정한 전문의 진료권한정의서에 피고병원이 부여한 개두술 권한 없음에도 사건본인에 대해 개두술을 한 행위,

② 2020.03.05. 중환자실에서 '이혼만 안 했을 뿐이지 남남과 다름없다.'는 등 공연히 사건본인과 그 가족의 **비밀을 누설하고, 허위사실을 적시하여 명예를 훼손**하여 「의료법」과 「형법」을 위반한 사실.

③ 2020.03.06. 진료기록에 깨알같이 사건본인과 그 가족의 비밀과 과장 또는 허위의 모욕적인 내용을 기록하여 담당 의료진에게 **「의료법」이 금한 비밀을 누설한 행위,**

④ 악의적인 진료기록에 대해 사건본인 가족들이 항의했음에도 불구하고, 또다시 피고병원 법무팀장에 **카톡**, 가처분 재판부에 **의견서**라는 명목으로 제출하여, **비밀누설 확대 · 반복한 행위,**

⑤ 비밀누설에 따라, 피고병원뿐만 아니라 요양병원에서 **진료 거부 및 이송 강요**를 하는 등 **「의료기본법」**이 정한 **환자의 권리가 침해**받은 사실,

⑥ '의사선생님을 자극해 쫓아내는 상황을 유도하고 신고하라 시킨다.'는 등으로 왜곡해 **거짓으로 진료기록으로 작성**[3)]하여 **「의료법」**을 위반한 사실,

⑦ 피고병원이 제기한 20카합2086호 가처분소송에서 피고2가 재판부의 **석명준비명령**을 어기고, 사건본인의 **자기결정권을 침해한 행위 및 그 밖의 위법부당행위는** 소장 및 2022.03.02.자 청구취지 및 청구원인 변경신청서를 원용합니다.

2) 명예 훼손등 배상책임 축소

① 피고2의 배상책임을 열거한 위 1)의 ③,④의 내용 중, 피고2가 카톡 및 재판부에 제출한 의

---

2) 사용자인 피고병원에 일괄하여 불법행위 책임을 묻지 아니하고, 피용자 피고2를 특정하여 불법행위 책임을 묻는 것은 2022.3.2.자 청구취지 및 변경신청서에 기재한 바와 같이, 손상된 정의감을 회복하기 위한 것입니다. 원고가 아무리 이를 앙다물어도 스스로 덜덜 떨리며 소리를 내는 '치가 떨린다.'는 것을 실제로 겪을 정도로 훼손한 사건본인 가족의 정체성과 자존감, 화목함을 이 소송으로 극복하여 정상적인 생활로 복귀하고 싶기 때문입니다.

3) 「의료법」 제88조(벌칙) 다음 각 호의 어느 하나에 해당하는 자는 3년 이하의 징역이나 3천만원 이하의 벌금에 처한다. 제22조 제3항 제22조(진료기록부 등) ③ 의료인은 **진료기록부등을 거짓으로 작성하거나** 고의로 사실과 다르게 추가기재 · 수정하여서는 아니된다.

견서, 악의적 진료기록 내용에서 비밀누설과 경합하는 명예훼손 및 모욕은 그 공연성 입증이 곤란하여 소장 등에서 이를 철회하고, **비밀누설 책임은 유지**하며,

② 위 1)의 ⑥ 내용 중 가처분소송에서 피고2의 위법부당행위 중에서 형법이 정하는, 자격모용 허위사문서 작성 동행사 책임은 형사소추로 밝혀질 사항이므로, 이를 철회하고 **자기결정권 침해에 대한 배상책임을 유지**합니다.

3. 배상책임 확장 이유

가. 종양 내부에 기저동맥이 있으면, **뇌간 손상 가능성이 높아 그 주변 수술을 중단**해야 합니다.

갑 제100호증 5쪽

타. 수술기록에 종양 내부(tumor internal part)를 감량(debulking)하는 중에 동맥 출혈(arterial bleeding)이 상당히 있었다는 기록하고 있습니다. 이 과정에서, 종양 속에 기저동맥 등이 들어 있다는 사실을 알았다면, 어떤 위험을 예견하고, 그 위험을 회피하기 위해 어떤 주의를 해야하는 지요?

만약 종양 내부에 기저동맥이 있으면 그 혈관에서 혈액을 공급받는 뇌간 손상 가능성이 높아 일반적으로 그 주변에 대한 종양 제거를 중단하고 종양과 혈관의 박리도 중단합니다.

나. **필수적인 영상 검사를 하지 않았고, 수술용 MRI 판독도 보지 않아** 종양내부에 기저동맥이 있다는 것을 모르고 수술했습니다.

갑 제100호증 1쪽 - 경찰병원 진료기록 감정 회신서

가. 뇌종양 제거를 위한 개두술 및 종양 제거 수술을 결정할 때, 현재 임상의학에서 일반적으로 실천되고 있는 필수적인 영상 검사의 방법은 어떤 것들이 있습니까?

두개골 X-ray, 뇌 CT 및 뇌 MRI 영상이 필수적인 영상 검사 방법이며 집도의 판단에 의해 필요하면 양전자 단층촬영(PET), 고식적 뇌혈관 조영술(색전술 포함)을 시행할 수 있습니다.

다. 수술 중, **종양 내부를 반복하여 감량, 지혈, 견인**했습니다.

갑 제6호증 57쪽

Tumor와 cerebellum, brainstem 사이의 경계를 확인하여 조심스럽게 박리함. Tumor의 internal debulking, coagulation, tumor elevation을 반복하면서 dissection plane을 확보함. Tumor는

종양 내부를 감량, 지혈(응고), 들어 올리기(견인)를 반복하면서 절제 면을 확보함.

라. 그 결과, 수술장에서 기저동맥의 일부인 그 분지들이 손상해, 뇌간이 손상(출혈)되고, 결국 **전신마비(잠김증후군)가 발생, 그로 인해 사망**했습니다.

갑 제100호증 9쪽

본 환자의 뇌간 출혈과 잠김 증후군이 발생한 가장 큰 원인은 종양 속 기저동맥의 분지를 (branches , 특히 paramedian branches, circumferential pontine branches)에 대한 출혈(손상) 때문으로 추정합니다.

정중분지들, 환상교뇌분지들

참고자료: Neuroanatomy through Clinical Cases, Hal Blumenfeld, MD., Ph.D. p 608 Figure. 14.17

임상사례를 통한 신경해부학, 할 브러멘펠트, 의사, 의학박사, 608쪽, 그림14.17

갑 제108호증 14쪽, 듀크 의과대학

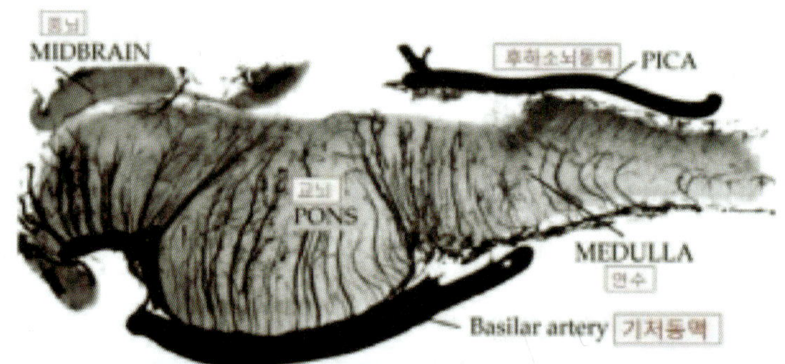

기저동맥의 정중분지(가운데)와 환상분지(뇌간을 둘러싼)들
- 매우 가는 나뭇가지 모양의 여러 가닥 기저동맥 분지들
- 뇌간에 파고들어가(침투, 천공; penetrating, peforating) 혈액공급
* 출처: 듀크 의과대학 https://brain.oit.duke.edu/lab02/lab02.html

마. 따라서, **뇌간 손상(출혈) 및 전신마비(잠김증후군) 원인이 된 기저동맥의 분지인 정중분지들과 환상분자들의 손상**이 밝혀졌으므로, 이로 인한 **배상책임을 확장**합니다.

4. 손해배상책임의 범위

가. 사건본인의 인적 사항

(1) 성별 : 여성

(2) 생년월일 : 1957. 2. 13.

(3) 사고 당시의 나이 : 62세(2020. 2. 12. 의료사고 발생일 기준)

(4) 기대여명:26.2년(2020. 2. 12. 의료사고 발생일 기준)

(5) 사망:2021. 5. 1.

나. 피고1에 대한 청구액

(1) 피고1에 대한 청구 총액

기왕치료비와 장례비 산출 근거는 소장 및 2022.03.02.자 청구취지 및 청구원인 변경신청서를 원용하며, **일실소득은 청구를 포기**합니다.

구분		손해배상 청구액		증감
		변경 전	변경	
의료과실	**총액**	406,211,720	**340,788,190**	
	소계	126,211,720	**60,788,190**	**감액**
	기왕치료비	54,788,190	54,788,190	
	장례비	6,000,000	6,000,000	
	일실소득	65,423,530	0	**삭감**
위자료	**소계**	280,000,000	**280,000,000**	**변동 없음**
	사건본인	220,000,000	220,000,000	
	배우자(원고2)	30,000,000	30,000,000	
	아들(원고3)	30,000,000	30,000,000	

※2022.03.02.자 청구취지 및 청구원인 변경신청서의 청구액

※대법원, 위자료 연구반 **[불법행위 유형별 적적한 위자료 신청방안]** 2017.1.

(2) 피고1에 대한 위자료 청구원인

가) 사건본인에 대한 위자료 (단위 : 원)

<table>
<tr><th colspan="3" rowspan="2">청구원인</th><th>위자료</th><th rowspan="2">비고</th></tr>
<tr><th>총액:220,000,000</th></tr>
<tr><td rowspan="9">사건본인</td><td rowspan="4">의료과실</td><td>소계</td><td>170,000,000</td><td></td></tr>
<tr><td>사망</td><td>100,000,000</td><td></td></tr>
<tr><td>급성합병증 등 적극적 오진, 설명의무 위반, 의료과실</td><td>50,000,000</td><td>가중</td></tr>
<tr><td>의식 있으나 식물인간, 참혹한 고통(14개월)
※비밀누설 등으로 존중받지 못하고 치료받다가 사망</td><td>20,000,000</td><td>가중</td></tr>
<tr><td rowspan="5">불법행위</td><td>소계</td><td>50,000,000</td><td>감독책임</td></tr>
<tr><td>개두술 권한이 없는 집도의 개두술 방조</td><td>20,000,000</td><td></td></tr>
<tr><td>강제 기관절개, 자기결정권 침해 방조
※갑 제109호증 동영상, 사건본인의 처벌 요구 의사표시</td><td>10,000,000</td><td rowspan="3">감독책임
*원고2의
담당 지정의
교체 민원제기
무시(4회)</td></tr>
<tr><td>진료기록, 카톡, 가처분소송 의견서 등 비밀누설 방조</td><td>10,000,000</td></tr>
<tr><td>사건본인과 그 가족의 대한 명예 훼손 방조
※원고2가 집도의 면담 시 중환자실에서,</td><td>10,000,000</td></tr>
</table>

나) 사건본인에 대한 위자료 (단위 : 원)

<table>
<tr><th colspan="3" rowspan="2">청구원인</th><th>위자료</th><th rowspan="2">비고</th></tr>
<tr><th>총액:60,000,000</th></tr>
<tr><td rowspan="3">가족</td><td rowspan="3">배우자</td><td>소계</td><td>30,000,000</td><td></td></tr>
<tr><td>배우자가 식물인간이 된 충격과 사망으로 홀로 된 고통</td><td>20,000,000</td><td>의료과실</td></tr>
<tr><td>비밀누설 및 허위진료기록 방조로 피고병원과 요양병원의 치료거부, 전원요구 등 사건본인 개호 과정에서 '식물인간이 된 아내를 버리려는 남편'으로 취급받은 고통</td><td>5,000,000</td><td>방조책임</td></tr>
</table>

가족	배우자	원고2가 피고병원에 제기한 담당 지정의 교체 **민원** 제기를 무시(4회)하여 **자식들이 소송을 당하고**, 사건본인이 부당한 방법으로 **강제 기관절개**를 당하는 과정헤서 겪은 고통	5,000,000	**방조책임**
	아들	**소계**	30,000,000	
		어머니가 식물인간이 된 충격과 **결혼 전 사망**한 고통	20,000,000	**의료과실**
		비밀누설로 피고병원과 요양병원의 치료거부, 전원요구 등 사건본인이 개호과정에서 **의료진의 질시**와 고통	5,000,000	**방조책임**
		수술 동의, 가처분소송 피소, 집도의가 2020.03.05. 원고3(아들)을 독대하녀 얻은 **정보와 비밀을 왜곡**하여, 허위로 진료기록 및 비밀누설로 받은 자책감과 고통	5,000,000	

다) 피고2에 대한 손해배상 청구액

구분		청구이유	위자료	비고
위법부당행위	**총계**	**90,000,000 [단위 원]**		
	사건본인	**소계**	**50,000,000**	
		권한 없는 개두술 감행	20,000,000	**의료법**
		자기결정권 침해(강제 기관절개, 사건본인 처벌 희망 의사표시)	10,000,000	**헌법**
		비밀누설 진료기록, 카톡, 의견서로 비밀누설 **번복**	5,000,000	**의료법**
		'남편이 버린 여자'처럼 명예훼손(중환자실)	5,000,000	**형법**
		'어리광을 부리는 어린애 같다.'는 등 **허위사실** 진료기록	5,000,000	**의료법**
		모든 것을 남에게 의존(배변, 목욕, 식사, 가래배출 등)하며 받은 **'버려진 여자'**러사 천대 받은 **천대와 멸시(들을 수 있고, 의식이 온전해 느낄 수 있음)**	5,000,000	**의료기본법**

<table>
<tr><td rowspan="9">위법부당행위</td><td rowspan="5">배우자</td><td>소계</td><td>20,000,000</td><td></td></tr>
<tr><td>원고2가 집도의 면담 시 중환자실에서, 만류에도 불구하고 명예훼손 번복</td><td>5,000,000</td><td rowspan="4">아내가 식물인간이 되어 죽어가는 참혹한 상황에서 원고2가 받은 고통</td></tr>
<tr><td>‘이혼한 거나 마찬가지다’는 등 진료기록으로 비밀누설 및 ‘남을 밟고 올라갔다.’는 허위사실을 기재한 진료기록으로 받은 모멸감, 정체성 및 자존감 훼손의 고통</td><td>5,000,000</td></tr>
<tr><td>법무팀에 카톡, 가처분 재판부에 의견서라는 명목으로 비밀누설 반복으로 인한 저열한 인간으로 취급받은 고통</td><td>5,000,000</td></tr>
<tr><td>비밀누설로 피고병원과 요양병원의 치료거부, 전원요구 등과 사건본인 개호과정에서 의료관계인들이 ‘식물인간 아내의 치료보다, 돈을 위해 의료분쟁을 하는 남편’으로 취급받은 고통</td><td>5,000,000</td></tr>
<tr><td rowspan="4">아들</td><td>소계</td><td>20,000,000</td><td></td></tr>
<tr><td>‘사건본인이 죽은 거나 마찬가지인데 산 사람 돈 빼먹는다.’‘아버지가 남을 짓밟고 고위공직자가 되었다.’‘아버지가 시비를 걸어 의료진에게 쫓겨나는 상황을 만들라고 한다.’는 등 원고3의 말을 거꾸로 뒤집은 허위 진료기록, 카톡, 의견서로 인한 가정 불화, 이유없는 가처분소송 피소로 인한 고통</td><td>10,000,000</td><td rowspan="3">어머니가 식물인간이 되어 죽어가는 참혹한 상황에서 받은 고통

수술 결창, 수술, 환자보호, 집도의와 대화 등 치료과정 주도</td></tr>
<tr><td>사건본인이 치료를 포기할까 우려하며, 집도의와 2020.03.05. 원고2(아들)가 독대 또는 상담하며 <u>밝힌 가족정보와 비밀</u>을 왜곡하여, 진료기록하고 비밀을 누설해 받은 자책감으로 인한 고통</td><td>5,000,000</td></tr>
<tr><td>비밀누설로 피고병원과 요양병원의 치료거부, 전원요구 등 사건본인 개호과정에서 ‘싸구려 로션이라도 사다 발라줘라.’는 등 의료진의 질시를 받으며 어머니를 치료해야 하는 고통</td><td>5,000,000</td></tr>
</table>

5. 상속관계

민법에 따른 상속관계는 원고1 망 AAA, 즉 사건본인의 배우자인 원고2, BBB, 자녀 소외 FFF과 원고3 EEE이 있습니다. [갑 제66호증 사건본인 가족관계증명서]

소외 사건본인의 장남 FFF은 사건 발생 이후, 며느리와 함께 적극적으로 사건본인을 개호 했으며, 사망 시에 장남으로서 예를 갖추어 장례를 무사히 마쳤습니다. 그러나, 어머니가 참혹한 의료사고를 당했음에도, 피고병원이 제기한 제기한 가처분소송에서 어머니가 혀가 굳어 말을 못한다는 약점을 이용한 부당행위로 패소해 강제 기관절개를 당했다는 등의 충격적으로 상속을 포기하고, 본 민사소송에도 참여하지 않으면서, 강경 대응을 주장하는 등 울분을 삭이지 못하고 있습니다.

비록, 상속을 포기하였지만, 존경하는 재판장님과 재판부가 허락하시는 사건본인에 대한 배상액 중에서, 소외 FFF의 법정상속분을 나누어 주면서(상속분을 원고2가 받은 뒤), 부모의 일은 부모에게 맡기는 게 좋다고, 달래고 위자하며, 이제 잊고 생업에 전념하도록 당부하려고 합니다. [갑 제67호증 FFF 상속 포기 결정]

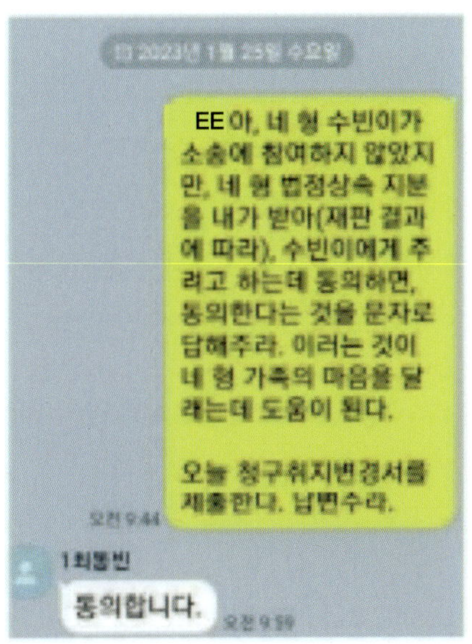

6. 결론

그렇다면

가. 피고1은 신의에 따른 성실한 채무이행과 최선의 주의의무를 다해야 함에도, 사건본인의 뇌종양 진단과 수술에 필수적인 CT, MRI 검사를 하지 아니하며, 급성 합병증이 없고, 종양이 커지지 않았음에도 커졌다고 진단하고, 급성 합병증 호전을 목적으로 수술 및 퇴원계획을 작성하였으며, 나아가 수술용 MRI에 대한 전문의의 판독을 보지 않은 채 수술[대법원 91다23707, 판결, 대법원 99다3709, 판결]을 하다가 수술장에서 사건본인이 전신마비를 일으켰으므로, 이는 수인한도를 넘는 현저하게 불성실한 진료[대법원 2004다61402, 판결 외]에 해당한다고 할 것인바, 이로 인해 사건본인이 뇌간 손상(출혈)으로 인한 전신마비(잠김증후군), 수두증, 뇌내출혈을 앓다가 결국 사망했으므로, 민법 제390조 및 제750조, 제756조에 따른 배상의 책임이 있고,

나. 피고1은 피고2가 ① 의료법 제24조가 설명의무 위반, 같은 법 제22조를 위반한 거짓 진료기록 작성, 같은 법 제19조가 정한 정보누설 금지 위반, ② 2020.03.05. 중환자실에서 피고2가 형법을 위반하며 사건본인과 그 가족의 명예를 훼손하여 극심한 고통을 준 행위, 나아가 ③ 피고1이 제기한 가처분소송에서 법원의 명령에 닫르지 아니한 매우 부당한 방법으로 헌법이 정한 사건본인의 자기결정권을 침해로 방조하였고, ④ 피고1이 의료법 제3조의4에 따라 상급종합병원으로 지정받기 위해 작성한「진료권한정의서」에 피고2가 피고1이 부여하는 개두술 권한이 없음에도 사건본인의 개두술을 하게하여, 수술장에서 사건본인이 전신을 마비시키고 소뇌를 잘라낸 행위는 피고1이 사용자로서 피용자 피고2를 지휘 · 감독책임을 다하지 아니한 결과이므로 [대법원 97다13702, 판결], 민법 제756조에 따라 배상할 책임이 있다 할 것입니다.

다. 따라서, 피고1은 기왕치료비와 장례비 340,788,190원의 배상과 사건본인 및 가족에 대해 금 280,000,000원의 금원으로나마, 위자함이 마땅합니다.

라. 피고2는 위 나항에 열거한 불법행위를 직접 자행했으므로, 금90,000,000원의 금원으로나마 사건본인과 그 가족을 위자함이 옳습니다.행했으므로, 금90,000,000원의 금원으로나마 사건본인과 그 가족을 위자함이 옳습니다.

03 - B

명백한 의료과실인 경우의 대처 방법

명백한 의료과실인 경우의 대처 방법

의료과실 대처 방법

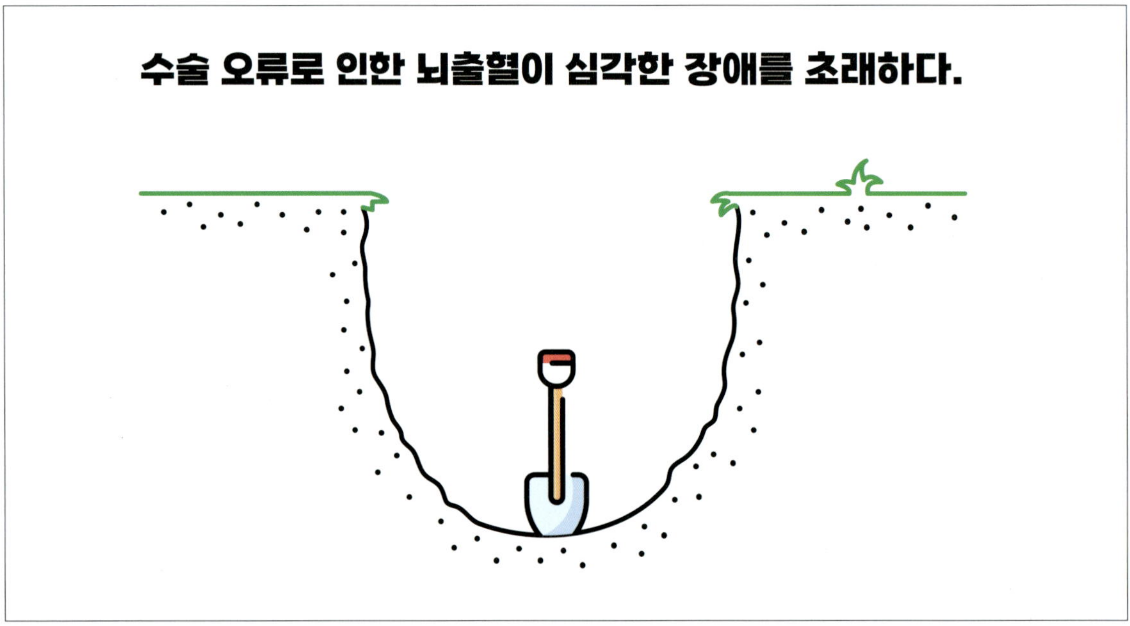

이 장(chapter)의 판례에서는 명백한 의료과실이 발생했을 경우, 특히 수술 오류로 인한 심각한 결과나 장애가 초래된 경우의 대처 방법을 정리합니다. 조정 절차를 통해 충분한 합의금을 제시하는 것이 추천되며, 그 이유와 함께 조정이 실패할 경우의 대처 방법도 다룹니다.

1. 조정 절차 이용하기

의료소송은 감정적인 원인으로 인해 분쟁이 발생하는 경우가 많습니다. 원고는 과실을 입증하기가 어렵고, 이로 인해 시간과 소송 비용이 많이 소모될 수 있습니다. 반면, 피고는 의료과실이 인정되는 경우가 많아 조정 절차를 통해 합의하는 것이 유리합니다.

조정으로 합의가 이루어지면 복잡한 의료소송이 즉시 종료되며, 재판부도 부담이 경감되어 이를 환영하는 경향이 있습니다. 법원에서도 조정으로 사건이 해결되는 것을 권장하고 있습니다. 따라서 조정 성공을 위해서는 위로금 수준이 아닌 충분한 합의금을 제시하는 것이 필요합니다.

2. 조정 불성립 시 대처 방법

조정이 불성립될 경우에는 전문가와 협의하여 책임을 제한하고 공평한 손해배상 금액을 낮추기 위해 노력해야 합니다. 목표로 삼아야 할 것은 책임제한을 약 30% 정도 경감시키는 것입니다. 전문가의 조언을 통해 합리적인 대안을 모색하고, 필요한 경우 추가적인 법적 조치를 고려해야 합니다.

이와 같은 방법으로 명백한 의료과실에 대처하면, 보다 효과적으로 문제를 해결할 수 있을 것입니다.

- **조정절차 이용(충분한 합의금 제시)**
  - **감정적 원인의 분쟁이 많다.**
  - 과실 입증이 어렵다.(시간, 소송비용)
  - 재판부 부담 경감
  - 위로금 vs **충분한 합의금 제시**
- **책임제한(공평한 손해배상) : 30% 정도로 경감 노력**

04 - A

'응급실 뺑뺑이' 관련 병원 행정처분 취소소송 사례

13 '응급실 뺑뺑이' 관련 병원 행정처분 취소소송 사례

응급환자 거부한 대학병원 Case

사례 13

2023. 3. 19. 14:10경 T에서 만 17세의 여성(이하 '이 사건 응급환자'라 한다)이 4층 건물 높이로부터 추락한 것으로 추정되는 사고가 발생하였는데, 해당 지역의 대형의료기관에서(A, B, C, D, E 병원) 적절한 응급처치 및 진료 등의 조치가 이루어지지 아니한 채 이 사건 응급환자가 같은 날 18:27경 사망하였다.

구급대가 A병원 응급실, B병원 응급실, C병원 응급실, D병원 응급실 등에도 전화를 하였으나, '정신과 진료가 안 된다.', '수술 환자들이 많다.', '외상 환자 3명 대기 중'이라는 등의 사유로 이 사건 응급환자의 수용이 거절되었고 2023. 3. 19. 16:10경 재차 이 사건 E병원 응급실에 전화하나 E병원에서 '신경외과 의료진이 없다' 며 거부하였다.

2023. 3. 19. 16:29경 이 사건 응급환자를 S병원으로 이송하였는데, 인계하는 과정에서 이 사건 응급환자에게 심정지가 발생하였고, 이 사건 응급환자는 같은 날 18:27경 사망하였다.

보건복지부는 2023년 7월 21일 피고 E병원 병원장과 4개 병원에게 응급의료기관으로서의 업무 수행 부적정'이라는 제목의 행정처분을 통지했다. △'구급대의 수용 능력확인에 대한 정당한 사유 없는 거부' 등 응급의료법 위반사항을 시정해야 하며 △시정명령 이행 기간(6개월) 동안재정 지원이 중단되며 △시정명령을 충실히 이행하지 않을 경우 지역응급의료센터 지정을 취소된다는 내용이었다.

응급 환자 수용 거부

거부 이유	A 병원	B 병원	C 병원	D 병원	E 병원
정신과 진료불가	예	아니요	아니요	아니요	아니요
수술 환자 과다	아니요	예	아니요	아니요	아니요
외상 환자 과다	아니요	아니요	예	아니요	아니요
신경외과 의료진 부족	아니요	아니요	아니요	아니요	예

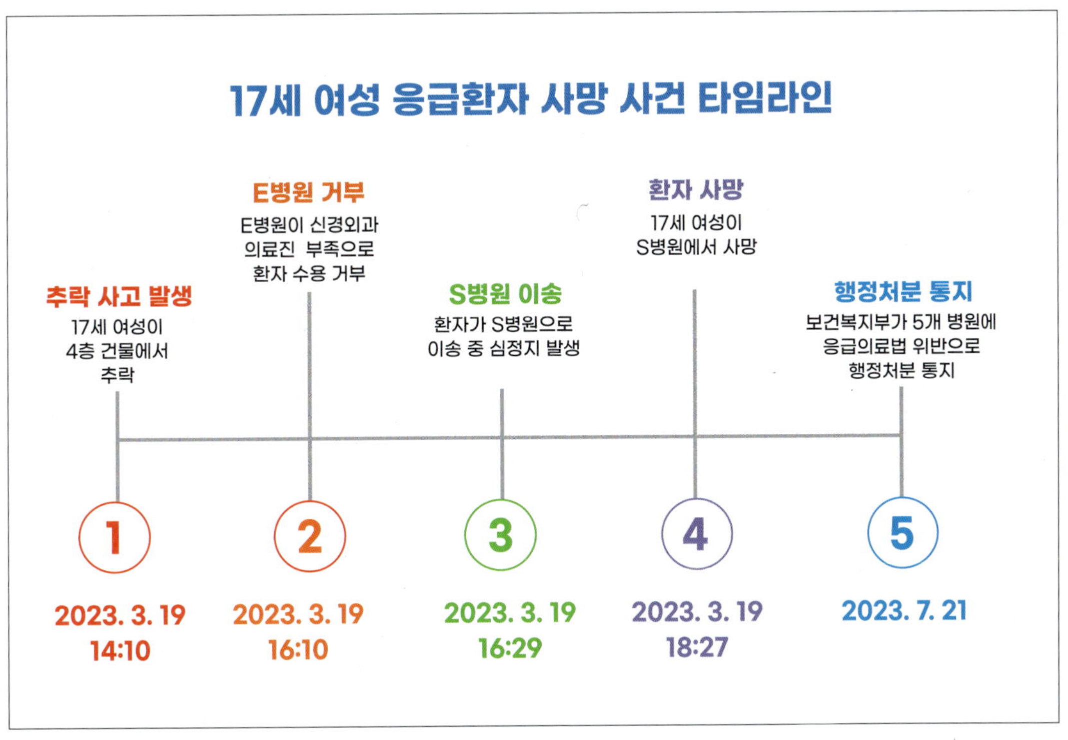

E병원 판결문

서울행정법원 제 12부 2023구합81596 시정명령 등 취소

판 결

변 론 종 결 2024. 7. 11.

판 결 선 고 2024. 9. 26.

위 사건의 공평한 해결을 위하여 당사자의 이익, 그 밖의 모든 사정을 참작하여 다음과 같이 결정한다.

주 문

1. 원고의 청구를 기각한다.
2. 소송비용은 원고가 부담한다.

청 구 취 지

피고가 원고에 대하여 한 2023. 7. 21.자 시정명령 및 보조금 지급 중단 처분을 취소한다.

이 유

1. 처분의 경위

가. 원고는 1982. 1. 8. 대한민국 교육이념에 의거하여 교육을 실시함을 목적으로 설립된 학교법인으로서, E대학교병원(이하 '이 사건 병원'이라 한다)을 설립 · 운영하고 있고, 이 사건 병원은 응급의료에 관한 법률(이하 '응급의료법'이라 한다) 제30조에 따라 지역응급의료센터로 지정되어 응급환자의 진료 등 업무를 수행하고 있다.

나. 2023. 3. 19.경 G에서 만 17세의 여성(이하 '이 사건 응급환자'라 한다)이 4층 건물 높이로부터 추락한 것으로 추정되는 사고가 발생하였는데, 해당 지역의 의료기관에서 적절한 응급처치 및 진료 등의 조치가 이루어지지 아니한 채 이 사건 응급환자가 사망하기에 이르렀는바, 그 구체적인 경위는 아래와 같다.

1) G북부소방서 대현119안전센터는 2023. 3. 19. 14:08경 "'도와주세요.'라는 소리가 들린다."라는 신고를 접수하였고, 곧바로 구급대가 출동하여 같은 날 14:14경 이 사건 응급환자를 발견하였는데, 당시 이 사건 응급환자는 좌측 후두부에 부종이 있고, 우측 족관절 부위의 통증을 호소하였으나, 의식이 있어서 간단한 대화가 가능한 상태였다.

2) 구급대가 2023. 3. 19. 14:34경 이 사건 응급환자를 F병원으로 이송하였는데, 위 병원 소속 응급의학과 전공의는 이 사건 응급환자에 대해 중증도 분류를 제대로 실시하지 아니하여, 이 사건 응급환자의 신체 상태 평가, 필요한 응급처치 파악 등이 이루어지지 않았고, 단순히 자살을 시도한 정신과적 응급환자로 판단해 구급대에 "폐쇄병동 입원이 가능한 대학병원으로 이송하라."고 권유하였다.

3) 구급대는 2023. 3. 19. 14:51경 이 사건 응급환자를 K학교병원으로 이송하였는데, 위 병원 소속 응급의학과 전공의는 이 사건 응급환자를 대면하거나 신체 상태에 대한 평가 및 중증도

등급 분류를 하지도 않은 채, 단순히 응급구조사로부터 전달받은 내용만을 기초로 구급대에 "중증외상이 의심되므로 권역외상센터에 먼저 확인하라."고 권유하였다.

4) 구급대는 2023. 3. 19. 15:24경 K학교병원 주차장에서 이 사건 병원 응급실로 전화를 하였는바, 당시 이 사건 병원 소속 응급의료센터장 M와 구급대원 L이 통화한 내용은 아래와 같다.

> M : 네, E병원입니다.
>
> L : 예, 안녕하세요? 지금 저희… 시내 병원하고 다 전화해 봐도 안 돼서 그러는데, 혹시 저… 그… 머리 쪽… 부종하고… 정형외과 쪽으로, 발목 쪽… 환자거든요. 한 2-3미터 높이에서 이제… 뭐… 진짜… 추락한 추정인데. 폴다운 추정인데. 혹시 수용 가능할까요?
>
> M : 아… 신경외과는 전혀 안 된다.
>
> L : 아, 그죠. 저희가 그런데…
>
> M : 네, 의료진이 없다고 하는데요.
>
> L : 아… 그렇죠. 저희도 이거 어떻게 하지. 아예 안 되는가요 E병원도?
>
> M : 예.
>
> L : 아… 일단 알겠습니다.
>
> M : 예.

5) 구급대가 F병원 응급실, D병원 응급실, Y병원 응급실 등에도 전화를 하였으나, '정신과 진료가 안 된다.', '수술 환자들이 많다.', '외상 환자 3명 대기 중'이라는 등의 사유로 이 사건 응급환자의 수용이 거절되었고, 이에 2023. 3. 19. 16:10경 재차 이 사건 병원 응급실에 전화를 하였는바, 당시 M와 구급대원 N이 통화한 내용은 아래와 같다.

(전략)

N : 예, 쌤, 좀 전에 저희 구급대에서 한 번 전화를 한 번… 한 환자일 것 같긴 한데요. 지금… 19살 여학생이고요. 2층에서 폴다운이 이제, 정황상 폴다운이 의심되는 환자거든요.

M : 예.

N : 지금 후두부 쪽으로 부종이 있고… 발목 쪽으로 통증 호소하긴 하는데요. 혹시 진료가 가능할까 해서요. 지금.

M : 신경외과 스탭들이 없답니다. 어디 갔다고….

N : 네, 지금 전혀 수용이 힘들까요? 지금 G시 전역에… 다 안 되고 있어서… 지금 1시간째 돌고 있거든요.

M : 저희 이거 나오면 지금 감당이 안 돼요.

N : 아… 그러면 선생님 혹시 다른 병원에서는 지금 NS보다는 정신과 때문에 수용이 좀 힘들다 하거든요. 그래서 혹시 다른 병원에서 이제 뭐 굿모닝이나 이런 데서 머리 쪽으로 검사하고 괜찮다고 하면 정신과 쪽은 진료를 가능할까요 선생님 그러면?

M : 응급실 진료 부분은 가능합니다. 입원실… 입원 여부는 입원실 알아봐야 되고.

N : 네… 아… 머리 쪽은 괜찮으면 진료는 가능하다는 말씀이신 거죠?

M : 네.

N : 아… 일단 알겠습니다. 선생님 고맙습니다.

M : 네. Q 안 되던가요?

N : 네?

M : Q.

N : Q, 네, Q도 정신과 때문에 안 받아, 안 받는다고 하거든요. 그래서 2차병원도 G 전역 2차병원도 다 정신과 문제로 안 받는다고 하고 있어 가지고. 지금 따로 따로 보려고 해도 이제… 정신과 문제 때문에 안 보려고 다 하시네요.

M : … 알겠습니다.

N : 네, 고맙습니다. 수고하세요.

M : 네.

6) 이후 구급대는 2023. 3. 19. 16:29경 이 사건 응급환자를 G 달서구 소재 Q병원으로 이송하였는데, Q병원이 인계하는 과정에서 이 사건 응급환자에게 심정지가 발생하였고, Q병원 소속 응급의학과 전문의가 같은 날 16:36경 이 사건 병원에 핫라인을 통하여 전원을 요청하자 M가 이를 수용하는 응답을 하였다.

7) 구급대는 2023. 3. 19. 16:59경 이 사건 응급환자를 이 사건 병원 응급의료센터로 이송하였고, 이 사건 병원 응급실 의료진이 즉시 심장박동의 회복을 위한 처치를 시도하였으나, 이 사건 응급환자는 같은 날 18:27경 사망하였다.

다. 피고는 2023. 3. 29.부터 2023. 4. 7.까지 사이에 G광역시, 소방청과 합동으로 이 사건 응급환자의 이송이 의뢰되었던 의료기관들과 구급대, 119구급상황관리센터 등을 대상으로 현장조사 및 서면조사를 실시하였고, 이를 기초로 사전통지 및 청문 절차를 거쳐 2023. 7. 21. 이 사건 병원장에게 아래와 같은 내용으로 행정처분을 통지하였다(이하 '이 사건 처분'이라 한다).

1. 처분의 제목 : 응급의료기관으로서의 업무 수행 부적정
2. 처분 당사자

의료기관명	대표자	법인등록번호	주 소
C 대학교병원	OOO	*********0256	[42472] G광역시 남구 두류공원로17길 33

3. 행정처분 내용

처분 내용	○ 법 제35조 제2항에 따른 시정명령(시정명령서 별첨) ○ 법 제35조 제3항에 따른 보조금 중단(시정명령 이행기간 6개월 분)
위반 사항	○ 정당한 사유 없는 수용거부(법 제48조의2 위반) - 2023.3.19.(일) 15:24분 경, 추락 추정으로 119 구급대로 통해 이송 중인 김○○(사망) 환자에 대한 응급의료기관의 수용 능력 확인을 위하여 119 구급대원이 "2~3m 추락 환자로 후두부 부종, 발목 부상 환자인데 수용 가능할까요?"라고 전화를 통해 응급실에 한 요청에 대하여 "신경외과 의료진 없어서 안 된다"라는 이유로 거부하였으나, - 동 환자에게 어떤 진료가 필요할지 알기 어려운 상황에서 신경외과 의료진 부재를 이유로 한 수용거부의 정당성은 인정되기 어려운 것으로 검토 → 정당한 사유 없이 응급의료를 거부하여 법 제48조의2 제2항을 위반
법적 근거	제48조의2(수용능력 확인 등) ① 응급환자 등을 이송하는 자(구급차등의 운전자와 제48조에 따라 구급차등에 동승하는 응급구조사, 의사 또는 간호사를 말한다)는 특별한 사유가 없는 한 보건복지부령으로 정하는 방법에 따라 이송하고자 하는 응급의료기관의 응급환자 수용 능력을 확인하고 응급환자의 상태와 이송 중 응급처치의 내용 등을 미리 통보하여야 한다. ② 응급의료기관의 장은 제1항에 따른 응급환자 수용능력 확인을 요청받은 경우 정당한 사유 없이 응급의료를 거부 또는 기피할 수 없으며 응급환자를 수용할 수 없는 경우에는 제2조제7호의 응급의료기관등에 지체 없이 관련 내용을 통보하여야 한다.

[번　호] 1
[처분종류] 시정명령
[제　목] 응급의료기관으로서 업무 수행 부적정
[지적사항]

(중략)

[조치할 사항]

○ 이에 따라 C대학교병원은 「응급의료에 관한 법률」위반사항(구급대의 수용 능력 확인에 대한 정당한 사유 없는 거부)을 시정하기 바랍니다.

– 상기 시정명령에 대한 조치계획은 시정명령처분(본처분)을 받은 날로부터 10일 이내에 제출하고, 시정 결과는 2023년 11월 17일까지 제출 바랍니다.

(중략)

○ 시정명령 이행기간 동안 응급의료법 제16조제1항, 제17조제4항에 따른 재정 지원은 중단합니다.

– 시정명령을 충실히 이행하지 않을 경우 응급의료법 제35조 제1항에 따라 지역응급의료센터 지정을 취소(G광역시)할 것임을 알려드립니다.

[인정 근거] 다툼 없는 사실, 갑 제1호증의 1, 2 갑 제3호증, 갑 제4호증의 2, 갑 제5호증의 1, 2, 을 제1호증, 을 제2호증의 3, 을 제3호증의 3, 을 제4호증의 3의 각 기재, 변론 전체의 취지

2. 관계 법령

별지 기재와 같다.

3. 이 사건 처분의 적법 여부

가. 원고 주장의 요지

아래와 같은 이유로 이 사건 처분은 위법하여 취소되어야 한다.

1) 사실오인 및 법령위반

가) 이 사건 병원은 구급대가 응급환자 수용능력 확인을 요청한 것에 대하여, 이 사건 응급환자의 경우 외상성 뇌손상이 의심되므로 즉각적인 조치가 필요하고, 만약 적절한 치

료시기를 놓친다면 회복하기 어려운 결과를 초래할 우려가 있는데, 그 당시 이 사건 병원에는 신경외과 전문의가 모두 부재중이라는 점을 알리면서, 신경외과 및 정형외과 진료가 가능한 다른 병원을 추천하거나 신경외과 이외의 다른 과목에 대한 진료는 가능하다고 답변하였을 뿐인바, 결국 응급의료를 거부 또는 기피한 사실 자체가 없다.

나) 이 사건 응급환자가 외상성 뇌손상을 입었던 것이 아니라면 처음부터 응급의료법상 '응급환자'에 해당하지 아니하고, 이와 달리 외상성 뇌손상을 입었다면 신속하고 전문적인 처치가 필요한 상황이었는데, 이 사건 병원에는 해당 분야의 전문의가 없어 현실적인 치료가 불가능하였으므로 다른 병원으로 이송하도록 조치하는 것이 최선의 조치이지, 무리해서 응급환자를 수용하였다가 적절한 치료시기를 놓치게 만드는 것이 오히려 의료과오에 해당하는바, 설령 이 사건 병원이 응급의료를 거부 또는 기피한 경우에 해당하더라도 거기에는 '정당한 사유'가 존재한다.

2) 재량권 일탈 · 남용

이 사건 처분 중 재정 지원을 중단한 부분은 재량행위에 해당하는데, 이 사건 병원에 대하여 6개월분의 보조금 지급을 중단한 조치는, 이를 통하여 달성할 수 있는 공익보다 원고가 입게 될 피해가 더 커서 사회적 타당성의 범위를 현저하게 벗어난 것이므로 위법하다.

나. 판단

1) 사실오인 및 법령위반 주장에 관한 판단

가) 관련 법리

의료법 제15조 제2항은 "의료인은 응급환자에게 「응급의료에 관한 법률」에서 정하는 바에 따라 최선의 처치를 하여야 한다."라고 규정하고 있다. 한편 응급의료법은 국민들이 응급상황에서 신속하고 적절한 응급의료를 받을 수 있도록 응급의료에 관한 국민의 권리와 의무, 국가 · 지방자치단체의 책임, 응급의료제공자의 책임과 권리를 정하고 응급의료자원의 효율적 관리에 필요한 사항을 규정함으로써 응급환자의 생명과 건강을 보호하고 국민의료를 적정하게 함을 목적으로(제1조 참조) 제정된 법률로서, 응급의료법 제6조 제2항에서 "응급의료종사자는 업무 중에 응급의료를 요청받거나 응급환자를 발견하면 즉시 응급의료를 하여야 하며 정당한 사유 없이 이를 거부하거나 기피하지 못한다."라고 규정하여 응급의료종사자의 응급의료의무에 대하여 규정하고 있는바, 결국 응급의료의무의 대상이 되는 '응급의료 요청을 한 자' 내지 '응급환자'와 응급의료의무 위반행위인 '응급의료의 거부나 기피' 등의 개념도 응급의료법이 정한 내용을 중심으로 객관적이고 일반적인 의학의 수준과 사회통념을 표준으로 결정되어야 할 것이며(대법원 2007. 5. 31. 선고 2007도1977 판결의 취지 참조), 이는 응급의료법 제48조의2 제2항에서 정한 '응급의료를 거부 또는 기피'한 경우에 해당하는지 여부를 판단함에 있어서도 마찬가지이다.

나) 구체적 판단

앞서 인정한 사실, 앞서 든 증거들에다가 갑 제2호증의 1, 2, 갑 제4호증의 1의 각 기재 및 변론 전체의 취지를 더하여 알 수 있는 아래와 같은 사실 및 사정을 종합해 위 관련 법리에 비추어 보면, 이 사건 병원이 이 사건 응급환자에 대한 응급의료를 거부 또는 기피한 사실을 충분히 인정할 수 있고, 거기에 그 의무 해태를 탓할 수 없는 정당한 사유가 존재한다고 볼 수 없다. 따라서 원고의 이 부분 주장은 받아들이지 않는다.

(1) 응급의료법 제48조의2 제2항은 '응급의료기관의 장이 응급환자 등을 이송하는 자로부터 응급환자 수용능력 확인을 요청받은 경우 정당한 사유 없이 응급의료를 거부 또는 기피할 수 없다'는 취지로 규정하고 있다. 아래와 같은 응급의료법의 각 규정 등에 비추어 보면, 응급의료법 제48조의2 제2항에서 정한 '응급의료의 거부 또는 기피'에는 ① 응급환자로 판단하였음에도 응급조치를 취하지 아니한 경우, ② 응급환자에 대한 응급의료를 중단한 경우는 물론이고, ③ 응급환자로 추정되거나 응급의료행위를 요청한 자에 대하여 응급환자인지를 판단하기 위한 진료행위 자체가 없었던 경우도 해당한다고 봄이 상당하다.

㈎ 응급의료법 제2조 제2호는 "응급의료"에 대해 '응급환자가 발생한 때부터 생명의 위험에서 회복되거나 심신상의 중대한 위해가 제거되기까지의 과정에서 응급환자를 위하여 하는 상담 · 구조 · 이송 · 응급처치 및 진료 등의 조치를 말한다.'라고 규정하여, 응급처치 이외에 상담, 진료 등도 응급의료의 범위에 포함하고 있다.

(나) 응급의료법은 응급의료종사자에게 응급환자뿐만 아니라 '응급의료를 요청한 자'에 대해서도 응급의료를 하여야 할 의무를 부과하고 있다(제6조 제2항).

(다) 의료인은 응급환자가 아닌 사람을 응급실이 아닌 의료시설에 진료를 의뢰하거나 다른 의료기관에 이송할 수 있고(응급의료법 제7조 제1항), 응급의료종사자는 응급환자에 대하여는 다른 환자보다 우선하여 상담 · 구조 및 응급처치를 하고 진료를 위하여 필요한 최선의 조치를 하여야 한다고 규정하는바(응급의료법 제8조 제1항), 이처럼 응급환자와 응급환자 아닌 자를 구별하여 상이한 조치의무를 부과하는 데에는 해당 환자가 응급환자인지를 판정하기 위한 1차 내지 기초 진료가 전제되어 있다고 보아야 한다.

(라) 응급의료법은 위와 같이 응급의료를 하여야 할 의무를 '응급환자'와 '응급의료를 요청한 자'를 구분하여 부과하는 한편, '응급환자'에 대해서도 "질병, 분만, 각종 사고 및 재해로 인한 부상이나 그 밖의 위급한 상태로 인하여 즉시 필요한 응급처치를 받지 아니하면 생명을 보존할 수 없거나 심신에 중대한 위해(危害)가 발생할 가능성이 있는 환자 또는 이에 준하는 사람으로서 보건복지부령으로 정하는 사람"이라고 규정하여(제2조 제1호), 사고 등으로 위급한 상태에 있어 즉시 응급처치를 해야 하는 것이 일견 분명하게 판단되는 사람 외에 그에 준하는 사람으로서 보건복지부령으로 정하는 사람도 응급환자로 규정하고 있다. 그에 따라 응급의료법 시행규칙 제2조는 '급성의식장애, 구토 · 의식장애 등의 증상이 있는 두부손상과 같은 응급증상이 있거나 의식장애, 현훈 등과 같은 응급증상에 준하는 증상 등 별표 1이 정한 응급증상 및 이에 준하는 증상이 있는 사람'(제1호), "제1호의 증상으로 진행될 가능성이 있다고 응급의료종사자가 판단하는 증상"이 있는 사람(제2호)까지 응급환자에 포함하고 있다. 위 법령 조항에 의하면 응급환자 해당 여부 자체도 증상에 대한 의료인 등의 1차 내지 기초 진료를 전제로 한다고 보아야 한다.

(2) 이 사건 병원 소속 응급의학과장 M는 2023. 3. 19. 구급대원 L과 통화하는 과정에서 이 사건 응급환자의 수용 가능 여부 확인을 요청받은 것에 대해 '신경외과는 전혀 안 된다.'라면서 수용 불가 의사를 명시적으로 표시하였고, 이후 구급대원 N과 통화하는 과정에서도 '지금 전혀 수용이 힘들까요?'라는 질문에 대하여 재차 '저희

이거 나오면 지금 감당이 안 돼요.'라고 답변하였으며, 또한, 2023. 7. 27. 이 사건 응급환자가 사망한 사건과 관련해 G북부경찰서에서 참고인 자격으로 조사를 받으면서도 여러 차례 반복하여 '구급관리상황센터에서 이 사건 응급환자에 대한 전화가 와서 후두부 부종이라고 하여 신경외과 쪽은 안 되어 수용이 불가능하다고 답변하였다.', '신경외과 진료가 안 된다고 하여 수용이 안 된다고 말하였다.', '진료 가능 여부를 물어보았기에, 당시 신경외과 의료진이 없어서 그 환자에 대한 진료 수용이 안 된다고 답변하였다.'라고 진술하였는바, 위와 같은 행위는 응급의료를 요청한 자 또는 응급환자로 의심되는 자에 대하여 그가 응급환자인지를 판단하는 기초진료조차 하지 않은 경우로서 '응급의료 거부 · 기피'의 행위태양에 해당함이 분명하고, 단순히 이 사건 병원의 응급환자 수용능력과 관련된 내용을 통보한 것에 불과하다고 할 수는 없다.

(3) 응급환자에 해당하는지는 해당 환자를 초진할 당시 객관적으로 확인된 사정을 기초로 판단할 수밖에 없다. 그런데 응급의료법상 응급의료의무를 부담하는 주체는 응급의료종사자이고, 응급의료법 제2조 제4호는 '응급의료종사자'에 관하여 관계 법령에서 정하는 바에 따라 취득한 면허 또는 자격의 범위에서 응급환자에 대한 응급의료를 제공하는 의료인과 응급구조사를 말한다고 정의하였으며, 특히 같은 법 제41조 제1항은 의료법 제27조의 무면허 의료행위 금지 규정에도 불구하고 응급구조사가 일정한 경우 응급처치의 업무에 종사할 수 있다고 규정하면서도, 다른 한편, 같은 법 제42조에 의하면 원칙적으로 응급구조사는 의사로부터 구체적인 지시를 받지 아니하고는 위 제41조에 따른 응급처치를 하여서는 아니된다고 규정하고 있다. 이러한 규정 내용을 종합하면 상담, 응급처치 및 진료 등과 같은 응급의료를 제공하는 핵심적인 주체는 어디까지나 의사와 같은 의료인이라고 봄이 상당하다. 여기에다가 의사가 진찰 · 치료 등의 의료행위를 할 때는 사람의 생명 · 신체 · 건강을 관리하는 업무의 성질에 비추어 환자의 구체적 증상이나 상황에 따라 위험을 방지하기 위하여 요구되는 최선의 조치를 취해야 하되(대법원 1994. 4. 26. 선고 93다59304 판결, 대법원 2023. 7. 13. 선고 2020다217533 판결 등의 취지 참조), 다만 환자에게 적절한 치료를 하거나 그러한 조치를 취하기 어려운 사정이 있을 경우 신속히 전문적인 치료를 할 수 있는 다른 병원으로의 전원조치 등을 취하여야 하는 것인 점을 보태어 보면, 이 사건 병원 소속 의사인 이 경우 등이 응급의료를 요청한

자 또는 응급환자로 의심되는 자를 직접 대면하여 그가 응급환자인지를 판단하고, 나아가 전문적인 지식에 의한 상담, 진단 결과에 따라 적절한 치료를 하거나 전원 조치 등을 취한 것이 아니라, 환자에 대한 기초적인 1차 진료조차 하지 아니한 채 만연히 구급대원이 통보한 이 사건 응급환자의 상태만을 기초로 응급환자인지 여부 내지 필요한 진료과목을 결정한 다음 이 사건 병원으로의 수용을 거부한 행위를 두고 당시 상황에서 요구되는 최선의 조치를 취하였다고 평가하기는 어렵다.

(4) 응급의료종사자가 응급의료를 거부할 수 있는 '정당한 사유'에는, 가령 의사가 부재중이거나 신병으로 인하여 진료를 행할 수 없는 상황인 경우, 의사가 타 전문과목 영역 또는 고난이도의 진료를 수행할 전문지식 또는 경험이 부족한 경우 등이 포함될 수 있으나, 이는 앞서 본 바와 같이 환자에 대한 1차 내지 기초 진료를 통해 인지할 수 있었던 증상과 상황을 토대로 먼저 응급의료의 필요성과 응급환자 해당성을 판단하였음을 전제로 한다고 보아야 한다. 이 사건 처분은 이 사건 응급환자의 사망이라는 결과의 발생과는 관계없이 응급의료의 필요성과 응급환자 해당성을 판단하기 위한 조치조차 취하지 않은 점을 그 처분사유로 하는 것인바, 이 사건 병원 소속 응급의학과장 M와 구급대원 N 사이의 통화 내용에 의하더라도 당시 이 사건 병원 응급실은 그 시설 및 인력 등에 여력이 있어서 일단 이 사건 응급환자를 받아들이는 것이 가능하였으므로, 단순히 신경외과 전문의가 부재중이라는 사정만을 들어 처음부터 수용 자체를 거절한 데에 그 의무 해태를 탓할 수 없는 정당한 사유가 있다고 할 수 없다.

2) 재량권 일탈 · 남용 주장에 관한 판단

가) 관련 법리

재량행위에 대한 사법심사는 행정청의 공익 판단에 관한 재량의 여지를 감안하여 원칙적으로 재량권의 일탈이나 남용이 있는지 여부만을 대상으로 하는데, 그 판단기준은 사실오인과 비례 · 평등의 원칙 위반 여부 등이 된다. 이러한 재량권 일탈 · 남용에 관하여는 그 행정행위의 효력을 다투는 사람이 주장 · 증명책임을 부담한다(대법원 2017. 10. 12. 선고 2017두48956 판결 등 참조).

나) 구체적 판단

위 관련 법리에 비추어 이 사건을 살피건대, 원고는 막연하게 이 사건 처분 중 이 사건 병원에 대한 응급실 보조금 지급을 중단한 부분이 사회적 타당성의 범위를 벗어났다고 주장할 뿐, 행정청인 피고의 판단에 있어서 그 기초를 이루는 사실의 인정에 중대한 오류가 있다거나 그 판단이 사회통념상 현저하게 타당성을 잃어 객관적으로 불합리하다는 등의 특별한 사정에 대해서는 아무런 주장 · 증명이 없다. 오히려 ① 응급의료는 일반 의료서비스와는 달리 의료, 공중보건, 사회안전 등이 교차하는 영역으로 국가가 책임을 져야 할 대표적인 공공의료 분야이며, 응급의료체계는 국방, 검찰, 소방 등과 같이 국민의 생명 보호를 위한 '사회안전망'의 범주에 속하고(헌법재판소 2019. 6. 28. 선고 2018헌바128 결정 참조), 국민들이 응급상황에서 신속하고 적절한 응급의료를 받을 수 있도록 하는 응급의료법의 입법목적에 비추어 질병, 분만, 각종 사고 및 재해 등으로 생명 · 건강에 대해 예상치 못하게 응급의료상황이 발생하더라도 국가 등이 마련한 응급의료체계에서 국민 누구나 신속하고 적정하게 응급의료를 제공받아 생명 · 건강을 보호받을 수 있다(헌법 제36조 제3항 참조)는 국민 일반의 신뢰 및 응급의료체계의 원활한 작동으로 인한 국민 보건상의 이익 등 이 사건 처분을 통해 달성할 수 있는 공익이 결코 작지 않은 점, ② 이 사건 병원 응급실에 시설 및 인력의 여력이 있었음에도 만연히 이 사건 응급환자의 수용을 거듭 거절함으로써 결국 이 사건 응급환자가 사망에 이르는 중대한 결과까지 발생하였는바, 그와 같은 응급의료 거부 · 기피행위에 대한 비난가능성이 큰 점, ③ 이 사건 처분은 시정명령 이행기간 동안 응급의료법에 따른 재정 지원을 중단하는 것일 뿐, 이 사건 병원의 운영을 전면적으로 제한하는 것은 아니어서, 이 사건 처분으로 달성하려는 공익과 원고가 입게 될 불이익 사이에 현저한 불균형을 초래한다고 보이지도 않는 점 등을 모두 종합하면, 이 사건 처분에 재량권 일탈 · 남용이 있다고 보기 어렵다. 따라서 원고의 이 부분 주장도 받아들일 수 없다.

다. 소결론

따라서 이 사건 처분은 적법하다.

4. 결론

원고의 청구는 이유 없으므로 이를 기각하기로 하여, 주문과 같이 판결한다.

[별지]

관계 법령

의료법

제15조(진료거부 금지 등)

① 의료인 또는 의료기관 개설자는 진료나 조산 요청을 받으면 정당한 사유 없이 거부하지 못한다.

② 의료인은 응급환자에게 「응급의료에 관한 법률」에서 정하는 바에 따라 최선의 처치를 하여야 한다.

제27조(무면허 의료행위 등 금지)

① 의료인이 아니면 누구든지 의료행위를 할 수 없으며 의료인도 면허된 것 이외의 의료행위를 할 수 없다. 다만, 다음 각 호의 어느 하나에 해당하는 자는 보건복지부령으로 정하는 범위에서 의료행위를 할 수 있다.

1. 외국의 의료인 면허를 가진 자로서 일정 기간 국내에 체류하는 자
2. 의과대학, 치과대학, 한의과대학, 의학전문대학원, 치의학전문대학원, 한의학전문대학원, 종합병원 또는 외국 의료원조기관의 의료봉사 또는 연구 및 시범사업을 위하여 의료행위를 하는 자
3. 의학ㆍ치과의학ㆍ한방의학 또는 간호학을 전공하는 학교의 학생

응급의료에 관한 법률

제1조(목적)

이 법은 국민들이 응급상황에서 신속하고 적절한 응급의료를 받을 수 있도록 응급의료에 관한 국민의 권리와 의무, 국가ㆍ지방자치단체의 책임, 응급의료제공자의 책임과 권리를 정하고 응급의료자원의 효율적 관리에 필요한 사항을 규정함으로써 응급환자의 생명과 건강을 보호하고 국민의료를 적정하게 함을 목적으로 한다.

제2조(정의)

이 법에서 사용하는 용어의 뜻은 다음과 같다.

1. "응급환자"란 질병, 분만, 각종 사고 및 재해로 인한 부상이나 그 밖의 위급한 상태로 인하여 즉시 필요한 응급처치를 받지 아니하면 생명을 보존할 수 없거나 심신에 중대한 위해(위해)가 발생할 가능성이 있는 환자 또는 이에 준하는 사람으로서 보건복지부령으로 정하는 사람을 말한다.
2. "응급의료"란 응급환자가 발생한 때부터 생명의 위험에서 회복되거나 심신상의 중대한 위해가

제거되기까지의 과정에서 응급환자를 위하여 하는 상담·구조(구조)·이송·응급처치 및 진료 등의 조치를 말한다.

3. "응급처치"란 응급의료행위의 하나로서 응급환자의 기도를 확보하고 심장박동의 회복, 그 밖에 생명의 위험이나 증상의 현저한 악화를 방지하기 위하여 긴급히 필요로 하는 처치를 말한다.
4. "응급의료종사자"란 관계 법령에서 정하는 바에 따라 취득한 면허 또는 자격의 범위에서 응급환자에 대한 응급의료를 제공하는 의료인과 응급구조사를 말한다.
5. "응급의료기관"이란 「의료법」 제3조에 따른 의료기관 중에서 이 법에 따라 지정된 중앙응급의료센터, 권역응급의료센터, 전문응급의료센터, 지역응급의료센터 및 지역응급의료기관을 말한다.

제6조(응급의료의 거부금지 등)

① 응급의료기관등에서 근무하는 응급의료종사자는 응급환자를 항상 진료할 수 있도록 응급의료업무에 성실히 종사하여야 한다.

② 응급의료종사자는 업무 중에 응급의료를 요청받거나 응급환자를 발견하면 즉시 응급의료를 하여야 하며 정당한 사유 없이 이를 거부하거나 기피하지 못한다.

제7조(응급환자가 아닌 사람에 대한 조치)

① 의료인은 응급환자가 아닌 사람을 응급실이 아닌 의료시설에 진료를 의뢰하거나 다른 의료기관에 이송할 수 있다.

② 진료의뢰·환자이송의 기준 및 절차 등에 관하여 필요한 사항은 대통령령으로 정한다.

제8조(응급환자에 대한 우선 응급의료 등)

① 응급의료종사자는 응급환자에 대하여는 다른 환자보다 우선하여 상담·구조 및 응급처치를 하고 진료를 위하여 필요한 최선의 조치를 하여야 한다.

② 응급의료종사자는 응급환자가 2명 이상이면 의학적 판단에 따라 더 위급한 환자부터 응급의료를 실시하여야 한다.

제16조(재정 지원)

① 국가 및 지방자치단체는 예산의 범위에서 응급의료기관등 및 응급의료시설에 대하여 필요한 재정 지원을 할 수 있다.

제17조(응급의료기관등에 대한 평가)

④ 보건복지부장관은 제1항에 따른 응급의료기관등에 대한 평가 결과에 따라 응급의료기관등에 대

하여 행정적·재정적 지원을 할 수 있다.

제35조(응급의료기관의 지정 취소 등)

① 응급의료기관 및 권역외상센터, 지역외상센터가 다음 각 호의 어느 하나에 해당하는 경우에는 보건복지부장관 시·도지사 또는 시장·군수·구청장 중 해당 지정권자가 그 지정을 취소할 수 있다.

2. 이 법에 따른 업무를 수행하지 아니한 경우

② 보건복지부장관, 시·도지사 또는 시장·군수·구청장은 응급의료기관 및 권역외상센터, 지역외상센터가 제1항 각 호의 어느 하나에 해당하는 경우에는 일정한 기간을 정하여 위반한 사항을 시정하도록 명하여야 한다.

③ 보건복지부장관, 시·도지사 또는 시장·군수·구청장은 제2항의 시정명령을 한 경우 명령의 성실한 이행을 위하여 명령이 이행될 때까지 제16조제1항, 제17조제4항 및 제30조의4에 따른 재정 지원의 전부 또는 일부를 중단할 수 있다.

제41조(응급구조사의 업무)

① 응급구조사는 응급환자가 발생한 현장에서 응급환자에 대하여 상담·구조 및 이송 업무를 수행하며, 「의료법」 제27조의 무면허 의료행위 금지 규정에도 불구하고 보건복지부령으로 정하는 범위에서 현장에 있거나 이송 중이거나 의료기관 안에 있을 때에는 응급처치의 업무에 종사할 수 있다.

제42조(업무의 제한)

응급구조사는 의사로부터 구체적인 지시를 받지 아니하고는 제41조에 따른 응급처치를 하여서는 아니 된다. 다만, 보건복지부령으로 정하는 응급처치를 하는 경우와 급박한 상황에서 통신의 불능 등으로 의사의 지시를 받을 수 없는 경우에는 그러하지 아니하다.

제48조의2(수용능력 확인 등)

① 응급환자 등을 이송하는 자(구급차등의 운전자와 제48조에 따라 구급차등에 동승하는 응급구조사, 의사 또는 간호사를 말한다)는 특별한 사유가 없는 한 보건복지부령으로 정하는 방법에 따라 이송하고자 하는 응급의료기관의 응급환자 수용 능력을 확인하고 응급환자의 상태와 이송 중 응급처치의 내용 등을 미리 통보하여야 한다.

② 응급의료기관의 장은 응급환자를 수용할 수 없는 경우에는 그 소재지를 관할하는 응급의료지원센터를 통하여 구급차등의 운용자에게 지체 없이 통보하여야 한다.

응급의료에 관한 법률 시행규칙

제2조(응급환자)

「응급의료에 관한 법률」(이하 "법"이라 한다) 제2조제1호에서 "보건복지부령이 정하는 자"란 다음 각 호의 어느 하나에 해당하는 증상이 있는 자를 말한다.

1. 별표 1의 응급증상 및 이에 준하는 증상
2. 제1호의 증상으로 진행될 가능성이 있다고 응급의료종사자가 판단하는 증상

[별표 1] 응급증상 및 이에 준하는 증상(제2조제1호관련)

1. 응급증상

가. 신경학적 응급증상 : 급성의식장애, 급성신경학적 이상, 구토 · 의식장애 등의 증상이 있는 두부 손상

나. 심혈관계 응급증상 : 심폐소생술이 필요한 증상, 급성호흡곤란, 심장질환으로 인한 급성 흉통, 심계항진, 박동이상 및 쇼크

다. 중독 및 대사장애 : 심한 탈수, 약물 · 알콜 또는 기타 물질의 과다복용이나 중독, 급성대사장애(간부전 · 신부전 · 당뇨병 등)

라. 외과적 응급증상 : 개복술을 요하는 급성복증(급성복막염 · 장폐색증 · 급성췌장염 등 중한 경우에 한함), 광범위한 화상(외부신체 표면적의 18% 이상), 관통상, 개방성 · 다발성 골절 또는 대퇴부 척추의 골절, 사지를 절단할 우려가 있는 혈관 손상, 전신마취하에 응급수술을 요하는 중상, 다발성 외상

마. 출혈 : 계속되는 각혈, 지혈이 안되는 출혈, 급성 위장관 출혈

바. 안과적 응급증상 : 화학물질에 의한 눈의 손상, 급성 시력 손실

사. 알러지 : 얼굴 부종을 동반한 알러지 반응

아. 소아과적 응급증상 : 소아경련성 장애

자. 정신과적 응급증상 : 자신 또는 다른 사람을 해할 우려가 있는 정신장애

2. 응급증상에 준하는 증상

가. 신경학적 응급증상 : 의식장애, 현훈

나. 심혈관계 응급증상 : 호흡곤란, 과호흡

다. 외과적 응급증상 : 화상, 급성복증을 포함한 배의 전반적인 이상증상, 골절 · 외상 또는 탈골, 그 밖에 응급수술을 요하는 증상, 배뇨장애

라. 출혈 : 혈관손상

마. 소아과적 응급증상 : 소아 경련, 38℃ 이상인 소아 고열(공휴일 · 야간 등 의료서비스가 제공되기 어려운 때에 8세 이하의 소아에게 나타나는 증상을 말한다)

바. 산부인과적 응급증상 : 분만 또는 성폭력으로 인하여 산부인과적 검사 또는 처치가 필요한 증상

사. 이물에 의한 응급증상 : 귀 · 눈 · 코 · 항문 등에 이물이 들어가 제거술이 필요한 환자

F병원 판결문

서울행정법원 제 5 부	2023구합77047 시정명령 등 처분 취소 청구의 소

판 결

변론종결 2025. 3. 20.

판결선고 2025. 4. 24.

주 문

1. 원고의 청구를 기각한다.
2. 소송비용은 원고가 부담한다.

청 구 취 지

피고가 원고가 대하여 한 2023. 7. 18.자 시정명령, 보조금 중단 및 과징금 부과 처분을 취소한다.

이 유

1. 처분의 경위

가. 원고는 T 동구 소재 F병원(이하 '이 사건 병원'이라 한다)을 설립 · 운영하고 있는 재단법인으로, 이 사건 병원은 응급의료에 관한 법률(이하 '응급의료법'이라 한다) 제30조에 따라 응급환자의 진료 등 업무를 수행하는 지역응급의료센터로 지정되어 있다.

나. 2023. 3. 19.경 T에서 만 17세의 여성(이하 '이 사건 응급환자'라 한다)이 4층 건물 높이로부터 추락한 것으로 추정되는 사고가 발생하였는데, 해당 지역의 의료기관에서 적절한 응급처치 및 진료 등의 조치가 이루어지지 아니한 채 이 사건 응급환자가 사망하기에 이르렀는바(이하 '이 사건 사고'라 한다), 그 구체적인 경위는 아래와 같다.

1) T북부소방서 대현119안전센터는 2023. 3. 19. 14:08경 "'도와주세요.'라는 소리가 들린다."라는 신고를 접수하였고, 곧바로 구급대가 출동하여 같은 날 14:14경 이 사건 응급환자를 발견하였는데, 당시 이 사건 응급환자는 좌측 후두부에 부종이 있고, 우측 족관절 부위의 통증을 호소하였으나, 의식이 있어서 간단한 대화가 가능한 상태였다.

2) 구급대는 병원병상 정보시스템으로 확인한 결과 사고 현장에서 최인근 병원인 이 사건 병원에 수용이 가능함을 확인하고,1) 2023. 3. 19. 14:34경(이하 날짜는 생략한다) 이 사건 응급환자를 이 사건 병원으로 이송하였다(이하 '1차 수용문의'라 한다).

3) 이 사건 병원의 응급의학과 전공의는 이 사건 응급환자를 대면하면서 구급대로부터 '이 사건 환자가 2~3m 정도 높이에서 추락한 것으로 추측되고, 구급대가 측정한 활력징후는 안정적이다'라는 정보를 들은 뒤, 구급대에 '이 사건 환자는 자살시도가 의심되어 신체적

1) 구급대는 이 사건 응급환자를 이 사건 병원에 이송하기 전 ㅎ병원 외상 핫라인에 유선으로 수용 가능 여부를 의뢰하였는데, 타 중증환자가 있어 수용이 어렵다는 안내를 받고 이 사건 병원으로 이송한 것으로 보인다.

상태보다 정신과적 응급치료가 우선으로 보이는데, 이 사건 병원은 폐쇄병동이 없어 정신과적 진료는 불가하니 폐쇄병동 입원이 가능한 대학병원으로 이송하라'고 제시하였다(이하 '1차 수용거절'이라 한다).

4) 구급대는 14:51경 이 사건 응급환자를 K병원 권역응급의료센터로 이송하였으나, 위 병원 의료진은 구급대에 "사고기전상 중증외상 가능성이 있어 권역외상센터에 먼저 확인하라." 고 권유하였고, 구급대가 외상 핫라인을 통해 K 병원 권역외상센터에 수용 가능 여부를 확인하였으나, K병원 권역외상센터는 수용여력이 없어 수용이 불가능하다고 답변하였다.

5) 구급대는 D병원, Y병원에 유선으로 이 사건 응급환자의 수용 가능성 여부를 확인하였으나, 다른 중증외상환자들이 있어 수용이 불가능하다는 등의 답변을 들었고, 15:20경 이 사건 병원에 유선으로 재차 수용 가능성 여부를 확인하였으나, '이 사건 병원 응급실에서 정신과 진료 및 입원이 불가하여 수용할 수 없다'는 답변을 들었다(이하 '2차 수용문의' 및 '2차 수용거절'이라 한다). 2차 수용문의 및 2차 수용거절 당시 이 사건 병원 의료진과 구급대원의 전화 통화 내용은 아래와 같다.

6) 구급대는 E병원, N병원 등에 유선으로 이 사건 응급환자의 수용 가능성을 문의하였으나 수용이 불가능하다는 답변을 받았고, 16:29경 이 사건 응급환자를 S병원으로 이송하였는데, S병원에 인계하는 과정에서 이 사건 응급환자에게 심정지가 발생하여, E병원으로 이송하였으나, 이 사건 응급환자는 같은 날 18:27경 저혈량성 쇼크 추정 심정지로 사망하였다.

1. 구급대: 지금 19세 아까 전에 F병원 한번 갔던 환잔데요. 네 정신과 쪽으로 보셔야 돼가지고 안 된다고는 하셨는데 지금 시내 병원하고 D병원하고 다 알아봐도 지금 되는 병원이 없어가지고 그런데 혹시 정신과 쪽으로는 다 내일이라도 보호자분이 가시겠다고 하시는데 혹시 진료 가능한가요?
2. 이 사건 병원 응급실: 저희들은 응급실에서는 정신과 진료가 아예 안 돼요
3. 구급대: 아 근데 시내
4. 이 사건 병원 응급실: 외래 베이스라서
5. 구급대: 근데 그게 정신 근데 그게 없어 가지고 정신과 병력 같은 거는 없어 가지고 일단은 외상 쪽으로만 보셔도 지금 봐달라고 하셔서 그런데 저희가 상황관리센터하고 병원 다 전화해봐도 수용 가능한 병원이 없어서 혹시 수용은 안 될까요? 저희도 어떻게 할 방법이 없어요.
6. 이 사건 병원 응급실: 아니 제가 저는 이 환자 누군지 모르겠구요
7. 구급대: 네네네
8. 이 사건 병원: 19세 정신과 트라우마 뭐
9. 구급대: 네 여보세요. 예예 아까 전에 대현 갔었는데 네네 안 그래도 저희도 다른 병원 가면은 좀 진료 보려고 왔는데 지금 대학병원 다 돌아도 지금 되는 병원이 없어가지고 다 외상 K병원하고 D병원은 지금 외상성 심정지 들어왔다 그러고 다른 데도 한 세 명씩 네 명씩 대기하고 있다 해서 지금 수용이
10. 이 사건 병원 응급실: 안 돼요
11. 구급대: 그렇죠 저희가 어떻게 해야 될지 모르겠네
12. 이 사건 병원 응급실: 그사람이 보호자랑 얘기를 해봐도 의도가 약간 스윗 사이드가 가능성이 훨씬 높거든요.
13. 구급대: 그렇죠 저희도 약간 그렇게 보긴 하는데 근데 다른 것
14. 이 사건 병원 응급실: 저희가 그런 환자를 입원을 시키면 컨트롤이 안되서 저번에도 병원에서 뛰어내린 사람이 있어서 아무도 입원을 안시켜줘요
15. 구급대: 일단 알겠습니다. 네.

다. 피고는 2023. 3. 29.부터 2023. 4. 7.까지 사이에 G광역시, 소방청과 합동으로 이 사건 사고와 관련하여 이 사건 응급환자의 이송이 의뢰되었던 이 사건 병원을 비롯한 의료기관들과 구급대, 119구급상황관리센터 등을 대상으로 현장조사 및 서면조사를 실시하였고, 이를 기초로 이 사건 병원이 응급의료법에 따른 중증도 분류 의무를 위반하고, 정당한 사유 없이 응급의료를 거부하였음을 이유로 하여(이하 '이 사건 각 위반행위'라 한다) 2023. 7. 18. 원고에 대하여 아래와 같이 시정명령 및 이에 따른 보조금 중단처분, 과징금 부과처분을 하였다(이하 통틀어 '이 사건 처분'이라 하고, 이 사건 처분 중 시정명령을 '이 사건 시정명령', 과징금 부과처분을 '이 사건 과징금 부과처분'이라 한다).

1. 처분의 제목 : 응급의료기관으로서의 업무 수행 부적정

2. 처분 당사자

의료기관명	대표자	법인등록번호	주 소
F병원	MMM	*********0221	[******] T 동구 OO로 OO

3. 행정처분 내용

처분 내용	ㅇ 법 제35조 제2항에 따른 시정명령(시정명령서 별첨) ㅇ 법 제35조 제3항에 따른 보조금 중단(시정명령 이행기간 6개월 분) ㅇ 법 제31조의4제1항, 법 제48조의2제2항 위반에 따른 과징금 36,740,000원 – 업무정지 22일에 갈음{(1일당 1,670,000원 × 15일) + (1일당 1,670,000원 × 7일)} ※ 각 법 위반에 대하여 응급의료법 시행규칙 별표18. 2. 개별기준 사.'응급의료기관이 법 제32조 제1항을 위반하여 비상진료체계를 갖추지 아니한 경우'1차 위반 업무정지 15일의 기준을 준용함 ※ 같은 기준에 따라 2 이상의 위반행위가 2 이상의 업무정지에 해당하는 경우로 중한 처분기준에 나머지 각 처분기준의 2분의 1을 더하여 처분함
위반 사항	ㅇ 중증도 분류 의무 위반(응급의료에 관한 법률(이하 법) 제31조의4 위반) – 2023.3.19.(일) 14:35분 경, 추락 추정으로 119 구급대로 통해 이송 중인 김**(사망) 환자에 대해 중증도 분류를 제대로 실시하지 않아 환자의 신체 상태 평가, 필요한 응급처치 파악 등이 이뤄지지 않았음 → 응급환자에 대하여 신속하고 적절한 이송 · 진료가 제공될 수 있도록 중증도 분류가 정상적으로 이뤄지지 않아 법 제31조의4 제1항을 위반 ㅇ 정당한 사유 없는 수용거부(법 제48조의2 위반) – 2023.3.19.(일) 15:20분 경, 추락 추정으로 119 구급대로 통해 이송 중인 김**(사망) 환자에 대한 응급의료기관의 수용 능력 확인을 위하여 119 구급대가 정신과는 나중에 진료받아도 되니 외상 먼저 진료받을 수 있는지 전화를 통해 한 요청에 대하여 정신과 진료 제공 불가능을 이유로 거부하였음 → 정당한 사유 없이 응급의료를 거부하여 법 제48조의2 제2항을 위반

법적 근거	– 제31조의4(환자의 중증도 분류 및 감염병 의심환자 등의 선별) – ① 응급의료기관의 장 및 구급차등의 운용자는 응급환자 등에 대한 신속하고 적절한 이송 · 진료와 응급실의 감염예방을 위하여 보건복지부령으로 정하는 바에 따라 응급환자 등의 중증도를 분류하고 감염병 의심환자 등을 선별하여야 한다. – 제48조의2(수용능력 확인 등) – ① 응급환자 등을 이송하는 자(구급차등의 운전자와 제48조에 따라 구급차등에 동승하는 응급구조사, 의사 또는 간호사를 말한다)는 특별한 사유가 없는 한 보건복지부령으로 정하는 방법에 따라 이송하고자 하는 응급의료기관의 응급환자 수용 능력을 확인하고 응급환자의 상태와 이송 중 응급처치의 내용 등을 미리 통보하여야 한다. – ② 응급의료기관의 장은 제1항에 따른 응급환자 수용능력 확인을 요청받은 경우 정당한 사유 없이 응급의료를 거부 또는 기피할 수 없으며 응급환자를 수용할 수 없는 경우에는 제2조제7호의 응급의료기관등에 지체 없이 관련 내용을 통보하여야 한다. – 제55조(응급의료종사자의 면허 · 자격 정지 등) – ③ 보건복지부장관, 시 · 도지사 또는 시장 · 군수 · 구청장은 의료기관이나 이송업자 또는 구급차등을 운용하는 자가 다음 각 호의 어느 하나에 해당하는 경우에는 의료기관 등의 개설 또는 영업에 관한 허가를 취소(신고대상인 경우에는 폐쇄를 말한다. 이하 제4항에서 같다)하거나 6개월 이내의 기간을 정하여 그 업무의 정지를 명할 수 있다. – 6. 그 밖에 이 법 또는 이 법에 따른 명령을 위반한 경우 – ⑤ 제1항과 제3항에 따른 행정처분의 세부 사항은 보건복지부령으로 정한다. – 제57조(과징금) – ① 보건복지부장관, 시 · 도지사 또는 시장 · 군수 · 구청장은 의료기관이나 이송업자 또는 구급차등을 운용하는 자가 제55조제3항 각 호의 어느 하나에 해당하는 경우로서 그 업무의 정지가 국민보건의료에 커다란 위해를 가져올 우려가 있다고 인정되는 경우에는 업무정지처분을 갈음하여 3억원 이하의 과징금을 부과할 수 있다. 이 경우 과징금의 부과 횟수는 세 번을 초과할 수 없다. – ② 제1항에 따라 과징금을 부과하는 위반행위의 종류, 위반 정도에 따른 과징금의 금액과 그 밖에 필요한 사항은 대통령령으로 정한다. – ③ 제1항에 따른 과징금을 내야 할 자가 납부기한까지 이를 내지 아니하면 보건복지부장관은 국세 체납처분의 예에 따라 징수하고, 시 · 도지사 및 시장 · 군수 · 구청장은 「지방행정제재 · 부과금의 징수 등에 관한 법률」에 따라 징수한다. – 시행령 별표1의2 과징금 산정기준 – 시행규칙 별표 18 행정처분의 기준

시정명령서

[조치할 사항]

○ 원고는 응급의료법 위반사항(응급환자 중증도 분류 미실시, 구급대의 수용 능력 확인에 대한 정당한 사유 없는 거부)을 시정하시기 바랍니다.

〈조치계획 필수 포함사항〉

1. 동 사건에 대한 병원장 주재 사례검토회의 통한 문제점 · 원인 분석, 책임자에 대한 재발방지 교육 등 적절한 소지
2. 응급실 환자 대상으로 병원 내 시설 및 인력자원(① 응급실 의료진의 협진 요청시 각 진료과의 협조 활성화 방안, ② 응급실 의료진의 요청 시 원내 중환자실, 입원실 배정 신속화 방안 포함)을 우선 배분할 방안을 포함한 재발방지대책 마련 · 제출
3. 병원 내 전체 종사자(병원장 포함)에 대하여 1, 2 결과를 교육
4. 24시간 응급실 근무 전문의의 중증응급환자 직접 진료, 중증도 분류 관리 · 감독 책임 강화 방안 수립
5. 구급대의 전화상 수용 능력 확인 요청에 대한 응급환자 수용 프로토콜(수용거부 결정의 양적 기준* 및 절차**) 수립 · 제출(병원장 및 병원 내 모든 진료과장 준수 서약서 포함)

   * 병상 포화도, 중증도를 고려한 환자 수 대비 의사 수 등

   ** 구급대 전화 접수→보고→최종 결정 등 절차별 주체
6. 구급대 또는 구급상황관리센트(G 한정)의 전화 수용 의뢰 – 의료진 응답 대장을 전수 기록 · 관리(주 1회 소방본부와 대장 대조 확인하여 공동 확인 의무) 및 주기적 환류(병원 내 전체회의 월 1회, 지자체–소방본부–의료기관 합동 환류 회의 월 1회 개최)
7. 모든 응급환자는 환자 분류소에 우선 진입시켜 중증도 분류 실시(시정명령 이행기간 동안의 응급실 입구 CCTV 기록 증빙자료 이행 기간 만기에 제출)
8. 정신건강의학과 365일 응급실 진료 협조체계 구축(병원장 및 정신건강의학과 전문의 본인 서약 포함)

○ 상기 시정명령에 대한 조치계획은 시정명령처분(본처분)을 받은 날로부터 10일 이내에 제출하고, 시정 결과는 2023년 11월 17일까지 제출 바랍니다.

○ 시정명령 이행기간 동안 응급의료법 제16조 제1항, 제17조 제4항에 따른 재정지원은 중단합니다.

– 시정명령을 충실히 이행하지 않을 경우 응급의료법 제35조 제1항에 따라 지역응급의료센터 지정을 취소(G광역시) 할 것임을 알려드립니다.

[인정근거] 다툼 없는 사실, 갑 제1, 2, 9호증, 을 제2 내지 12호증의 각 기재(가지번호 있는 것은 가지번호 포함, 이하 같다), 변론 전체의 취지

2. 관련 법령

별지 관련 법령 기재와 같다.

3. 이 사건 처분의 위법 여부

가. 원고 주장의 요지

1) 처분사유의 부존재

가) 중증도 분류 미실시 관련

구급대가 이 사건 병원에 1차 수용문의를 하였을 때, 이 사건 병원 의료진은 이 사건 응급환자를 대면하여 병력 청취 및 증상 등에 대한 문진과 수상부위 확인 등 시진 등을 시행한 후, 이 사건 응급환자의 외상 중증도가 높지 않고 정신의학적 중증도가 높다고 보고, 정신과 치료가 가능한 다른 의료기관에서의 진료가 더 적절하다고 판단하여 이송을 제안한 것이다. 따라서 이 사건 병원 의료진이 응급의료법에 따른 중증도 분류를 시행하지 않았음 이유로 한 이 사건 처분은 그 처분사유가 인정되지 않는다.

나) 정당한 사유의 존부 관련

구급대는 이 사건 병원에 2차 수용문의를 하면서 이 사건 응급환자의 생체징후 저하, 의식상태 변화 등 외상으로 인한 상태 변화 등에 대한 정보는 전혀 제공하지 않은 상태에서, 단지 이 사건 응급환자가 정신과 진료는 나중에 받을테니 외상 진료만 받을 수 있는지를 문의하였다. 이에 이 사건 병원 의료진은 이 사건 응급환자의 상태가 이전 진료와 달라진 것이 없다고 생각하고, 정신과 진료가 불가능한 이 사건 병원의 상황을 고려할 때 정신의학적 중증도가 높은 이 사건 응급환자의 수용이 어려우므로 2차 수용거절을 한 것이다. 따라서 이 사건 병원 의료진이 2차 수용문의에 대하여 정신과 진료 불가능을 이유로 수용이 어렵다고 거절한 것은 구급대의 불충분한 정보 전달로 인한 것으로, 응급의료법 제15조 제1항의 정당한 사유가 존재한다고 할 것이어서 위법하다고 할 수 없다.

2) 이 사건 시정명령 및 보조금 중단처분의 위법성

이 사건 시정명령 및 이에 근거한 보조금 중단처분은 아래와 같은 사유가 있어 위법하다.

가) 행정법규에 따른 시정명령은 시정명령을 내릴 때까지 법 위반행위로 인한 결과가 계속되고 있을 때에만 내릴 수 있는 것인데, 이 사건 각 위반행위는 1회성 행위에 불과하고, 그 결과가 이 사건 처분시까지 계속되고 있지 않으므로, 시정명령을 내릴 수 있는 경우에 해당하지 않는다.

나) 이 사건 시정명령은 이 사건 병원에 대하여 24시간 응급실 근무 전문의의 중증응급환자 직접 진료 의무, 수용문의에 대한 의료진 응답 대장 구비 등 등 응급의료법에 규정되어 있지 않은 의무를 시정조치계획에 필수적으로 포함시키도록 하고 있는바, 이는 응급의료법에 따라 시정을 명할 수 있는 범위를 벗어나 법적 근거가 결여된 위법한 시정명령이다.

3) 이 사건 과징금 부과처분의 위법성

응급의료법 시행규칙상 중증도 분류 의무 위반이나 수용문의에 대한 수용거부에 대하여 응급의료기관의 업무를 정지하거나 과징금을 부과하기 위한 법적 근거가 없음에도, 피고는 법적 근거 없이 이 사건 각 위반행위에 대하여 '응급의료법 제32조 제1항을 위반하여 비상진료체계를 갖추지 아니한 경우'를 준용하여 이 사건 과징금 부과처분을 하였다.

4) 재량권의 일탈 · 남용

이 사건 사고의 경위, 이 사건 처분으로 인하여 비영리기관인 이 사건 병원에 재정적으로 심각한 위기가 발생하게 되는 점 등을 종합적으로 고려할 때 이 사건 처분은 비례원칙 등에 반하여 재량권을 일탈 · 남용한 위법한 처분이다.

나. 판단

1) 처분사유 인정 여부

가) 중증도 분류 미실시 관련

(1) 인정사실

앞서 든 증거 및 이 법원의 대한응급의학회이사장에 대한 사실조회 결과, 변론 전체의 취지에 의하면 다음과 같은 사실이 인정된다.

(가) 응급의료법은 응급의료기관의 장 등은 응급환자 등에 대한 신속하고 적절한 이

송 · 진료와 응급실의 감염예방을 위하여 보건복지부령으로 정하는 바에 따라 응급환자 등의 중증도를 분류하고 감염병 의심 환자 등을 선별하여야 한다고 정하고 있고(제31조의4 제1항), 위 법의 위임을 받은 같은 법 시행규칙에서는 응급의료기관의 장은 응급실의 입구에 환자분류소를 설치하여 의사, 간호사 또는 1급 응급구조사가 응급환자 등의 중증도를 분류하도록 하여야 하며, 이때 환자의 주요증상, 활력징후(호흡, 맥박, 혈압, 체온), 의식 수준, 손상 기전, 통증 정도 등을 고려하여야 한다(제18조의3 제1항, 제5항)고 정하고 있다.

(나) 구급대가 이 사건 사고 현장에 도착하였을 때, 이 사건 응급환자는 사고원인을 기억하지 못하면서 넘어졌다고 진술하였고, 의식소실이 있었던 것으로 보이기는 하나, 구급대원이 외상평가한 바에 의하면 좌측 후두부 부종 및 우측 발목 부종이 확인되고, 별다른 특이사항은 없었으며, 대화가 가능하고 생체징후가 안정적이었다는 것으로, 구급대원은 당시 이 사건 응급환자가 중증외상환자에 해당한다고 판단하지는 않았다.

(다) 이 사건 병원 의료진(병원장 및 전문의 3인)은 이 사건 사고와 관련하여 다음과 같은 사실확인서를 작성하였다.

(라) 이 법원의 대한응급의학회이사장에 대한 사실조회 결과 중 이 사건과 관련된 요지는 다음과 같다.

1. 당일 근무한 전공의 3년차가 환자(의식명료), 구급대, 보호자와 면담하여 자살시도로 인한 추락으로 판단("그냥 뛰어내렸다"라고 환자가 진술), 환자 대화 가능한 상태이며 발목 통증 외 타 부위 통증 호소하지 않았으며, 119 구급대 측정 활력 징후 안정적이라고 인계받음. 추락 의심되는 건물 사진은 확인하였으나 명확한 높이 등은 알 수 없었음. 본원은 종합상황판에 폐쇄병동 부재로 정신과적 진료 필요환자는 수용 불가함을 고지하고 있으며, 해당환자는 자살 시도 의심 정신과적 응급환자로 판단, 신체적 상태보다 정신과적 응급치료가 더 우선으로 판단하여, 폐쇄병동 입원이 가능한 대학병원으로 이송할 것을 제시하였고, 보호자, 구급대가 모두 동의하여 이송함.

* 119 들것에서 내리지 않은 상태에서 1의 과정이 이루어짐

* 1의 상황에 소요된 시간은 5분 40초임(14:35:50~ 14:41:30)

2. 1의 과정에서 접수를 취소하고 정식 진료가 이루어지지 않은 환자이기에 중증도 분류를 시행하지 않았고, 접수 취소를 하기 위해서 KTAS 입력을 해야 하는 상황이었기에*, 환자 상황을 모르는 의사가 취소를 해야 하는 상황이었으며, 또한 이러한 경우는 중환이 아닌 경우가 대부분이었어서 KTAS 5를 입력하였음

*본원 기존 행정 편의상 관행

3. 1, 2의 상황 이후 구급대로부터 타 권역외상센터, 응급의료센터 등에서 수용이 되지 않으니 정신과 진료는 어렵더라도 외상진료는 수용할 수 없겠냐는 전화가 왔으나, 이미 왔던 환자로 정신과적 입원 어려워 수용할 수 없다고 응답(별도의 환자 상태 변화에 대해서는 구급대의 고지 없었음)

4. 평소 본원 정신과 의사 1명이 근무하며, 주말 응급실 배후진료는 이루어지지 않음

- 응급환자/응급의료의 특성을 고려할 때 초진 소견에 따라 직관적으로 환자 중증도 분류 평가가 필요할 수 있고, 가능하다. 다만 이후 재평가시 환자의 의학적 상태 변화에 따라 재분류시 결과의 변동이 발생할 수는 있다.

- 보건복지부장관이 고시하는 한국 응급환자 중증도 분류기준에 따르면 계획적인 자실시도 또는 뚜렷한 자실의도가 있는 경우 우울증/자살/자해의 경우는 2등급으로 분류되고, 하지손상(하지의 외상)은 5등급이나 혈역학적 장애나 고위험성 사고기전이 동반되며 2등급으로 분류될 수 있다. 이 사건 응급환자의 경우 개방성 골절이나 출혈은 확인되지 않은 하지 손상이었으며, 생체 징후는 안정적이었고 의식상태도 질의응답도 가능할 정도로 명료하였던 것으로 기록되어 있다.

- 문] 이 사건 병원은 2023. 3. 19. 당시 정신건강의학과 폐쇄병동이 없어 자살시도자 등 정신질환자의 입원이 되지 않았으며, 사건당일은 휴일(일요일)이라 정신건강의학과 전문의에 의한 즉각적인 자살 위기중재 등 정신의학적 치료도 시행하기 어려운 상황이었는바, 사정이 이러하다면 정신건강 우울증/자살/자해로 2등급이고 하지 손상으로 인한 중증도는 5등급인 환자에 대하여 외상 중증도는 높지 않고, 정신의학적 중증도가 높다고 보아 정신과적 응급진료가 가능한 다른 대학병원 등 의료기관에서의 진료를 권유하는 것이 부적절하다고 단정할 수 있는지요(오히려 의학적으로 적절하였다고 평가할 수 있는지요).

답] 의료인(의사)이 응급환자에 대하여 의학적 근거에 의해 응급환자 해당성 여부를 판단하고 중증도 평가 후 정신건강 우울증/자살/자해인 2등급과 하지 손상으로 인한 5등 급의 중증도 분류 결과에 따라 해당 응급환자에게 우선적으로 제공되어야 하는 응급의 료를 해당 의료기관의 능력으로는 응급환자에 대하여 적절한 응급의료를 할 수 없다고 판단한 경우에 이송(전원) 또는 정신과적 응급진료가 가능한 다른 대학병원 등 의료기관 에서의 진료를 권유하는 것은 부적절하다고 단정할 수 없습니다.

- 문] 이 사건에서 원고 병원 응급의학과 의사는 2023. 3. 19. 14:34경 이 사건 응급환자가 내원하자, 바로 환자를 대면하여 병력청취 및 증상 등에 대한 문진과 수상부위 확인 등의 시진 등을 시행한 후 이 사건 응급환자에 대하여 추락에 따른 외상응급도는 낮으나 자살시도자로서 정신과적 응급상황이 우선이라고 판단하였는데, 이는 중증도 분류를 시행한 것이라 할 수 있지요.

  답] 네 그렇습니다. 환자에 대하여 평가 후 중증도 분류를 시행한 것으로 볼 수 있겠습니다.

(2) 구체적인 판단

앞서 인정한 사실에 앞서 든 증거들 및 변론 전체의 취지에 의하여 인정되는 다음과 같은 사정들을 종합하면, 이 사건 병원 의료진이 1차 수용문의 당시 응급의료법 제31조의4 제1항에서 정한 중증도 분류를 실시하였다고 인정하기 어렵고, 달리 이를 인정할 증거가 없다. 따라서 원고의 이 부분 주장은 이유 없다.

① 응급의료법은 '응급의료종사자'에 관하여 관계 법령에서 정하는 바에 따라 취득한 면허 또는 자격의 범위에서 응급환자에 대한 응급의료를 제공하는 의료인과 응급구조사를 말한다고 정의하고(제2조 제4호), 의료법 제27조의 무면허 의료행위 금지 규정에도 불구하고 응급구조사가 일정한 경우 응급처치의 업무에 종사할 수 있다고 규정하면서도(제41조 제1항), 원칙적으로 응급구조사는 의사로부터 구체적인 지시를 받지 아니하고는 위 제41조에 따른 응급처치를 하여서는 아니된다(제42조)고 규정하고 있다. 이러한 규정 내용을 종합하면 상담, 응급처치 및 진료 등과 같은 응급의료를 제공하는 핵심적인 주체는 어디까지나 의사와 같은 의료인이라고 봄이 상당하고, 특히 응급구조에 의하여 병원 응급실로 환자가 이송되어 온 상태라면 의료인은 응급구조사가 전해준 정보에 의존할 것이 아니라, 직접 환자를 대면하여 중증도 여부를 판단한 후, 이에 따라 필요한 응급처치 및 진료 등을 시행하여야 한다.

② 원고는 '이 사건 병원 의료진이 환자 도착 당시 첫인상 위험도 평가로 기도, 호흡, 혈역학적 상태, 신경학적 장애 평가를 수초 만에 마치고, 호소 증상에 대한 주관적, 객관적 평가를 하였다'라고 주장하나, 이 사건 병원 의료진은 1차 수용문의 당시, 이 사건 응급환자를 들것에서 내리지 않은 상태로 5분 남짓 대면하면서, 구급대원과 이 사건 응급환자, 보호자로부터 사고경위를 전해 듣고, 구급대가 측정한 활력징후가 안정적이라는 정보만 전해들은 후, '자살시도로 의심되어 정신과적 응급치료가 우선으로 보이는데 이 사건 병원에서는 정신과적 진료는 불가하다'고 수용거절을 하였을 뿐, 이 사건 병원 의료진이 직접 이 사건 응급환자의 활력징후를 측정하거나, 외상 등이 있는지 주의 깊게 살펴보았다고 인정할만한 자료가 없다(이 사건 병원의 CCTV 자료에 의하면, 이 사건 병원 의료진이 14:37경 이 사건 응급환자를 대면하여 환자 좌측부 어깨 옆에 서서 오른쪽 고개를 환자 안면쪽으로 대고 약 30초 이상 환자 얘기를 듣는 듯한 모습을 보이고, 이 사건 응급환자는

14:41경 들것에 실려 그대로 응급실 밖으로 실려나간 것으로 보인다는 것이다). 즉, 이 사건 응급환자가 구급대에 발견되었을 당시 좌측 후두부 부종 등이 있었고 의식소실이 있었던 것으로 보임에도, 이 사건 병원 의료진은 이러한 점을 제대로 살피고 전문적인 지식에 의한 진단 등에 의하여 중증도 분류를 실시하고 응급진료가 필요한 상황인지 여부를 판단한 것이 아니라, 만연히 구급대가 전달한 이 사건 응급환자의 상태와 사고 경위만을 기초로 응급환자인지 여부 내지 진료과목을 결정한 다음, 외상이 심각하지 않으니 정신과적 진료가 가능한 다른 병원으로 이송하라고 하면서 이 사건 병원에 수용을 거절한 것으로 보인다.

③ 또한 응급의료법 시행규칙 제18조의3에 따른 한국 응급환자 중증도 분류기준(보건복지부 고시 제2015-243호)에서는 응급의료 책임자는 중증도 분류 결과를 중증도 분류 대장에 기록하여야 한다(제8조)고 정하고 있음에도, 이 사건 병원 의료진은 이 사건 응급환자에 대하여 이러한 경우 중증이 아닌 경우가 대부분이고 행정편의상 관행이라는 이유로 환자를 대면하지 않은 의료진이 중증도 등급을 가장 낮은 5등급으로 입력한 후 접수를 취소하였을 뿐이다.

④ 원고는 '한국 응급환자 중증도 분류기준에 따르면 15세 이상 사람의 경우 하지의 외상으로 나타난 정형외과 하지 손상은 중증도가 5등급이고, 계획적인 자살시도로 나타난 정신건강 우울증/자살/자해는 중증도가 2등급으로 분류되므로, 이 사건 응급환자가 정신의학적 중증도가 더 높다고 판단하여 정신과적 치료가 가능한 다른 의료기관으로 이송하라고 한 것이다'라고 주장하나, 이 사건 응급환자가 계획적인 자살시도를 하였다고 단정할만한 증거가 있는 것이 아니었던 데다가, 이 사건 응급환자에게 나타난 외상이 중증도 5등급의 정형외과 하지 손상뿐이었다는 것은 이 사건 병원 의료진이 제대로 된 중증도 분류를 하지 않은 결과였을 것으로 보인다. 이 사건 응급환자를 15:40경 대면진료한 B병원 의료진은 이 사건 응급환자에게 안구편위(eyeball deviation), 좌측 후두부 부종 등이 확인되어 뇌출혈이 의심된다고 판단하였고, 이후 이 사건 응급환자를 S병원으로 이송하는 도중 16:32경 심정지가 발생하여 사망에 이르렀는바, 이 사건 병원 의료진이 이 사건 응급환자를 대면한지 불과 1~2시간만에 위와 같은 상황이 발생하였음에 비추어 보더라도, 1차 수용문의 당시 이 사건 응급환자의 외상이 중증도 5등급의 정형외과 하지 손상뿐이었다고 보기 어렵다.

⑤ 이 사건 병원 의료진이 이 사건 사고와 관련한 피고의 조사 과정에서 작성한 사실확인서에 의하더라도 '환자 대화 가능하며 발목 통증외 타 부위 통증 호소하지 않았으며 119 구급대 측정 활력 징후가 안정적이라고 인계받음. 해당 환자는 자살시도 의심 정신과적 응급 환자로 판단. 접수를 취소하고 정식 진료가 이루어지지 않은 환자이기에 중증도 분류를 시행하지 않았고, 이러한 경우는 중환이 아닌 경우가 대부분이었어서 KTAS 5를 입력하였음'이라는 취지인바, 이에 의하더라도 이 사건 병원 의료진이 직접 이 사건 환자에 대한 중증도 분류를 실시하시 않고, 구급대원으로부터 인계받은 활력징후와 사고 경위 등만을 종합하여 중증환자가 아닌 것으로 판단하였던 것으로 보일 뿐이다.

⑥ 한편, 이 법원의 대한응급의학회이사장에 대한 사실조회 결과에 의하면, '이 사건 병원이 1차 수용문의 당시 중증도 분류를 시행한 것으로 볼 수 있다'고 답변한 사실이 인정되기는 하나, 이는 어디까지나 원고가 전제한 사실관계, 즉 '이 사건 병원 의료진이 이 사건 응급환자가 내원하자, 바로 환자를 대면하여 병력청취 및 증상 등에 대한 문진과 수상부위 확인 등의 시진 등을 시행하였음'을 전제로 한 것으로, 앞서 본 바와 같이 이 사건 병원 의료진이 직접 수상부위를 확인하는 등 중증도 분류를 위한 진료행위를 하였음을 인정할 자료가 없는 이상, 위 사실조회 결과만으로 이 사건 병원 의료진이 중증도 분류를 하였다고 보기는 어렵다.

나) 정당한 사유의 존부 관련

응급의료법은 의료인은 해당 의료기관의 능력으로는 응급환자에 대하여 적절한 응급의료를 할 수 없다고 판단한 경우에는 지체 없이 그 환자를 적절한 응급의료가 가능한 다른 의료기관으로 이송하여야 한다(제11조 제1항)고 정하고 있는 한편, 응급의료기관의 장은 응급환자 수용능력 확인을 요청받은 경우 정당한 사유 없이 응급의료를 거부 또는 기피할 수 없고 응급환자를 수용할 수 없는 경우에는 제2조제7호의 응급의료기관 등에 지체 없이 관련 내용을 통보하여야 한다(제48조의2 제2항)고 정하고 있다.

이 사건 병원 의료진이 이 사건 응급환자에 대한 2차 수용문의를 받은 후 이 사건 병원에서는 정신과 진료가 불가능함을 이유로 2차 수용거절을 한 사실은 앞서 본 바 같고, 앞서 든 증거 및 변론 전체의 취지에 의하여 인정되는 다음과 같은 사정을 종합하여 보면, 이 사건 병원이 위와 같이 이 사건 응급환자에 대하여 2차 수용거절을 한 데에 정당한 사유가 존재한다고 볼 수 없다. 따라서 원고의 이 부분 주장도 받아들이지 않는다.

① 응급의료종사자가 응급의료를 거부할 수 있는 '정당한 사유'에는 의사가 응급환자에게 필요한 타 전문과목 영역 또는 고난이도의 진료를 수행할 전문지식 또는 경험이 부족한 경우, 응급환자에게 적절한 응급치료를 할 의사가 부재중이거나 신병으로 인하여 진료를 행할 수 없는 상황인 경우 등이 포함될 수 있으나, 이는 어디까지나 응급의료종사자가 응급환자에 대한 기초 진료를 통해 제대로 중증도 분류를 시행하였음을 전제로 한다고 보아야 한다.

② 그런데 앞서 본 바와 같이 이 사건 병원 의료진은 1차 수용문의를 받았을 당시 구급대가 전달한 정보 등만을 기초로 만연히 이 사건 응급환자의 외상이 심각하지 않고 자살시도로 추측되므로 정신의학적 중증도가 높다고 판단한 후, 이 사건 병원은 정신과 치료가 불가능하므로 수용할 수 없다고 1차 수용거절을 하였고, 2차 수용문의를 받았을 때에도 마찬가지로 정신과 치료가 불가능하므로 수용할 수 없다는 이유로 2차 수용거절을 하였던 것인바, 이 사건 응급환자에 대하여 이 사건 병원 의료진에 의한 제대로 된 중증도 분류가 시행되었었다고 볼 수 없는 이상, 정신과 치료가 불가능하다는 사유는 이 사건 응급환자에 대한 응급의료를 거부할 수 있는 정당한 사유로 인정될 수 없다.

③ 더욱이 구급대가 2차 수용문의를 하면서 '정신과 쪽으로는 보호자분이 내일이라도 가시겠다고 하고, 일단 외상쪽으로만 보더라도 지금 봐달라고 한다. 지금 다른 병원들 다 전화해봐도 수용 여력상 수용이 불가능한 상황이라 이 사건 병원에서 진료가 가능한가'라고 문의하였음에도, 이 사건 병원 의료진은 여전히 '저희는 응급실에서 정신과 진료가 안된다. 이 사건 응급환자가 자살시도 가능성이 높고, 이런 환자를 입원시키면 컨트롤이 안된다. 이전에도 병원에서 뛰어내린 사람이 있어 입원을 안시켜준다.' 고 하면서 거절하였을 뿐이다. 구급대가 이 사건 병원 의료진에 2차 수용문의를 하면서 이 사건 응급환자의 외상으로 인한 상태 변화 등에 관한 정보를 전달한 사실은 없다고 하더라도, 환자의 보호자도 외상에 대한 치료를 먼저 받을 것을 원하고 있는 상황이었고 다른 병원에서 정신과적 치료는 물론 외상에 대한 응급치료가 수용 능력의 한계 등으로 불가능한 상황이었으며 구급대가 이러한 정보를 전달하였음에도, 원고가 재차 정신과 치료가 불가능하다는 이유만으로 2) 이 사건 응급환자에 대한 응급치료를 거부하는 것은 정당화되기 어렵다.

2) 한편, 이 사건 병원은 1차 수용문의 및 2차 수용문의 당시 응급환자를 수용할 응급실 가용병상이 없었던 것으로 보이기는 하나, 이 사건 병원 의료진은 이러한 사정을 이유로 수용을 거절한 것이 아니라, 단지 정신과 치료가 불가능하다는 이유로 수용을 거부하였을 뿐이다.

2) 이 사건 시정명령 및 보조금 중단처분의 위법 여부

가) 응급의료법 제35조는 응급의료기관 등이 이 법에 따른 업무를 수행하지 아니한 경우 등에는 보건복지부장관, 시 · 도지사 등 해당 지정권자가 그 지정을 취소할 수 있고(제1항), 일정한 기간을 정하여 위반한 사항을 시정하도록 명하여야 하며(제2항), 시정명령을 한 경우 명령의 성실한 이행을 위하여 명령이 이행될 때까지 재정지원의 전부 또는 일부를 중단할 수 있다(제3항)고 정하고 있다. 이 사건 병원은 앞서 본 바와 같이 이 사건 응급환자에 대하여 응급의료법에서 정한 중증도 분류를 시행하지 않고, 정당한 사유 없이 수용을 거부함으로써 응급의료법을 위반하였음이 인정되므로, 피고는 원고에 대하여 응급의료법에 따른 업무를 수행하지 않았음을 이유로 응급의료법 제35조에 근거하여 시정명령을 할 수 있다.

나) 한편, 피고가 이 사건 시정명령에서 시정을 명한 내용(① 병원장 주재 사례검토회의, ② 응급실 환자 대상 병원 내 시설 및 인력자원 우선 배분 방안 등 재발방지대책 마련 · 제출, ③ 병원 내 전체 종사자에 대하여 위 결과를 교육, ④ 24시간 응급실 근무 전문의의 중증응급환자 직접 진료 등 방안 수립, ⑤ 구급대의 전화 수용 능력 확인 요청에 대한 응급환자 수용 프로토콜 수립 및 제출, ⑥ 구급대의 전화 수용 의뢰 및 의료진 응답 대장을 전수기록 · 관리, ⑦ 응급환자는 환자 분류소에 우선 진입시켜 중증도 분류 실시, ⑧ 정신건강의학과 365일 응급실 진료 협조체계 구축)은 결국 이 사건 각 위반행위, 즉, 응급환자에 대한 중증도 분류 미실시 및 정당한 사유 없는 수용 거부 행위를 시정하기 위한 구체적인 방안에 관한 것이라 할 것이고, 응급의료법 등에서 시정명령의 내용 및 범위 등에 대하여 특별히 제한을 두고 있지 않은바, 피고는 응급의료법 등 관련 법령에 위배되지 않는 범위에서 이 사건 각 위반행위의 시정을 위한 구체적인 방안을 정하여 시정명령을 할 재량이 있다고 봄이 타당하며, 이 사건 시정명령에서 시정을 명한 사항이 응급의료법 등 관련 법령에 위배된다고 볼만한 근거도 없다. 따라서 이 사건 시정명령이 응급의료법에 따라 시정을 명할 수 있는 범위를 벗어나 위법하다고 볼 수도 없다.

다) 또한 위반행위로 인한 결과가 그 당시까지 계속되고 있는지를 확인하여 비록 법 위반행위가 있었더라도 위반행위의 결과가 더 이상 존재하지 아니한다면, 그 결과의 시정을 명하는 내용의 시정명령을 할 수 없다고 하더라도(대법원 2002. 11. 26. 선고 2001두3099 판결 참고), 원고가 이 사건 시정명령에서 시정을 명한 사항에 대하여 이미 이행을 완료하여 시정되었다고 볼만한 아무런 자료가 없는 이상, 이 사건에서 문제된 행위의 결과가 이 사건 처분시

까지 계속되고 있지 않아 시정명령을 내릴 수 있는 경우에 해당하지 않는다고 볼 수 없다.

라) 따라서 이 사건 시정명령 및 이에 기초한 보조금 중단처분이 위법하다는 원고의 주장도 모두 이유 없다.

3) 이 사건 과징금 부과처분의 위법 여부

가) 응급의료법은 의료기관 등이 이 법 또는 이 법에 따른 명령을 위반한 경우 등에는 의료기관 등의 개설 또는 영업에 관한 허가를 취소하거나 6개월 이내의 기간을 정하여 그 업무정지를 명할 수 있다(제55조 제3항 제6호)고 정하면서, 그 업무의 정지가 국민보건의료에 커다란 위해를 가져올 우려가 있다고 인정되는 경우에는 업무정지처분에 갈음하여 3억 원 이하의 과징금을 부과할 수 있다(제57조 제1항)고 정하고 있다.

이 사건 각 위반행위는 응급의료법 위반행위로서 각 제55조 제3항 제6호의 업무정지 사유에 해당한다고 할 것이고, 피고는 이에 대하여 업무정지에 갈음하여 과징금을 부과할 수 있으므로, 이 사건 과징금 부과를 위한 법적 근거가 없다는 원고의 주장은 이유 없다.

나) 한편 피고는 이 사건 각 위반행위(중증도 분류 미실시, 정당한 사유 없는 수용 거부)에 대하여 응급의료법 시행규칙 [별표 18] 2. 개별기준 '사. 응급의료기관이 제32조 제1항을 위반하여 비상진료체계를 갖추지 아니한 경우'를 준용하여, 총 22일의 업무정지 사유에 해당함 3)을 전제로, 영업정지 1일당 1,670,000원의 과징금으로 환산하여 합계 36,740,000원4)의 과징금을 부과하였다. 그런데 앞서 본 바와 같이 피고는 중증도 분류 미실시 및 정당한 사유 없는 수용 거부 행위에 대하여 응급의료법에 따라 업무정지 또는 이에 갈음한 과징금을 명할 수 있음에도 응급의료법령에서 위 각 위반행위에 대한 구체적인 처분기준을 정하고 있지는 않은 점, 이에 피고는 '응급의료기관이 제32조 제1항을 위반하여 비상진료체계를 갖추지 아니한 경우'를 준용하여 이 사건 처분의 내용을 정한 것인데, 피고가 이 사건 각 위반행위에 대하여 위 기준을 준용하여 처분을 한 것이 원고에게 특별히 불리하다거나 위법하다고 볼만

3) 응급의료법 시행규칙 [별표 18] 2. 개별기준에 의하면, 응급의료기관이 제32조 제1항을 위반하여 비상진료체계를 갖추지 아니한 경우 업무정지 15일의 처분에 해당하고, 위 [별표18]에서 2 이상의 위반행위가 2 이상의 업무정지에 해당하는 때에는 중한 처분기준에 나머지 각각의 처분기준의 2분의 1을 더하여 처분한다고 정하고 있는데(1. 일반기준 가.), 원고에게 2 이상의 업무정지 사유(중증도 분류 미실시, 정당한 사유 없는 수용 거부 행위)가 있으므로, 처분기준(15일)의 2분의 1을 더하여 22일의 업무정지[= 15일 + 15 × 1/2일(소수점 이하 버림)]에 해당한다고 판단하였다.

4) = 1,670,000원 × 22일

한 사정도 없는 점,5) 응급의료법 시행규칙 [별표18]의 처분기준은 행정기관 내부의 사무처리준칙을 규정한 것에 불과한 것으로서 대외적으로 국민이나 법원을 기속하는 것은 아니고 해당 처분의 적법 여부는 위 처분기준만이 아니라 관계 법령의 규정 내용과 취지에 따라 판단되어야 하는 점 등을 종합하여 볼 때, 응급의료법 시행규칙에서 이 사건 각 위반행위에 대한 처분기준을 정하고 있지 않음에도 피고가 다른 기준을 준용하여 이 사건 과징금을 정하였다는 이유만으로 이 사건 과징금 부과처분이 법적 근거가 없어 위법하다고 볼 수 없다.

4) 재량권의 일탈 · 남용 여부

가) 원고는 이 사건 각 위반행위는 그 대상건수가 1건에 불과한 점, 위반행위의 경위를 보더라도 이 사건 병원 의료진이 중증도 분류를 적절하게 시행하였다고 볼 여지가 있고 2차 수용거절은 구급대 측이 이 사건 병원에 추가적으로 필요한 정보를 전달하지 않은 데 기인한 점, 이 사건 병원은 비영리 의료기관으로 이 사건 병원에 대한 재정지원이 축소되면 지역사회에 심각한 악영향을 미칠 것으로 예상되는 점 등을 종합하면, 이 사건 처분6)이 재량권을 일탈 · 남용하였다고 주장한다.

나) 재량행위에 대한 사법심사는 행정청의 공익 판단에 관한 재량의 여지를 감안하여 원칙적으로 재량권의 일탈이나 남용이 있는지 여부만을 대상으로 하는데, 그 판단기준은 사실오인과 비례 · 평등의 원칙 위반 여부 등이 된다. 이러한 재량권 일탈 · 남용에 관하여는 그 행정행위의 효력을 다투는 사람이 주장 · 증명책임을 부담한다(대법원 2017. 10. 12. 선고 2017두48956 판결 등 참조).

살피건대, ① 이 사건 처분의 원인이 된 이 사건 사고는 1건에 불과하다고 하더라도 이 사건 병원은 2차례에 걸쳐 수용거절을 하였고 결국 이 사건 응급환자가 사망에 이르는 중대한 결과가 발생하였는바, 이와 같은 행위에 대한 비난 가능성이 큰 점, ② 이 사건 처분은 시정명령 이행기간 동안 응급의료법에 따른 재정 지원을 중단하고 업무정지를 갈음하여 과징금 부과를 명하는 것일 뿐, 이 사건 병원의 운영을 전면적으로 제한하는 것은 아니어서, 이 사건 처분으로 달성하려는 공익과 원고가 입게 될 불이익 사이에 현저한 불균형을

---

5) 원고도 이 사건 과징금 부과처분을 할 법적 근거가 없다고 다투고 있을 뿐, 피고가 준용한 업무정지 및 과징금부과 기준이 위법하다고 다투고 있는 것은 아니다.

6) 원고 소장 17쪽 등 기재에 의하면 이 사건 처분 중 보조금 중단 처분 및 과징금 부과처분에 대하여만 재량권 일탈 · 남용을 주장하고 있는 것으로 보인다.

초래한다고 보이지도 않는 점, ③ 원고는 '피고가 이 사건 병원과 동일하게 의료진 부재를 이유로 이 사건 응급환자의 수용을 거부한 다른 의료기관(B병원)에 대하여는 아무런 행정처분을 하지 않았으므로, 평등원칙에 반한다'는 취지로 주장하나, B병원은 이 사건 병원과 같이 지역응급의료센터 등 응급의료기관에 해당하지 않을 뿐 아니라, 위 병원의 의료진은 이 사건 응급환자가 B병원에 도착하였을 때 이 사건 응급환자에게 안구전위, 뇌출혈 의심 증상이 나타나는데 위 병원은 정형외과, 신경외과 진료는 가능하나 뇌질환에 대하여는 진료가 불가능하다는 이유로 다른 의료기관으로 이송할 것을 제안한 것으로 보이고, 이 사건 병원과 같이 중증도 분류 미실시 또는 정당한 사유 없는 수용 불가 행위 등을 하였다고 볼만한 사정도 없는 점 등을 종합하면, 원고가 제출한 자료만으로 이 사건 처분에 재량권 일탈 · 남용이 있다고 보기 어렵고, 달리 이를 인정할 증거가 없다. 따라서 원고의 이 부분 주장도 받아들일 수 없다.

다. 소결

따라서 이 사건 처분이 위법하다는 원고의 주장은 모두 이유 없다.

4. 결론

그렇다면 원고의 청구는 이유 없으므로 이를 기각하기로 하여, 주문과 같이 판결한다.

별지

관 련 법 령

■ 응급의료에 관한 법률

제1조(목적)

이 법은 국민들이 응급상황에서 신속하고 적절한 응급의료를 받을 수 있도록 응급의료에 관한 국민의 권리와 의무, 국가ㆍ지방자치단체의 책임, 응급의료제공자의 책임과 권리를 정하고 응급의료자원의 효율적 관리에 필요한 사항을 규정함으로써 응급환자의 생명과 건강을 보호하고 국민의료를 적정하게 함을 목적으로 한다.

제6조(응급의료의 거부금지 등)

① 응급의료기관등에서 근무하는 응급의료종사자는 응급환자를 항상 진료할 수 있도록 응급의료 업무에 성실히 종사하여야 한다.

② 응급의료종사자는 업무 중에 응급의료를 요청받거나 응급환자를 발견하면 즉시 응급의료를 하여야 하며 정당한 사유 없이 이를 거부하거나 기피하지 못한다.

제7조(응급환자가 아닌 사람에 대한 조치)

① 의료인은 응급환자가 아닌 사람을 응급실이 아닌 의료시설에 진료를 의뢰하거나 다른 의료기관에 이송할 수 있다.

② 진료의뢰ㆍ환자이송의 기준 및 절차 등에 관하여 필요한 사항은 대통령령으로 정한다.

제8조(응급환자에 대한 우선 응급의료 등)

① 응급의료종사자는 응급환자에 대하여는 다른 환자보다 우선하여 상담ㆍ구조 및 응급처치를 하고 진료를 위하여 필요한 최선의 조치를 하여야 한다.

② 응급의료종사자는 응급환자가 2명 이상이면 의학적 판단에 따라 더 위급한 환자부터 응급의료를 실시하여야 한다.

제16조(재정 지원)

① 국가 및 지방자치단체는 예산의 범위에서 응급의료기관등 및 응급의료시설에 대하여 필요한 재정 지원을 할 수 있다.

제17조(응급의료기관등에 대한 평가)

④ 보건복지부장관은 제1항에 따른 응급의료기관등에 대한 평가 결과에 따라 응급의료기관등에 대하여 행정적·재정적 지원을 할 수 있다.

제30조(지역응급의료센터의 지정)

① 시·도지사는 응급의료에 관한 다음 각 호의 업무를 수행하게 하기 위하여 「의료법」 제3조의3에 따른 종합병원(이하 "종합병원"이라 한다) 중에서 지역응급의료센터를 지정할 수 있다.

1. 응급환자의 진료
2. 제11조에 따라 응급환자에 대하여 적절한 응급의료를 할 수 없다고 판단한 경우 신속한 이송

② 지역응급의료센터의 지정 기준·방법·절차와 업무 등에 필요한 사항은 시·도의 응급의료 수요와 공급 등을 고려하여 보건복지부령으로 정한다.

제32조(비상진료체계)

① 응급의료기관은 공휴일과 야간에 당직응급의료종사자를 두고 응급환자를 언제든지 진료할 준비체계(이하 "비상진료체계"라 한다)를 갖추어야 한다.

② 응급의료기관의 장으로부터 비상진료체계의 유지를 위한 근무명령을 받은 응급의료종사자는 이를 성실히 이행하여야 한다.

③ 응급의료기관의 장은 제1항에 따른 당직응급의료종사자로서 제31조의2에 따른 인력기준을 유지하는 것과는 별도로 보건복지부령으로 정하는 바에 따라 당직전문의 또는 당직전문의를 갈음할 수 있는 당직의사(이하 "당직전문의등"이라 한다)를 두어야 한다.

④ 응급의료기관의 장은 제31조의2에 따라 응급실에 근무하는 의사가 요청하는 경우 다음 각 호의 어느 하나에 해당하는 자가 응급환자를 직접 진료하게 하여야 한다.

1. 당직전문의등
2. 해당 응급환자의 진료에 적합한 자로서 보건복지부령에 따라 당직전문의등과 동등한 자격을 갖춘 것으로 인정되는 자

⑤ 비상진료체계에 관하여 필요한 사항은 보건복지부령으로 정한다.

제35조(응급의료기관의 지정 취소 등)

① 응급의료기관 및 권역외상센터, 지역외상센터가 다음 각 호의 어느 하나에 해당하는 경우에는

보건복지부장관 시·도지사 또는 시장·군수·구청장 중 해당 지정권자가 그 지정을 취소할 수 있다.

2. 이 법에 따른 업무를 수행하지 아니한 경우

② 보건복지부장관, 시·도지사 또는 시장·군수·구청장은 응급의료기관 및 권역외상센터, 지역외상센터가 제1항 각 호의 어느 하나에 해당하는 경우에는 일정한 기간을 정하여 위반한 사항을 시정하도록 명하여야 한다.

③ 보건복지부장관, 시·도지사 또는 시장·군수·구청장은 제2항의 시정명령을 한 경우 명령의 성실한 이행을 위하여 명령이 이행될 때까지 제16조제1항, 제17조제4항 및 제30조의4에 따른 재정 지원의 전부 또는 일부를 중단할 수 있다.

제41조(응급구조사의 업무)

① 응급구조사는 응급환자가 발생한 현장에서 응급환자에 대하여 상담·구조 및 이송 업무를 수행하며, 「의료법」 제27조의 무면허 의료행위 금지 규정에도 불구하고 보건복지부령으로 정하는 범위에서 현장에 있거나 이송 중이거나 의료기관 안에 있을 때에는 응급처치의 업무에 종사할 수 있다.

제42조(업무의 제한)

응급구조사는 의사로부터 구체적인 지시를 받지 아니하고는 제41조에 따른 응급처치를 하여서는 아니 된다. 다만, 보건복지부령으로 정하는 응급처치를 하는 경우와 급박한 상황에서 통신의 불능 등으로 의사의 지시를 받을 수 없는 경우에는 그러하지 아니하다.

제48조의2(수용능력 확인 등)

① 응급환자 등을 이송하는 자(구급차등의 운전자와 제48조에 따라 구급차등에 동승하는 응급구조사, 의사 또는 간호사를 말한다)는 특별한 사유가 없는 한 보건복지부령으로 정하는 방법에 따라 이송하고자 하는 응급의료기관의 응급환자 수용 능력을 확인하고 응급환자의 상태와 이송 중 응급처치의 내용 등을 미리 통보하여야 한다.

② 응급의료기관의 장은 응급환자를 수용할 수 없는 경우에는 그 소재지를 관할하는 응급의료지원센터를 통하여 구급차등의 운용자에게 지체 없이 통보하여야 한다.

제57조(과징금)

① 보건복지부장관, 시ㆍ도지사 또는 시장ㆍ군수ㆍ구청장은 의료기관이나 이송업자 또는 구급차 등을 운용하는 자가 제55조제3항 각 호의 어느 하나에 해당하는 경우로서 그 업무의 정지가 국민보건의료에 커다란 위해를 가져올 우려가 있다고 인정되는 경우에는 업무정지처분을 갈음하여 3억원 이하의 과징금을 부과할 수 있다. 이 경우 과징금의 부과 횟수는 세 번을 초과할 수 없다.

② 제1항에 따라 과징금을 부과하는 위반행위의 종류, 위반 정도에 따른 과징금의 금액과 그 밖에 필요한 사항은 대통령령으로 정한다.

③ 제1항에 따른 과징금을 내야 할 자가 납부기한까지 이를 내지 아니하면 보건복지부장관은 국세 체납처분의 예에 따라 징수하고, 시ㆍ도지사 및 시장ㆍ군수ㆍ구청장은 「지방행정제재ㆍ부과금의 징수 등에 관한 법률」에 따라 징수한다

■ 응급의료에 관한 법률 시행령

제28조(과징금의 부과)

① 법 제57조제1항에 따른 과징금의 금액은 위반행위의 종별ㆍ정도 등을 고려하여 보건복지부령으로 정하는 업무정지처분기준에 따라 별표 1의2의 기준을 적용하여 산정한다.

[별표 1의 2]

1. 일반기준

가. 업무정지 1월은 30일을 기준으로 한다.

나. 업무정지에 갈음한 과징금 부과의 기준이 되는 수입금액은 과징금 부과 대상자에 따라 다음과 같이 업무정지 처분일이 속한 연도의 전년도의 1년간의 총수입금액을 기준으로 한다. 다만, 신규개설 · 휴업 또는 재개업 등으로 인하여 전년도의 총수입금액을 산정할 수 없거나 전년도의 총수입금액을 기준으로 하는 것이 불합리하다고 인정되는 경우에는 분기별 · 월별 또는 일별 수입금액을 기준으로 산출 또는 조정한다.

(1) 의료기관인 경우에는 의료기관 총수입금액

(2) 의료기관이 아니면서 구급차등을 운용하는 자인 경우에는 구급차운용수입금액

다. 과징금 산정금액이 3억원을 초과하는 경우 3억원으로 한다.

2. 과징금 기준

등급	연간 수입금액(단위: 원)	1일 과징금(단위: 원)
20	500억 초과	1,670,000

■ 응급의료에 관한 법률 시행규칙

제45조(행정처분의 기준)

법 제55조의 규정에 의한 행정처분의 기준은 별표 18과 같다.

[별표18] 행정처분의 기준

1. 일반기준

가. 2 이상의 위반행위가 2 이상의 업무정지, 2 이상의 자격 또는 면허정지에 해당하는 때에는 중한 처분기준에 나머지 각각의 처분기준의 2분의 1을 더하여 처분한다.

(중략)

2. 개별기준

위반사항	근거법령	행정처분기준		
		1차 위반	2차 위반	3차 이상 위반
사. 응급의료기관이 법 제32조제1항을 위반하여 비상진료체계를 갖추지 아니한 경우	법 제55조제3항제1호	업무정지 15일	업무정지 1개월	업무정지 2개월

■ 한국 응급환자 중증도 분류기준[보건복지부고시 제2015-243호, 2015. 12. 29., 제정]

제1조(목적)

이 고시는 「응급의료에 관한 법률」 시행규칙 제18조의3에 따른 한국 응급환자 중증도 분류기준과 분류방법 및 그 밖에 필요한 사항을 정함을 목적으로 한다.

제2조(적용대상)

「응급의료에 관한 법률」(이하 "법"이라 한다) 제2조제5호에 따른 응급의료기관 중 중앙응급의료센터, 권역응급의료센터, 지역응급의료센터의 장은 응급실에 내원한 환자를 한국 응급환자 중증도 분류기준(이하 "분류기준"이라 한다)에 따라 분류하여야 한다.

제3조(중증도 분류의 시행주체)

① 응급의료기관에서 응급환자 중증도 분류를 시행하는 자(이하 "중증도 분류 시행주체"라 한다)는 법 제2조제4호에 따른 응급의료종사자 중 의사, 간호사 또는 1급 응급구조사의 면허 또는 자격을 갖춘 자이어야 한다.

② 제1항에 따른 중증도 분류 시행주체는 주기적으로 보건복지부장관이 정하는 별도의 교육을 이수하여야 한다.

③ 응급의료기관의 장은 중증도 분류를 감독하고 그에 따른 후속진료가 적절히 수행될 수 있도록 당일 근무하는 응급실 전담전문의 중 응급의료 책임자를 지정하여야 한다.

제4조(중증도 분류 절차)

① 응급환자 중증도 분류는 환자의 내원과 동시에 응급실 진입 전 환자분류소에서 1차로 시행하고, 환자의 상태가 변경되는 등 필요한 경우에 추가로 시행한다.

② 응급환자 중증도 분류는 별표1 및 별표2의 기준에 의해 환자의 연령, 증상의 대분류, 증상의 소분류 및 세부판단기준의 4단계의 판정절차에 따라 시행되어야 한다.

제5조(중증도 등급기준)

응급실 내원환자의 중증도 등급은 제4조에 의한 분류결과에 따라 다음 각 호와 같이 구분한다.

1. 중증응급환자 : 중증도 분류결과 1등급 및 2등급

2. 중증응급의심환자 : 중증도 분류결과 3등급

3. 경증응급환자 및 비응급환자 : 중증도 분류결과 4등급 및 5등급

제7조(중증도 분류 후 조치)

① 응급의료 책임자는 응급환자 중증도 분류 결과에 따라 응급진료의 우선순위와 방법, 격리진료 여부, 적정한 병상 및 시설의 배정 등을 결정하여야 한다.

② 응급의료 책임자는 응급환자 중증도 분류 결과 응급환자가 아닌 자로 판단되는 환자에 대하여 법 제7조에 따라 응급실이 아닌 의료 시설을 이용하게 하거나 다른 의료기관에 이송할 수 있다.

제8조(중증도 분류 결과의 기록 및 전송)

① 중증도 분류 시행주체는 다음 각 호의 내용을 포함한 중증도 분류 결과를 중증도 분류 대장에 기록하여야 하며, 응급의료 책임자는 해당 환자를 응급실에 수용한 경우 의무기록에도 그 내용이 기재되도록 하여야 한다.

1. 환자의 구분자(병록번호 또는 별도의 일련번호), 성명, 성별 및 연령
2. 분류로그(대문자 알파벳 다섯자리)와 분류결과(아라비아 숫자 두 자리)
(생략)
3. 분류일시, 중증도 분류 시행자의 면허 또는 자격 유형 및 그 번호

② 중증도 분류 시행주체 및 응급의료 책임자는 제1항에 따른 기록을 작성할 때 의도적으로 중증도 분류와 관련된 정보를 왜곡하거나 허위로 기재하여서는 아니 된다.

③ 응급의료기관의 장은 응급환자 중증도 분류 후 제1항에 따른 중증도 분류 대장 기록을 법 제15조에 따른 응급의료정보통신망에 실시간으로 전송하여야 한다.

K병원 판결문

서울행정법원 제 14부 | 2023구합81541 시정명령 등 취소 청구

판 결

변 론 종 결 2025. 5. 15.

판 결 선 고 2025. 8. 14.

주 문

1. 피고가 2023. 7. 18. 원고에 대하여 한 ㉮ [별지1]의 시정명령 중 제5, 6, 9항 부분, ㉰ 권역외상센터에 관한 보조금 6개월 감액처분, ㉱ 과징금 16,700,000원 부과처분 중 11,690,000원을 초과하는 부분을 모두 취소한다.

2. 원고의 나머지 청구를 기각한다.

3. 소송비용은 각자 부담한다.

청 구 취 지

피고가 2023. 7. 18. 원고에 대하여 한 ㉮ [별지1]의 시정명령, ㉯ 권역응급의료센터에 관한 보조금 6개월 중단처분, ㉰ 권역외상센터에 관한 보조금 6개월 감액처분, ㉱ 과징금 16,700,000원 부과처분을 모두 취소한다.

이 유

1. 처분의 경위

가. 원고는 G 중구 소재 K대학교병원(이하 '이 사건 병원'이라 한다)을 설립.운영하고 있는 법인으로, 이 사건 병원은 『응급의료에 관한 법률』(약칭: 응급의료법) 제26조 제1항, 제30조의2 제1항에 따라 권역응급의료센터, 권역외상센터로 지정되어 있다.

나. 2023. 3. 19. G에서 17세의 여성(이하 'A환자'라 한다)이 4층 건물 높이에서 추락한 것으로 추정되는 사고가 발생하였는데, 해당 지역의 의료기관에서 적절한 응급처치 및 진료 등의 조치가 이루어지지 아니한 채 A환자가 사망하기에 이르렀다. 그 구체적인 경위는 아래와 같다.

1) G북부소방서 대현119안전센터는 2023. 3. 19. 14:08경 『'도와주세요'라는 소리가 들린다.』라는 신고를 접수하였고, 곧바로 구급대가 출동하여 14:14경 A환자를 발견하였는데, 당시 A환자는 좌측 후두부에 부종이 있고, 우측 족관절 부위의 통증을 호소하였으나, 의식이 있어서 간단한 대화가 가능한 상태였다.

2) 구급대가 14:34경 A환자를 F병원으로 이송하였는데, F병원은 A환자의 상태를 제대로 파악하지 않은 채 단순히 자살을 시도한 정신과적 응급환자로 판단해 구급대에 '폐쇄병동 입원이 가능한 대학병원으로 이송하라'고 권유하며 환자의 수용을 거부하였다.

3) 구급대는 14:54경 A환자를 이 사건 병원 권역응급의료센터로 이송하였는데, 구급차를 주차장에 잠시 세운 뒤 환자를 내리지 않고 구급대원이 권역응급의료센터 소속 응급구조사에게 찾아가 '경증환자라서 연락하지 않고 왔다. 3m fall down이고 멘탈 명료하고, 바이탈 안정적, 정신과적 진료도 함께 봐야 해서 여기로 왔다'라고 말하였다. 응급구조사는 구급대원의 말을 전공의에게 전

달하였고, 전공의는 A환자를 대면하여 중증도 분류를 하지 않은 채 '중증외상 가능성이 있기 때문에 권역외상센터를 통해 먼저 확인하라'고 권유하였다.

4) 구급대는 15:05경 외상 핫라인을 통해 이 사건 병원 권역외상센터에 A환자의 수용가능 여부를 확인하였으나, 권역외상센터는 수용 여력이 없어 수용이 불가능하다고 답변하였다.

5) 구급대는 D, Y병원, F병원, G가톨릭병원에도 A환자의 수용가능 여부를 확인하였으나 모두 불가능하다는 답변을 들었고, 15:39에서야 B병원으로부터 수용가능하다는 답변을 받고 A환자를 B병원으로 이송하였다. B병원 의료진은 A환자에게 안구편위(eyeball deviation), 의식 기면 상태, 좌측 후두부 부종 등이 확인되어 뇌출혈이 의심된다고 판단하였고, 신경외과적 처치가 가능한 3차 병원으로 재이송해야 함을 알렸다.

6) 구급대는 16:05경 이 사건 병원 권역외상센터에 다시 한 번 A환자의 수용가능 여부를 확인하였으나, 권역외상센터는 이번에도 수용 여력이 없어 수용이 불가능하다고 답변하였다.

7) 구급대는 16:10경 S병원으로부터 수용 가능하다는 답변을 받고, 16:30경 A환자를 S병원으로 이송하였는데 인계 과정에서 A환자에게 심정지가 발생하여 다시 G가톨릭대학교병원으로 이송하였으나, 18:27경 저혈량성 쇼크(추정)로 사망하였다.

다. 피고는 2023. 3. 29.부터 2023. 4. 7.까지 사이에 G광역시 및 소방청과 합동으로 A환자의 이송이 의뢰되었던 의료기관들과 구급대 및 119구급상황관리센터 등을 대상으로 현장조사와 서면조사를 실시하였다. 그 결과 피고는 ① 이 사건 병원 권역응급의료센터가 2023. 3. 19. 14:54경 중증도 분류 의무를 위반하고(이하 '제1처분사유'라 한다), ② 권역외상센터가 같은 날 16:05경 정당한 사유 없이 응급의료를 거부하였다고(이하 '제2처분사유'라 한다) 보아 응급의료법 제35조 제2항, 제3항, 제1항 제2호, 제57조 제1항, 제55조 제3항 제6호에 근거하여 2023. 7. 18. 원고에게 ㉮ [별지1]의 시정명령, ㉯ 권역응급의료센터에 관한 보조금 6개월 중단처분, ㉰ 권역외상센터에 관한 보조금 6개월 감액처분, ㉱ 과징금 16,700,000원 부과처분을 하였다(4가지 처분을 이해의 편의를 위해 ㉮~㉱로 분류기호를 붙였고, 이하 통틀어 '이 사건 각 처분'이라 한다).

[인정근거] 갑 제2호증, 을 제1, 3~5, 8, 9, 11~13호증, 변론 전체의 취지

2. 관계 법령: [별지2]와 같다.

3. 본안전항변에 관한 판단

가. 피고 주장의 요지

원고는 [별지1]의 시정명령을 모두 이행하였으므로, 이 사건 소 중 [별지1]의 시정명령 취소를 구하는 부분은 소의 이익이 없다.

나. 판단

1) 행정처분의 무효 확인 또는 취소를 구하는 소가 제소 당시에는 소의 이익이 있어 적법하였는데, 소송계속 중 해당 행정처분의 효과가 소멸한 때에 처분이 취소되어도 원상회복이 불가능하다고 보이는 경우라도, 무효 확인 또는 취소로써 회복할 수 있는 다른 권리나 이익이 남아 있거나 또는 그 행정처분과 동일한 사유로 위법한 처분이 반복될 위험성이 있어 행정처분의 위법성 확인 내지 불분명한 법률문제에 대한 해명이 필요한 경우에는 행정의 적법성 확보와 그에 대한 사법통제, 국민의 권리구제 확대 등의 측면에서 예외적으로 그 처분의 취소를 구할 소의 이익을 인정할 수 있다. 여기에서 '그 행정처분과 동일한 사유로 위법한 처분이 반복될 위험성이 있는 경우'란 불분명한 법률문제에 대한 해명이 필요한 상황에 대한 대표적인 예시일 뿐이며, 반드시 '해당 사건의 동일한 소송 당사자 사이에서' 반복될 위험이 있는 경우만을 의미하는 것은 아니다(대법원 2020. 12. 24. 선고 2020두30450 판결 참조).

2) 을 제2호증에 의하면, 원고는 2023. 11. 17.경 피고에게 [별지1]의 시정명령을 모두 이행하였다고 통보하였고, 피고는 2023. 12. 21. 그 이행을 승인한 사실이 인정되긴 한다. 그러나 피고는 A환자의 이송과정에서 중증도 분류 의무를 위반하거나 정당한 이유 없이 응급의료를 거부하였다는 사유로 G 소재 다수의 병원에게 시정명령 등의 행정처분을 하였고, 향후에도 환자 이송과정에서 발생한 중증도 분류 의무 위반이나 정당한 이유 없는 응급의료 거부를 사유로 행정처분을 반복할 가능성이 높으므로, 이러한 불분명한 법률문제에 관한 해명이 필요하다. 따라서 [별지1]의 시정명령이 모두 이행되었다고 하더라도, 행정의 적법성 확보 측면에서 위 시정명령의 취소를 구할 소의 이익을 인정할 수 있다.

4. 이 사건 각 처분의 위법 여부에 관한 판단

가. 처분사유의 인정 여부

1) 제1처분사유

가) 응급의료법 제31조의4 제1항에 의하면 응급의료기관의 장은 응급환자 등에 대한 신속하고 적절한 이송ㆍ진료와 응급실의 감염예방을 위하여 보건복지부령으로 정하는 바에 따라 응급환자 등의 중증도를 분류하고 감염병 의심환자 등을 선별하여야 하고, 그 위임에 따른 응급의료법 시행규칙 제18조의3 제1항에 의하면 응급의료기관의 장은 응급실의 입구에 환자분류소를 설치하여 의사, 간호사 또는 1급 응급구조사가 응급환자 등의 중증도를 분류하고, 감염병 의심환자 등을 선별하도록 해야 한다.

나) 원고는 구급대원이 A환자를 경증 환자로 설명한 이상 중증도 분류가 필요한 응급환자에 해당하지 않고, A환자가 중증도 분류가 이루어지는 환자분류소에도 진입하지도 않았으므로, 중증도 분류 의무를 위반한 것이 아니라고 주장한다.

다) 그러나 앞서 본 증거 및 변론 전체의 취지에 의하여 알 수 있는 아래 사정들을 종합하면, 이 사건 병원 권역응급의료센터 소속 의사, 간호사, 1급 응급구조사 중 어느 누구도 A환자의 중증도 분류를 하지 않은 행위는 응급의료법 제31조의4 제1항을 위반한 것이므로, 제1처분사유는 정당한 처분사유로 인정할 수 있다.

① 응급의료법에 의하면, 응급구조사는 구급차등이 출동할 때 탑승해야 하고(제48조), 의료법 제27조의 무면허 의료행위 금지 규정에도 불구하고 일정 범위에서 현장에 있거나 이송 중이거나 의료기관 안에 있을 때에는 응급처치의 업무에 종사할 수 있으나(제41조 제1항), 의사로부터 구체적인 지시를 받지 아니하고는 응급처치를 할 수 없다(제42조). 한편 의료인은 응급환자가 아닌 사람을 응급실이 아닌 의료시설에 진료를 의뢰하거나 다른 의료기관에 이송할 수 있고(제7조 제1항), 해당 의료기관의 능력으로는 응급환자에 대하여 적절한 응급의료를 할 수 없다고 판단한 경우에는 지체 없이 그 환자를 적절한 응급의료가 가능한 다른 의료기관으로 이송해야 하며(제11조 제1항), 이때 '의료인'이란 의사, 간호사 등을 말한다(의료법 제2조 제1항). 이러한 응급구조사와 의료인 사이의 역할.권한의 차이, 의료인에게 응급환자가 아닌 사람과 응급환자의 상태 등을 분류하여 다른 의료기관 등에 이송할 수 있는 권한을 부여한 응급의료법의 취

지 등을 종합하면, 설령 구급대원이 응급구조사의 자격을 갖추고 있다고 하더라도 응급의료기관의 의료인은 구급대원이 전해준 환자 정보에 의존할 것이 아니라 직접 환자를 대면하여 중증도 여부를 판단한 후 이에 따른 후속조치를 시행하여야 한다.

② 응급의료법 제6조 제2항은 응급의료종사자에게 응급환자뿐만 아니라 '응급의료를 요청한 자'에 대해서도 응급의료를 하여야 할 의무를 부과하고 있고, 제31조의4 제1항은 중증도 분류 대상을 '응급환자 등'이라 규정하고 있으므로, 구급대원이 환자의 상태를 경증으로 판단하였더라도 응급의료를 요청하기 위해 응급의료기관에 환자를 이송한 이상 그 환자는 응급의료법 제31조의4 제1항에 따른 '응급환자 등'에 해당하여 중증도 분류 의무의 대상이 된다.

③ 응급의료법에 의하면, 응급의료종사자는 업무 중에 응급의료를 요청받거나 응급환자를 발견하면 즉시 응급의료를 하여야 하며 정당한 사유 없이 이를 거부하거나 기피하지 못하고(제6조 제2항), 권역응급의료센터는 권역 내 다른 의료기관에서 이송되는 중증응급환자에 대한 수용을 주된 업무로 한다(제26조 제1항 제4호). 비록 응급의료법 시행규칙 제18조의3 제1항에서 응급실 입구에 환자분류소를 설치하여 중증도 분류를 해야 한다고 규정하고 있긴 하나, 응급환자 등에 대한 응급의료종사자의 응급의료 제공의무와 권역응급의료센터의 역할 등을 고려할 때 응급의료를 요청한 환자가 단순히 환자분류소로 진입하지 않았다고 하여 그 환자에 대한 중증도 분류 의무가 면제된다고 볼 수는 없다.

④ 위와 같은 규정들을 종합하면, A환자가 F병원에서 수용을 거부당하고 이 사건 병원 권역응급의료센터로 이송되어 응급의료를 요청하였으므로, 권역응급의료센터 소속 의사, 간호사, 1급 응급구조사는 A환자에 대한 중증도 분류를 통해 응급환자에 해당하는지 여부와 응급환자의 상태에 관하여 확인하고 필요한 조치를 시행해야 했는데도, 구급대원의 말만 듣고 A환자에 대한 중증도 분류를 하지 않은 채 권역외상센터로 갈 것을 권유하였다. 따라서 A환자가 환자분류소로 진입했는지 여부와 상관없이 이러한 행위는 응급환자 등에 대한 중증도 분류 의무를 위반한 것이다.

⑤ A환자가 이 사건 병원 권역응급의료센터에 도착할 무렵 산에서 굴러 떨어져 이송된 다른 환자(이하 'B환자'라 한다) 역시 도착하였는데, 권역응급의료센터 측은 A, B환자에 대한 중증도 분류 없이 모두 권역외상센터로 갈 것을 권유하였고, 권역외상센터는 1개 병상만 남은 상태에서 당시 혈압이 낮았던 B환자만을 수용하였다(을 제3호증). 그러나 B환자는 권역외상센터 수용 이후 혈압이 정상으로 돌아왔고, A환자는 응급의료기관을 찾지 못하여 사망에 이르렀다. 만약 권역응급의료센터에서 중증도 분류가 제대로 이루어졌다면, B환자 대신 A환자를 우선적으로

권역외상센터로 이송하거나 A환자를 병상이 남아 있던 권역응급의료센터에 수용하는 등 적절한 응급의료가 제공되었을 가능성이 크다.

2) 제2처분사유

가) 응급의료법에 의하면, 응급환자 등을 이송하는 자는 특별한 사유가 없는 한 이송하고자 하는 응급의료기관의 응급환자 수용 능력을 확인하고 응급환자의 상태와 이송 중 응급처치의 내용 등을 미리 통보하여야 하고(제48조의2 제1항), 응급의료기관의 장은 이러한 응급환자 수용능력 확인을 요청받은 경우 정당한 사유 없이 응급의료를 거부 또는 기피할 수 없으며 응급환자를 수용할 수 없는 경우에는 구급차등의 운용자 등에게 지체 없이 관련 내용을 통보하여야 한다(제48조의2 제2항).

나) 앞서 든 증거, 갑 제4호증, 을 제12호증, 대한응급의학회의 사실조회회신결과 및 변론 전체의 취지에 의하여 알 수 있는 아래 사정들을 종합하면, 이 사건 병원 권역외상센터가 2023. 3. 19. 16:05경 A환자에 대한 응급의료를 거부 또는 기피한 데에는 그 의무 위반을 탓할 수 없는 정당한 사유가 있었다고 봄이 타당하므로, 제2처분사유는 인정되지 않는다.

① 이 사건 병원 권역외상센터의 외상 관찰실 가용병상은 6개로 2023. 3. 19. 16:05경까지 6개 병상이 모두 사용 중이다가, 김○섭 환자가 16:05 퇴원 처리됨으로써 가용병상 1개가 남게 되었다. A환자를 이송하던 구급대원은 김○섭 환자가 퇴원 처리된 시각과 동일한 16:05 권역외상센터에 A환자의 수용가능 여부를 확인하였으나, 권역외상센터 측은 김○섭 환자의 퇴원이 이루어지지 않았다고 보아 가용병상이 없다는 답변을 하였다.

② 그런데 통상적으로 퇴원은 경과관찰, 퇴원결정, 약물처방, 복약설명, 퇴원 후 준수사항 설명, 수납 등의 여러 절차를 거쳐 이루어지기 때문에 이 사건 병원의 내부 기록상 김○섭 환자가 16:05 퇴원하였다고 기재되어 있더라도, 그와 정확히 같은 시각에 퇴원에 필요한 각종 절차가 모두 완료되었던 것인지, 그에 따라 병상이 다른 환자를 수용할 수 있는 상태로 전환되었는지 여부가 불분명한 측면이 있고, 이는 당시 구급대의 이송 요청을 전화를 받은 권역외상센터 담당자 역시 마찬가지였을 것으로 보인다.

③ 피고는 권역외상센터의 외상 관찰실에 경증 환자 3명이 있었으므로 이들을 퇴원 또는 이송하는 등의 조치를 통해 가용병상을 만들 수 있었다고 주장한다. 그러나 경증 환자라고 하더라도 중증 환자로 악화될 가능성을 배제할 수 없고, 그 당시를 기준으로 의료인의 퇴원 또는 이송 여

부에 관한 판단을 별다른 근거 없이 위법하다고 할 수는 없는 점, 오히려 보건복지부 응급의료과는 조사과정에서 '권역외상센터가 A환자를 수용하지 못한 것은 경증 환자 진료 등 운영 미숙에 따른 것이라 단정하기 어렵고, 긴 재실시간과 높은 경증환자 비율을 관련 법령.지침 위반으로 판단하기도 어렵다'는 취지의 의견을 제시한 점 등을 종합하면, 권역외상센터 소속 의료인이 경증 환자를 퇴원 또는 이송시키지 않은 것을 탓할 수는 없다.

나. 취소의 범위

1) ㉮ [별지1]의 시정명령 중 제5, 6, 9항 부분은 제2처분사유의 응급진료 거부와 관련된 내용이고, ㉰ 권역외상센터에 관한 보조금 6개월 감액처분 또한 제2처분사유를 바탕으로 하기 때문에 제2처분사유가 인정되지 않는 이상 위 각 처분은 위법하여 취소되어야 한다.

2) ㉱ 과징금 16,700,000원 부과처분 역시 응급의료법 제57조 제1항, 제55조 제5항, 그 시행규칙 제45조 [별표18] 제1호 가.호에 따라 제1, 2처분사유를 경합하여 가중된 제재를 한 것인데, 그중 제2처분사유가 인정되지 않으므로 그 처분양정은 더 이상 유지될 수 없고, 제1처분사유에 관한 정당한 과징금액 11,690,000원을 초과하는 부분은 취소되어야 한다. 그 구체적인 이유는 다음과 같다.

① 처분청이 여러 처분사유에 관하여 하나의 과징금 부과처분을 하였는데 법원의 심리 결과 그 중 일부 처분사유가 인정되지 않는 경우에, 법원은 인정되는 나머지 처분사유를 기초로 정당한 과징금액을 산정할 수 있는 자료가 없는 경우에는 하나의 과징금 부과처분 전부를 취소할 수밖에 없지만, 인정되는 나머지 처분사유를 기초로 정당한 과징금액을 산정할 수 있는 경우에는 정당한 과징금액을 초과한 부분만 취소하여야 한다(대법원 2007. 10. 26. 선고 2005두3172 판결, 대법원 2017. 7. 11. 선고 2015두2789 판결 참조).

② 이 사건 처분서(갑 제2호증)에 의하면, 피고는 제1처분사유(응급의료법 제31조의4 제1항 위반)와 제2처분사유(응급의료법 제48조의2 제2항 위반)가 응급의료법 제55조 제3항 제6호(그 밖에 이 법을 위반한 경우)에 해당하여 업무정지 처분사유에는 해당하나, 그 시행규칙 제45조 [별표 18] '행정처분의 기준'의 2. 개별기준에는 직접 적용되는 규정이 없어 의무위반의 내용.정도가 가장 유사한 2. 사.목(응급의료기관이 응급의료법 제32조 제1항을 위반하여 비상진료체계를 갖추지 못한 경우) 1차 위반시의 개별기준(업무정지 15일)을 유추적용하되, 위반행위 당시 119구급대가 환자를 동반하지 않고 혼자 응급실로 들어와 환자상태를 전달한 점을 고

려하여 각 위반행위별로 1/2씩 감경하고, 위 '행정처분의 기준'의 1. 가.목에 따라 2 이상의 위반행위가 2 이상의 업무정지에 해당하는 경우 중한 처분기준에 나머지 각각의 처분기준의 1/2을 더하는 방식으로 원고에 대한 업무정지기간을 총 10일(= 7일 + 3일)로 정한 다음, 응급의료법 제57조 제1항, 동 시행령 제28조 제1항 [별표 1의2]에 따라 원고에 대하여 업무정지 10일 처분을 갈음하는 과징금액으로 16,700,000원(= 원고의 연간 수입금액에 따른 1일 과징금액 1,670,000원 × 10일)을 산정.부과하였음을 알 수 있다.

③ 피고가 위와 같은 방식으로 제1처분사유, 제2처분사유의 업무정지기간을 산정한 것은 그 합리성을 수긍할 수 있고 각 의무위반의 내용.정도에 비해 처분양정이 과중하여 비례원칙에 위반된다고 보이지도 않으므로, 그 산정 방식 및 결과 자체는 응급의료법 제55조 제3항에서 부여한 재량권을 일탈.남용한 것이라고 볼 수 없다. 다만, 제2처분사유는 인정되지 않으므로 위와 같은 산정 방식에서 제2처분사유에 해당하는 부분을 제외할 경우, 제1처분사유에 관한 처분양정은 업무정지 7일 처분이고 이를 갈음하는 정당한 과징금액은 11,690,000원(= 1일 1,670,000원 × 7일)이다.

다. 나머지 시정명령과 권역응급의료센터 보조금 중단처분의 재량권 일탈.남용 여부

가) 응급의료법에 의하면, 응급의료기관, 권역외상센터가 이 법에 따른 업무를 수행하지 아니한 경우에는 피고는 일정한 기간을 정하여 위반한 사항을 시정하도록 명하여야 하고(제35조 제2항, 제1항 제2호), 시정명령을 한 경우 명령의 성실한 이행을 위하여 명령이 이행될 때까지 재정지원의 전부 또는 일부를 중단할 수 있다(제35조 제3항).

나) 응급의료법은 시정명령의 내용 및 범위 등에 관하여 특별히 제한을 두고 있지 않으므로, 피고는 응급의료법 등 관련 법령에 위배되지 않는 범위에서 위반행위의 시정을 위해서 구체적인 방안을 정하여 시정명령을 할 재량이 있다고 봄이 타당하다. 그런데 ㉮ [별지1]의 시정명령 중 나머지 제1~4, 7, 8항은 권역응급의료센터의 운영이나 중증도 분류에 관한 내용으로서 과거 중증도 분류 의무 위반행위를 시정하기 위한 구체적 방안에 해당하고, 그 내용이 원고가 도저히 이행하기 어려운 내용이라 할 수도 없으므로, 위 시정명령에 관하여 피고가 재량권을 일탈.남용하였다고 볼 수 없다.

다) ㉯ 권역응급의료센터에 관한 보조금 6개월 중단처분 역시 권역응급의료센터에서 A환자의 중증도 분류를 하지 않음으로써 우선적인 권역외상센터 이송이나 권역응급의료센터 수용 등 적절한 조치가 이루어지지 않았고, 결국 A환자의 사망이라는 중대한 결과의 단초가 되었던 점, 보조금 중단처분은 시정명령 이행기간 동안 응급의료법에 따른 재정지원을 중단하는 것일 뿐, 권역응급의료센터의 운영을 전면적으로 제한하는 것은 아닌 점 등을 고려하면, 위 보조금 중단처분이 재량권을 일탈.남용한 것이라 할 수 없다.

5. 결론

그렇다면 원고의 청구는 위 인정범위 내에서 이유 있으므로 인용하고, 나머지는 이유 없으므로 기각하며, 소송비용은 각자 부담하도록 정하여, 주문과 같이 판결한다.

[별지1]

시 정 명 령

1. 동 사건에 대한 병원장 주재 사례검토회의 통한 문제점 • 원인 분석, 책임자에 대한 재발방지 교육 등 적절한 조치

2. 응급실 환자 대상으로 병원 내 시설 및 인력 자원(① 응급실 의료진의 협진 요청 시각 진료과의 협조 활성화 방안, ② 응급실 의료진의 요청 시 원내 중환자실 • 입원실 배정 신속화 방안 포함)을 우선 배분할 방안을 포함한 재발방지대책 마련 • 제출

3. 병원 내 전체 종사자(병원장 포함)에 대하여 1, 2 결과를 교육

4. 24시간 응급실 근무 전문의의 중증응급환자 직접 진료, 중증도 분류 관리 • 감독 책임 강화 방안 수립

5. 구급대의 전화상 수용 능력 확인 요청에 대한 응급환자 수용 프로토콜(수용거부결정의 양적 기준* 및 절차**) 수립 • 제출(병원장 및 병원 내 모든 진료과장 준수 서약서 포함)

   *병상 포화도, 중증도를 고려한 환자 수 대비 의사 수 등

   ** 구급대 전화 접수 보고 →최종 결정 등 절차별 주체

6. 구급대 또는 구급상황관리센터(G 한정)의 전화 수용 의뢰 – 의료진 응답 대장을 전수 기록 관리(주 1회 소방본부와 대장 대조 확인하여 공동 확인 의무) 및 주기적 환류(병원 내 전체회의 월 1회, 지자체 소방본부–의료기관 합동 환류 회의 월 1회 개최)

7. 모든 응급환자는 환자 분류소로 우선 진입시켜 중증도 분류 실시(시정명령 이행 기간 동안의 응급실 입구 CCTV 기록 증빙자료 이행 기간 만기에 제출)

8. 권응급의료센터–권역외상센터 간 외상환자 내원 시 협진 지침(상황별 외상 환자 진료 역할 분담 명확화 등) 수립 및 24시간 양자 소통체계 구축

9. 권역외상센터 재실시간(내원–처치–치료 간격) 단축 및 중증외상환자 중심 진료 강화 계획 수립

[별지2]

관계 법령

◈ 응급의료에 관한 법률

제2조(정의) 이 법에서 사용하는 용어의 뜻은 다음과 같다.

1. "응급환자"란 질병, 분만, 각종 사고 및 재해로 인한 부상이나 그 밖의 위급한 상태로 인하여 즉시 필요한 응급처치를 받지 아니하면 생명을 보존할 수 없거나 심신에 중대한 위해(危害)가 발생할 가능성이 있는 환자 또는 이에 준하는 사람으로서 보건복지부령으로 정하는 사람을 말한다.

2. "응급의료"란 응급환자가 발생한 때부터 생명의 위험에서 회복되거나 심신상의 중대한 위해가 제거되기까지의 과정에서 응급환자를 위하여 하는 상담ㆍ구조(救助)ㆍ이송ㆍ응급처치 및 진료 등의 조치를 말한다.

4. "응급의료종사자"란 관계 법령에서 정하는 바에 따라 취득한 면허 또는 자격의 범위에서 응급환자에 대한 응급의료를 제공하는 의료인과 응급구조사를 말한다.

5. "응급의료기관"이란 「의료법」 제3조에 따른 의료기관 중에서 이 법에 따라 지정된 권역응급의료센터, 전문응급의료센터, 지역응급의료센터 및 지역응급의료기관을 말한다.

제6조(응급의료의 거부금지 등) ① 응급의료기관등에서 근무하는 응급의료종사자는 응급환자를 항상 진료할 수 있도록 응급의료업무에 성실히 종사하여야 한다.

② 응급의료종사자는 업무 중에 응급의료를 요청받거나 응급환자를 발견하면 즉시 응급의료를 하여야 하며 정당한 사유 없이 이를 거부하거나 기피하지 못한다.

제7조(응급환자가 아닌 사람에 대한 조치) ① 의료인은 응급환자가 아닌 사람을 응급실이 아닌 의료시설에 진료를 의뢰하거나 다른 의료기관에 이송할 수 있다.

제11조(응급환자의 이송) ① 의료인은 해당 의료기관의 능력으로는 응급환자에 대하여 적절한 응급의료를 할 수 없다고 판단한 경우에는 지체 없이 그 환자를 적절한 응급의료가 가능한 다른 의료기관으로 이송하여야 한다.

제26조(권역응급의료센터의 지정) ① 보건복지부장관은 응급의료에 관한 다음 각 호의 업무를 수

행하게 하기 위하여 「의료법」 제3조의4에 따른 상급종합병원 또는 같은 법 제3조의3에 따른 300병상을 초과하는 종합병원 중에서 권역응급의료센터를 지정할 수 있다.

1. 중증응급환자 중심의 진료

2. 재난 대비 및 대응 등을 위한 거점병원으로서 보건복지부령으로 정하는 업무

3. 권역(圈域) 내에 있는 응급의료종사자에 대한 교육ㆍ훈련

4. 권역 내 다른 의료기관에서 제11조에 따라 이송되는 중증응급환자에 대한 수용

5. 그 밖에 보건복지부장관이 정하는 권역 내 응급의료 관련 업무

제30조의2(권역외상센터의 지정) ① 보건복지부장관은 외상환자의 응급의료에 관한 다음 각 호의 업무를 수행하게 하기 위하여 권역응급의료센터, 전문응급의료센터 및 지역응급의료센터 중 권역외상센터를 지정할 수 있다.

1. 외상환자의 진료

2. 외상의료에 관한 연구 및 외상의료표준의 개발

3. 외상의료를 제공하는 의료인의 교육훈련

4. 대형 재해 등의 발생 시 응급의료 지원

5. 그 밖에 보건복지부장관이 정하는 외상의료 관련 업무

제31조의4(환자의 중증도 분류 및 감염병 의심환자 등의 선별) ① 응급의료기관의 장 및 구급차등의 운용자는 응급환자 등에 대한 신속하고 적절한 이송ㆍ진료와 응급실의 감염예방을 위하여 보건복지부령으로 정하는 바에 따라 응급환자 등의 중증도를 분류하고 감염병 의심환자 등을 선별하여야 한다.

⑤ 제1항의 분류ㆍ선별기준 및 제2항의 격리 시설 기준 등에 관한 사항은 보건복지부령으로 정한다.

제32조(비상진료체계) ① 응급의료기관은 공휴일과 야간에 당직응급의료종사자를 두고 응급환자를 언제든지 진료할 준비체계(이하 "비상진료체계"라 한다)를 갖추어야 한다.

제35조(응급의료기관의 지정 취소 등) ① 응급의료기관 및 권역외상센터, 지역외상센터가 다음 각 호

의 어느 하나에 해당하는 경우에는 보건복지부장관, 시・도지사 또는 시장・군수・구청장 중 해당 지정권자가 그 지정을 취소할 수 있다.

1. 지정기준에 미달한 경우

2. 이 법에 따른 업무를 수행하지 아니한 경우

3. 이 법 또는 이 법에 따른 처분이나 명령을 위반한 경우

② 보건복지부장관, 시・도지사 또는 시장・군수・구청장은 응급의료기관 및 권역외상센터, 지역외상센터가 제1항 각 호의 어느 하나에 해당하는 경우에는 일정한 기간을 정하여 위반한 사항을 시정하도록 명하여야 한다.

③ 보건복지부장관, 시・도지사 또는 시장・군수・구청장은 제2항의 시정명령을 한 경우 명령의 성실한 이행을 위하여 명령이 이행될 때까지 제16조 제1항, 제17조 제4항 및 제30조의4에 따른 재정 지원의 전부 또는 일부를 중단할 수 있다.

제41조(응급구조사의 업무) ① 응급구조사는 응급환자가 발생한 현장에서 응급환자에 대하여 상담・구조 및 이송 업무를 수행하며, 「의료법」 제27조의 무면허 의료행위 금지 규정에도 불구하고 보건복지부령으로 정하는 범위에서 현장에 있거나 이송 중이거나 의료기관 안에 있을 때에는 응급처치의 업무에 종사할 수 있다.

제42조(업무의 제한) 응급구조사는 의사로부터 구체적인 지시를 받지 아니하고는 제41조에 따른 응급처치를 하여서는 아니 된다. 다만, 보건복지부령으로 정하는 응급처치를 하는 경우와 급박한 상황에서 통신의 불능(不能) 등으로 의사의 지시를 받을 수 없는 경우에는 그러하지 아니하다.

제48조(응급구조사 등의 탑승의무) 구급차등의 운용자는 구급차등이 출동할 때에는 보건복지부령으로 정하는 바에 따라 응급구조사를 탑승시켜야 한다. 다만, 의사나 간호사가 탑승한 경우는 제외한다.

제48조의2(수용능력 확인 등) ① 응급환자 등을 이송하는 자(구급차등의 운전자와 제48조에 따라 구급차등에 동승하는 응급구조사, 의사 또는 간호사를 말한다)는 특별한 사유가 없는 한 보건복지부령으로 정하는 방법에 따라 이송하고자 하는 응급의료기관의 응급환자 수용 능력을 확인하고 응급환자의 상태와 이송 중 응급처치의 내용 등을 미리 통보하여야 한다.

② 응급의료기관의 장은 제1항에 따른 응급환자 수용능력 확인을 요청받은 경우 정당한 사유 없이 응

급의료를 거부 또는 기피할 수 없으며 응급환자를 수용할 수 없는 경우에는 제2조 제7호의 응급의료기관등에 지체 없이 관련 내용을 통보하여야 한다.

第55조(응급의료종사자의 면허 · 자격 정지 등) ③ 보건복지부장관, 시 · 도지사 또는 시장 · 군수 · 구청장은 의료기관이나 이송업자 또는 구급차등을 운용하는 자가 다음 각 호의 어느 하나에 해당하는 경우에는 의료기관 등의 개설 또는 영업에 관한 허가를 취소(신고대상인 경우에는 폐쇄를 말한다. 이하 제4항에서 같다)하거나 6개월 이내의 기간을 정하여 그 업무의 정지를 명할 수 있다.

6. 그 밖에 이 법 또는 이 법에 따른 명령을 위반한 경우

⑤ 제1항과 제3항에 따른 행정처분의 세부 사항은 보건복지부령으로 정한다.

第57조(과징금) ① 보건복지부장관, 시 · 도지사 또는 시장 · 군수 · 구청장은 의료기관이나 이송업자 또는 구급차등을 운용하는 자가 제55조제3항 각 호의 어느 하나에 해당하는 경우로서 그 업무의 정지가 국민보건의료에 커다란 위해를 가져올 우려가 있다고 인정되는 경우에는 업무정지 처분을 갈음하여 3억원 이하의 과징금을 부과할 수 있다. 이 경우 과징금의 부과 횟수는 세 번을 초과할 수 없다.

② 제1항에 따라 과징금을 부과하는 위반행위의 종류, 위반 정도에 따른 과징금의 금액과 그 밖에 필요한 사항은 대통령령으로 정한다.

◈ 응급의료에 관한 법률 시행령

第28조(과징금의 부과) ①법 제57조 제1항에 따른 과징금의 금액은 위반행위의 종별 · 정도 등을 고려하여 보건복지부령으로 정하는 업무정지처분기준에 따라 별표 1의2의 기준을 적용하여 산정한다.

[별표 1의2]

과징금 산정기준(제28조 제1항관련)

1. 일반기준

나. 업무정지에 갈음한 과징금 부과의 기준이 되는 수입금액은 과징금 부과 대상자에 따라 다음과 같이 업무정지 처분일이 속한 연도의 전년도의 1년간의 총수입금액을 기준으로 한다.

(1) 의료기관인 경우에는 의료기관 총수입금액

2. 과징금 기준

등급	연간 수입금액(단위: 원)	1일 과징금(단위: 원)
20	500억 초과	1,670,000

◈ 응급의료에 관한 법률 시행규칙

제18조의3(응급환자의 중증도 분류 등) ① 응급의료기관의 장은 법 제31조의4제1항에 따라 응급실의 입구에 환자분류소를 설치하여 보건복지부장관이 정하는 교육을 이수한 의사, 간호사 또는 1급 응급구조사가 응급환자 등의 중증도를 분류하고, 감염병 의심환자 등을 선별하도록 해야 한다.

제45조(행정처분의 기준) 법 제55조의 규정에 의한 행정처분의 기준은 별표 18과 같다.

[별표 18]

행정처분의 기준(제45조 관련)

1. 일반기준

가. 2 이상의 위반행위가 2 이상의 업무정지, 2 이상의 자격 또는 면허정지에 해당하는 때에는 중한 처분기준에 나머지 각각의 처분기준의 2분의 1을 더하여 처분한다.

마. 개별기준에서 정하는 행정처분의 기준이 당해 처분권자가 의료정책추진 또는 국민보건에 중대한 영향을 미치는 사유가 있다고 인정하는 경우에는 그 처분을 감면할 수 있다.

2. 개별기준

위반사항	근거법령	행정처분기준		
		1차 위반	2차 위반	3차 이상 위반
사. 응급의료기관이 법 제32조제1항을 위반하여 비상진료체계를 갖추지 아니한 경우	법 제55조 제3항 제1호	업무정지 15일	업무정지 1개월	업무정지 2개월

[끝]

D병원 판결문

대전지방법원 제 2 행정부 2023구합206694 보조금중단처분 및 시정명령처분 취소

판 결

사 건 2023구합206694 보조금중단처분 및 시정명령처분 취소

원 고 학교법인 KK대학교

대표자 이사장 GGG

피 고 보건복지부장관

소송수행자 KKK

변 론 종 결 2025. 4. 24.

판 결 선 고 2025. 6. 12.

주 문

피고가 2023. 7. 18.1) 원고에게 한 보조금중단 및 시정명령 처분을 취소한다.

소송비용은 피고가 부담한다.

---

1) 원고는 소장의 청구취지란에 처분일자를 '2023. 7. 21.'로 기재하였으나, 이는 통지일자를 처분일자로 착오하여 기재한 것이 명백하므로 직권으로 정정한다.

청 구 취 지

주문과 같다.

이 유

1. 처분의 경위

가. 원고는 G 달서구 달구벌대로 1035에 있는 D병원(이하 '이 사건 병원'이라고 한다)을 설립.운영하고 있는 학교법인이고, 이 사건 병원은 응급의료에 관한 법률(이하 '응급의료법'이라고 한다) 제30조에 따라 응급환자의 진료 등 업무를 수행하는 지역응급의료센터로 지정되어 있다.

나. 2023. 3. 19.경 G에서 만 17세의 여성(이하 '이 사건 응급환자'라고 한다)이 4층 건물 높이로부터 추락한 것으로 추정되는 사고가 발생하였는데, 해당 지역의 의료기관에서 적절한 응급처치 및 진료 등의 조치가 이루어지지 아니한 채 이 사건 응급환자가 사망하기에 이르렀는바(이하 '이 사건 사고'라고 한다), 그 구체적인 경위는 아래와 같다.

1) G북부소방서 대현119안전센터는 2023. 3. 19. 14:08경 "'도와주세요'라는 소리가 들린다"라는 신고를 접수하였고, 곧바로 구급대가 출동하여 같은 날 14:14경 이 사건 응급환자를 발견하였는데, 당시 이 사건 응급환자는 좌측 후두부에 부종이 있고, 우측 족관절 부위의 통증을 호소하였으나, 의식이 있어서 간단한 대화가 가능한 상태였다.

2) 구급대가 같은 날 14:34경 이 사건 응급환자를 F병원으로 이송하였는데, F병원은 이 사건 응급환자의 상태를 제대로 파악하지 않은 채 단순히 자살을 시도한 정신과적 응급환자로 판단해 구급대에 "폐쇄병동 입원이 가능한 대학병원으로 이송하라"고 권유하며 환자의 수용을 거부하였다.

3) 이후 구급대는 같은 날 14:54경 이 사건 응급환자를 K병원 권역응급의료센터로 이송하였는데 "중증외상이 의심되므로 권역외상센터에 먼저 확인하라"는 사유로 수용이 거절되었고, 15:05경부터 위 병원 주차장에서 각 병원 응급실에 전화를 하였으나 모두 수용이 불가능하다는 답변

을 들었다. 그 주요 경과는 아래 표와 같고, 그 중 이 사건 병원은 같은 날 15:06경 다른 중증외상환자들이 있어 수용이 불가능하다는 답변(아래 표 '의뢰차수'란 기재 3항)을 하였다2).

4) 이후 구급대는 같은 날 15:39경 B병원으로부터 수용이 가능하다는 답변을 받고 이 사건 응급환자를 B병원으로 이송하였다. B병원 의료진은 이 사건 응급환자에게 안구편위(eyeball deviation), 의식 기면 상태, 좌측 후두부 부종 등이 확인되어 뇌출혈이 의심된다고 판단하였고, 신경외과적 처치가 가능한 3차 병원으로 재이송해야 함을 알렸다.

5) 상황을 전달받은 119구급상황관리센터는 같은 날 15:53경 다시 이 사건 병원에 전화하여 수용 가능 여부를 확인하였으나, "다른 외상환자의 수술로 인해 수용할 수 없다"는 답변을 들었다(이하 '이 사건 수용거절3)'이라고 한다). 이 사건 수용거절 당시 이 사건 병원 의료진과 119구급상황관리센터 담당자가 통화한 내용은 다음과 같다.

2) 이 때의 수용 거절에 대하여는 피고가 전문가 자문, 내부 회의 등을 거쳐 정당한 사유가 인정된다고 보아 이 사건 처분사유에서 제외하였으므로, 이 부분은 이 사건의 심판 대상이 아니다.

3) 피고는 이 부분 수용거절에 대해서만 처분사유로 삼았으므로, 이 부분만 이 사건의 심판 대상이다.

[15:53 통화내용]
응급실: D병원 응급실입니다.
119센터: 교수님 안녕하세요. 119 구급상황관리센터입니다. 저희 구급대원하고 통화를 했는지 모르겠는데요. 열아홉살 여학생이구요. 지금 정황상 이층 높이에서 떨어진 것 같다고 하는데 두부쪽으로 스웰링이 있고 발목하고 통증 호소하시는데요. 이제 정신과 쪽으로 진료받은 적은 없는데 최근에 죽고싶다 이런 말을 한 적이 있나봐요. 근데 지금 G 전역에 병원 이차병원까지 다 수용이 좀 힘든 상황이라 가지고요. D병원에서 받아줄 수 있는가 해서요.
응급실: 머리 어디 쪽이에요, 스웰링이
119센터: 좌측 후두부 부종이 있구요. 우측 발목쪽으로 외상이 조금 보인다고 하고.
응급실: 오픈인지 아니면.
119센터: 오픈은 아니고요.
응급실: 그냥 변형만 보이시는 거네요.
119센터: 여기까지밖에 정보가 없어가지고. 의사소통 가능한데 말을 잘 안 해준다 하거든요.
응급실: 저희가 방금 폴다운 환자
119센터: 폴다운이라고 정확하게 얘기는 안하고, 주변 정황상 구급대하고 경찰이 봤을 때 이층에 문이 열려 있었고 건물 사이에 작은 골목길 같은 길인데, 앞뒤가 막혀 있잖아요. 거기는 다닐 수 없고.
응급실: 저희 트라우마 환자 좀 많아서 확인 좀 해보고요. 답변드리겠습니다.
[15:57 통화내용]
응급실: 저희 D병원 응급실인데요. 19세 여성분 폴다운 환자 연락 주셨어가지고요.
119센터: 네
응급실: 저희 지금 트라우마 환자 좀 많아서 다 OP 들어가가지고 힘들다 하시거든요.
119센터: 네, 알겠습니다.

6) 구급대는 같은 날 16:03경 S병원으로부터 수용 가능하다는 답변을 받고, 16:27경 이 사건 응급환자를 S병원으로 이송하였는데 인계 과정에서 이 사건 응급환자에게 심정지가 발생하여 다시 G가톨릭대학교병원으로 이송하였으나, 같은 날 18:27경 저혈량성 쇼크(추정)로 사망하였다.

다. 피고는 2023. 3. 29.부터 2023. 4. 7.까지 사이에 G시 및 소방청과 합동으로 이 사건 사고와 관련하여 이 사건 응급환자의 이송이 의뢰되었던 의료기관들과 구급대 및 119구급상황관리센터 등을 대상으로 현장조사와 서면조사를 실시하였다. 그 결과, 이 사건 병원이 이 사건 수용거절을 한 것은 정당한 사유 없이 응급의료를 거부한 것에 해당한다는 이유로 2023. 7. 18. 이 사건 병원장에게 아래와 같은 내용의 보조금 중단 및 시정명령 처분을 하고, 2023. 7. 21. 이를 통지하였다(이하 '이 사건 처분'이라고 한다).

1. 처분의 제목: 응급의료기관으로서의 업무 수행 부적정

2. 처분 당사자

의료기관명	대표자	법인등록번호	주소
D병원	OOO	*********0062	[42601] G시 달서구 달구벌대로 1035

3. 행정처분 내용

처분 내용	○ 법 제35조 제2항에 따른 시정명령(시정명령서 별첨) ○ 법 제35조 제3항에 따른 보조금 중단(시정명령 이행기간 6개월 분)
위반 사항	○ 정당한 사유 없는 수용거부(법 제48조의2 위반) – 2023. 3. 19.(일) 15:53경, 추락 추정으로 119 구급대를 통해 이송 중인 김○○(사망) 환자에 대한 응급의료기관의 수용 능력 확인을 위하여 119 구급상황관리센터에서 "두부 부종, 발목 통증 환자로 최근 '죽고싶다' 발언한 적이 있다"라고 전화를 통해 응급실에 한 요청에 대하여 "외상환자 수술 들어가서 힘들다"라는 이유로 거부하였으나, – 동 환자에게 어떤 진료가 필요할지 알기 어려운 상황에서 다른 외상환자에 대한 수술을 시작한다는 것을 이유로 한 수용거부의 정당성은 인정되기 어려운 것으로 검토 → 정당한 사유 없이 응급의료를 거부하여 법 제48조의2 제2항을 위반

시정명령서

[지적사항]

ㅇ (전략) 해당 수용 의뢰 시점으로부터 1시간 내에 내원한 응급환자는 4명이었고, 해당 시점의 응급실 가용 병상이 총 13개(13/28), 응급실 근무 중인 의사가 4명이었던 점을 종합하여 볼 때, 응급실의 수용 능력을 충분히 확인하지 않고, 의뢰된 환자에게 수술이 필요한지 및 어떤 수술이 필요할지를 알지 못하는 상황에서 다른 외상환자에 대한 수술을 시작한다는 것을 이유로 한 수용거부의 정당성은 인정되기 어렵다고 봄이 타당하다.

[조치할 사항]

ㅇ 이에 따라 K대학교 D병원은 「응급의료에 관한 법률」 위반사항(구급대의 수용 능력 확인에 대한 정당한 사유 없는 거부)을 시정하기 바랍니다.

– 상기 시정명령에 대한 조치계획은 시정명령처분(본처분)을 받은 날로부터 10일 이내에 제출하고, 시정 결과는 2023. 11. 17.까지 제출 바랍니다.

〈 조치계획 필수 포함사항 〉

1. 동 사건에 대한 병원장 주재 사례검토회의 통한 문제점 · 원인 분석, 책임자에 대한 재발방지 교육 등 적절한 조치
2. 응급실 환자 대상으로 병원 내 시설 및 인력 자원(① 응급실 의료진의 협진 요청 시 각 진료과의 협조 활성화 방안, ② 응급실 의료진의 요청 시 원내 중환자실 · 입원실 배정 신속화 방안 포함)을 우선 배분할 방안을 포함한 재발방지대책 마련 · 제출
3. 병원 ㅁ내 전체 종사자(병원장 포함)에 대하여 1, 2 결과를 교육
4. 24시간 응급실 근무 전문의의 중증응급환자 직접 진료, 중증도 분류 관리 · 감독 책임 강화 방안 수립
5. 구급대의 전화상 수용 능력 확인 요청에 대한 응급환자 수용 프로토콜(수용거부 결정의 양적 기준* 및 절차**) 수립 · 제출(병원장 및 병원 내 모든 진료과장 준수 서약서 포함)
   * 병상 포화도, 중증도를 고려한 환자 수 대비 의사 수 등
   ** 구급대 전화접수→보고→최종 결정 등 절차별 주체
6. 구급대 또는 구급상황관리센터(G 한정)의 전화 수용 의뢰 – 의료진 응답대장을 전수 기록 · 관리(주 1회 소방본부와 대장 대조 확인하여 공동 확인 의무) 및 주기적 환류(병원 내 전체회의 월 1회, 지자체–소방본부–의료기관 합동 환류 회의 월 1회 개최)

ㅇ 시정명령 이행기간 동안 응급의료법 제16조 제1항, 제17조 제4항에 따른 재정지원은 중단합니다.

– 시정명령을 충실히 이행하지 않을 경우 응급의료법 제35조 제1항에 따라 지역응급의료센터 지정을 취소(대구광역시)할 것임을 알려드립니다.

[인정 근거] 다툼 없는 사실, 갑 제1, 3호증, 을 제1 내지 12호증의 각 기재, 변론 전체의 취지

2. 관련 법령

별지 기재와 같다.

3. 원고 주장의 요지

가. 처분사유의 부존재

이송 요청 당시 이 사건 병원의 의료진은 다른 중증외상환자에 대한 수술을 하고 있어 이 사건 응급환자를 이송 받는다 하더라도 적절한 진료 및 수술을 하기 어려울 것이 예상되는 상황이었으므로 부득이 이 사건 응급환자를 수용하지 못하였다. 따라서 이 사건 수용거절에는 '정당한 사유'가 존재한다.

나. 재량권 일탈.남용

설령 처분사유가 인정된다 하더라도 이 사건 처분으로 인해 얻을 수 있는 공익에 비해 이 사건 병원이 입게 될 불이익이 지나치게 무거워, 이 사건 처분은 비례의 원칙을 위반한 것이므로 위법하다.

4. 이 사건 처분의 적법여부에 관한 판단

가. 처분사유의 존부

응급의료법은, 의료인은 해당 의료기관의 능력으로는 응급환자에 대하여 적절한 응급의료를 할 수 없다고 판단한 경우에는 지체 없이 그 환자를 적절한 응급의료가 가능한 다른 의료기관으로 이송하여야 한다(제11조 제2항)고 정하고 있고, 응급의료기관의 장은 응급환자 수용능력 확인을 요청받은 경우 정당한 사유 없이 응급의료를 거부 또는 기피할 수 없고 응급환자를 수용할 수 없는 경우에는 제2조 제7호의 의료기관등에 지체 없이 관련 내용을 통보하여야 한다(제48조의2 제2항)고 정하고 있다.

앞서 든 증거 및 갑 제2, 4호증의 각 기재에 변론 전체의 취지(이 법원이 지정한 전문심리위원 L

작성의 의견서 포함)를 더하여 인정되는 다음과 같은 사실 및 사정을 종합하면, 이 사건 병원이 이 사건 응급환자에 대한 응급의료를 거부 또는 기피한 데에는 그 의무 해태를 탓할 수 없는 '정당한 사유'가 있었다고 인정된다. 이 사건 처분은 처분사유가 인정되지 않는다. 원고의 이 부분 주장은 이유 있다.

1) 이 사건 병원의 의료진은 사건 당일 15:53경 "다른 외상환자의 수술로 인해 추가 수용이 어렵다"는 사유로 이 사건 수용거절을 하였다. 그런데 실제로 이 사건 병원은 사건 당일 12:27경 오토바이 사고로 인한 다른 중증외상환자를 수용하여 14:46경 혈관조영술을 시행하였고, 혈복강, 위천공, 간 및 비장 손상, 하지 개방성 골절의 진단 하에 15:28경 위 환자를 수술실로 옮겨 이 사건 수용거절 당시에는 위 환자에 대한 수술 직전 상태였다. 이어 이 사건 수용거절 시간으로부터 약 12분 후인 16:05부터 19:15까지 약 3시간 10분 동안 외상의과 전문의 2명과 정형외과 전문의 2명이 투입되어 위 환자에 대한 응급수술을 수행하였다. 특히 위 수술에는 이 사건 병원에 재직 중인 외상의과 전문의 전원이 투입되었으므로, 위 수술이 종료된 19:15까지는 또 다른 중증외상환자에 대한 수술 진행이 어려운 상황이었다.

   또한 이 사건 병원은 15:18경 10층 높이에서 추락한, 또 다른 중증외상의 심정지 환자를 수용하여 약 10명의 의료진이 투입되어 심폐소생술을 시행하였는데, 15:27경 위 환자가 사망하여 이 사건 수용거절 당시인 15:53경에는 물론 16:44경까지는 응급실 담당 의사 1명이 장기기증 절차를 도맡아 진행하였다.

   당시 이 사건 병원의 응급실에는 전문의 2명과 전공의 2명이 근무 중이었으나 그 중 전공의 2명은 응급의학과 근무를 시작한지 3주가 채 되지 않았으므로 온전한 가동 인력으로 보기 어려웠고, 응급실 내 전체 28개 병상 중 15개 병상에 환자들이 수용되어 있었던 점까지 고려하면, 응급실 중증 구역 내 의료진 여력이 넉넉했다고 보기는 어렵고, 다소 빠듯했던 것으로 보인다.

2) 피고는 이 사건 수용거절의 '정당한 사유' 인정 여부에 관한 전문가 자문회의를 개최한 후 "이 사건 응급환자에게 어떤 진료가 필요할지도 모르는 상황에서 수술 진행 어려움을 이유로 수용을 거부한 것은 정당하지 않다"는 전문가의 검토의견에 따라 이 사건 처분사유를 인정하였다. 즉, 피고에 따르면 이 사건 병원으로서는 당시 수술 인력이 확보되어 있는지 여부와는 무관하게 우선 응급실 병상에 이 사건 응급환자를 수용했어야 한다는 것이다. 피고의 이러한 결론은 '당시 이 사건 병원이 이 사건 응급환자를 대면하지 않고 유선으로 정보를 제공받은 것만으로

는 어떤 진료가 필요할지 알 수 없었다'는 판단을 전제로 하고 있는 것으로 보인다.

그러나 전문심리위원 L는 이 법원에 제출한 의견서에 "아무런 보호 장치 없이 추락한 경우 중증외상의 가능성이 많고, 두부의 부종, 다리의 변형이 관찰되었다면 다발성 장기손상이 의심되는 상황이었을 가능성이 높다. 이런 상황에서는 응급실에 환자가 들어오더라도 응급의학과에 의한 일차적인 처치로 끝날 상황은 아니고 필요에 따라 관련 배후과(외상외과, 신경외과, 흉부외과, 정형외과 등) 전문의의 치료가 필요하였을 것으로 추정되고, 다른 중증외상환자의 수술로 인해 이 사건 응급환자를 처치할 수 있는 의료진이 없어 이 사건 응급환자의 수용이 어렵다고 판단한 것이 의료적 관점에서 무리한 것이었다고 생각되지 않는다"는 의견을 개진하였다.

나아가 실제 이 사건 응급환자는 이 사건 수용거절 시간으로부터 34분 뒤 심정지가 발생했고, 2시간 30분 뒤 다발성 장기 손상 및 복부 출혈로 인한 저혈량성 쇼크로 사망하였다. 결과적으로 이 사건 응급환자는 이 사건 병원 의료진이 이 사건 수용거절 시점 당시 판단한 것과 같이 긴급한 수술적 처치가 필요한 상황이었음이 추정된다.

위 전문심리위원의 의견과 실제 발생한 결과에 비추어 볼 때, 이 사건 병원 의료진으로서는 구급대와 119구급상황관리센터로부터 제공받은 정보만으로도 이 사건 응급환자에게 어떤 진료가 필요한지 충분히 판단할 수 있었고, 이를 토대로 이 사건 응급환자에게는 긴급한 수술이 필요하다고 판단한 내용 역시 합리적이고 정확한 판단이었다고 보인다. 따라서 '당시 이 사건 병원이 이 사건 응급환자에게 어떤 진료가 필요할지 알 수 없었다'는 피고의 전제는 타당하지 않다.

3) 또한 피고는 '해당 시점의 응급실 가용병상이 총 13개, 응급실 근무 중인 의사가 4명이었던 점을 종합하여 볼 때, 이 사건 병원 응급실의 수용 능력이 충분하였다'고 보았다. 그러나 이 사건 병원 응급실에 근무 중이던 전문의 2명은 모두 응급의학과 전문의들이었고, 일반적으로 응급의학과 전문의는 심폐소생술, 바이탈 유지 등 응급조치는 할 수 있지만 복부 수술이나 두부, 척추, 흉부의 외과적인 수술까지 기대하기는 어려운 것이 보통이다. 당시 다른 환자에 대한 선행 수술 등에 투입된 의료진을 제외한 나머지 응급실 의료진만으로는 이 사건 응급환자에 대한 긴급한 수술적 처치가 이뤄지기 어려운 상황이었다. 그럼에도 만약 피고가 주장하는 바와 같이 응급실 수용 능력만을 토대로 이 사건 응급환자를 곧바로 수용하였더라면, 응급실 병상에서 바이탈 유지 등의 조치 정도는 할 수 있었겠으나 결국에는 유선으로 판단한 것과 동일하게 수술이 필요하다는 판단을 내렸을 것이 분명하다. 그 경우 이 사건 응급환자는 선행 수술이 끝날

때까지 아무런 추가 조치를 받지 못한 채 대기하거나 즉시 수술이 가능한 다른 병원으로 다시 이송되었을 것이므로, 오히려 수술을 받는 시점만 더 지체되었을 것이다.

따라서 피고의 주장처럼 응급실 수용 능력만을 기준으로 환자의 수용 여부를 결정하고 그 결과 이 사건 응급환자를 수용했다면, 오히려 이 사건 응급환자의 상태를 더 악화시키는 결과를 초래하게 되었을 것이다. 그러므로 이 사건 병원의 의료진이 이 사건 응급환자에게 긴급한 수술이 필요한데, 이 사건 병원에 수술가용 인력이 없어 수술을 할 수 없다고 판단하고 이 사건 응급환자가 이 사건 병원 응급실로 왔다가 다시 수술 가능한 다른 병원으로 전원하게 하여 시간을 낭비하는 것보다는 즉시 수술이 가능한 다른 병원으로 이송되도록 조치한 것은 당시의 상황을 기준으로 보거나 결과를 보더라도 적절한 조치였던 것으로 보인다.

4) 한편, 피고는 사건 당일 이 사건 응급환자의 수용을 거부하였던 G병원 및 F병원에 대해서도 시정명령 및 보조금 중단 처분을 한 바 있다. 이에 대해 위 각 병원은 불복하는 행정소송을 제기하였는데, 서울행정법원은 2024. 9. 26. G병원 측의 청구를 기각하는 판결(서울행정법원 2023구합81596)을 선고하였고, 2025. 4. 24. F병원 측의 청구 역시 이를 기각하는 판결(서울행정법원 2023구합77047)을 선고하였다. 그러나 위 판결에 따르면, G병원의 경우 이 사건 병원과 달리 수용거절 당시 다른 중증 외상환자를 수용 중이었다거나 다른 응급수술을 수행하고 있지 않았고, F병원의 경우 응급의학과 의사가 병원으로 이송된 이 사건 응급환자를 직접 대면하여 진료하였음에도 중증도 평가를 제대로 하지 않은 채 수용을 거절하였다는 것으로서 이 사건 병원의 경우와 동일하게 취급하기 어렵다.

나. 소결

따라서 이 사건 처분은 처분사유가 인정되지 않아 위법하므로 원고의 다른 주장에 관하여는 나아가 살펴볼 필요 없이 취소되어야 한다.

5. 결론

원고의 청구는 이유 있으므로 이를 인용하기로 하여 주문과 같이 판결한다.

별지

관련 법령

■ 응급의료에 관한 법률

제8조(응급환자에 대한 우선 응급의료 등)

① 응급의료종사자는 응급환자에 대하여는 다른 환자보다 우선하여 상담·구조 및 응급처치를 하고 진료를 위하여 필요한 최선의 조치를 하여야 한다.

② 응급의료종사자는 응급환자가 2명 이상이면 의학적 판단에 따라 더 위급한 환자부터 응급의료를 실시하여야 한다.

제11조(응급환자의 이송)

① 의료인은 해당 의료기관의 능력으로는 응급환자에 대하여 적절한 응급의료를 할 수 없다고 판단한 경우에는 지체 없이 그 환자를 적절한 응급의료가 가능한 다른 의료기관으로 이송하여야 한다.

② 의료기관의 장은 제1항에 따라 응급환자를 이송할 때에는 응급환자의 안전한 이송에 필요한 의료기구와 인력을 제공하여야 하며, 응급환자를 이송받는 의료기관에 진료에 필요한 의무기록(醫務記錄)을 제공하여야 한다.

③ 의료기관의 장은 이송에 든 비용을 환자에게 청구할 수 있다.

④ 응급환자의 이송절차, 의무기록의 이송 및 비용의 청구 등에 필요한 사항은 보건복지부령으로 정한다.

제16조(재정 지원)

① 국가 및 지방자치단체는 예산의 범위에서 응급의료기관등 및 응급의료시설에 대하여 필요한 재정 지원을 할 수 있다.

제17조(응급의료기관등에 대한 평가)

④ 보건복지부장관은 제1항에 따른 응급의료기관등에 대한 평가 결과에 따라 응급의료기관등에 대하여 행정적·재정적 지원을 할 수 있다.

제35조(응급의료기관의 지정 취소 등)

① 응급의료기관 및 권역외상센터, 지역외상센터가 다음 각 호의 어느 하나에 해당하는 경우에는 보건복지부장관, 시·도지사 또는 시장·군수·구청장 중 해당 지정권자가 그 지정을 취소할 수 있다.

1. 지정기준에 미달한 경우

2. 이 법에 따른 업무를 수행하지 아니한 경우

3. 이 법 또는 이 법에 따른 처분이나 명령을 위반한 경우

② 보건복지부장관, 시·도지사 또는 시장·군수·구청장은 응급의료기관 및 권역외상센터, 지역외상센터가 제1항 각 호의 어느 하나에 해당하는 경우에는 일정한 기간을 정하여 위반한 사항을 시정하도록 명하여야 한다.

③ 보건복지부장관, 시·도지사 또는 시장·군수·구청장은 제2항의 시정명령을 한 경우 명령의 성실한 이행을 위하여 명령이 이행될 때까지 제16조제1항, 제17조제4항 및 제30조의4에 따른 재정 지원의 전부 또는 일부를 중단할 수 있다.

제48조의2(수용능력 확인 등)

① 응급환자 등을 이송하는 자(구급차등의 운전자와 제48조에 따라 구급차등에 동승하는 응급구조사, 의사 또는 간호사를 말한다)는 특별한 사유가 없는 한 보건복지부령으로 정하는 방법에 따라 이송하고자 하는 응급의료기관의 응급환자 수용 능력을 확인하고 응급환자의 상태와 이송 중 응급처치의 내용 등을 미리 통보하여야 한다.

② 응급의료기관의 장은 제1항에 따른 응급환자 수용능력 확인을 요청받은 경우 정당한 사유 없이 응급의료를 거부 또는 기피할 수 없으며 응급환자를 수용할 수 없는 경우에는 제2조제7호의 응급의료기관등에 지체 없이 관련 내용을 통보하여야 한다.

③ 제1항 및 제2항과 관련된 구체적인 기준, 방법, 절차 등 필요한 사항은 보건복지부령으로 정한다.

■ 응급의료에 관한 법률 시행규칙

제4조(응급환자의 이송절차 및 의무기록의 이송)

① 의료인은 법 제11조에 따라 응급환자를 다른 의료기관으로 이송하는 경우에는 이송받는 의료기관에 연락하고, 적절한 이송수단을 알선하거나 제공하여야 한다.

② 의료인은 제1항에 따라 이송받는 의료기관에 대한 연락이나 준비를 할 수 없는 경우에는 법 제27조제1항에 따른 응급의료지원센터(이하 "응급의료지원센터"라 한다)나 「119구조ㆍ구급에 관한 법률」 제10조의2에 따른 119구급상황관리센터를 통하여 이송받을 수 있는 의료기관을 확인하고 적절한 이송수단을 알선하거나 제공하여야 한다.

③ 제1항과 제2항에 따라 응급환자를 이송하는 경우에 제공하여야 하는 의무기록은 다음 각 호와 같다.

1. 별지 제2호서식의 응급환자진료의뢰서

2. 검사기록 등 의무기록과 방사선 필름의 사본 그 밖에 응급환자의 진료에 필요하다고 판단되는 자료

제39조의2(수용능력의 확인 등)

① 법 제48조의2제1항에 따라 응급환자 등을 이송하는 자는 전화, 무선통신, 그 밖의 전산망 등을 이용하여 응급의료기관의 수용능력을 확인하고, 다음 각 호의 사항을 통보하여야 한다.

1. 환자의 발생 경위(확인된 경우만 해당한다)
2. 환자의 연령, 성별 및 상태(활력 징후 및 의식 수준을 말한다)
3. 현장 및 이송 중 응급처치의 내용
4. 도착 예정 시각

② 제1항에 따른 확인 및 통보는 특별한 사유가 없으면 이송을 시작한 즉시 하여야 한다.

04 - B

'맥페란' 오처방 관련 형사 처벌 사례

14 '맥페란' 오처방 관련 형사 처벌 사례

파킨슨병 병력 환자에 맥페란 주사 Case

사례 14

- 맥페란 구역 및 구토 증상 치료
- 파킨슨병 환자에 투여시 증상 악화 가능성
- 속이 불편하여 영양제 주사 투여 위해 내원
- 파킨슨병 기왕증 문진하지 않고 맥페란 투여 이후 파킨슨증 악화되어 피고의사 기소됨
- 1심 '금고 10개월·집행유예 2년' 판결, 2심서 유지
- "의사 스스로도 '피해자가 파킨슨병 앓는 것 알았다면 맥페란 주사 처방하지 않았을 것'이라는 취지로 진술"

이 사건은 의료 과실에 대한 법적 판단과 의료진의 책임 범위에 대한 사회적 논의를 촉발하였습니다 2023년 11월 20일 '의사면허 강화법' 시행되어 금고 이상(집행유예 포함) 형이 선고되면 면허가 취소될 수 있습니다.

그러나 일정기간이 경과되면 의사면허 재발급이 가능하고 업무상 과실치사상죄는 의사면허 강화 요건서 빠져 있어 실형으로 법정구속되더라도 업무상 과실치사상죄는 의사면허 취소와 관련 없습니다.

주의할 점은 다른 죄와 병합될 경우 예를 들어 프로포폴 관리를 잘못했다거나, 약품관리장부에 기재가 누락될 경우 마약류 관련법에 위반될 수 있으며, 업무상 과실치사상, 다른 범죄(의료법, 마약류, 약사법 위반 등)과 연관되면 처벌받을 수 있습니다.

1심 판결문

창원지방법원 통영지원 2022고단1018 업무상과실치상

판 결

판 결 선 고 2023. 2. 8.

주 문

피고인을 금고 10월에 처한다.

다만, 이 판결 확정일로부터 2년간 위 형의 집행을 유예한다.

이 유

범 죄 사 실

피고인은 K시 고현로14길 25에 있는 G내과의원에서 근무하는 의사이고, 피해자 한ㅇ순(여, 83세)은 2020. 1. 7. 파킨슨병을 진단받은 사람으로서 2021. 1. 11. 영양제 주사를 투여받기 위해 위 의원을 방문하게 되었다.

이러한 경우 의사에게는 내원한 환자에 대하여 기왕력 등을 확인하고, 환자의 연령 등을 고려하여 이상반응이 발생하지 않도록 주사제 등을 처방하며, 처방한 주사제의 부작용을 충분히 설명하는 등 필요한 조치를 하여야 할 업무상 주의의무가 있었고, 멕페란 주사액은 메토클로프라미드 염산염수화물 성분으로 이루어진 구역 · 구토의 증상 치료를 위한 의약품으로 파킨슨병 환자에게 투여 시 파킨슨병 증상을 악화시킬 수 있고 쇼크, 말린증후군, 추체외로 증상 등의 이상반응을 일으킬 수 있기에 파킨슨병 환자에게는 투여가 금지되고, 고령자에게는 신중한 투여가 권고되는 것이므로 환자의 기왕력에 파킨슨병이 포함되는지 여부 등을 확인하여 환자가 파킨슨병 환자라면 투여하지 아니하여 할 업무상 주의의무가 있었다.

그럼에도 피고인은 같은 날 09:30경 위 의원에서, 피해자에 대한 기왕력 등을 제대로 확인하지 않은 채 파킨슨병 환자인 피해자에게 막연히 멕페란 주사액 2ml를 투여한 업무상 과실로 같은 날 12:30경 피해자로 하여금 멕페란 주사액의 부작용으로 치료기간을 알 수 없는 전신쇠약, 일시적 의식상실, 발음장애 및 파킨슨증 악화 등의 상해를 입게 하였다.

증거의 요지

1. 피고인의 일부 법정진술

김O희에 대한 경찰 진술조서

수사보고서(감정의뢰회신 첨부), 수사상황(순환기 내과 의사 통화 확인)

1. 한국의료분쟁조정중재원의 감정결과, 대한의사협회 의료감정원의 감정결과

의료급여의뢰서, 일반진단서, 경과기록지, 진료기록부, 인터넷검색 출력물, 소견서

법령의 적용

1. 범죄사실에 대한 해당법조 및 형의 선택
형법 제268조, 금고형 선택
1. 집행유예
형법 제62조 제1항(아래 양형의 이유 중 유리한 정상 참작)

피고인과 변호인의 주장에 관한 판단

1. 주장의 요지

가. 피고인은 의사로서의 문진의무를 제대로 이행하였으므로, 업무상과실이 없다.

나. 설령, 피고인에게 업무상과실이 있다고 하더라도, 업무상과실과 피해자에게 발생한 상해의 결과 사이에 인과관계가 없다.

2. 판 단

검사가 제출한 증거들에 의하여 인정할 수 있는 아래와 같은 사실 또는 사정들을 종합하여 보면, 피고인이 피해자에게 맥페란 주사를 처방하면서 피해자의 파킨슨병의 기왕력을 제대로 확인하지 아니한 과실로 인하여 피해자에게 상해의 결과가 발생하였음을 충분히 인정할 수 있다. 따라서 이와 다른 피고인과 변호인의 주장은 받아들이지 아니한다.

1) 진료에 관하여는 의사의 의학적 지식 등의 우위가 전제되는 것이므로, 의사로서는 먼저 환자의 병상과 기왕력 등 환자로부터 진료에 필요한 사항을 적절히 끄집어 내야할 업무상 주의의무가 있다.

2) 한국의료분쟁조정중재원의 감정결과에 의하면, “멕페란은 중추신경계(뇌)의 도파민 수용체 차단효과가 있어서 도파민 결핍을 가지고 있는 파킨슨병 환자에게 투약 시 파킨슨병의 운동 이상을 더욱 악화시킬 수 있어 투약에 주의해야 함”이라고 되어 있다. 따라서 전문의료인인 피고인으로서는 멕페란 투약에 앞서 피해자에게 파킨슨병 등 멕페란을 투약하여서는 아니 되는 기왕력이 있는지 여부를 명확히 확인하였어야 했다.

3) 피고인은 피해자를 문진하면서 피해자 측에 '어디 불편한 곳이 있는지' 등에 관한 질문을 하고 피해자 측으로부터 ‘속이 메스껍고 구토증 증상이 있다’는 이야기를 듣고 멕페란 주사를 처방한 것이므로, 문진의무를 제대로 이행한 것이라고 주장한다. 그러나 ‘어디 불편한 곳이 있는지’ 등에 관한 질문은 환자에게 진료를 의뢰하게 된 직접적인 원인, 즉 현재의 건강 상태에 관한 질문을 한 것에 그칠 뿐이고, 그것만으로는 기왕력 등을 확인하는 문진의무를 충분히 이행한 것이라고 볼 수 없다.

4) 환자 역시 의사에 대하여 진료협력의무를 부담하고 있음은 당연하나, 환자의 진료협력의무 등은 의학적 지식의 우위에 있는 의사로부터 적절한 설명, 정보, 질문 등을 제공 받았음을 전제로 출발한다고 할 것인데, 피고인으로부터 기왕력 등에 관한 질문을 전혀 받지 못한 이 사안에 있어서는 피해자가 먼저 자신의 기왕력을 피고인에게 고지하지 않았다고 하더라도, 피고인의 책임이 면제된다고 평가할 수 없다. 만약, 피고인이 맥페란 주사 투약 전에 피해자에게 파킨슨병 등 기왕력에 대한 질문을 하였다면, 피해자로부터 파킨슨병을 앓고 있음을 알 수 있었을 것이므로, 피고인으로서는 이 사건 상해 결과 발생을 충분히 회피할 수 있었다(피고인도 수사과정 및 이 법정 증인신문 과정에서 ‘피해자가 파킨슨병을 앓고 있다는 점을 알았다면 멕페란 주사 처방을 하지 않았을 것이다’라는 취지로 진술하였다).

5) 나아가 한국의료분쟁조정중재원의 감정결과 등에 의하면, ‘멕페란 투약 후 당일 의식저하 또는 상실, 발음장애 등은 멕페란 주사액의 투약으로 인한 약물 이상 반응으로 볼 수 있다’고 기재되어 있는바, 피해자의 연령, 기왕력 등 일부 요인이 증상 악화에 기여하였을 가능성을 전적으로 배제하기 어렵다고 하더라도, 피고인의 주의의무위반이 피해자에게 발생한 상해의 결과에 주요한 영향을 미쳤음을 부정하기는 어렵다.

양형의 이유

1. 법률상 처단형의 범위: 금고 1월 ~ 5년

2. 양형기준에 따른 권고형의 범위

[유형의 결정] 과실치사상 · 산업안전보건범죄 〉 01. 과실치사상 〉 [제2유형] 업무상과실 · 중과실치상

[특별양형인자] 없음

[권고영역 및 권고형의 범위] 기본영역, 금고 4월 ~ 10월

3. 선고형의 결정: 금고 10월, 집행유예 2년

아래의 개별적인 양형 요소와 피고인의 연령, 성행, 환경, 범행의 동기, 수단과 결과, 범행 후의 정황 등 여러 양형 조건들을 종합하여 주문과 같이 형을 정한다.

○ 유리한 정상: 피고인이 벌금형보다 중한 형으로 처벌 받은 전력이 없는 점, 피해자가 앓고 있었던 기저질환으로 인하여 증상이 더욱 악화되었을 가능성을 전적으로 배제하기 어려운 점, 피고인이 1,000만 원을 형사공탁한 점

○ 불리한 정상: 피고인의 업무상과실로 인하여 피해자에게 상당한 피해가 발생하였음에도 피해회복이 만족할 수준으로 이루어지지 아니한 점, 이 사건 범행으로 인하여 피해자를 비롯한 피해자의 가족들이 상당한 신체적 또는 정신적 고통을 겪었을 것으로 보이고, 피해자 측이 피고인에 대한 엄벌을 탄원하고 있는 점

2심 판결문

창원지방법원	2023노495 업무상과실치상

판 결

원 심 판 결 창원지방법원 통영지원 2023. 2. 8. 선고 2022고단1018 판결

판 결 선 고 2024. 5. 30.

주 문

피고인과 검사의 항소를 모두 기각한다.

이 유

1. 항소이유의 요지

가. 피고인

1) 사실오인 내지 법리오해

피고인은 문진의무를 충실히 이행하였고, 파킨슨병 환자에 대한 멕페란 투여가 절대적인 금기사항은 아니므로 피고인에게 업무상 과실이 인정되지 않는다. 설령 피해자에게 발생한 의식저하 또는 상실, 발음장애 등을 상해로 인정하더라도 멕페란 투여와 상해 결과 사이에 인과관계가 없다.

2) 양형부당

원심의 형(금고 10월, 집행유예 2년)은 너무 무거워서 부당하다.

나. 검사(양형부당)

원심의 형이 너무 가벼워서 부당하다.

2. 피고인의 사실오인 내지 법리오해 주장에 관한 판단

피고인은 원심에서도 이 부분 항소이유와 동일한 취지의 주장을 하였고, 원심은 '피고인과 변호인의 주장에 관한 판단' 부분에서 자세한 이유를 설시하면서, 원심이 적법하게 채택하여 조사한 증거들에 의하면, 피고인이 피해자에게 멕페란 주사를 처방하면서 피해자의 파킨슨병 기왕력을 제대로 확인하지 아니한 과실로 인하여 피해자에게 상해의 결과가 발생하였음을 충분히 인정할 수 있다고 판단하였다.

원심이 밝힌 유죄의 이유를 원심이 적법하게 채택하여 조사한 증거들과 면밀히 대조하여 살펴보면, 원심의 위와 같은 판단은 정당한 것으로 수긍이 가고, 거기에 피고인의 주장과 같은 사실오인 내지 법리오해의 잘못이 없다. 이와 관련하여 당심이 덧붙이는 이유는 다음과 같다.

① 멕페란은 중추신경계의 도파민 수용체 차단효과가 있어서, 도파민 결핍을 가지고 있는 파킨슨병 환자에게 투약 시 파킨슨병의 운동이상을 더욱 악화시킬 수 있는 약물로서 투약에 주의해야 한다. 피고인은 고령인 피해자를 문진하면서 '어디 불편한 곳이 있는지'라고 물으며 내원하게 된 이유를 물었을 뿐 파킨슨병 등 피해자의 기왕력에 대하여는 질문하지 않은 채, 피해자에게 멕페란 주사액을 투여하였다. 피고인은 전문의료인으로서 적절한 질문을 통해 환자의 기왕력과 상태를 파악하고, 주사제로 인한 이상반응이나 부작용을 충분히 설명해야 하는 업무상 주의의무가 있었음에도, 이를 충분히 이행하지 않았다.

② 피고인 및 변호인은, '파킨슨병 환자의 구토를 반드시 조절해야 하는 상황이라면 멕페란의 단기간 사용을 고려할 수 있다.'라는 당심의 P대학교병원에 대한 감정촉탁 회신결과를 근거로 하여, 파킨슨병 환자에 대한 멕페란 투여가 절대적인 금기사항이 아니므로 피고인이 멕페란을 피해자에게 투여한 것이 업무상 과실이 아니라고 주장한다.

그러나 위 감정촉탁 회신결과에 의하더라도, '장기간 멕페란 주사 또는 경구 투약은 파킨슨 증상을 악화시키고 지연성 이상운동증을 유발할 수 있고, 단기간 처방에도 파킨슨 증상의 악화가 있을 것으로 예상된다.'는 것이고, 내원 당시 정황을 살펴보더라도 멕페란의 위험성에도 불구하고 파킨슨병을 기저질환으로 가진 피고인에게 멕페란의 사용을 반드시 고려할 만한 상황은 아니었던 것으로 보인다. 또한, 피고인 스스로도 '피해자가 파킨슨병을 앓고 있다는 점을 알았다면 멕페란 주사 처방을 하지 않았을 것이다.'라는 취지로 진술하고 있어, 피해자의 기왕력 등을 제대로 확인하지 않은 채 파킨슨병 환자인 피해자에게 멕페란 주사액을 투여한 것은 피고인의 업무상 과실이라고 평가할 수 있다.

③ 한국의료분쟁조정중재원의 감정서에 의하면, '멕페란 투약 후 당일 의식저하 또는 상실, 발음장애 등은 멕페란 주사액의 투약으로 인한 약물 이상 반응으로 볼 수 있다.'는 것이고, 대한의사협회 의료감정원의 감정회신서에 의하면, '멕페란의 성분인 메토클로프라미드는 뇌내 도파민 수용체를 차단하여 파킨슨 증상, 즉 느린 동작, 경직, 떨림, 균형장애로 인한 넘어짐을 악화시킬 수 있고, 멕페란 주사 이후 이러한 파킨슨 증상의 악화가 있을 경우 이를 멕페란 주사로 발생한 상해로 판단할 수 있다.'는 것이다. 피해자의 연령이나 기저질환 등의 요인이 피해자의 전신쇠약, 일시적 의식상실, 발음장애 및 파킨슨증 악화 등에 일부 기여하였을 가능성을 고려하더라도, 피고인의 업무상 과실로 인한 멕페란 투여 행위와 위와 같은 상해 사이의 인과관계가 인정될 수 있다.

3. 피고인과 검사의 양형부당 주장에 관한 판단

피고인과 검사의 양형부당 주장에 관하여 함께 본다.

제1심과 비교하여 양형의 조건에 변화가 없고 제1심의 양형이 재량의 합리적인 범위를 벗어나지 아니하는 경우에는 이를 존중함이 타당하다(대법원 2015. 7. 23. 선고 2015도3260 전원합의체 판결 등 참조).

원심은 유리한 정상과 불리한 정상을 두루 고려하여 피고인의 형을 정하였다. 피고인과 검사가 항소이유로 주장하는 사정들은 원심이 그에 대한 평가를 하여 이미 양형에 반영한 것으로 보이고, 원심판결 선고 이후 양형에 반영할 만한 새로운 정상이나 형을 변경하여야 할 정도로 특별한 사정변경을 찾아볼 수 없다. 그 밖에 범행의 경위, 수법과 결과, 범행 후의 정황, 피고인의 연령, 성행 등 이 사건 기록에 나타난 양형의 조건이 되는 여러 사정을 참작하여 보면, 원심이 피고인에게 선고한 형이 합리적 재량의 범위를 벗어나 지나치게 무겁거나 너무 가벼워서 부당하다고 볼 수 없다.

따라서 피고인과 검사의 양형부당 주장은 모두 받아들이지 않는다.

4. 결론

그렇다면 피고인과 검사의 항소는 이유 없으므로 형사소송법 제364조 제4항에 의하여 이를 모두 기각하기로 하여 주문과 같이 판결한다.

3심 판결문

대법원 제 2 부	2024도9443 업무상과실치상

판 결

원 심 판 결　창원지방법원 2024. 5. 30. 선고 2023노495 판결

판 결 선 고　2025. 5. 15.

주 문

원심판결을 파기하고, 사건을 창원지방법원에 환송한다.

이 유

상고이유를 판단한다.

1. 공소사실 요지

피고인은 K시에 있는 이 사건 의원에서 근무하는 의사이다. 피해자는 2020. 1. 7. 파킨슨병을 진단받았는데 2021. 1. 11. 영양제 주사를 맞기 위해 이 사건 의원을 방문하였다.

피고인에게는 내원한 환자에 대하여 기왕력 등을 확인하고, 환자의 연령 등을 고려하여 이상반응이 발생하지 않도록 주사제 등을 처방하며, 처방한 주사제의 부작용을 충분히 설명하는 등 필요한 조치를 하고, 특히 구역·구토 증상의 치료를 위한 맥페란주사액은 메토클로프라미드 염산염수화물 성분으로 이루어져 있어서 파킨슨병 환자에게 투여할 경우 파킨슨병 증상을 악화시킬 수 있고 쇼크, 말린증후군, 추체외로 증상 등의 이상반응을 일으킬 수 있어 파킨슨병 환자에게는 투여가 금지되고 고령자에게는 신중한 투여가 권고되므로, 피해자가 파킨슨병 환자라면 이를 투여하지 아니하여야 할 업무상 주의의무가 있었다.

그럼에도 피고인은 같은 날 09:30경 이 사건 의원에서, 피해자의 기왕력 등을 제대로 확인하지 않은 채 파킨슨병 환자인 피해자에게 맥페란주사액 2㎖를 투여한 업무상 과실로 같은 날 12:30경 피해자로 하여금 맥페란주사액의 부작용으로 치료기간을 알 수 없는 전신쇠약, 일시적 의식상실, 발음장애 및 파킨슨증 악화 등의 상해를 입게 하였다.

2. 원심의 판단

원심은 판시와 같은 사정을 들어 피고인이 피해자에게 맥페란주사액을 처방하면서 피해자의 파킨슨병 기왕력을 제대로 확인하지 않은 과실로 인하여 피해자에게 공소사실 기재와 같은 상해가 발생하였음을 인정할 수 있다고 판단한 제1심판결을 그대로 유지하였다.

3. 대법원의 판단

가. 업무상 주의의무에 관한 판단(제1 상고이유)

원심판결 이유를 관련 법리와 적법하게 채택된 증거에 비추어 살펴보면, 원심의 판단에 의료행위에 있어서의 업무상 주의의무에 관한 법리오해 등의 위법이 없다.

나. 업무상 과실과 상해 발생 사이의 인과관계 등에 관한 판단(제2.3 상고이유)

원심이 피고인의 업무상 과실과 피해자에게 발생한 각 상해 사이에 상당인과관계가 있다고 보아 피고인에게 업무상과실치상죄가 성립한다고 한 판단은 다음과 같은 이유에서 수긍하기 어렵다.

1) 의사에게 의료행위로 인한 업무상과실치사상죄를 인정하기 위해서는 의료행위 과정에서 공소사실에 기재된 업무상 과실의 존재 외에 그러한 업무상 과실로 인하여 환자에게 상해.사망 등 결과가 발생하였다는 인과관계에 대하여도 엄격한 증거에 따라 합리적 의심의 여지가 없을 정도로 증명이 이루어져야 한다(대법원 2023. 1. 12. 선고 2022도11163 판결 등 참조). 의사의 업무상 과실이 증명되었다는 사정만으로 인과관계가 추정되거나 증명 정도가 경감되는 것은 아니다(대법원 2023. 8. 31. 선고 2021도1833 판결 등 참조).

2) 원심판결 이유와 기록에 의하면 다음 사실을 알 수 있다.

가) 피해자는 이 사건 의원 방문 전인 2020. 1. 7. T신경과의원에서 파킨슨병으로 진단받은 후 전신무력감, 보행장애, 구음장애, 서동증 등과 같은 파킨슨병 증상으로 레보도파(levodopa) 등의 약물치료를 받고 있었다. 또한 피해자는 고혈압, 당뇨, 척추협착증, 골관절염, 취약한 전신상태, 영양결핍 등에 대한 경과관찰도 받고 있었다.

나) 피해자는 2021. 1. 11. 영양제 주사를 맞기 위해 이 사건 의원을 방문하여 피고인에게 '속이 메스껍고 구역질이 난다'고 말하였다. 피고인은 같은 날 09:30경 유한쓰리챔버폼스페리주(단백아미노산제제)를 피해자의 정맥에 주입하면서 판타졸주(소화성궤양용제), 케로라주(해열.진통.소염제)와 함께 메토클로프라미드 염산염수화물 성분의 맥페란주사액(위장관 운동촉

진제) 2㎖도 투여하였다. 피고인은 같은 날 12:30경 의식이 저하된 상태의 피해자를 발견하고는 제일덱사메타손주사액(부신호르몬제) 등을 투여하고 의료법인 B병원으로 피해자를 전원시켰다. 당시 피고인은 의료급여의뢰서에 '피해자가 맥페란주사액 등의 투여 이후 의식저하 및 발음장애가 있는 상태'라고 작성하였다.

다) 피해자는 같은 날 13:49경 B병원 응급실에 도착하였다. B병원의 응급임상기록지에는 같은 날 13:54경 초진 당시 피해자에 관한 추정진단으로 주진단 '전신쇠약', 부진단 '일시적 의식상실(R558A)'이, 주호소로는 "기운이 없어 타병원 내과 방문하여 영양제 및 맥페란주사액 맞고 환자 갑자기 의식 처지면서 기운 없어 하여 내원함. 내원 시 환자 의식은 기면(drowsy) 상태이나 이름을 말할 정도는 되며, 국소적 마비의 소견은 없으나 전반적인 근력은 떨어진다고 함"이, 진찰소견으로는 '기면(drowsy)'등이 기재되어 있다. B병원의 간호경과기록지에는 "2021. 1. 11. 22:00경 의식(mental): 기면(drowsy), 이름 부르는 소리에 대답하며 눈뜨는 모습임, 침상 난간 잡고 옆으로 누우며 스스로 움직이는 모습 보임", "2021. 1. 12. 08:00경 의식(mental): 명료(alert), 기저귀 벗고 병실 내 화장실 걸어 다님(보호자 부축함)" 등이 기재되어 있다. 또한 B병원이 2021. 3. 23. 발급한 의료급여의뢰서에는 "맥페란주사액 부작용으로 일시적으로 근력저하 있어 입원하였으며, 입원 중 요로감염 및 장염으로 내과 치료 하였습니다. 입원 중 만성적인 허리 통증으로 시행한 MRI상 흉추 11번의 전이성 혹은 원발성 암 의심 소견 있어 3차병원 권유하였으며, 3차병원 진료는 보지 않은 상태입니다."라고 기재되어 있다.

라) 감정서 등에는 공소사실 기재 각 상해에 관하여 다음과 같은 의견이 기재되어 있다.

(1) 전신쇠약 관련

대한의사협회 의료감정원의 2021. 7. 6. 자 감정회신서에는 '피해자의 전신 위약감의 악화는 맥페란주사액 투여에 의한 파킨슨 증상 악화인지, 요로감염 및 장염에 의한 영향인지 명백하지 않다'는 취지의 의견이 기재되어 있고, 한국의료분쟁조정중재원의 2022. 6. 8. 자 감정서에는 '피해자가 맥페란주사액을 투여받은 이후 발생한 전신쇠약 등의 증상은 맥페란주사액 등의 약물 투여와 시간적 간격이 있어 약물로 유발되었다고 보기 어려우며, 감염증으로 인한 전신상태 악화로 섬망이 동반되면서 나타났다고 보는 것이 타당하다'는 취지의 의견이 기재되어 있다.

(2) 일시적 의식상실 관련

대한의사협회 의료감정원의 2022. 8. 9. 자 감정회신서에는 '피해자는 맥페란주사액 투여 후 의식소실 상태 중에도 혈압과 혈당이 정상적으로 유지되었고 이후 의식수준도 정상적으로 회복되었는바, 맥페란주사액 등의 약물로 인해 중추신경계 이상에 따른 실신이 발생할 가능성은 없다'는 취지의 의견이 기재되어 있다. 한국의료분쟁조정중재원의 2022. 6. 8. 자 감정서에는 '맥페란주사액 투여로 인한 약물이상반응으로 일시적 의식저하는 있었을 수 있다'는 취지의 의견이 기재되어 있다. P대학교병원의 2023. 12. 8. 자 진료기록감정서에는 '파킨슨병 환자에게 맥페란주사액의 1회 투여로 의식상실이 발생한 예는 없는 것으로 알고 있다. 신경악성증후군이 발생한 경우 의식의 저하가 있을 수 있으나 피해자의 경우 의식저하가 1일 이상 지속되지 않은 것으로 보이고, 활력징후의 변동이 없어 신경악성증후군은 없었다고 생각된다. 피해자의 상태가 맥페란주사액 투여 전에도 일시적 의식저하 등이 발생할 수 있는 상태였는지를 확인할 수 있는 혈액검사, 뇌파검사, 뇌척수액검사, 뇌영상 등이 제공되지 않았다'는 취지의 의견이 기재되어 있다.

(3) 발음장애 관련

대한의사협회 의료감정원의 2022. 8. 9. 자 감정회신서에는 '피해자의 발음장애 등의 정확한 원인에 대해서는 제공된 진찰소견과 검사결과가 제한되어 확답할 수 없다. 피해자에게 경련, 발한, 동요, 발열을 동반한 경직 등이 있었는지 확인되지 아니하여 맥페란주사액 투여 이후 세로토닌 증후군이 발생하였을 가능성도 낮다'는 취지의 의견이 기재되어 있다. 한국의료분쟁조정중재원의 2022. 6. 8. 자 감정서에는 '맥페란주사액 투여로 인한 약물이상반응으로 일시적 발음장애는 있었을 수 있으나, 맥페란주사액의 일회성 투여로 인한 구음장애는 가역적이었을 것으로 추정된다'는 취지의 의견이 기재되어 있다. P대학교병원의 2023. 12. 8. 자 진료기록감정서에는 '파킨슨병 환자에게 맥페란주사액의 1회 투여로 발음장애가 발생한 예는 없는 것으로 알고 있다. 피해자의 구음장애가 원래 어느 정도 심했는지 알 수 없기 때문에 맥페란주사액 투여 이후 더 악화되었는지 여부도 알 수 없다'는 취지의 의견이 기재되어 있다.

(4) 파킨슨증 악화 관련

대한의사협회 의료감정원의 2021. 7. 6. 자 및 2022. 8. 9. 자 감정회신서에는 '맥페란주사액 투여 이후 서동증, 경직, 떨림의 운동증상과 관련한 파킨슨 증상의 악화가 있을 경우 이를 상해로 판단할 수 있을 것이나 피해자의 경우 파킨슨 증상 악화를 판단할 근거가 제공되지 않았다. 파킨슨병에서 인지기능 저하는 수년에 걸쳐 느리게 진행하므로 급성으로 발생한 혼동 등은 파킨슨병의 악화가 아니다'는 취지의 의견이 기재되어 있다. 한국의료분쟁조정중재원의 2022. 6. 8. 자 감정서에는 '맥페란주사액 투여로 인한 일시적 파킨슨증 악화는 있었을 수 있다. 그러나 피해자가 B병원에서 입원치료 당시 말이 어눌하여 알아듣기 힘들고, 묻는 말에 한 번씩 엉뚱한 소리를 하며, 계속 맨발로 돌아다니고 여기가 어딘지 모르겠다고 하는 증상 등은 감염증을 치료받는 과정에서 보였던 섬망 증상들로 보이므로 맥페란주사액 투여로 인한 직접적 증상으로 볼 수 없고, 약물 투여와의 시간적 간격이 있어 시간적 연관성도 떨어진다. 일회성 약물 투여로 파킨슨병과 같은 신경학적 기저질환이 악화되었다고 설명하기에는 약물의 효능과 인과관계의 모든 측면에서 근거가 부족하다'는 취지의 의견이 기재되어 있고, 나아가 '피해자의 증상을 설명할 수 있는 다른 변인은 파킨슨병과 같은 병리를 보이나 고령의 환자에게서 더 많이 나타나는 루이소체 치매이다. 루이소체 치매의 경우 인지저하가 병의 초기부터 두드러지게 나타나고, 맥페란주사액과 같은 도파민수용체 차단 약물에 과민성이 있어 약물 투여로 인한 의식저하가 가능하며, B병원에서 피해자가 보인 섬망, 언어장애, 인지장애, 무력감 등을 모두 설명할 수 있는 질환이다. 피해자의 경우 신경학적 진단을 정밀하게 받은 적이 없기 때문에 현재의 원인을 이것으로 확정지을 수는 없고 루이소체 치매가 피해자가 보인 이러한 증상의 발생 가능한 원인 중 하나로 사료된다'는 취지의 의견이 기재되어 있다. P대학교병원의 2023. 12. 8. 자 진료기록감정서에는 'B병원의 2021. 1. 26. 자 의무기록상 피해자의 손떨림이 악화되어 신경외과 협진을 진행하였다는 기재는 확인된다. 그러나 파킨슨병 악화의 원인을 알기 위해서는 전반적인 검사가 필요하고, 전신상태 악화, 대장암과 그 전이 역시 파킨슨병 악화를 유발했을 수도 있으므로 약제에 의하여 파킨슨병이 악화되었는지 알 수 없다. 맥페란을 포함한 항도파민 약제로 인하여 파킨슨 증상이 악화되는 경우 대부분 원인약제를 중단할 뿐 그 외 특별한 조치가 필요하지 않다'는 취지의 의견이 기재되어 있다.

3) 위와 같은 사실관계를 앞서 본 법리에 비추어 살펴본다.

가) 전신쇠약 부분에 관하여 본다. 피해자는 이 사건 의원에 내원하기 전에도 전신 무력감, 취약한 전신상태(poor general condition), 영양결핍 등으로 T신경과의원에서 치료를 받았던 것으로 보이고, 이 사건 의원에도 전신쇠약으로 영양제를 투여받기 위해 내원한 것으로 확인된다. 또한 피해자는 맥페란주사액 투여를 받은 이후 B병원에서 요로감염, 장염 및 흉추 부위 전이성 또는 원발성암이 의심된다는 진단 등을 받은 바 있는데, 이로 인하여 피해자의 전신쇠약 증상이 악화되었을 가능성도 배제하지 못한다.

나) 일시적 의식상실 부분에 관하여 본다. 피해자의 의식 상태는 이 사건 의원에서 맥페란주사액 투여를 받은 이후 기면(drowsy) 상태로 저하되었으나 그다음 날 명료(alert)한 상태로 회복되었다. B병원의 2021. 1. 11. 응급임상기록지에는 피해자에 대한 추정진단의 주진단명이 '전신쇠약', 부진단명이 '일시적 의식상실(R558A, blackout)'로 기재되어 있으나, 13:54경 초진 당시 피해자에 대한 의식 상태에 대하여 이름을 말할 수 있을 정도의 '기면(drowsy)' 상태라고 기재되어 있고 진찰소견 역시 '기면(drowsy)'으로 기재되어 있으므로, 추정 부진단명의 '일시적 의식상실'은 '기면' 내지 '의식저하' 상태를 의미하는 것일 수 있다. 한국의료분쟁조정중재원의 2022. 6. 8. 자 감정서에는 '맥페란주사액 투여로 인한 약물이상반응으로 일시적 의식저하는 있었을 수 있다'는 의견이 기재되어 있고, 부산대학교병원의 2023. 12. 8. 자 진료기록감정서에는 '파킨슨병 환자에게 맥페란주사액의 1회 투여로 의식상실이 발생한 예는 없는 것으로 알고 있다'는 의견이 기재되어 있다. 사정이 이와 같다면, 원심으로서는 피해자의 연령, 성별, 체격, 약물의 종류와 효능.효과, 투여 방법과 용량, 부작용.이상반응, 약물의 반감기 등 약물의 작용에 미칠 수 있는 여러 요소를 기초로 하여 맥페란주사액 투여로 인하여 피해자에게 실제 발생한 의식저하 내지 의식상실이 구체적으로 어떠한 의식 수준 단계에서 어느 정도의 상태에 해당하는지, 그 상태가 약물 투여와 어느 정도의 상관관계가 있는지, 그 상태가 약물 투여를 통한 치료과정에 수반될 수 있는 성격의 것인지, 그 상태가 얼마나 오랫동안 지속되었는지, 그 이후 피해자가 정상적인 상태로 회복되었는지 등을 보다 면밀하게 살펴, 피해자의 의식저하 내지 의식상실의 상태가 '치료기간을 알 수 없는 상해'에 해당할 수 있는지 판단하였어야 한다.

또한 피해자가 맥페란주사액을 투여 받은 이후 의식저하 내지 의식상실의 상태가 발생하였다고 하더라도, 위와 같은 피해자의 상태가 과연 피고인이 맥페란주사액을 처방하면서 피해자의 파킨슨병 기왕력을 제대로 확인하지 않은 과실로 인하여 발생한 것인지, 그렇지 않다면 약물로 인하여 발생할 수 있는 일시적 이상반응에 불과한 것인지 여부에 대한 판단 역시 필요하다.

다) 발음장애 부분에 관하여 본다. 피해자는 맥페란주사액 투여 후 기면 상태가 하루 정도 지속되었는데, 이러한 의식저하 상태에서는 환자의 발음이 어눌하고 알아듣기 힘들다고 하더라도 그것이 언어기능의 저하 때문인지, 저하된 의식 상태에 수반되는 것인지 정확히 확인하기 어렵다. 그뿐만 아니라 피해자는 맥페란주사액을 투여받기 전에도 구음장애가 있었던 것으로 확인되는데 맥페란주사액 투여 이후 구음장애의 상태가 얼마나 더 악화되었는지 알 수 없는 사정

을 고려하면, 제출된 증거만으로는 맥페란주사액 투여로 인하여 구음장애가 발생하거나 악화되었다고 인정하기도 어렵다.

라) 파킨슨증 악화 부분에 관하여 본다. 대한의사협회 의료감정원, 한국의료분쟁조정중재원, P대학교병원은 공통적으로 맥페란주사액 1회 투여로 피해자의 파킨슨병이 비가역적으로 악화되었다고 보기 어렵다는 의견을 제시하였다. 따라서 맥페란주사액 투여가 비가역적인 파킨슨병 악화와 같은 상해의 원인이 되기는 어려워 보인다. 나아가 피해자가 맥페란주사액을 투여받은 이후 상당한 시간 내에 서동증, 경직, 떨림 등과 같은 파킨슨증에서 나타나는 운동이상의 증상이 악화되었다고 인정할 만한 증거를 찾을 수 없다. 또한 피해자는 B병원에 입원 중 섬망, 언어장애, 인지장애 등의 증상을 보였으나, 이는 맥페란주사액 투여 이후 상당한 시간이 경과한 뒤 요로감염 등의 치료 과정에서 발생한 것으로 맥페란주사액 투여와 직접적인 관련이 있다고 보기 어렵다. 따라서 맥페란주사액 투여로 인한 파킨슨증 악화가 있었다고 인정하기도 어렵다.

마) 따라서 피고인에게 맥페란주사액을 처방할 당시 피해자가 파킨슨병을 앓고 있다는 사정을 제대로 확인하지 않은 업무상 과실이 인정된다고 하더라도, 검사가 제출한 증거만으로는 과연 이러한 과실로 인하여 피해자에게 공소사실 기재 각 상해가 발생하였다고 인정할 수 있는지에 대하여 합리적인 의심의 여지가 없을 정도로 증명되었다고 보기는 어렵다.

4) 그런데도 원심은 맥페란주사액 투여와 공소사실 기재 각 상해 사이에 인과관계가 존재하는지에 관한 면밀하고 구체적인 심리 없이 맥페란주사액 투여가 있으면 일시적인 의식저하나 발음장애 등이 발생할 수 있다는 취지의 감정서 내용 등만을 근거로 맥페란주사액 투여와 공소사실 기재 전체 상해 사이의 인과관계를 인정하고 공소사실을 유죄로 판단하였다. 이러한 원심의 판단에는 업무상 과실과 상해의 결과 발생 사이의 인과관계의 증명 등에 관한 법리를 오해하고, 필요한 심리를 다하지 않음으로써 판결에 영향을 미친 잘못이 있다.

4. 결론

그러므로 원심판결을 파기하고, 사건을 다시 심리·판단하도록 원심법원에 환송하기로 하여, 관여 대법관의 일치된 의견으로 주문과 같이 판결한다.

04 - C

필수의료 분야 의료사고의 고액 배상 판결 사례

A. ‘응급실 뺑뺑이’ 관련 병원 행정처분 취소소송 사례

B. ‘맥페란’ 오처방 관련 형사 처벌 사례

C. 필수의료 분야 의료사고의 고액 배상 판결 사례

D. 요약

15 필수의료 분야 의료사고의 고액 배상 판결 사례

폐암 지연진단(수두증) Case

법원, 응급실 내원 환자 폐암 조기 발견 못한 대학병원에 '17억 배상' 판결

병원 측, 흉부 방사선 촬영에서 종괴 확인했으나 경과 관찰하기로 판단…재판부 "병원 때문에 폐암 진단 지연돼 상태 악화"

사례 15

- 2018. 1. 23. 04:00경 발생한 두통 증세로 피고 병원 응급실에 내원.
- 2018. 1. 24. 15:09경 원고에 대한 흉부 방사선 촬영 영상 판독 결과, '좌측 폐문부의 종괴 혹은 뚜렷해 보이는 혈관 의증(R/O left hilar mass or prominentvessel)'(이하 '이 사건 병변'이라 한다)이 확인되었다.
- 원고는 2018. 1. 31. 피고 병원 신경외과에서 외래진료를 받았는데, 주치의는 추정진단으로 뇌실확장(ventriculomegaly)을 제시하고 추적관찰 하도록 설명하였다.
- 피고 병원 의료진은 2018. 1. 26. 및 2018. 1. 31. 진료 시 원고에게 이 사건 병변이 발견된 사실을 알리지 않았고, 이 사건 병변에 관한 추가 검사를 실시하지 않았다.
- 두통으로 응급실 내원 환자가 11개월 뒤 말기 폐암 지연진단 됨. 과거 검사기록에 이미 있었음.

1. 법원 판단

- 피고 병원 의료진은 흉부 방사선 촬영 검사상 발견된 위 병변에 대하여 원고에게 설명하거나 적절한 검사나 치료를 권유하지 않았을 뿐만 아니라, 폐암의 확진을 위한 어떠한 추가 검사도 시행하지 않았으므로, 원고의 폐암에 대한 진단상 주의의무를 위반한 과실이 있다고 봄이 상당하다.
- 피고 병원 의료진의 설명의무 미이행으로 인하여 원고에게 손해가 발생한 경우에 해당한다고는 보기 어렵다.
- 피고 병원 의료진의 주의의무 위반과 원고의 폐암 악화 사이의 인과관계 인정할 수 있다.
- 노동능력상실율: 100%
- 직업: 피부과 전문의(원장), 월 36,000,000원
- 책임제한 30%
- 배상액 1,675,636,492원

2. 책임의 제한

(1) 관련 법리와 책임 비율

의사 등이 의료상 과실 또는 설명의무를 위반함으로써 환자에게 손해를 배상할 책임이 있는 경우에 그 손해배상의 범위를 정함에 있어서는, 의사 측의 과실의 내용과 정도, 진료의 경위와 난이도, 의료행위의 결과, 해당 질환의 특성, 환자의 체질과 행태 등 제반 사정을 참작하여 손해 분담의 공평이라는 손해배상제도의 이념에 비추어 그 손해배상액을 제한할 수 있다(대법원 2014. 12. 24. 선고 2013다18332 판결등 참조).

의료 과실 책임의 공평한 분담 원칙과 고려사항

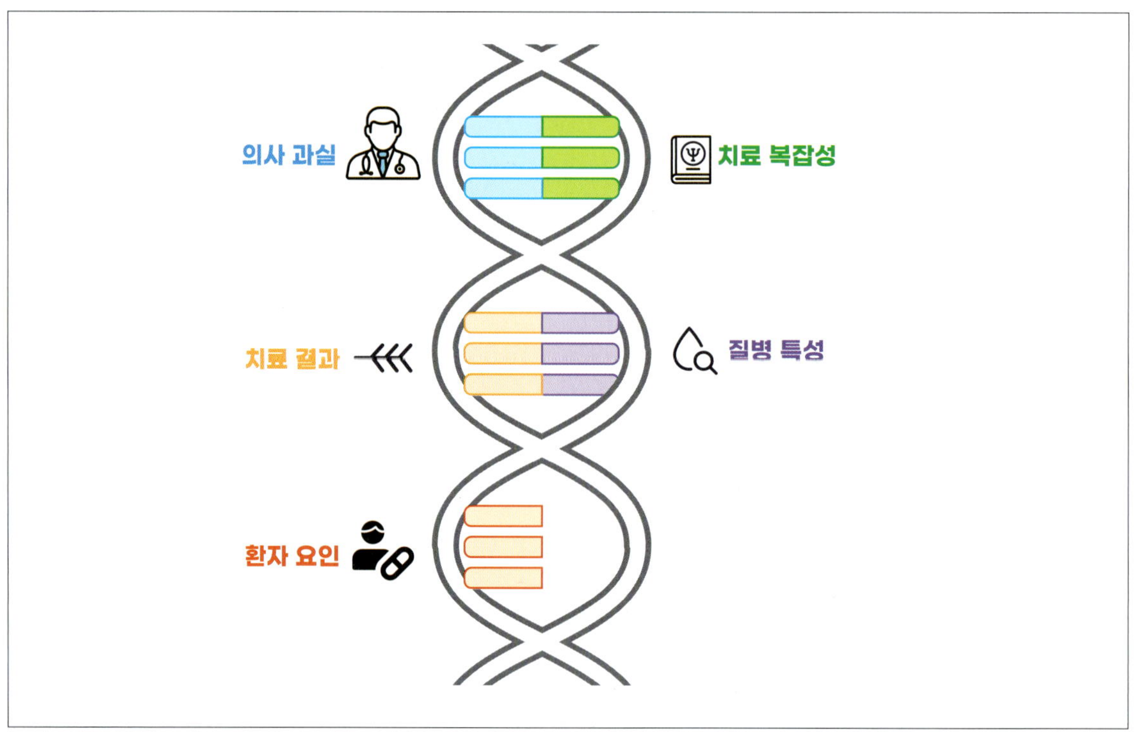

① 원고는 2018. 1. 23. 두통을 호소하여 피고 병원에 내원하였고, 위 내원 당일은 물론 2018. 1. 26. 및 2018. 1. 31. 진료시 피고 병원 의료진이 폐암을 의심할 만한 증세를 호소하지 않았던 점,

② 원고는 2018. 12. 17. 건강검진 결과 이 사건 종괴가 발견될 때까지 스스로도 폐암을 의심할만한 증세를 겪지 않았던 것으로 보이는 점, ③ 피고 병원 의료진이 2018. 1. 24. 이사건 병변에 대하여 추가 검사를 시행하여 폐암 진단을 하고 수술 등 치료를 시행하였다고 하더라도 그로 인한 재산적 손해가 적지 않았을 것이고 이미 Ⅰ~Ⅱ기였던 것으로 보이는 원고의 폐암이 완치되었을 것이라거나 뇌 전이, 우측 부신 전이가 발생하지 않았을 것이라고 단정하기는 어려운 점 등을 비롯하여 이 사건 변론과정에 나타난 제반사정들을 종합하여 보면, 피고 가톨릭학원의 손해배상책임을 30%로 제한함이 타당하다.

책임 제한 사유

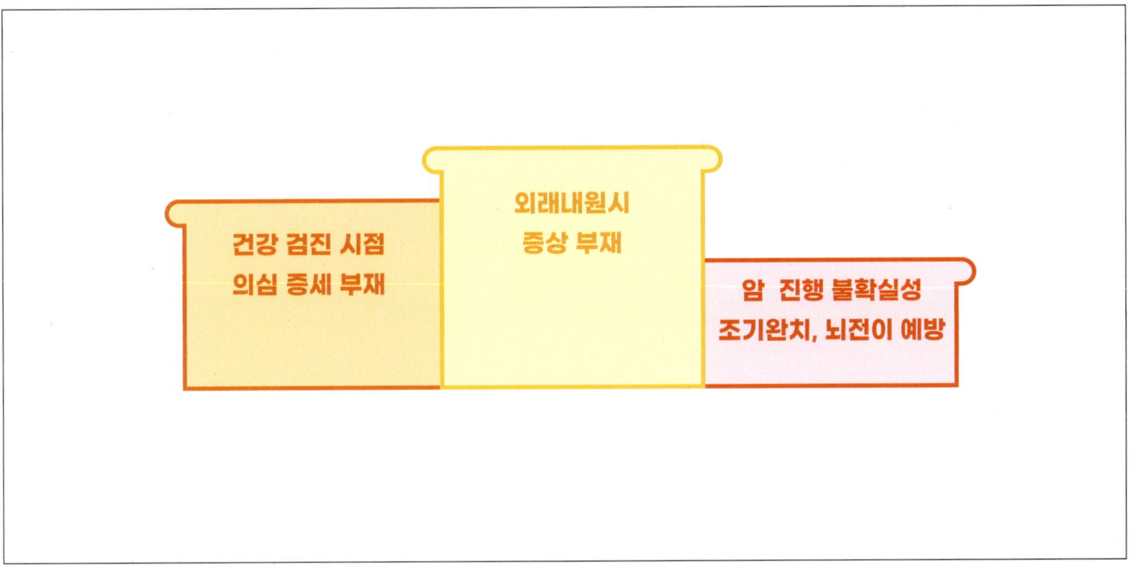

서울중앙지방법원 2020가합571324 손해배상(의)

판 결

변 론 종 결 2023. 6. 13.

판 결 선 고 2023. 8. 29.

주 문

피고들은 공동하여 원고에게,

가. 1,705,636,492원 및 이에 대하여 2018. 12. 18.부터 2023. 8. 29.까지는 연 5%의, 그 다음날부터 다 갚는 날까지는 연 12%의 각 비율로 계산한 돈을 지급하고,

나. 원고의 생존을 조건으로,

1) 2028. 4. 13.부터 2038. 7. 31.까지 매월 12일에 3,573,233원,

2) 2028. 4. 13.부터 2043. 4. 13.까지 매년 4. 14.에 2,100,000원

및 위 각 돈에 대한 각 지급기일 다음날부터 다 갚는 날까지 연 5%의 비율로 계산한 돈을 지급하라.

원고의 피고들에 대한 나머지 청구를 각 기각한다.

소송비용 중 70%는 원고가, 나머지는 피고들이 각 부담한다.

제1의 가.항은 가집행할 수 있다.

청 구 취 지

피고들은 공동하여 원고에게 6,580,866,150원 및 이에 대하여 2018. 12. 18.부터 이 사건 청구취지 및 청구원인 변경신청서 부본 송달일까지는 연 5%의, 그 다음날부터 다 갚는 날까지는 연 12%의 각 비율로 계산한 돈을 지급하고, 원고의 생존을 조건으로, 2028. 4. 13.부터 2043. 7. 12.까지 매월 13.에 11,910,778원, 2028. 4. 13.부터 2043. 4. 13.까지 매년 4. 13.에 7,000,000원 및 위 각 돈에 대한 각 지급기일 다음날부터 다 갚는 날까지 연 5%의 비율로 계산한 돈을 지급하라.

이 유

1. 기초사실

가. 당사자들의 지위

원고는 S병원(이하 '피고 병원'이라 한다)에서 진료를 받은 사람이고, 피고 학교법인 K학원(이하 '피고 K학원'이라 한다)은 피고 병원, Y병원을 운영하는 법인으로, 피고 병원 의료진의 사용자이며, 피고 현대해상화재보험 주식회사(이하 '피고 현대해상화재보험'이라 한다)는 보험업을 영위하는 회사로서 피고 K학원이 의료사고와 관련한 책임보험을 가입한 보험회사이다.

나. 피고 병원에서의 진료 경과

1) 원고는 2018. 1. 23. 04:00경 발생한 두통 증세로 22:16 피고 병원 응급실에 내원하였다. 피고 병원 응급실 의사는 원고에 대하여 문진을 실시한 후 흉부 방사선 촬영(Chest PA) 검사, 뇌 및 뇌혈관 컴퓨터 단층촬영(CT angio) 검사, 심전도, 혈액검사 등을 시행하였다. 피고 병원 의료진은 원고에게 '혈관 이상(vascular abnormality)은 보이지 않았으나 뇌실 확장(ventricle enlargement)으로 이에 대한 본과 외래 방문은 필요하다'고 설명하였고, 원고는 당일 귀가하였다.

2) 2018. 1. 24. 15:09경 원고에 대한 흉부 방사선 촬영 영상 판독 결과, '좌측 폐문부의 종괴 혹은 뚜렷해 보이는 혈관 의증(R/O left hilar mass or prominent vessel)'(이하 '이 사건 병변'이라 한다)이 확인되었다. 그러나 피고 병원 의료진은 원고에게 이 사건 병변이 발견된 사실을 알리지 않았다.

3) 원고는 2018. 1. 26. 피고 병원 신경과에서 외래진료를 받았다. 주치의는 원고의 증상에 대한 추정진단으로 수두증(hydrocephalus)을 제시하고, 뇌 MRI 검사를 시행하고 필요할 경우 뇌조조영술(cisternography)을 고려하겠다고 설명하였으며, 원고는 당일 뇌 MRI 검사를 시행받았다. 원고는 2018. 1. 31. 피고 병원 신경외과에서 외래진료를 받았는데, 주치의는 추정진단으로 뇌실확장(ventriculomegaly)을 제시하고 추적관찰 하도록 설명하였다. 피고 병원 의료진은 2018. 1. 26. 및 2018. 1. 31. 진료 시 원고에게 이 사건 병변이 발견된 사실을 알리지 않았고, 이 사건 병변에 관한 추가 검사를 실시하지 않았다.

다. 원고의 폐암 발병 사실 확인 경위 및 그 이후의 치료 경과

1) 원고는 2018. 12. 17. 건강검진 중 실시한 흉부 CT 검사 결과 약 83 × 64 × 95㎜ 크기의 종괴(이하 '이 사건 종괴'라 한다)가 발견되자 2018. 12. 18. 피고 병원 흉부외과에 내원하였다. 피고 병원 주치의는 원고에 대하여 폐암 의증으로 추정진단을 하였고, 위 종괴에 대한 조직검사 결과 선종(adenoma)으로 확정되었다. 원고는 피고 병원에서 추가 검사를 받으려 했으나 병실이 부족하여 Y병원 응급실로 내원하였다.

2) 원고는 2018. 12. 18.부터 2018. 12. 21.까지 흉부 방사선 검사 및 흉부 CT하 폐조직 검사(CT guided biopsy), 기관지경하 폐조직 검사(Bronchoscopic biopsy), 뇌 MRI, 골주사 검사(Bone scan), 전신 PET CT 검사 등을 시행받았고, 2018. 12. 18. 폐암 ⅢB기(우측 폐결절이 좌측 폐암에서 전이된 암이 아닌 경우) 혹은 그 이상(ⅣA기, 우측 폐결절이 좌측 폐암에서 전이된 경우) 가능성(T4 N2 rather than N0 Mx) 진단을 받았으며, 2018. 12. 21. 'EGFR(Epidermal growth factor receptor) 유전자 돌연변이 양성' 진단을 받았다.

3) 원고는 2018. 12. 25.부터 폐암의 크기를 줄여 수술을 하기 위한 선항암 치료로써 표적항암제인 아피티닙 복용을 시작하였고, 2019. 4. 12. K대학교 성빈센트병원(이하 '성빈센트병원'이라 한다) 흉부외과에서 흉강경하 좌하엽폐 폐엽절제술 및 좌상엽폐 부분 절제술, 종격동림프절 제거술(이하 '좌측 폐엽절제술'이라 한다)을 시행받았으며, 이후 보조항암방사선 동시치료(방사선 30회 조사, 세포독성항암제 6사이클 시행)와 공고화 항암요법(consolidation CTx)을 시행받았다.

4) 원고에 대하여 2019. 10. 18. 시행한 뇌 MRI 검사 결과, 새롭게 뇌 전이가 발견되었고, 원고는 2019. 10. 21.부터 현재까지 표적항암제 오시머티닙을 복용 중이다.

5) 원고에 대하여 2022. 4. 13. 시행한 뇌 MRI, 복부 CT 검사 결과, 뇌 전이와 우측 부신 전이가 새롭게 발견되었다. 원고는 2022. 4. 19. 연세대학교 의과대학 세브란스병원(이하 '세브란스병원'이라 한다)에서 전이성 뇌종양에 대하여 감마나이프 치료를 시행받았고, 2022. 5. 20. 피고 병원에서 우측 부신 전이에 대하여 부신 절제술을 시행받았다.

[인정근거] 다툼 없는 사실, 갑 제5-1~7, 6-1~4, 7-1~2, 14-1~9, 15-1~3, 16-1~3호증의 각 기재 및 영상, 순천향대학교 부속 서울병원에 대한 진료기록감정촉탁 결과, 감정보완촉탁 결과, 경희대학교병원에 대한 신체감정촉탁 결과, 변론 전체의 취지

2. 원고 주장의 요지

원고에 대한 흉부 방사선 촬영 검사 결과 2018. 1. 24. 이 사건 병변이 발견되었다. 그런데 피고 병원 의료진은 이 사건 병변을 제대로 진단하지 않고 원고에게 위 병변이 발견된 사실 및 추가 검사 여부, 치료방법 및 예후 등에 대하여 아무런 설명을 하지 않았다. 이로 인하여 폐암 진단이 지연됨에 따라 원고는 조기에 치료를 받을 기회를 상실하였고 폐암이 악화되어 뇌전이, 우측 부신 전이까지 이루어졌다. 따라서 피고 K학원은 피고 병원 의료진의 사용자 또는 진료계약의 당사자로서, 피고 현대해상화재보험은 피고 K학원의 의료사고에 관한 손해배상금 지급을 보증한 보험회사로서, 위 피고들은 공동하여 원고에게 일시금으로 6,580,866,150원(= 일실이익 5,661,281,240원 + 기왕 치료비 309,784,910원 + 향후 치료비 549,800,000원 + 위자료 60,000,000원) 및 이에 대한 지연손해금, 정기금으로 원고의 생존을 조건으로 2028. 4. 13.부터 매월 생계비 11,910,778원 및 매년 향후치료비 7,000,000원을 지급하여야 할 의무가 있다.

3. 판단

가. 손해배상책임의 발생

1) 진단상 주의의무 위반 여부

가) 관련 법리

(1) 의사가 진찰 · 치료 등의 의료행위를 함에 있어서는 사람의 생명 · 신체 · 건강을 관리하는 업무의 성질에 비추어 환자의 구체적인 증상이나 상황에 따라 위험을 방지하기 위하여 요구되는 최선의 조치를 취하여야 할 주의의무가 있고, 의사의 이와 같은 주의의무는 의료행위를 할 당시 의료기관 등 임상의학 분야에서 실천되고 있는 의료행위의 수준을 기준으로 삼되, 그 의료수준은 통상의 의사에게 의료행위 당시 일반적으로 알려져 있고 또 시인되고 있는 이른바 의학상식을 뜻하므로 진료환경 및 조건, 의료행위의 특수성 등을 고려하여 규범적인 수준으로 파악되어야 하며, 또한 진단은 문진 · 시진 · 촉진 · 청진 및 각종 임상검사 등의 결과에 터잡아 질병 여부를 감별하고 그 종류, 성질 및 진행 정도 등을 밝혀내는 임상의학의 출발점으로서 이에 따라 치료법이 선택되는 중요한 의료행위이므로, 진단상의 과실 유무를 판단함에 있어서는 그 과정에 있어서 비록 완전무결한 임상진단의 실시는 불가능하다고 할지라도 적어도 임상의학 분야에서 실천되고 있는 진단 수준의 범위 내에서 그 의사가 전문직업인으로서 요구되는 의료상의 윤리와 의학지식 및 경험에 터잡아 신중히 환자를 진찰하고 정확히 진단함으로써 위험한 결과 발생을 예견하고 그 결과 발생을 회피하는 데에 필요한 최선의 주의의무를 다하였는지 여부를 따져 보아야 한다(대법원 2010. 7. 8. 선고 2007다55866 판결 참조).

(2) 의사는 환자를 진료하는 과정에서 질환이 의심되는 증세가 있는지를 자세히 살피어 그러한 증세를 발견한 경우에는 특별한 사정이 없는 한 그 질환의 발생 여부 및 정도 등을 밝히기 위한 조치나 검사를 받도록 환자에게 설명, 권유할 주의의무가 있다(대법원 2003. 12. 26. 선고 2003다13208, 13215 판결, 대법원 2009. 1. 15. 선고 2008다60162 판결 등 참조).

나) 구체적인 판단

갑 제5-1~7, 7-1호증의 각 기재 및 영상, 순천향대학교 부속 서울병원에 대한 진료기록감정촉탁 결과, 감정보완촉탁 결과, 변론 전체의 취지에 의하여 알 수 있는 다음과 같은 사정들을 종합하면, 피고 병원 의료진은 2018. 1. 24. 흉부 방사선 촬영 영상 판독 결과 이 사건 병변을 발견하였다면 위 판독 결과에 대하여 원고에게 설명하여 적절한 치료를 받도록 하여야 할 의무가 있다. 그럼에도 불구하고 피고 병원 의료진은 흉부 방사선 촬영 검사상 발견된 위 병변에 대하여 원고에게 설명하거나 적절한 검사나 치료를 권유하지 않았을 뿐만 아니라, 폐암의 확진을 위한 어떠한 추가 검사도 시행하지 않았으므로, 원고의 폐암에 대한 진단상 주의의무를 위반한 과실이 있다고 봄이 상당하다.

① 피고 병원 의료진은 2018. 1. 23. 원고에 대하여 흉부 방사선 촬영 검사를 시행하고 위 검사 결과를 판독하여 2018. 1. 24. 이 사건 병변을 발견하였다. 위와 같은 검사 결과가 확인되는 경우, 위 병변이 종괴성 병변인지 혈관성 병변인지를 진단하기 위해 흉부 전산화 단층 촬영을 실시하거나 위 단층 촬영을 실시하지 않는 경우에는 수개월 후에 단순 흉부 영상을 촬영하여 폐문부에 보이는 병변이 커지고 있는지 여부를 확인하여야 하는 것이 기본적인 대응이다. 피고 병원 의료진은 2018. 1. 24. 위 검사 결과를 확인하였으므로 원고에게 흉부 전산화 단층 촬영 등 추가 검사를 받도록 설명, 권유하고, 원고에 대하여 추가 검사를 실시하여 원고의 질환을 정확히 진단하였어야 한다. 그런데 피고 병원 의료진은 위 검사 결과를 확인한 2018. 1. 24.은 물론 그 이후인 2018. 1. 26. 및 2018. 1. 31. 원고가 피고 병원에 내원하였음에도 불구하고 원고에게 위 검사 결과에 대하여 설명하거나 정확한 진단을 위한 추가적인 검사나 치료를 시행하지 않았다.

② 피고들은 이 사건 병변은 의료진에 따라 두드러진 혈관이라고 의심할 수 있는 소견이고 당장 폐암을 의심하여야 하는 병변이 아니라 추후 경과관찰을 통해 확인해 볼 수 있는 소견이어서 2018. 1. 24.경 폐암으로 진단하고 추가 검사를 실시하였어야 한다고 볼 수 없다고 주장한다. 그러나 위 ①항에서 본 것처럼 이미 흉부 방사선 촬영 검사 결과 폐암을 의심할 만한 병변이 확인된 이상 위 병변이 혈관성 병변으로 의심된다고 하더라도 이를 명확히 진단하기 위해 흉부 전산화 단층 촬영 등 추가 검사를 시행하여야 하는 것이 당시의 의료기관 등 임상의학 분야에서 실천되고 있는 의료행위의 기준에 부합하는 것으로 보인다. 뿐만 아니라 피고 병원 의료진은 원고에게 위 병변의 발견 사실을 알리고 추후 경과를 관찰하도록 설명한 사실도 없다.

이처럼 피고 병원 의료진은 이 사건 병변을 발견하고서도 통상적으로 실천되고 있는 조치를 취하지 않고 있다가 약 11개월이 지난 후인 2018 12. 18. 원고가 외부에서 시행한 건강검진에서 이 사건 종괴를 발견하고 내원하자 비로소 폐암 진단을 하고 항암제를 투여하는 등의 조치를 취하여, 폐암을 조기에 발견하고 치료를 받을 수 있는 기회를 놓치게 한 잘못이 있다.

2) 설명의무 위반 여부

원고는 '환자에게 수술 등 침습을 가하는 과정 및 그 후에 나쁜 결과 발생의 개연성이 있는 의료행위를 하는 경우 또는 사망 등의 중대한 결과 발생이 예측되는 의료행위를 하는 경우에 있어서 진료계약상의 의무 내지 침습등에 대한 승낙을 얻기 위한 전제로서 당해 환자나 그 법정대리인에게 질병의 증상, 치료방법의 내용 및 필요성, 발생이 예상되는 위험 등에 관하여 당시의 의료수준에 비추어 상당하다고 생각되는 사항을 설명하여 당해 환자가 그 필요성이나 위험성을 충분히 비교해 보고 그 의료행위를 받을 것인가의 여부를 선택할 수 있도록 할 의무'(대법원 1999. 9. 3. 선고 99다10479 판결, 대법원 2013. 4. 26. 선고 판결 등 참조)를 피고 병원 의료진의 설명의무로서 주장하는 것으로 보인다.

그러나 원고가 주장하는 위와 같은 설명의무는 환자에 대한 수술 등 신체에 대한 침습을 포함하는 의료행위의 경우에 그 침습적 의료행위에 내재한 부작용의 발생 가능성 및 그 경우 증상의 악화를 막거나 원상으로 회복시키는 데에 필요한 조치사항에 관하여 환자에게 고지하는 진료상의 설명의무를 의미하는 것인바, 이 사건의 경우에는 앞서 본 바와 같이 피고 병원 의료진이 원고의 흉부 방사선 촬영 검사 결과 발견된 위 병변에 대하여 원고에게 설명하거나 적절한 검사나 치료를 권유하지 않았을 뿐만 아니라 폐암의 확진을 위한 어떠한 추가 검사도 시행하지 않은 과실이 인정될 뿐이고, 원고에게 침습적 의료행위에 내재한 부작용의 발생 가능성 및 그 경우 증상의 악화를 막거나 원상으로 회복시키는 데에 필요한 조치사항 등을 설명하지 않았다거나 위와 같이 내재한 부작용이 발생하였음에도 피고 병원 의료진의 설명의무 미이행으로 인하여 원고에게 손해가 발생한 경우에 해당한다고는 보기 어렵다.

따라서 피고 병원 의료진이 위 설명의무를 위반하였다는 원고의 주장은 이유 없다.

3) 피고 병원 의료진의 주의의무 위반과 원고의 폐암 악화 사이의 인과관계

가) 위 기초사실, 갑 제6-3, 7-1~2의 각 기재 및 영상, 순천향대학교 부속 서울병원에 대한 진료기록감정촉탁 결과, 감정보완촉탁 결과, 경희대학교병원에 대한 신체감정촉탁 결과, 사실조회 결과, 변론 전체의 취지에 의하여 인정되는 다음과 같은 사정들을 종합하여 보면, 앞서 본 바와 같이 피고 병원 의료진이 원고에 대한 진료 과정에서 주의의무를 소홀히 하여 원고의 이 사건 병변에 관한 진단을 지연하였고, 그에 따라 이 사건 병변에 대한 처치 또한 지연되어 그로 인하여 원고의 폐암이 상당한 정도로 진행되어 발견되었으며, 그 이후 치료에도 불구하고 상태가 악화되어 뇌전이, 우측 부신 전이까지 이르게 되었음을 인정할 수 있다.

① 비소세포성 폐암 각 병기의 5년 생존율은, ⅠA기는 82%, ⅠB기는 66%, ⅡA기는 52%, ⅡB기는 47%, ⅢA기는 36%이고, ⅢB기는 19%, Ⅳ기는 6%에 불과하다. 폐암의 진단과 치료가 늦어질 경우 환자의 예후에 부정적인 영향을 주는 것은 이미 알려진 사실이다.

② 2018. 1. 24. 흉부 방사선 촬영 검사 결과 발견된 이 사건 병변의 크기에 비추어 볼 때 당시 원고의 폐암 병기는 수술적 제거가 가능한 초기, 즉 Ⅰ기 또는 Ⅱ기일 가능성이 있다. 그런데 2018. 12. 18. 흉부 방사선 촬영 검사 결과 확인된 이 사건 종괴의 크기는 83 × 64 × 95㎜, 12㎝로서 2018. 1. 24. 발견된 병변에 비하여 현저하게 크기가 증가하였고, 폐암 병기는 ⅢB기로 진단되었다. 진료기록 감정의는 이 사건 종괴는 이 사건 병변이 악화된 것이라고 판단하였다.

③ 비소세포성 폐암의 경우, 병기에 따라 Ⅰ, Ⅱ기는 수술을 시행하고, ⅢA기는 항암제를 사용하고 수술, 방사선 치료를 시행하며, ⅢB, Ⅳ기는 항암제를 사용하여 치료한다. 원고가 2018. 1. 24. 흉부 전산화 단층 촬영 등 추가 검사로 폐암 초기인 Ⅰ, Ⅱ기 상태에서 진단을 받았다면 수술을 통해 폐암을 완전히 치료할 수 있었을 가능성이 존재하고 이 경우 원고의 예후도 훨씬 더 좋았을 것임을 추인할 수 있다.

④ 원고는 2018. 12. 18. 폐암 진단을 받았고 2018. 12. 25.부터 표적항암제인 아파티닙 투여를 시작하였으며, 2019. 4. 12. 좌측 폐엽절제술을 시행받은 후 보조항암방사선 동시치료를 시행받았으나, 2019. 10. 18. 뇌 전이가 발견되었고, 2022. 4. 13. 새로운 뇌 전이 및 우측 부신의 전이가 발견되었다. 진료기록 감정의는 2018. 12. 18. 진단된 폐선암이 뇌 전이, 우측 부신 전이의 원인이라고 볼 수 있다고 판단하였는바, 만일 원고가 2018. 1. 24. 폐암 진단을 받고 적절한 치료를 받았다면 위 전이가 발생하지 않았거나 적어도 그 발생 가능성이 낮았을 것으로 보인다.

나) 이에 대하여 피고들은 피고 병원 의료진이 2018. 1. 24. 원고에 대하여 폐암 진단을 하였다고 하더라도 2018. 12. 21. 진단과 마찬가지로 EGFR 변이 폐암으로 진단되었을 것인데 EGFR 돌연변이가 있는 경우에는 아파티닙, 오시머티닙 등 표적항암제를 사용하여야 하므로 치료방법이 달라지지 않고, 중추신경계 전이는 표적항암제의 부작용이어서 결국 원고에게 뇌 전이, 우측 부신 전이가 발생하는 등 예후가 달라지지 않았을 가능성이 더 높으므로 피고 병원 의료진의 과실과 원고의 폐암 악화 및 전이 발생 사이에 인과관계가 인정되지 않는다는 취지로 주장한다.

그러나 순천향대학교 부속 서울병원에 대한 진료기록감정촉탁 결과, 감정보완촉탁 결과에 의하면, 피고 병원 의료진이 2018. 1. 24. 원고에 대한 추가 검사 및 진단을 하였다면 원고가 투병 중인 폐암을 조기에 발견하였을 것으로 보이고, 이 경우 보조항암방사선 동시치료 또는 표적항암제인 아파티닙, 오시머티닙 복용이 필요하지 않은 상태에서 수술적 치료를 시행하는 등 치료방법이 달라졌을 것으로 보이며, 표적항암제의 부작용인 전이가 발생하지 않는 등 원고의 예후도 달라졌을 것으로 보인다. 이와 달리 어차피 원고의 예후와 치료방법이 달라지지 않았을 것이라는 피고들의 주장을 인정할 만한 증거는 없다. 따라서 피고들의 위 주장은 이유 없다.

4. 소결론

그렇다면 피고 K학원은 피고 병원 의료진의 사용자로서, 피고 현대해상화재보험은 피고 병원의 의료사고에 대한 보험자로서, 공동하여 위와 같은 피고 병원 의료진의 진단상 과실로 인하여 원고가 입은 손해를 배상할 의무가 있다.

나. 손해배상책임의 범위

1) 원고의 재산상 손해

가) 일실수입

(1) 인정사실 및 평가내용

(가) 생년월일 및 성별: 1973. 8. 1.생, 남자

(나) 불법행위 발생일인 2018. 1. 24. 당시 연령: 44세 5개월 23일

(다) 여명 종료일: 2028. 4. 12.

향후 치료비와 개호비 손해를 산정함에 있어서 피해자의 여명 예측이 불확실한 경우에는 피해자가 확실히 생존하고 있으리라고 인정되는 기간 동안의 손해는 일시금의 지급을 명하고 그 이후의 기간은 피해자의 생존을 조건으로 정기금의 지급을 명할 수밖에 없다(대법원 2000. 7. 28. 선고 2000다11317 판결 등 참조).

위 법리를 토대로 이 사건에 관하여 살피건대, 앞서 든 증거 및 변론 전체의 취지에 의하여 인정되는

다음과 같은 사정, 즉 ① 경희대학교병원에 대한 신체감정촉탁 결과에 의하면, 신체감정의는 '원고와 같이 표적항암제를 사용한 환자의 경우 수술일로부터의 생존기간은 4.82년으로 추정되나, 원고의 검사결과 잔존 암종이 없고, 환자의 전신상태 및 추후 새로운 항암제 사용가능성을 감안하여 원고의 기대여명을 좌측 폐엽절제술 시행일로부터 9년으로 산정'한 점, ② 환자의 기대여명의 경우 현대의학의 발달정도에 따라 차이가 생길 수 있는 점 등을 고려하여, 원고의 현재 및 장래 손해에 대하여 원고가 확실히 생존해 있을 것으로 봄이 타당한 2028. 4. 12.까지는 확정된 일시금으로, 그 다음날인 2028. 4. 13.부터는 일실수입에서 생계비를 공제한 후 원고의 생존을 조건으로 공제한 생계비에 관하여 정기금으로 지급을 명함이 타당하다.

(라) 직업 및 가동기간: 피부과 전문의, 만 65세가 되는 2038. 7. 31.까지

원고는, 원고가 개인 의료기관(R피부과의원)의 원장으로 지속적으로 병원 진료 및 운영을 하고 있었고 소득이 안정적이었으며, 현재 우리 사회의 의료종사상황을 고려하였을 때 의사의 가동연한을 만 70세로 인정함이 타당하다고 주장하며 원고가 만 70세가 되는 2043. 7. 31.까지의 일실수입을 구한다. 그러나 변론에 나타난 원고의 연령, 직업, 경력 등과 경험칙을 고려할 때 원고의 가동연한은 만 65세가 되는 날까지로 봄이 타당하다(대법원 1993. 9. 14. 선고 93다3158 판결 참조). 원고가 주장하는 사정만으로는 원고의 가동연한이 일반적으로 인정되는 의사의 가동연한인 만 65세에 5년을 더한 만 70세라는 점을 인정하기 어렵고, 달리 이를 인정할 증거가 없다.

(마) 가동능력에 대한 금전적 평가: 매월 35,732,335원

2017년도 귀속 종합소득세 등 과세표준확정신고 및 납부계산서에 의하면, 원고의 소득은 428,788,031원이라고 인정할 수 있다. 원고의 나이 등 제반 사정을 고려해볼 때, 원고는 2018년에도 2017년의 소득과 비슷한 소득을 얻었을 것으로 추정할 수 있다. 따라서 원고는 이 사건 불법행위 발생일 이후로서 원고가 입원치료를 받기 시작한 때인 2018. 12. 18.부터 가동 종료일인 만 65세가 되는 2038. 7. 31.까지 매월 35,732,335원(= 428,788,031원 / 12개월) 가량의 수입을 올릴 수 있었을 것으로 봄이 타당하다.

(바) 노동능력상실률: 100%

민사소송절차에서 신체감정에 관한 감정인의 감정결과는 증거방법의 하나에 불과하고, 법관은 당해 사건에서 모든 증거를 종합하여 자유로운 심증에 의하여 특정의 감정결과와 다르게 노동능력상실률을 판단할 수 있고, 또한 당사자도 주장·증명을 통하여 그 감정결과의 당부를 다툴 수 있는 것이다(대

법원 2002. 6. 28. 선고 2001다27777 판결 등 참조). 노동능력상실률은 단순한 의학적 신체기능장애율이 아니라 피해자의 연령, 교육 정도, 종전 직업의 성질, 경력, 기능 숙련 정도, 신체기능장애 정도, 유사 직종이나 다른 직종으로 전업할 가능성과 확률, 그 밖의 사회적·경제적 조건을 모두 참작하여 경험칙에 따라 정한 수익상실률로서 합리적이고 객관성이 있어야 한다(대법원 2019. 5. 30. 선고 2015다8902 판결 등 참조).

경희대학교병원에 대한 신체감정촉탁 결과에 의하면, 신체감정의는 '원고에게 예상되는 신체 장해가 없고, 맥브라이드 노동능력상실표에 해당하는 항목이 없으며, 다른 의학적으로 준용할 만한 항목이 없어, 노동능력상실률을 평가할 수 없다. 원고는 약제 부작용으로 인한 피로감, 근력저하, 정신과적 질환으로 인해 의사로서의 업무를 중단한 상태이므로, 원고의 정신과적 질환에 대한 판단에 따라 노동능력상실 정도를 평가해야 한다'는 의견을 제시하였다.

그러나 갑 제5-1~7, 6-1~4, 14-1~10, 15-1~3, 16-1~3호증의 각 기재, 순천향대학교 부속 서울병원에 대한 진료기록감정촉탁 결과, 감정보완촉탁 결과, 경희대학교병원에 대한 사실조회 결과 및 변론 전체의 취지를 종합하여 알 수 있는 다음의 사정, 즉 ① 원고는 피부과 전문의로서 환자를 밀접 접촉하여야 하고 레이저나 전기 소작 시 분진 등이 발생하는 피부과 치료의 특성을 고려하면 폐암 ⅢB기의 원고가 종전과 같이 피부과 전문의로서 근무하기는 어려울 것으로 보이는 점, ② 원고는 항암제 부작용으로 피부병변, 비출혈, 시력저하, 복통, 변비 및 설사 등의 증상을 호소하고 있고, 소세포암 치료 목적의 항암제를 투여한 후에 발생한 합병증으로 인해 근로능력이 없다고 볼 수 있는 점, ③ 신체감정의도 원고의 상태에 대하여 '환자에 대한 단순 문진 정도만 가능할 것으로 보인다'고 회신한 점, ④ 원고는 피부과 전문의이고 원고의 증세에 비추어 볼 때 원고가 유사 직종이나 다른 직종으로 전업할 가능성과 확률이 있다고 보기도 어려운 점 등을 고려하면, 원고의 노동능력상실률은 100%로 인정함이 타당하다.

(사) 생계비 공제

앞서 본 바와 같이 2028. 4. 13.부터 원고가 만 65세가 되는 2038. 7. 31.까지는 생계비 공제(1/3)를 하여 일시금으로 산정하고, 이와 같이 공제된 생계비 상당액은 원고의 생존을 조건으로 정기금 지급을 명하기로 한다.

(아) 계산

계산의 편의상 기간은 월 단위로 계산하되, 마지막 월 미만 및 원 미만의 금액은 버리는 것으로 하며, 손해액의 사고 당시 현가 계산은 월 5/12%의 비율에 의한 중간이자를 공제하는 단리할인법(이른바 '호프만식 계산법')에 따른다.

① 일시금: 4,981,892,666원

	기간 초일	기간 말일	노임 단가	일수	월소득	상실률	생계비	m1	호프만1	m2	호프만2	m1-2
1	2018-12-18	2028-04-12	125,427	22	35,732,335	100%	0	111	91.0774	0	0	111
2	2028-04-13	2038-07-31	157,068	22	35,732,335	100%	1/3	235	163.5951	111	91.0774	124
합계액(원) : 4,981,892,666												

적용호프만	기간일실수입
91.0774	3,254,408,167
72.5177	1,727,484,499

② 정기금

원고의 생존을 조건으로 2028. 4. 13.부터 2038. 7. 31.까지 매월 11,910,778원(= 35,732,335원 × 1/3)

[인정 근거: 갑1, 2, 3-1, 9, 25호증의 각 기재, 순천향대학교 부속 서울병원에 대한 진료기록감정촉탁 결과, 감정보완촉탁 결과, 경희대학교병원에 대한 신체감정촉탁 결과, 사실조회 결과, 변론 전체의 취지]

나)치료비

(1) 기왕치료비: 309,784,910원

원고는 아래 표와 같이 피고 병원, Y병원, 성빈센트병원, 세브란스병원, 청담성모정형외과의원에서 합계 309,784,910원의 진료비를 지출하였다.

순번	내역	기간	납부금액(단위: 원)
1	피고 병원 진료비	2018. 12. 18.~2023. 1. 31.	297,317,500
2	Y병원 진료비	2018. 12. 18.~2023. 1. 17.	4,253,420
3	성빈센트병원 진료비	2019. 2. 22.~2022. 4. 27.	3,557,810
4	세브란스병원 진료비	2022. 4. 18.~2022. 4. 21.	4,586,180
5	청담성모정형외과의원 진료비		70,000
합계			309,784,910

(2) 향후치료비

(가) 일시금

원고는 향후 여명기간 동안 약제비로 매월 7,000,000원이 필요하다. 원고는 신체감정일인 2022. 2. 24.부터의 약제비를 청구하고 있으나 이 사건 변론종결일까지 원고가 약제비를 지출하였음을 인정할 자료가 없으므로, 변론종결일 이후인 2023. 6. 14. 최초로 비용이 지출되어 여명종료일인 2028. 4. 12.까지 약제비 지출이 필요한 것으로 보되, 이를 불법행위 발생일인 2018. 1. 24. 당시의 현가로 계산하면, 그 금액은 별지 향후치료비 내역표 기재와 같이 합계 293,777,400원이 된다.

한편 원고는 향후 여명기간 동안 전동휠체어, 휠체어용 욕창방지 방석, 기저귀 등 대소변 처리용 소모품의 보조구가 필요하다고 주장하나, 경희대학교병원의 신체감정 결과에 의하면 위 보조구는 원고에게 뇌 전이가 재발하여 편마비 또는 하지 근력저하가 발생하는 경우에 필요할 수 있다는 것인데, 원고에게 위와 같은 편마비 또는 하지 근력저하가 발생하였다고 인정할 증거가 없어 원고에게 위 비용 지출이 필요하다고 보기 어렵다. 따라서 위 부분은 받아들이지 않는다.

(나) 정기금

원고의 생존을 조건으로 2028. 4. 13.부터 원고가 구하는 2043. 4. 13.까지 매년 원고가 구하는 약제비 7,000,000원

[인정 근거: 갑 제17-1~5호증의 각 기재, 경희대학교병원에 대한 신체감정촉탁 결과, 변론 전체의 취지]

다) 책임의 제한

(1) 관련 법리와 책임 비율

의사 등이 의료상 과실 또는 설명의무를 위반함으로써 환자에게 손해를 배상할 책임이 있는 경우에 그 손해배상의 범위를 정함에 있어서는, 의사 측의 과실의 내용과 정도, 진료의 경위와 난이도, 의료행위의 결과, 해당 질환의 특성, 환자의 체질과 행태 등 제반 사정을 참작하여 손해 분담의 공평이라는 손해배상제도의 이념에 비추어 그 손해배상액을 제한할 수 있다(대법원 2014. 12. 24. 선고 2013다18332 판결 등 참조).

앞서 살펴 본 사실 및 사정에 의하면, ① 원고는 2018. 1. 23. 두통을 호소하여 피고 병원에 내원하였고, 위 내원 당일은 물론 2018. 1. 26. 및 2018. 1. 31. 진료 시 피고 병원 의료진이 폐암을 의심할 만한 증세를 호소하지 않았던 점, ② 원고는 2018. 12. 17. 건강검진 결과 이 사건 종괴가 발견될 때까지 스스로도 폐암을 의심할 만한 증세를 겪지 않았던 것으로 보이는 점, ③ 피고 병원 의료진이 2018. 1. 24. 이 사건 병변에 대하여 추가 검사를 시행하여 폐암 진단을 하고 수술 등 치료를 시행하였다고 하더라도 그로 인한 재산적 손해가 적지 않았을 것이고 이미 Ⅰ~Ⅱ기였던 것으로 보이는 원고의 폐암이 완치되었을 것이라거나 뇌 전이, 우측 부신 전이가 발생하지 않았을 것이라고 단정하기는 어려운 점 등을 비롯하여 이 사건 변론과정에 나타난 제반 사정들을 종합하여 보면, 피고 K학원의 손해배상책임을 30%로 제한함이 타당하다.

(2) 책임비율을 반영한 손해액

(가) 일시금

1,675,636,492원[= (일실수입 4,981,892,666원 + 기왕치료비 309,784,910원 + 향후치료비 293,777,400원) × 30%]

(나) 정기금

원고의 생존을 조건으로, 2028. 4. 13.부터 2038. 7. 31.까지 매월 12일에 3,573,233원(= 일실수입 중 생계비 상당 11,910,778원 × 30%), 2028. 4. 13.부터 2043. 4. 13.까지 매년 4. 14.에 2,100,000원(= 약제비 7,000,000원 × 30%)

(다) 위자료

피고 병원 의료진의 주의의무 위반 내용과 정도, 원고가 입은 손해의 정도 등 변론과정에 나타난 여러 사정들을 참작하여 원고에 대한 위자료 액수를 30,000,000원으로 정한다.

다. 소결론

피고들은 공동하여 원고에게, ① 1,705,636,492원(= 재산적 손해 1,675,636,492원 + 위자료 30,000,000원) 및 이에 대하여 불법행위일 이후로서 원고가 구하는 2018. 12. 18.부터 피고들이 그 이행의무의 존재 여부 및 범위에 관하여 항쟁함이 타당하다고 인정되는 이 판결 선고일인 2023. 8. 29.까지는 민법이 정한 연 5%의, 그 다음날부터 다 갚는 날까지는 소송촉진 등에 관한 특례법이 정한 연 12%의 각 비율로 계산한 지연손해금을, ② 원고의 생존을 조건으로, 2028. 4. 13.부터 2038. 7. 31.까지 매월 12일에 월 3,573,233원, 2028. 4. 13.부터 원고가 구하는 2043. 4. 13.까지 매년 4. 14.에 2,100,000원 및 이에 대한 각 지급기일 다음날부터 다 갚는 날까지 민법이 정한 연 5%의 비율로 계산한 지연손해금을 각 지급할 의무가 있다.

4. 결론

그렇다면 원고의 청구는 위 인정범위 내에서 이유 있으므로 이를 인용하고 나머지 청구는 이유 없으므로 이를 기각하기로 하여 주문과 같이 판결한다.

별지

[향후치료비 내역표]

종류:	약제비	수명(년):	0
단가:	7,000,000원	수명(월):	1
최초필요일:	2023.06.14	수치합계:	41.9682
필요최종일:	2028.04.12	비용총액:	293,777,400원

순번	필요일시	월수	호프수치
1	2023-06-14	64	0.7894
2	2023-07-14	65	0.7868
3	2023-08-14	66	0.7843
4	2023-09-14	67	0.7817
5	2023-10-14	68	0.7792
6	2023-11-14	69	0.7766
7	2023-12-14	70	0.7741
8	2024-01-14	71	0.7717
9	2024-02-14	72	0.7692
10	2024-03-14	73	0.7667
11	2024-04-14	74	0.7643
12	2024-05-14	75	0.7619
13	2024-06-14	76	0.7594
14	2024-07-14	77	0.757
15	2024-08-14	78	0.7547
16	2024-09-14	79	0.7523
17	2024-10-14	80	0.75
18	2024-11-14	81	0.7476
19	2024-12-14	82	0.7453
20	2025-01-14	83	0.743
21	2025-02-14	84	0.7407
22	2025-03-14	85	0.7384
23	2025-04-14	86	0.7361
24	2025-05-14	87	0.7339

25	2025-06-14	88	0.7317
26	2025-07-14	89	0.7294
27	2025-08-14	90	0.7272
28	2025-09-14	91	0.725
29	2025-10-14	92	0.7228
30	2025-11-14	93	0.7207
31	2025-12-14	94	0.7185
32	2026-01-14	95	0.7164
33	2026-02-14	96	0.7142
34	2026-03-14	97	0.7121
35	2026-04-14	98	0.71
36	2026-05-14	99	0.7079
37	2026-06-14	100	0.7058
38	2026-07-14	101	0.7038
39	2026-08-14	102	0.7017
40	2026-09-14	103	0.6997
41	2026-10-14	104	0.6976
42	2026-11-14	105	0.6956
43	2026-12-14	106	0.6936
44	2027-01-14	107	0.6916
45	2027-02-14	108	0.6896
46	2027-03-14	109	0.6876
47	2027-04-14	110	0.6857
48	2027-05-14	111	0.6837
49	2027-06-14	112	0.6818
50	2027-07-14	113	0.6798
51	2027-08-14	114	0.6779
52	2027-09-14	115	0.676
53	2027-10-14	116	0.6741
54	2027-11-14	117	0.6722
55	2027-12-14	118	0.6703
56	2028-01-14	119	0.6685
57	2028-02-14	120	0.6666
58	2028-03-14	121	0.6648

04 - D

최근 언론이 주목한 주요 의료 소송 및 관련 분쟁 - 요약

A. '응급실 뺑뺑이' 관련 병원 행정처분 취소소송 사례

B. '맥페란' 오처방 관련 형사 처벌 사례

C. 필수의료 분야 의료사고의 고액 배상 판결 사례

D. 요약

최근 언론이 주목한 주요 의료 소송 및 관련 분쟁

요 약

최근 언론이 주목한 주요 의료소송 및 관련 분쟁 사례는 다음과 같습니다. 이는 개별 사건의 판결 결과보다는 의료 시스템 전반의 문제점과 의료진의 법적 부담에 대한 논의를 촉발했다는 점에서 큰 주목을 받았습니다.

1. '응급실 뺑뺑이' 관련 병원 행정처분 취소소송 사례

2023년 대구에서 발생한 '응급실 뺑뺑이' 사망 사건과 관련하여, 보건복지부가 해당 병원들에 내린 행정처분(보조금 삭감 등)이 정당하다는 법원 판결이 최근 언론의 주목을 받았습니다.

• 사건 개요: 건물에서 추락한 10대 환자가 구급차로 여러 병원을 전전하다 사망한 사건입니다. E병원 등 일부 병원은 신경외과 전문의 부재 등을 이유로 환자 이송을 거부했습니다.

• 쟁점: 병원 측은 의료 거부가 아니라고 주장했으나, 법원은 이를 응급의료 거부로 판단하고 복지부의 손을 들어주었습니다. 이 사례는 응급 의료 시스템의 문제점과 병원의 책임 소재를 다시 한 번 상기시켰습니다.

2. '맥페란' 오처방 관련 형사 처벌 사례

파킨슨병 환자에게 구토 증상 완화를 위해 '맥페란'을 처방한 의사가 형사 처벌을 받은 사건은 의료계 내에서 큰 논란을 불러일으켰습니다.

• 쟁점: 해당 약물은 파킨슨병 환자에게 금기시되는 약물로 규정되어 있지만, 일부 의사들은 재판 결과가 실제 의료 현장의 현실을 반영하지 못한다고 비판했습니다. 이는 의료 과실의 판단 기준과 의료 재판의 현실적인 어려움에 대한 심층적인 논의를 촉발했습니다.

3. 필수의료 분야 의료사고의 고액 배상 판결 사례

최근 법원에서 의료 사고에 따른 10억 원 이상의 고액 배상 판결이 잇따르면서 언론과 의료계의 주목을 받았습니다.

- 사례: 지난 5월 신생아 뇌성마비 사건에서 의사가 12억 원을 배상해야 한다는 판결이 나왔습니다.

- 영향: 이러한 고액 배상 판결은 필수의료 분야(산부인과, 소아청소년과 등) 의료진의 소송 부담을 가중시켜 해당 분야 기피 현상을 심화시키는 원인으로 지적되고 있습니다. 이에 정부는 필수의료 분야 의사들의 배상 보험료를 지원하는 방안을 추진 중입니다.

이러한 사례들은 단순히 개별 소송의 결과를 넘어, 현재 한국 의료계가 직면한 구조적 문제, 특히 필수의료 공백과 의료진의 법적 방어권 문제 등을 집중적으로 조명하고 있습니다.

부 록 (인용 판례)

사례	사건번호 및 판결	배상액(원)	진단명 및 사고내용
1	대구지방법원2017가합883 원고 패 대구고등법원2018나25640 원고 패	의료법 위반 벌금 100만원	흉추 12번 압박골절 압박률 악화로 형사, 민사 소송 제기된 Case
2	서울중앙지방법원2016가합570485 원고 일부 승	317,685,830원	경추 6-7번 추간공협착증,경추부 신경차단술 후 척수경색증이 발생
3	서울중앙지방법원2019가합571557 원고 일부 승	9억 6천여만원	요추 3-4번 요추디스크, 상완 정맥주사 후 흉추부경막외농양 발생
4	서울중앙지방법원2017가합532138 원고 일부 승	276,490,307원	비파열성 뇌동맥류, 코일색전술 중 발생한 뇌출혈
5	서울북부지방법원2013가합21943 원고 일부 승	429,797,352원	급성 뇌경색, t-PA 미투여로 인한 뇌경색 확대
6	서울중앙지방법원2021가합574962 원고 일부 승	4억 5천여만원	안검연축, 뇌심부자극술 후 발생한 뇌출혈로 사망한 사례
7	창원지방법원마산지원2018가합275 원고 일부 승	2000만원	비파열성 뇌동맥류(UIA/(MCA), 비파열성 뇌동맥류 수술 후 겪은 반신마비 후유장애
8	서울중앙지방법원2019가합502148 원고 패		대후두공 뇌수막종, 수술 후 발생한 소뇌 및 경수 경색
9	수원지방법원2021가합19258 원고 패		천추2번 신경초종, 수술 후 발생한 좌하지 위약
10	서울중앙지방법원2021가단5243129 원고 패 서울중앙지방법원2023나2915 조정/원고 일부 승	3500만원	요추척추협착증, 전방경유 요추체간 유합술 중 대량출혈로 심정지
11	대구지방법원서부지원 2023가단57873 조정	4000만원	경추척추협착증, 전방경유 경추유합술 후 추골동맥 손상 및 소뇌경색
12	서울중앙지방법원2021가합510265조정/원고 일부 승	5000만원	추체경사대 뇌수막종, 수술 후 뇌간손상
13	서울행정법원 제 12부 2023구합81596 원고 패 서울행정법원 제 5 부 2023구합77047 원고 패 서울행정법원 제 14부 2023구합81541원고 패 대전지방법원 2023구합206694 피고 승	기각 기각 기각 취소	응급환자 거부한 대학병원 Case, '응급실 뺑뺑이' 관련 병원 행정처분 취소소송 사례
14	창원지방법원 통영지원 2022고단1018 유죄 창원지방법원 2023노495 유죄 대법원 제 2 부 2024도9443 무죄	금고 10월 금고 10월 원심 파기	'맥페란' 오처방 관련 형사 처벌 사례, 파킨슨병 병력 환자에 맥페란 주사 Case
15	서울중앙지방법원 2020가합571324 원고 일부 승	1,675,636,492원	폐암 지연진단(수두증) Case

최근 판례로 본 신경외과

의료소송과 의료분쟁실무

저 자: **김 동 원**

2026년 1월 26일 제1판 인쇄 2026년 2월 1일 제1판 발행

인쇄인: 김 미 혜

인쇄처: 도서출판 애플북

전화: 010-7795-1367

E-mail: appled@daum.net

출판등록번호: 제345-2020-000013호

ISBN 979-11-24103-30-2(93510)

정가: 35,000원